JN161084

山口弘江

天台維摩経疏の研究

国書刊行会

はしがき

本書が研究の対象とする天台維摩経疏は、二つのメルクマールが交差する上に位置する文献であるという点で、仏教学研究において重要な意味を持つ。

第一のメルクマールは、『維摩経』である。中国および東アジア文化圏に多くの感化を与え、今日に至るまで深く及ぼし続ける本経の影響は、思想から文化に至るまで多岐に亘る。とくに思想面での影響について言えば、弘始八年（四〇六）に鳩摩羅什（三四四～四一三または三五〇～四〇九）が訳出して以来、訳者である鳩摩羅什やその高弟らが先駆的に註釈したことを嚆矢に、南北朝時代から唐代にかけては諸師が競って講義または註釈したことで、その素地が作られた。『維摩経』はこのような中で、出家在家を問わず大いに研鑽された。経典の多彩な思想とそれらに対する解釈が、東アジアの諸教学の形成に寄与した功績は少なくない。

そして第二のメルクマールは、天台智顗（五三八～五九七）である。六世紀後半の中国は、長らく続いた南北が分断した状況から隋朝により統一が果たされるという、歴史的に大きな転機を迎える時期にあたる。その激動の時代に生きた智顗は、教理と実践を等しく具えた天台教学と称される体系を確立した。その教学が後の仏教思想史に与えた影響は計り知れず、東アジア仏教を考える上で欠くことのできない存在であることは言を俟たない。

その智顗が親しく撰述にたずさわり成立した『維摩経』の註釈書、それが天台維摩経疏なのである。

本書は、この天台維摩経疏に関する筆者のこれまでの論攷をまとめたものである。主たる内容は、平成十七年（二〇〇五）十月に駒澤大学へ提出した本書と同題の学位請求論文に基づいている。ただし本書では、再考を要する内容を割愛したほか、その後に執筆した論文を取り込んだこともあり、章立てについては大幅な改編を加える結果となった。また、学術誌などで既出の内容との対応については、本書巻末の「初出一覧」に示したとおりであるが、異なる時期にそれぞれの制約のもとで書き下ろした論攷の体裁を整えるため、本書の収録にあたって、抜本的に書き改めた部分も少なくない。さらに、学位取得からはや十年が経ち、この間には関連分野の研究にも少なからざる新たな成果がもたらされた。このような研究動向を可能な限り参照したことも、今回の上梓にあたり手を加えた点である。

さて、天台維摩経疏という呼称は、一般にはあまりなじみのないものであろうかと思う。そのため、本書を江湖に問うにあたり、より分かりやすい書名に改めることも検討したが、結局は旧題のままとした。直接的には『維摩経玄疏』と『維摩経文疏』に対する研究とはいえ、両文献名を背表紙に連ねるのは冗長に映るおそれがあり、「智顗」ないしは「天台大師」を前面に出せば、『維摩経文疏』巻二十六以降が章安灌頂（五六一～六三二）の補遺であることと矛盾する。また智顗その人は南北朝末から隋にかけて生きた人であるので、特定の時代を掲げることも適切ではない。このような逡巡の末、想定しうるさまざまな難点を避けるためには、学位請求論文と同名の『天台維摩経疏の研究』しかない、との結論に至ったからである。

書名と同様、論旨に大きな変化はないが、上述の変更点に加え、初出論文に多々存していた些末な誤脱や拙い表現も編集の過程で可能な限り改めている。よって、今後は本書に基づき筆者の見解をご理解いただければ幸いである。それでもなお、内容が十全でないことが悔やまれる。とくに、旧稿において今後の課題としていた問題は十年の歳月を経てもなお、多くを課題として残す結果となった。ここに自省の念を深くせずにはいられないが、ともあれ、本書が天台維摩経疏を総合的に論じた専著の先駆けとなったことは、唯一の誇るべき点である。先学諸氏のご批正、ご教導を賜らんことを乞い願う次第である。

最後に、本書の刊行にあたっては、幸いにも平成二十八年度駒澤大学出版助成の交付を受けた。ここに記して感謝を申し上げたい。

平成二十八年八月十八日

筆者 識

天台維摩経疏の研究　§目次§

目次

第四部　天台維摩経疏をめぐる諸問題

＊索引は検索の便を考慮し、国書刊行会ＨＰ（www.kokusho.co.jp）にてＰＤＦファイルで公開している。

凡　例

一、本文の表記は、常用漢字・現代仮名遣いで統一した。ただし、固有名詞、引用文、外国語の文献名などはこの限りではない。

一、本文中の暦年は、原則として和漢暦で示し、西暦を（　）にて示した。

【例】開皇十七年（五九七）

一、書名・経典名は、『　』を付してこれを示した。

一、引用文中に割註で表記された部分は、〔　〕を付してこれを示した。

一、略号については、左記のように行い、それ以外のものは慣例に従う。

【例】

大正新脩大蔵経（大蔵出版）	大正蔵（本文中で用いる場合）
	大正（引用典拠として用いる場合）
大日本続蔵経（蔵経書院）	続蔵
新纂大日本続蔵経（国書刊行会）	新纂
鳩摩羅什訳『維摩詰所説経』	『維摩経』
『維摩経玄疏』	『玄疏』
『維摩経文疏』	『文疏』
『維摩経略疏』	『略疏』
『隋天台智者大師別伝』	『別伝』

一、引用典拠の所在を示す場合、以下のように記した。

【例】大正新脩大蔵経第三十八巻五一九頁上段

↓　大正三八・五一九上

大日本続蔵経第二十七套四百二十九丁右（表）上段から下段まで

↓　続蔵二七・四二九右上〜下

大日本続蔵経第二編第四套三十七丁右（表）下段から三十七丁左（裏）上段まで

↓　続蔵二―四・三七右下〜左上

新纂大日本続蔵経第十八巻四六二頁上段から四六三頁中段まで

↓　新纂一八・四六二上〜四六三中

一、註記における参考文献の書誌情報は、章の中で初めて参照する際は、発行元、刊行年などをすべて表記し、二度目以降は（　）内に刊行年のみを記す。

【例】初出　↓　山口弘江『天台維摩経疏の研究』（国書刊行会、二〇一七）

既出　↓　山口弘江（二〇一七）

天台維摩経疏の研究

序論

一 「天台維摩経疏」の定義

天台智顗（五三八～五九七）の文献は、四六部一八八巻が現存するとされている。[1] その中でも東アジアの仏教思想史にもっとも大きな影響を与えたのが『法華玄義』『法華文句』『摩訶止観』のいわゆる三大部であるが、これらを含め智顗の名により伝えられた文献のうちには、自らが親しく筆を執ったものは極めて少なく、講説をもとに門人により筆録されたものがそのほとんどを占めている。智顗伝の白眉ともいうべき『別伝』に、「智者の弘法、三十余年、章疏を畜えず[2]」といみじくも記されるように、智顗の宗教活動は執筆よりも実践や直接的な化導に力がより注がれていたことが知られよう。後に道宣（五九六～六六七）が『続高僧伝』を編集するにあたり、浄影寺慧遠（五二三～五九二）や嘉祥大師吉蔵（五四九～六二三）の伝を義解篇に収めたのに対し、智顗の伝を習禅篇に置いたことは、このような智顗の宗教家としてのありようを端的に示した事例に他ならない。

このように智顗の親撰（自らが親しく筆を執ったもの）とされる文献は少ないが、その親撰に準ずる価値を有するとされるのが、[3] 本書において考察の中心とする「天台維摩経疏」である。これは、具体的には智顗が五八歳から死の間際まで撰述に携わった『維摩経』の註釈である次の二書を指す。

『維摩経玄疏』六巻（大正三八）

『維摩羅詰経文疏』二八巻（続蔵二七・二八、新纂一八）

『玄疏』は、『法華玄義』などと同様に五重玄義（名・体・宗・用・教）を骨子として『維摩経』の特質を論じたものであり、『文疏』は、『法華文句』などと同様に経典の品題および経文を解釈したものである。今日、両書はそれぞれ独立した文献としての扱いを受けているが、そもそもは『玄疏』六巻の内容が先行し『文疏』が続くという構成をもった一書として成立している。『文疏』の冒頭には序のような導入の文章がなく、唐突に「次に此の経の文に入るに、大よそ五意と為して明かす」[4]と始まるのはそのためである。

智顗は三八歳から四八歳までの天台山における修養期間中に『維摩経』を講義したとされる[5]。その経験は後の智顗の『維摩経』理解に大きく資するものであったことは想像に難くないが、両書はその講義録ではない。晋王広、つまり若き日の隋の煬帝（五六九〜六一八）の依頼を受けて書き下ろされた註釈書である。ただし、智顗の存命中にある程度の形を整えていたのは『玄疏』六巻と『維摩経』全十四品のうち仏道品第八までの釈にあたる『文疏』巻二十五までの計三一巻であり、最終的には弟子が内容を整え智顗の示寂後に献上がなされている。そして、『文疏』巻二十六から二十八までは、章安灌頂（五六一〜六三二）に補われることにより完成を見ている。このように、天台維摩経疏は、献上されることを目的として撰述が着手されたものの、最終的な完成は弟子に委ねられて成立した文献である。この点が、親撰に準ずると評される所以である。

さらに『玄疏』の成立過程においては、その原型ともいうべき十巻本が先行して晋王に献上され、後にそれらは次の三書として流布したとされる。これらは別行本、または離出本と称される。

『四悉檀義』一巻？（散逸）

『三観義』二巻（続蔵九九・新纂五五）

『四教義』十二巻（大正四六）

以上の経緯は、初期の天台教団にまつわる資料を収録した『国清百録』や智顗の伝記としてもっとも権威あるものとされる『別伝』などを紐解くことで知られる内容であるが、その間の動静がある程度まで明らかであるがゆえに、その成立過程が非常に複雑であることが看取されよう。

さて、本書では『玄疏』と『文疏』の総称として「天台維摩経疏」を用いるのであるが、その定義についてここに少しく説明を加えておきたい。

本書が採用する「天台維摩経疏」の呼称は、直接的には佐藤哲英氏の説に基づいている。佐藤氏は昭和八年（一九三三）にその智顗研究の第一として「天台維摩疏の研究序説」なる論文を発表している。その論題に掲げられた「天台維摩疏」について、「他師の維摩疏と簡別するために用いた名称であるが、証真の『維摩疏私記』巻一の尾題に『天台維摩疏抄』とある先蹤に基いてかく呼ぶこととした」[6]と註記する例に倣ってのものである。これをそのまま用いなかったのは、佐藤氏自身が後に刊行した『天台大師の研究』において「維摩経疏」と改めているほか、近年の研究でも、別行本などを含めた総称として多く用いられる傾向にあることをふまえてのことである[7]。

『玄疏』と『文疏』を総称したもっとも古い用例は、『国清百録』に収録された晋王広と智顗との間で交わされた書簡の中に見られる。そこでは「義疏」または「浄名義疏」「浄名経疏」と言及される[8]。「義疏」は後にはほとんど用いられていないが、「浄名経疏」は『国清百録』に収録された遺書のほか、『別伝』にも見られる[9]。『国清百録』の限りでは文献の固有名詞なのか「『浄名経』の疏」といった程度の意味で用いられた呼称なのかが判然としないが、『別伝』では『覚意三昧』『六妙門』などとともに列挙されていることから、それらと同様に実際の題号が記されていると見てよいであろう。

「維摩経疏」は、道宣の『大唐内典録』にその用例が見られる。(10) ただし、荊渓湛然（七一一～七八二）による末註書である『維摩経疏記』の書名に明らかなように、『文疏』のみを指す場合もある。そもそも「維摩経疏」や「維摩疏」といった呼称は、『維摩経』の註釈書に対する一般的なそれとして古くから広く用いられてきた。そのため「維摩経疏」に「天台」の語を冠する必要が生じるのであるが、ここに筆者が「天台」を用いるのには、佐藤氏が述べる他師のそれとの差別化以外にも、もう一つ別の理由がある。冒頭にも触れたように、『文疏』二八巻のうち巻二十六以降の三巻は、智顗の示寂の後に灌頂が補ったものである。この事情を加味すると、ただちにこれらを一まとめに「智顗撰」とすることは著者性の上で厳密さを欠くことになる。とはいえ、前の三一巻と後の三巻とを分離することもやはり受容史を考慮すれば適切ではない。このような成立にまつわる複雑な問題に抵触しないために、「智顗の教学に基づいた『維摩経』の註釈書」という幅を持たせた意味合いで、「天台維摩経疏」という呼称を採用するのである。

さて、先にも触れたように天台維摩経疏の範囲については、佐藤氏をはじめとした先行研究では別行本も含めて説明されることが多い。そのような場合には、文献それぞれの関連性を顧慮するという理由以上に、三大部に匹敵する分量の文献群として規模を強調するという意図も多分に含まれている。一方本書では、基本的にこれを『玄疏』と『文疏』を示す語としてより限定的に取り扱うこととしたい。なぜならば、成立の面から言えば、別行本は『玄疏』と密接にかかわりあっているが、流伝史においては、それぞれ独自に受容されてきたからである。換言すれば、原初形態をもつ別行本は、『維摩経』の註釈書という範囲を超えて、独立した文献として読みうる性質が付与されているため、一応の区別が必要だと考えられるのである。したがって、本書では別行本を関連文献群として天台維摩経疏の外に置き、これらを中核となる『玄疏』と『文疏』の理解を補うための資料として用いるにとどめた。

なお、文献群の呼称としては「維摩部」の用例もある。[11] 伝教大師最澄（七六七または七六六〜八二二）の請来目録である『台州録』に見られるもので、[12] 三大部、五小部に類した文献群の呼称として、いかにも天台学の伝統に相応しい名称に映るが、『玄疏』と『文疏』の二書の総称としては「義疏」以来の伝統として「疏」を付すべきと考えるので、今はこれを用いない。

二　先行研究の概観

次に、天台維摩経疏に関する先行研究の動向について概観しておきたい。その流れを簡明に把握することを目的として、以下の記述においては著者と書名（または論文名）のみを挙げる。書誌情報の詳細については、本書巻末の参考文献一覧を参照されたい。

今日の研究においてその起点とされるのは、何といっても佐藤哲英氏の研究である。佐藤氏は『天台大師の研究』（一九六一）の中で「維摩経疏」の一章を設け、「維摩経疏研究の意義」「維摩経疏述作の動機」「第一回献上本について」「三回献上説の矛盾と三回献上説の提言」「第二回献上本について」「第三回献上本について」「十巻玄義の組織と内容」「維摩経玄疏について」「維摩経文疏と略疏について」「結要」の十項目に亘って論じている。この章に開陳される成果は、これに先立ち発表された「天台維摩疏の研究序説（上）」（一九三三）および「同（下）」（一九三四）に基づくものである。[13] 佐藤氏の研究の最大の功績は、三回献上説を提唱したことによって、撰述の経緯を明らかにした点にある。佐藤氏以前の研究では、いち早く提出された十巻玄義と遺書とともに智顗の死後に届けられた三一巻との二回の献上が漠然と考えられていたが、このような理解に基づくと、智顗の遺書に従い焼き捨てられるはずの内容が、意に反して『四悉檀義』『三観義』『四教義』として別行したことになるため、矛盾が生じていた。それに対し佐藤氏は、『国清百録』に収録された智顗と晋王との往復書簡の記述を詳細に検討することにより、これまで知られていた二回の献上の間に、一度『玄疏』の原形と『文疏』八巻までに相当するものを献上していて、智顗が遺書で言及したのはこの第二回目の献上本であることを指摘した。こうして成立の経緯を明らかにした佐藤氏は、灌頂の筆が多く加えられている三大部よりも、限りなく親撰に近い維摩経疏のほうが、智顗の思想研究において資料的価値が高いことを主張し、後の天台維摩経疏研究に大きな進展をもたらした。この点も、佐藤氏の大いなる功績と言えよう。

佐藤氏の研究は文献成立の解明に重点が置かれているが、新田雅章『天台実相論の研究』（一九八一）は「晩年の実相論――「維摩経疏」を中心として」の一章において、智顗の実相論を考察する。三大部に対する維摩経疏という意識は佐藤氏と同じであるが、さらに思想的な発展の最終形を維摩経疏に求め、その特色を「一実諦の表白」と定義する。ただし、智顗の思想に対するこのような捉え方については、台湾の呉汝鈞『天台智顗的心霊哲学』（一九九四）により批判がなされている。

また、学位論文の主題として天台維摩経疏を取り上げた研究が増えつつあることも近年の傾向として重要である。本書の旧稿にあたる拙稿「天台維摩経疏の研究」（二〇〇六）の他にも、井上智裕「天台維摩経疏の思想的研究」（二〇一二）がある。

以上が、総合的な研究の主なものであるが、その他に文献の全体像を論じた解題として、菅野博史「『維摩経玄疏』の組織と梗概」（一九九〇）がある。同論文は『仏書解説大辞典』（一九三五）の中里貞隆氏による一頁強ほどの解題に比べて格段に詳しく『玄疏』の内容を紹介しているほか、とくに『玄疏』巻二と対応する『三観義』や、巻三・巻四に対応する『四教義』との異同についても触れているため参考になる。

訳註研究については、いまだ全編に亘るものがない状況にある。『国訳一切経』や『国訳大蔵経』などには『玄疏』『文疏』をはじめ、別行本の『四教義』『三観義』および湛然の『略疏』ともに一切収録されていない。書き下しについては、村中祐生編『天台宗教聖典Ⅱ　天台大師集』（一九九九）に、『三観義』とともに『維摩経玄疏』全六巻が収録されたことでようやく便が図られたが、残念なことに訳註等は一切付されていない。しかし、資料的価値が見直されるにつれて、徐々にその取り組みは進められている。さきに紹介した『玄疏』の解題に続く成果である菅野博史「『維摩経玄疏』訳注研究（一）」（一九九六）、「同（二）」（一九九九）、「同（三）」（二〇一三）は『玄疏』の巻二までの書き下しおよび詳細な訳註を発表したものである。また『文疏』については、近時、藤井教公「智顗撰『維摩経文疏』訳注（一）」（二〇一三）、「同（二）」（二〇一四）、「同（三）」（二〇一五）、「同（四）」（二〇一六）が陸続と公表されており、新たな試みとして注目される。なお、関連する問題として、大島啓禎「『維摩経玄疏』をめぐる二・三の問題」（一九七九）には、大正蔵収録の『玄疏』巻五に錯簡が生じていることが指摘されている。このような指摘をふまえた本格的な訳註研究の完成は、急務の研究課題と言えよう。

その他にも、間接的に天台維摩経疏に言及する研究は枚挙に暇のないほどであるが、大別すると（一）成立に関する諸問題、（二）天台教学の思想解明に関する議論、（三）引用される他学派の説への着目、（四）別行本との比較、の四点に分類される。以下にそれぞれの代表的な論攷を概観してゆきたい。

（一）成立に関する諸問題

成立に関する問題については、さきに挙げた佐藤哲英氏の研究が主となるが、関連して次の諸論文に注目すべき見解が示されている。野本覚成「『三観義』所説の法門」（一九七八）は、維摩経疏は教相門の書として「初学者向き」に著されたとしており、佐藤氏とはまったく評価を異にする。その中には、佐藤氏が三大部よりも維摩経疏を重んじ、それを承けて新田雅章「智顗における「維摩経疏」撰述の思想的意味」（一九七四）が智顗晩年の円熟した思想が展開されたとする説に対する批判の意図が垣間見られる。ただし、その論調は三大部の宣揚のあまり、維摩経疏自体を過小評価する方向へと傾き過ぎた感もある。撰述の思想的背景について池田魯参「天台智顗の護国思想」（一九七九）は、智顗が護国の原理として『維摩経』の仏国土に着目したことを指摘する。この点は思想解明に関する議論と関連して興味深い。

また、成立過程そのものを疑う研究もある。その代表が、平井俊榮『法華文句の成立に関する研究』（一九八五）に収録された「維摩経註疏をめぐる諸問題」の一章である。ここでは、成立が後であるはずの吉蔵疏が依用されているとして、智顗の親撰に近いとする佐藤氏の評価に対し厳しい疑問を投げかける。近時、この説を承けて小野嶋祥雄「「天台維摩疏」智顗親撰説への疑義」（二〇〇九）も、灌頂が手を加えた部分を指摘している。さらには、灌頂によって補われたとされる『文疏』の三巻のうち、とくに巻二十七以降では地論宗系の註釈がそのまま挿入された可能性が、青木隆「「南三北七」覚え書き」（二〇一五）により示唆されている。

（二）天台教学の思想解明に関する議論

天台教学に関する議論としては、管見の限り、三観説、浄土思想、仏性思想などを主要なテーマとするものが多い。三観説は、一心三観、別相三観に加えて『文疏』では他の文献には見られない通相三観が説かれることから、多くの先行研究で論じられるテーマである。濱田智純「通相三観について」（一九七五）、同「天台維摩疏の三観について」（一九七六）、野本覚成「二つの三種三観」（一九七六）、同「三種三観の成立」（一九七八）、多田孝文「五種三観について」（一九七七）など一九七〇年代後半に相次いで発表された論攷では、『摩訶止観』所説の破法遍や被接説との関連から思想的根拠を探る試みがなされている。これらの論攷を承けて、学位請求論文である宮部亮侑「三観思想の基礎研究」（二〇〇九）のほか、筆者も「通相三観の成立に関する一考察――智顗の『維摩経』解釈との関連から」（二〇〇九）にそれまでの見解をまとめている。

浄土思想については、安藤俊雄『天台思想史』（一九五九）に収録された「天台智顗の浄土教」において、維摩経疏が天台浄土教研究において必須の資料であることが指摘されているように、極めて重要なテーマである。青木隆「『維摩経文疏』における智顗の四土説について」（一九八五）は、天台浄土教に独自の四土説の形成については地論宗の学説との関係があることを指摘する。また、この他にも仏身、仏土、行位にわたってを論じたものに、大久保良峻「『維摩経文疏』と天台教学――仏についての理解を中心に」（一九九七）がある。『文疏』に見られる「法身説法」の説が日本の教学に与えた影響を論じている。

仏性論については、藤井教公「天台智顗と『維摩経』――『維摩経文疏』を中心に」（一九九八）がある。これは天台維摩経疏を仏性思想の面から読み解く試みで、『涅槃経』所説の仏性思想が維摩経疏へ展開した形跡を追う形で論述されている。

（三）引用される他学派の説への着目

天台維摩経疏における地論教学の影響は、佐藤氏の研究以後、精力的に解明が進められた分野の一つである。さきに触れた四土説の研究や青木隆「天台行位説の形成に関する考察――地論宗説と比較して」（一九九二）をはじめとした諸論文のほか、花野充道「『天台維摩経疏』に見る智顗の心識説――地論師・摂論師の心識説との対比」（二〇一三）など、心識説との関連を扱った論文も多い。地論教学に対する智顗の態度については、すでに池田魯参「天台教学と地論摂論宗」（一九八二）に指摘されるように、批判的に統合しようとしたというのが実際であろう。

『玄疏』巻六に記された判教相には、『法華玄義』と同様に智顗以前の代表的な教判論が列挙されており、またそれ以外にも随処に他師の学説が引用されていることは、天台維摩経疏の特色の一つである。これらの中には現在、その実態が明らかではない諸師に関する記述が含まれることから、当時の仏教界の動向を伝える資料として注目されている。菅野博史「維摩経分科に関する智顗と吉蔵の比較」（一九八四）は『維摩経文疏』巻一にまとめられた智顗以前の法師の科段に着目し、主に吉蔵の分科の変遷を明らかにしている。また近年注目を集めている地論宗の研究においても、天台維摩経疏は重視されている。先の青木氏の研究や、伊吹敦「地論宗南道派の心識説について」（一九九八）などが、資料が少ないとされてきた地論宗の学説を維摩経疏から採取しているほか、大竹晋「地論宗断片集成」（二〇一四）では数々の文献から地論宗に関連する学説を収集する中、智顗親撰として維摩経疏を取り上げる。この中で、大竹氏は智顗の親撰では地論宗を「地論師」と呼ぶのに対し、灌頂が著述した文献や編集したものでは「地師」や「地人」と称していることを指摘するが、このような視点は、翻って天台文献の成立問題を考える上でも極めて重要なものである。地論宗の研究は、最近では敦煌写本などの分析を通じ精力的に進められているが、中国仏教学の研究動向の中でも近年進展著しいこの分野において、維摩経疏が参照されていることは特筆すべき点であろう。

（四）別行本との比較

『三観義』と『維摩経玄疏』との対応関係については、宇衛康弘「『三観義』と『維摩経玄疏』巻二「三観解釈」の比較対象」（一九八四）に詳しい。また菅野博史「智顗『四教義』研究ノート（一）」（一九九九）は、『四教義』の詳細な科段を示している。藤井教公「天台智顗における四悉檀の意義」（一九九九）は、『玄疏』四悉檀義と『法華玄義』

の会異との異同を論ずる。

以上に天台維摩経疏に関するこれまでの研究動向を概観したが、改めてこれらを振り返ってみると、ある共通した傾向があることに気づかされる。この文献が考察される時、研究者の意識は「智顗に由来する文献」という要素につねに力点が置かれ、「『維摩経』の註釈書」としての関心は希薄である。言い換えれば、天台維摩経疏の研究は、もっぱら天台学研究の下に展開されており、『維摩経』研究としてはあまり考察されてこなかった、ということになろう。『維摩経』研究として天台維摩経疏を扱う唯一ともいうべき研究成果に、橋本芳契『維摩経の思想的研究』（一九六六）に収められた「天台宗と維摩経」の一章がある。日本における『維摩経』研究の碩学による指摘は示唆に富んでいるものの、今後は天台維摩経疏をより詳しく読み込んだ上での研究が求められるであろう。その他、代表的な『維摩経』の研究としては、エティエンヌ・ラモット氏や大鹿実秋氏の研究があるが、これらはチベット語訳が中心のため、天台疏への関心は自然希薄とならざるをえない。たとえば、大鹿氏は漢文の文献の中では吉蔵の釈を大きく評価しており、たびたび吉蔵疏について言及するが、智顗の文献に対してはほとんど注意を払っていない。また、ラモット氏も漢訳を使用する場合には玄奘訳を主に参照するといった具合である。

このような傾向は、天台維摩経疏の内容そのものの性質が大きく影響していると考えられる。『玄疏』は基本的には『維摩経』という経題解釈を中心に説くが、その骨子は智顗の確立した思想体系である天台教学に特有の概念を中心に構成され、その解説が多くを占めている。またそれを承けた『文疏』も四教・三観をはじめとした天台教学の体系を前提とせずには理解しえない経文解釈が展開される。そのため、『維摩経』そのものを分析するにあたり、智顗の解釈を一般的な説として参照することが難しいという現実に研究者は直面するのである。

しかし、東アジアの仏教史の中で極めて重要な役割を果たした智顗が、同様に東アジアの仏教界に多大な影響を与えた『維摩経』に対してみずから釈を加えたことの意味は、決して少なくない。さきに見たように、『維摩経』は智顗の在世時以前より主要な経典であり、智顗以後にもその影響力は衰えることなく流布し続けた。このような歴史において、希代の仏教者というべき智顗が残した註釈書を正確に把握することは、『維摩経』の受容史における問題のみならず、その思想の本質を探るための手がかりを与えてくれるはずである。これまでの天台維摩経疏に対する研究で見落とされがちであった『維摩経』研究の一端としての役割は、今後の研究においてより強く意識されるべきであろう。

三　本書の目的と視座

本書が目指すところは、今日の我々に残された天台維摩経疏を通して智顗の思想を解明することである。しかしながら、それは原典の精読のみによってただちに得られるものではない。最終的な目的とする思想の解明に先立ち、目下考察の対象とする文献が有する歴史を繙き文献学的な分析を加えることで、事前にその文献の性質を把握しておく必要がある。

そこで、本書の本論は次の四部をもって構成した。

第一部　天台維摩経疏の成立と流伝
第二部　天台維摩経疏のテキストとその問題
第三部　天台維摩経疏の教学とその特質
第四部　天台維摩経疏をめぐる諸問題

本書ではこの四部に、さきに述べた歴史的、文献学的、思想的考察のそれぞれに相当する役割を与えている。「第一部　天台維摩経疏の成立と流伝」は、歴史学的視座から天台維摩経疏の研究を進めることを目的とした。「第一章　成立に関する諸問題」では、まず天台維摩経疏が智顗によって撰述される背景として、インドから中国に至るまでの経典の受容史を概観し、智顗の伝記における『維摩経』との接点を探った。その上で、先行研究において種々に議論されてきた天台維摩経疏の成立にまつわる問題を検討した。「第二章　流伝に関する諸問題」では、流伝の記録を諸資料より渉猟し、今日に至るまで文献が伝えられた経緯を明らかにした。

「第二部　天台維摩経疏のテキストとその問題」は、第一部で明らかにした流伝の問題をふまえ、思想研究にあたってのさらなる基盤を整えるため、文献学的考察に取り組んだ結果を示した。「第一章　天台維摩経疏の現存諸本」では、『玄疏』と『文疏』の現存テキストを可能な限り調査し、それぞれの系統や所在を整理した。「第二章　『文疏』所引の『維摩経』経文の特質」では、『文疏』に引用された経文は撰述時より挿入されていた可能性が高い点に着目し、『維摩経』の主要な古写本および入蔵テキストとの比較から、智顗が理解した経文の特質を論じた。「第三章　『略疏』よりみる湛然の『文疏』削略の特質」では、『文疏』二八巻と湛然の手により編集された『略疏』十巻を比較し、湛然の文章削略の手法を明らかにした。

これらの基礎的な考察をふまえ、第三部と第四部では、天台維摩経疏に関する思想的な問題の解明を目指した。「第三部　天台維摩経疏の教学とその特質」では、天台維摩経疏の中で解釈の中核となる主要な教学を取り上げた。「第一章　経典解釈法の形成過程」では、『玄疏』に先立ち成立した別行本との比較から、『玄疏』や『文疏』は推敲が重ねられて成立したことを確認した。また、『文疏』だけに説かれる通相三観説の特徴を論じ、さらには『法華文句』の四種釈の成立過程を『文疏』より考察した。「第二章　『玄疏』にみる『維摩経』の体・宗・用」では、『玄疏』の構成の中心である五重玄義のうち、特に関連性の強い体・宗・用の三玄義に着目し、それぞれの解釈の特徴や影響関係を検討した。「第三章　智顗の『維摩経』解釈とその特色」では、他師に比して特徴的な語義解釈や分科、および『維摩経』の序に位置付けられる「普集経」という経の依用に着目し、智顗の『維摩経』理解の特色を論じた。「第四部　天台維摩経疏をめぐる諸問題」では、天台維摩経疏という文献に底流する智顗の思想を問うべく、第三部よりもより総合的な視点からの考察を試みた。「第一章　法華思想の展開とその特質」では、『維摩経』の註釈書でありながら『法華経』との関連において解釈する例を考察した。「第二章　思想的側面よりみる成立の諸問題」では、智顗が入不二法門品第九以降に釈を進めることなく示寂したことについて、仏道品第八までの註釈で区切りをつけたことの思想的意味を検討した。

以上、本論における四部の考察を経て「結論」では、「一　各章の総括よりみる天台維摩経疏」において、四部十章よりなる本書における考察の結果を提示した。最後に「二　残された課題」では、本書において検討の及ばなかった問題や、今後の研究において課題となる点を記し、天台維摩経疏研究のさらなる展望を示した。

註

(1) 佐藤哲英『天台大師の研究』(百華苑、一九六一、七三頁)参照。
(2) 『別伝』「智者弘法、三十余年、不畜章疏」(大正五〇・一九七中)。
(3) 佐藤哲英(一九六一、七四頁)参照。
(4) 『文疏』巻一「次明入此経文、大為五意」(続蔵二七・四三〇左上、新纂一八・四六四上)。
(5) 『別伝』「有陳郡袁子雄、奔林百里。又新野庾崇、斂民三課。両人登山、値講浄名」(大正五〇・一九三中)。

（6）佐藤哲英「天台維摩疏の研究序説（上）」（『龍谷学報』三〇七号、一九三三、九六頁）参照。

（7）新田雅章「智顗における「維摩経疏」撰述の思想的意味」（『印度学仏教学研究』二二巻二号、一九七四）など。また佐藤哲英（一九六一、四四六頁）では、「維摩経疏」の範囲を広義として湛然の『略疏』にまで広げ、『玄疏』六巻、『文疏』二八巻、『三観義』二巻、『四教義』一二巻、『略疏』十巻よりなる「維摩経疏」の現存五八巻が三大部に匹敵する量であることを強調する。

（8）『国清百録』巻三の智顗が晋王に宛てた遺書には「此之義疏」（大正四六・八一〇上）とあり、また晋王もそれを承けて「浄名義疏三十一巻」（同・八一〇下）を受け取った旨を記していることから明らかである。一方で、晋王は「所恨浄名経疏、不重親承」（同・八一〇下）とも記している。

（9）『別伝』「智者頻辞不免、乃著浄名経疏」（大正五〇・一九五下）、「奉勅撰浄名経疏、至仏道品、為二十八巻。覚意三昧一巻。六妙門一巻。……」（同・一九七中）。

（10）『大唐内典録』巻五「維摩経疏（三十巻隋帝請出、并前玄十巻、後玄六巻）」（大正五五・二八四上）。

（11）多田厚隆「高祖天台維摩部述作の年次」（『山家学報』新一巻四号、一九三一）参照。

（12）『台州録』「已上二部七巻同帙　維摩部（九百三紙）」（大正五五・一〇五六中）。

（13）佐藤哲英（一九三三、七〇頁）によれば、両論文は佐藤氏の智顗教学研究の第一として発表されたものであるという。この中には、三大部に比して天台維摩経疏の資料的価値を重視する姿勢がすでに明示されている。佐藤氏の智顗研究において、このような天台維摩経疏の重視は、初期から晩年に至るまで一貫した態度であったことが知られよう。

第一部　天台維摩経疏の成立と流伝

第一章　成立に関する諸問題

はじめに

天台智顗（五三八～五九七）はその晩年に、後に隋の煬帝となる晋王広（五六九～六一八）の懇請により『維摩経』註釈に従事する。しかし、完成を待たずして智顗が示寂したことにより、その直前までに擱筆していた玄義の部分と『維摩経』十四品のうち仏道品第八までの釈よりなる三一巻は、未完ながらも智顗の遺書とともに晋王に献上された。これにより一応の区切りがつけられるが、後に章安灌頂（五六一～六三二）は入不二法門品第九から嘱累品第十四までの釈となる三巻を加えることで補い、全編にわたる註釈を完成させる。このような経緯を経て成立し今日まで伝えられるのが、『玄疏』六巻と『文疏』二八巻よりなる天台維摩経疏である。

如上の複雑な経緯を有する天台維摩経疏の成立については、佐藤哲英氏の研究により多くの問題が解明されたが、近時、文献の著者性などをめぐっていくつかの疑問が寄せられていることから、改めて検討する必要に迫られている。

そこで本章では、はじめに経典そのもののインドにおける成立から受容、そして中国への流伝を概観し、智顗の生涯のどのような場面で『維摩経』との接点があったのかを明らかにすることで、天台維摩経疏が成立する思想的背景を探る。その上で、先行研究における天台維摩経疏の成立に対する諸見解や、成立の過程を解明するにあたり焦点となる資料を精査し、諸説の検討を行ってゆくこととしたい。

第一節　成立の背景

一　インドにおける《維摩経》

Vimalakīrti-nirdeśa-sūtra《維摩経》[1]は、インドの中部に位置していたとされる商業都市、Vaiśālī（毘耶離城）の長者、Vimalakīrti（維摩詰）を主人公とした大乗経典である。彼は在家の身にありながら菩薩の智慧を持った居士であり、仏の十大弟子や菩薩、ついには智慧の象徴とされる文殊菩薩にさえ法を説き、聞く者をしてことごとく感服せしめるほどの高い徳を備えた人物として経の中で描かれる。歴史上に実在した人物であるかは定かではないが、玄奘（六〇二〜六六四）が『大唐西域記』において当時の住居跡の様子を記していることから[2]、少なくとも七世紀前半までには、インドにおいてもかなりの真実味をもってVimalakīrtiという人物の存在が伝承されていたことが知られよう。

経典の成立については諸説あるが、漢訳された時期からみて、二世紀には成立していたとおおむね考えられている[3]。いずれにしても大乗仏典の成立史において、《維摩経》は般若経典群に次いで成立した初期の経典として位置付けられることは確かである。梵本は長らく散逸したものとされていたが、他の大乗経典との影響関係が認められることや[4]、Nāgārjuna（龍樹）の『大智度論』、およびŚāntideva（寂天）の *Śikṣāsamuccaya*（『大乗集菩薩学論』）に引用文が確認されることなどによって、すでにインドでの成立、および流伝は疑いのないものとされていた[5]。その後、一九九九年には日本の大正大学が行った調査によってチベットのラサから梵本が発見され、《維摩経》研究に新たな途が開かれたことは、我々の記憶に新しいところである。[6]

その他、翻訳された言語は多岐に亘る。後に詳述することとなる漢訳の他に、チベット語訳も完全な形で残されている。さらにモンゴル語、ソグド語、コータン語などの断片等も発見されていることから、中央アジアをはじめとする各地で《維摩経》が流布していたことが知られる。また、その関心は今日では欧米諸国にも拡がりをみせ、現代諸言語の翻訳もすこぶる多い。[7]

このように、《維摩経》が古今東西にわたり人々の心を魅了した歴史に基づき、我々は今日、当然のように《維摩経》を大乗経典の代表的存在として理解している。ところが、インド仏教史に限って言えば事情はいささか異なっていたようである。[8]たとえば、梵本の発見によって《維摩経》のインド成立はゆるぎない事実となったものの、《維摩経》の註釈については、『婆藪槃豆法師伝』一巻にVasubandhu（世親）が《維摩経》を解釈したことを伝えるのみで、インド成立の文献は確認されていない。[9]また、中国において維摩像は数多く現存する一方で、インドや中央アジアでは確認されていないという美術史研究の指摘も、この問題を考える上で極めて重要な示唆と言えよう。[10]このような点からインドにおける《維摩経》の受容は、今日我々が想像するほどには盛んではなかった様子が窺われるのである。

二　中国における《維摩経》

今日代表的な大乗経典として知られる《維摩経》がインド仏教界にさほど大きな影響を及ぼしていなかったという事実は、裏を返せば、中国に伝えられてその本領を発揮したことを意味する。つまり経典そのものが持つあらゆる魅力が、漢訳を通じて当地の人々の心を強く惹きつけたからこそ、《維摩経》は今日我々の知る地位を確立したのである。そして、その影響は同じく漢訳経論に基づく東アジア仏教界にも波及し、それぞれの国において独自に受容されるに至る。この意味において、《維摩経》は中国仏教、ひいては東アジア仏教の特質を考える上で、重要なメルクマールとなりうる経典の一つに他ならないのである。

そこで、次に中国を中心とした《維摩経》受容の軌跡をみてゆきたい。[11] 漢訳《維摩経》に関する経録の記録として現存最古とされるのは梁の僧祐（四四五～五一八）撰『出三蔵記集』である。その後、唐の開元十八年（七三〇）に成立した智昇（生没年未詳）の『開元釈教録』は、その巻十一に《維摩経》の三訳を挙げて「前後七訳、四訳欠本」と付記することから、[12]「三存四欠」が後の経録に継承される説となる。つまり、《維摩経》は『開元釈教録』の当時までに計七回翻訳され、うち四訳はその時点ですでに散逸していたということになるが、この智昇の説に基づき、七訳を列挙すると以下の通りとなる。

第一訳	中平五年（一八八）	古維摩詰経二巻	後漢臨淮沙門厳仏調訳
第二訳	黄武年間（二二二～二二九）？	維摩詰経二巻	呉月支優婆塞支謙訳（大正一四、No.474）
第三訳	元康元年（二九一）	異毘摩羅詰経三巻	西晋西域優婆塞竺叔蘭訳
第四訳	太安二年（三〇三）？	維摩詰所説法門経一巻	西晋三蔵竺法護訳
第五訳	不明	維摩詰経四巻	東晋西域三蔵祇多蜜訳
第六訳	弘始八年（四〇六）	維摩詰所説経三巻	姚秦三蔵鳩摩羅什訳（大正一四、No.475）
第七訳	永徽元年（六五〇）	説無垢称経六巻	大唐三蔵玄奘訳（大正一四、No.476）

近年の研究では、この「四欠」のうち、第一訳の厳仏調（生没年未詳）訳と第五訳の祇多蜜（生没年未詳）訳は実際には存在していなかった可能性が指摘されている。[13] また、この四訳の他にも散逸したものがあったとされ、鳩摩羅什（三四四～四一三または三五〇～四〇九）訳以前に支敏度（生没年未詳）が支謙（生没年未詳）・竺叔蘭（生没年未詳）・竺法護（二

三九〜三一六）の三訳を合わせ補い編集した『合維摩詰経』なるものが存在していたという。[14]このような試みは、直接的には鳩摩羅什訳以前の翻訳経典が難読であったことに端を発するものであろうが、反面、それだけ理解し難い訳文であったにもかかわらず、すでに当時の知識人たちを魅了していたからこそなされたものだといえよう。[15]

これほどまでに《維摩経》が中国の人々の心を惹きつけた要因は何であったのか。それは経典そのものが有するストーリー性の高さである。第一の仏国品において荘厳なる仏土が娑婆世界に他ならないことが釈尊によって説かれた後、在家の居士である維摩を主人公に据え、仏の十大弟子が次々に論破される弟子品、四人の菩薩ですらなす術のなかったことを明かす菩薩品、智慧の象徴である文殊菩薩が対峙し議論を交わす問疾品など一連の展開は非常に刺激的な内容に富んでいる。また、観衆生品の天女や、香積如来、東方の阿閦仏らの登場もさらなるストーリー展開を与える上で重要な要素となっている。さきに挙げたような登場人物によって繰り広げられる奇想天外な物語は、読む者をその世界へいざない、一方で無常十喩、無我八喩、観衆生品の三十喩、高原の蓮華の喩などに示された数々の譬喩は、抽象的概念を補い具体的なイメージを読者に与える。『法華経』が七喩をもって一乗思想を明かしたように、《維摩経》においてもこれらの譬喩が、難解な教義の理解を深める手段として重要な役割を果たしているのである。

このように、他の主要な大乗経典に比べ短編ながら文学的にも思想的にも豊富な内容を盛り込んだ《維摩経》が、とくに魏晋時代の南地に流行した清談のサロンに集う上流知識人たちに愛されたことは、必然であったとされる。[16]《維摩経》の代表的な思想である煩悩即菩提、また不二法門を説いた中観的空理論は、本来非常に抽象的かつ観念的で、難解な思想である。しかし、篤信の在俗者たちは、それゆえに知的好奇心をかき立てられ、受容の初期においては老荘思想の概念を借用しつつその理解に努めた。[17]また、中国においては註釈書の撰述も早くより着手された。現在確認されているもっとも古いものに、敦煌文献P.3006がある。四世紀後半から五世紀初頭の作とされ、支謙訳に対する註釈であることから、鳩摩羅什訳以前の《維摩経》受容の状況を伝える資料として注目されている[18]。

このように中国伝来当初から道俗を問わず親しまれていた《維摩経》の地位は、鳩摩羅什訳の登場以後、不動のものとなる。この鳩摩羅什訳については、弘始八年（四〇六）以前に『毘摩羅詰提所説経』なるものがすでに訳出されており、現存する『維摩経』は二度目の翻訳であった可能性が近年の研究により指摘されている[19]。このような成立の問題が残るとしても、鳩摩羅什訳の文体の美しさによって、中国における《維摩経》信仰に更なる展開がもたらされたことは[20]、『法華経』など他の経典の例に照らしても当然のことと言えよう。また、鳩摩羅什をはじめ僧肇（三八四～四一四?）、竺道生（三五五～四三四）、竺道融（生没年未詳）が註を残し、それらは後に『注維摩詰経』十巻としてまとめられ、以後の《維摩経》註釈の権威として珍重される。この点も、鳩摩羅什訳が後世まで影響を及ぼし続けた要因の一つであろう。

鳩摩羅什訳の登場以後、南北朝時代に入ると、《維摩経》の受容はそれぞれの地で独自の展開を見せてゆく。註釈が先に盛んになったのは南朝で、梁の三大法師のうち法雲（四六七～五二九）、智蔵（四五八～五二二）が『維摩経』を講じたとされ、南斉の皇子蕭子良（四六〇～四九四）や梁の武帝（在位五〇二～五四九）ら当時を代表する仏教外護者たちも註釈に手を染めたように、とくに斉、梁の時代にそのピークを迎える[21]。それに対して、異民族の支配が続いた北朝では、註釈活動はそれほど盛んでなかったようだが、北魏の宣武帝（在位四九九～五一五）が講義した例が知られるほか[22]、《維摩経》の信仰がこの地にも根付いていたことは、雲崗や龍門の石窟に刻まれた維摩をモチーフとした石刻像にも明らかである[23]。

隋朝による南北統一後にはこのような相違も次第に解消され、浄影寺慧遠（五二三～五九二）の『維摩経義記』八巻をはじめ、本書で論ずることとなる天台智顗や、嘉祥大師吉蔵（五四九～六二三）の四種の註釈が残されたことから明らかなように、新たな教学を形成する仏教界の流れの中で『維摩経』の思想は大いに重視されるに至った。唐代に入り玄奘が改めて翻訳を行ったのは、当時の《維摩経》に対する高い関心を反映してのことであろう。[24] その訳を用いて慈恩大師基（六三二～六八二）が『説無垢称経疏』を著し、唯識学の立場から《維摩経》の思想を解釈するという成果をもたらしたが、[25] それでもなお玄奘訳が鳩摩羅什訳に取って代わることはなかった。そして、唐代以降の《維摩経》の受容として重要なのは、禅宗との関係である。註釈書などは残されていないが、数多くの禅籍に《維摩経》の文言やそのイメージが好んで用いられていたことは周知のごとくである。[26]

以上を振り返ると、多くの高僧が《維摩経》の註釈を残し、さらにはその文言や思想が多く依用されたことは、まぎれもなく《維摩経》が伝来以後、中国の社会全般に及ぼした大きな影響の記録に他ならない。《維摩経》は特定の宗派・学派の聖典となることはなかった。しかし、だからこそ宗派的な枠組みを越えて広く受容されたのである。このことは、《維摩経》が仏教史において果たした役割を考える上でもっとも重要な点と言えよう。[27]

第二節　智顗と『維摩経』

一　智顗伝とその区分

智顗が生を享けたのは、大同四年（五三八）、南朝梁の時代であった。その後、陳朝を経て南北統一が果たされた隋朝の治世の中、開皇十七年（五九七）十一月二十四日に示寂する。この間、社会は三つの王朝の興亡があり、そして十人の皇帝が相次いで即位するという目まぐるしいほどの変化を経験する。このような時代の転換期に生きた智顗六〇年の生涯には、重要な節目や時期があるとされる。先行研究では、①誕生から出家まで、②十八歳で出家したのち、二三歳から約八年間の南岳慧思（五一五〜五七七）のもとでの修学、③三一歳から約七年間の陳都建康（金陵）で瓦官寺を拠点に行われた伝道、④三八歳から約十年間の天台山における修養、⑤四八歳から約十年間の建康および荊州玉泉寺での三大部講説、⑥五八歳から示寂まで続いた揚州・天台山における維摩経疏撰述、などがその主なものとされる。

日本の研究では、これらの智顗の行状を四・五・六期に区分するほか、さらに全体を二分し前・後期とする説を提示する[28]。諸説はいずれも③建康での伝道、④天台山での修養を独立した時期とする点で一致するが、①の出家以前と②の修学を分けるのか、⑥の最晩年を⑤の延長として含めるか否かについて違いが見られる。また、②において慧思のもとで修学中に経験した「大蘇山の開悟」、④の天台山における修養中、三九歳の時に一人頭陀を行じてみずから獲得した「華頂降魔」、これら二回の証悟体験をどう捉えるかということも、智顗の生涯を考える上で重要なポイントとなるが、その扱いについても見解はさまざまである。

たとえば、①から⑥による六つの時代を立て、うち①から④までを前期、⑤と⑥を後期に分ける佐藤哲英氏は、華頂降魔を「一転機」としつつも、④は③の瓦官寺時代の思想の決算期であり後期の胎動期にあたるとして前期に含める[29]。その説明からは④を前・後期の間をつなぐ移行期と位置付けた印象もあるが、それでも④を前期に収めるのは、⑤の三大部講説において開陳される諸法実相観を中心に後期を設定することを意図しているからであろう。④を「天台山隠棲時代」といささか消極的に命名するのもそのためかと思われる。それに対し、池田魯参氏は④における修養が⑤の三大部講説の成果を生むとして、島地大等氏の前半二期、後半二期の計四期を基本的に採用しつつ、①②③の三期を前半生、④と⑤+⑥の二期を後半生に分ける[30]。このような前後期の区分の違いは、佐藤氏に代表されるように文献等に表明された思想の変化に着目するか、池田氏の説に明らかなように思想が変化する背景として準備段階を重視するか、という着眼点の違いに由来するようである。

筆者も基本的には池田氏の区分に賛同するところが多い。智顗の生涯においてもっとも重要な宗教的転機である天台山での華頂降魔の体験に基点をおけば、④以降が後期となることは必然である。ただし、⑤と⑥をその延長線上にひとくくりとする点については、若干見解を異にする。『維摩経』註釈の撰述に従事した間の智顗の動向を三大部講説の期間と区別することで、三大部講説による教学体系の構築と、『維摩経』註釈の撰述を通したみずからの確立した教学に対する再確認、この二つの意義を明らかにする必要があると考えるからである。また智顗の最晩年の動向として重要なのは、天台山に戻り「立制法」を定め教団運営の基礎を整えたことである。このように刻々と迫り来るみずからの死を意識し、亡き後のことを考え準備をしていった時期としても、⑥は独立すべき意味を持つ。このような区分は、⑤と⑥の間に思想的な分断を見るのではなく、分けることで智顗の生涯をより正確に把握するためのものである。

以上の理由から、本書では智顗の生涯を次の六期に分けて考えてゆくこととする。

前半生　幼少期　誕生・父母の死
　　　　修学期　出家・大賢山での修行・慧思との出会い・大蘇山での開悟
　　　　伝道期　建康での講説
後半生　修養期　天台山での頭陀行・華頂峰での降魔
　　　　再伝道期　三大部講説
　　　　晩年期　維摩経疏撰述・立制法の制定

二　智顗の行状における『維摩経』との接点

さて、このような智顗の生涯において、『維摩経』との接点はどのような形で見られるのであろうか。

智顗の行状の詳細を記す章安灌頂（五六一～六三二）撰『別伝』や道宣撰『続高僧伝』巻十七に収録された智顗伝の記述を見る限り、その明らかなものは、修養期に天台山で行ったとされる『維摩経』の講義と、晩年期の『維摩経』註釈の撰述の二つということになる。佐藤哲英氏は、前半生の代表作である『次第禅門』においてわずかであった『維摩経』からの引用が、三大部では大幅に増えていることに着目し、引用が増加する契機が天台山での講義であり、また晩年期に維摩経疏の撰述に専念したのは智顗の内面的な関心によるとの見解を示している。(31) 指摘されるように、講義の経験が後の註釈書の撰述にあたり大きな糧となったことは想像に難くない。

その天台山での講義の様子をもっとも詳しく伝えるのが、以下の『別伝』の記事である。

有陳郡袁子雄、奔林百里。又新野庾崇、斂民三課。両人登山、値講浄名、遂斎戒連辰。専心聴法、雄見堂前有山、琉璃映徹。山陰曲澗、琳瑯布底。跨以虹橋、填以宝飾。梵僧数十、皆手擎香爐、従山而出、登橋入堂。威儀溢目、香煙徹鼻。雄以告崇。崇称不見。並席天乖、其在此矣。雄因発心、改造講堂。此事非遠。堂今尚在。

（大正五〇・一九三中）

県の長官である袁子雄や役人の庾崇なる人物が智顗の『維摩経』の講説を聴き、うち袁子雄だけが講義の場において数十人もの梵僧（印度の僧）が現れる奇瑞を見たことから、発心して講堂を改築したという。同場面は『続高僧伝』にも記されるが、そこでは庾崇は登場せず、袁子雄だけでなくその場にいた人々が同じく奇瑞をみて大いに驚嘆したという流れとなっているほか、毎夏に『維摩経』が講義されたとする点が『別伝』の記述と異なっている。このような異同はあるものの、天台山で『維摩経』が講義されたことは確実とみてよいであろう。

その後、開皇十五年（五九五）、智顗が五八歳の時に晋王広からの依頼により『維摩経』の註釈書撰述に従事する。今日残る『玄疏』と『文疏』がその内容であるが、成立をめぐる詳細については、次節に考察する。以上が直接的な『維摩経』との接点であるが、伝記資料にはその他にも間接的な接点を窺わせる記述が確認される。たとえば、前半生の伝道期、建康での拠点であった瓦官寺は、画聖と称された顧愷之（三四八～四〇九）[32]が描いた維摩居士図のあったことで有名な寺院であった[33]。智顗も必ずやその図を目にしたと思われる。

またさきに述べたように、後半生の修養期に至り天台山において『維摩経』の講義がなされるが、それより前に智顗が経験する華頂降魔にも、『維摩経』との接点は暗示されている。その場面は『別伝』に次のように記されている。

明星出時、胡僧現曰[34]。制敵勝怨、乃可為勇、能過斯難、無如汝者。（大正五〇・一九三中）

引用部は、智顗が華頂峰で坐禅をしていると、悪魔が現れさまざまな妨害をしかけようとするも、それに動ずることなく夜明けを迎えたという内容に続く記述である。その時、胡僧（異国の僧）が現れ、智顗を讃えた言葉とされる「敵を制し怨に勝つは、乃ち勇と為すべし」の句は、『続高僧伝』にも西域の神僧の言葉として引用されるが[35]、志磐（生没年未詳）『仏祖統紀』（一二六九）では、割註においてこれが『維摩経』の文言であると補足する[36]。具体的には、文殊師利問疾品第五の「譬ふるに怨に勝つが如きは、乃ち勇と為すべし」[37]を意図した指摘であろう。中国において『維摩経』は、降魔の経典としても知られている[38]。このような文化的な側面をふまえて、後に胡僧の言葉が理解されたものと考えられる。逸話のどこまでを史実と捉えるか、また史実であったとしても智顗がその場面においてただちに『維摩経』の文言と認識したかの疑問は残るが、その後の天台山における『維摩経』講義の伏線とも読み取れる、非常に重要な接点として注目されよう。

さらに、後半生の再伝道期に入り、玉泉寺の勅額をめぐっても『維摩経』との接点が窺われる。『別伝』は、玉泉寺の号について、隋の文帝（五四一〜六〇四）より額を賜り「一音」と号したのを、「玉泉」に改めたと記している。[39]また荊渓湛然（七一一〜七八二）も、もと「一音」という名であったのを、玉のような美しさの泉であることにちなんだ「玉泉」に改称したと説明する。[40]「一音」といえば、「仏以一音演説法、衆生随類各得解」の句が有名である。この句は類似の表現が諸経論に散見されるが、[41]引用される場合はおおむね『維摩経』仏国品のそれとされる。[42]『国清百録』には、開皇十三年（五九三）に文帝より額を賜った際の書状が収録されているが、[43]その直前のものと思われる晋王が智顗へ送った書状には、寺号について自身がただちに文帝に奏上するとの一文がある。[44]これが「一音」と決める前のものか「玉泉」に改めることになってのことかは判然としないが、いずれにしても、晋王が新しい寺の命名に積極的にかかわったことは明らかである。この後、開皇十五年（五九五）に入り、晋王は智顗に義疏の撰述を依頼することになるが、玉泉寺の勅額をめぐる一件の中に、晋王の『維摩経』に対する関心がすでに垣間見られる点は興味深い。

以上にみた智顗の生涯における『維摩経』との関連事項を概観すると、前半生においては瓦官寺の維摩居士像を見たであろうという憶測にすぎない接点を見出すのみであった。それが後半生に入ると、その分岐点となる華頂降魔では胡僧の言葉に『維摩経』を背景とした表現が用いられ、その後には天台山での講義という直接的な『維摩経』研鑽の機会を得て、さらには再伝道期に入ると晋王との交流の中で「一音」の勅額が一度下賜されたほか、晩年期には註釈の依頼を受けるに至っている。

『維摩経』は在家菩薩の維摩居士が主人公である。このような経典の特徴からか、講義を聞いた袁子雄らや註釈を依頼した晋王など、智顗と『維摩経』の接点の多くは在家者とのかかわりの中で持たれている。智顗の『維摩経』解釈は、天台教学のみならず中国における『維摩経』信仰に広く影響を与えたことが指摘されている。[45] 在家者との交流を通じ、実社会に生きる彼らの存在とその化導を意識したことが、後の人々にも共感を与える解釈に繋がったのだと考えられよう。[46]

第三節　天台維摩経疏の成立とその問題点

一　成立をめぐる問題の所在

智顗の行状において、『維摩経』との接点としてもっとも直接的かつ重要なものは、晩年期にあたる五八歳以降に従事することとなった註釈書の撰述である。今日、『玄疏』六巻、『文疏』二八巻として残されたその天台維摩経疏の成立について湛然は、『文疏』を要約して『略疏』十巻を作るに至った経緯を記す自序の中で、次のように述べている。

今茲疏文、即隋煬帝請天台大師出之、用為心要。勅文具在国清百録。因令侍者随録奏聞、但至仏道品、後分章安私述続成。初文既筆在侍人、不無繁広。（大正三八・五六二下）

この疏は煬帝の依頼により智顗が作り、もっとも重要なものとしたこと、その勅命の詳細は『国清百録』にあること、また侍者に記録させたものであり、奏上したのは仏道品までであって、残りの部分は灌頂が個人的に続けて完成させたものであるとする。また、最初にできた部分は侍者が書いているので、文章が複雑で冗長だとも述べている。そして、引用文に続く部分では、門人たちの要望もあり、読みやすくして智顗の教えを伝えるために『略疏』を作ったとも記している。

この一文には、天台維摩経疏の成立にまつわる問題点が端的に示されている。第一に、智顗みずから着手したのではなく、煬帝（実際には即位以前の晋王）からの依頼によるという執筆の動機、第二に、献上された仏道品までの釈は侍者が記録しているという撰述の過程、第三に、仏道品までは奏聞されたという献上の実態、第四に、残りの部分は灌頂が個人的に書き綴ったものだという完成までの経緯である。

湛然が言及するように、晋王の依頼文をはじめとした献上の途中経過に関する具体的な情報が『国清百録』に収録された書状などに記されていることから、天台維摩経疏の成立については、他の文献に比してかなり詳細に状況を辿ることができる。しかし、それゆえに文献全体としての著者性を今日的な意味でどう判断するかは大きな問題となる。よって、先行研究において種々の議論がなされているが、いまだ課題も少なくない。

さきに挙げた第一の執筆の動機についていえば、晋王から依頼があったこと自体は『国清百録』の書状より明らかであるが、それ以上に智顗が積極的に関心を抱いていたか、または主体的に執筆に着手したかは問題となろう。佐藤哲英氏は三大部に『維摩経』の引用が増えていることから、撰述の動機も智顗の内面的な関心によるものだとするが、『国清百録』に収録される智顗の応答を見る限り、それほど積極的な態度で執筆を引き受けたとは思われない。

第二の撰述の過程についても、門人の介在をどう理解するかについては、平安末の学僧、宝地房証真（生没年未詳）以来注意されてきた問題であるが、近時、平井俊榮氏による『法華文句』などに対する批判的な研究とともに、改めてその議論を整理する必要があろう。

第三の献上の実態については、湛然の『略疏』序の中ではとくに触れられていないが、最終的に仏道品までの釈が献上されるに至るまでの回数が問題となる。この点は、佐藤氏が「三回献上説」を提示したことで、数々の矛盾が解消された。

第四の完成までの経緯に関しては、灌頂によって完成を見た時期や献上の有無などが問題となるが、これ関しても近時、青木隆氏により地論宗文献をそのまま参照したものではないかというまったく新たな見解が示されている。

天台維摩経疏の成立については、とくに第三の献上の実態を明らかにした佐藤氏の研究がもっとも網羅的でありかつまた詳細であるが、その後の研究において指摘された点もふまえ、以下にこれらの諸問題を検討すべく考察を加えてゆきたい。

二　行状よりみる執筆の動機と態度

『別伝』は、天台維摩経疏の撰述について次のように記している。
智者頻辞不免、乃著浄名経疏。（大正五〇・一九五下）
智顗が頻りに辞退したが免れることができず、そこで「浄名経疏」を著したという。「乃」には「こうしてやっと」といった前後の文脈に曲折のあることを示す意味がある。この一字から、断りきれず致し方なく依頼を受けた様子が読み取れよう。これより前の文脈には晋王広からの再三にわたる教示の願いがしたためられた書状があることから、ここで免れることができなかったというのは、晋王からの依頼ということになる。智顗と晋王との交流は、晋王が揚州を治めるようになった開皇十一年（五九一）より始まる。その年の十一月二十三日には揚州にて智顗が晋王に菩薩戒を授け、晋王が智顗に「智者」の号を与えているが、[47]翌年には智顗は揚州を離れ、その後は荊州で『法華玄義』や『摩訶止観』の講説などを行うが、その間も書状のやり取りや晋王が智顗のもとを訪れるなど両者の交流は続いてゆく。そして、開皇十五年（五九五）春、かつて晋王が智顗のために修繕した揚州禅衆寺に戻って以降、智顗には教えを受けたいという晋王からの願いが一層強く寄せられるようになる。[48]『別伝』が「乃ち浄名経の疏を著」したというのは、このような長年の交流の果てに断りきれなかった状況をふまえたものであろう。

佐藤哲英氏は、『釈禅波羅蜜次第法門』などの前期の著作に比して、三大部において『維摩経』の引用が飛躍的に増えていることに着目し、「それがよしや晋王の懇請という外面的な直接動機があったとしても、むしろその根本的動機は智顗自身の内面的な維摩経への関心によるものといわねばなるまい[49]」と評しているが、『別伝』のこの一文に外面的な動機以上のものは示されていない。

また、この間の詳細なやり取りを記録する『国清百録』から垣間見られる智顗の態度も同様である。『国清百録』によれば、天台維摩経疏の成立につながる晋王からの最初の依頼は、晋王から智顗へ宛てられた「王謝冠幷請義書第四十八[50]」である。文末に「六月二十一日」とあり、開皇十五年（五九五）六月の書状とされるが、その中では天子の冠を作成するにあたって智顗より意見を受け、その冠が完成したため謝意を表し、また仏法によって国を治めるために智顗に指南を求めている。ここでは題に「請義書」とあるのみで、本文中には直接的に『維摩経』を指す言葉はない。

これを承けて智顗から晋王へ宛てられたのが「譲請義書第四十九[51]」である。内容は慇懃に依頼を断るものである。

貧道山僧本懐、夙至於天台旧居。……採聴経論、其功既浅。頼荷禅門、憑定修習。比於専学、数論区分、理乃弗違、業乖至熟。（大正四六・八〇七中～下）

ここでは、天台山に戻ることが自らの本意だとしている。また、「経論を採聴するに、其の功既に浅し」との文に次いで、禅定の実践を中心とするので数論（ここではアビダルマ教学のこと）などは不得手であるとまで自らのことを卑下する。多分に謙遜の表現とはいえ、その文脈には、今は揚州で経論解釈に従事するよりも天台山に戻り修行に専心したい、という智顗の切なる想いが示されている。

次いで六月二十五日付の「王重請義書第五十」[52]において晋王は智顗にふたたび教えを請うている。ここでは、晋王はその理由を次のように述べている点が注目される。

若習毘曇、則滞有情著。若修三論、又入空過甚。成実雖復兼挙、猶帯小乗。釈論地持、但通一経之旨。如使次第偏修、僧家猶難尽備、況居俗而欲兼善。当今数論法師、無過此地、但恨不因禅発、多起諍心。（大正四六・八〇七下）

この中では、毘曇、三論、成実、『大智度論』、『地持経』などに偏って修学することの不備をなげき、教理学が盛んなものの禅によっていないので、諍いをおこしているという。また、この書状の中では、教えを受けるのは「非禅非智」を体現する智顗より他にないと懇願する。[53]

この後、「王謝義疏書第五十一」[54]では、晋王から智顗へ「初巻義疏」を受け取ったことへの謝意が述べられる。日付は明記されていないが、六月二十五日付の「王重請義書第五十」と七月二十七日付の「王論荊州諸寺書第五十二」の間に置かれていることから、この間の七月初旬から中旬にかけて「初巻義疏」が智顗から晋王へ提出されたと考えられている。佐藤氏はこの書状に関して「晋王は智顗に維摩経疏の製作を依頼すると、王者らしい我儘から矢継早に督促したので止むなくその第一巻を献上したのではないかと思う」とし、提出されたものの内容は「ほぼ現行の維摩経玄疏第一巻に近い浄名玄義の初巻であったと考えられる」としている。[55]またその内容は四悉檀に関するものであったことが、以下のように述べられている。

悉檀内外、耳未曽聞。故知、龍樹代仏不可思議。今所著述、肉眼未覩明闇。（大正四六・八〇八上）

晋王は「未だ曽て聞かず」と新しい説に感銘を受けているが、一方で「未だ明闇を覩ず」と理解の及ばない部分もあったようである。より咀嚼した解釈の要請がこの表現に暗に込められていたとすれば、献上が複数回に亘った遠因はこのあたりに端を発するものであったと推測されよう。

以上に見たように、『国清百録』に記録されるだけでも二回に亘り晋王より依頼がなされているが、この間のやりとりでは「義書」「義疏」というだけで、『維摩経』については明記されていない。「王重請義書第五十」の末に柳顧言（五四二～六一〇）を遣わすことが付言されていたように、[56]実際には書状だけでなくさまざまな形での働きかけがなさたこともあって、初めは辞退した智顗であったが、やむを得ず応じることとなった経緯が知られよう。さらに、七月二十七日付で晋王から智顗に宛てられた「王論荊州諸寺書第五十二」[57]には、早速「義疏」によって指南を受けたことに対する感謝の意が述べられている。

稍希義理、智波羅蜜、爰降開許、始制義疏、方憑啓沃、向入慧門。（大正四六・八〇八上）

この「始めて義疏を制し」を、池田氏は第五十一条の「初巻義疏」のことだとするが、[58]佐藤氏はこの句によって、おそらくこの頃までに後に別行本となる第一回献上本が提出されたと見なす。[59]

また、この書状の中で注目されるのは、晋王が智顗に対し天台山に帰ることなく、都に近い摂山棲霞寺に住むことを願っている点である。ところがその願いに反し、次の「重述還天台書第五十三」[60]で智顗は天台山帰還を願い出ている。日付は「三月二十日」とあるが、諸研究では七月二十七日付の第五十二条と七月二十九日付の第五十四条の中間に置かれていることを重視し、七月二十八日であるべきとする。[61]この後、智顗が天台山へ帰った時期をいつと見るかについては諸説があり、この日付を開皇十五年（五九五）七月と見て秋に天台山へ向かったとするもの、[62]『国清百録』の記述のままに三月と見て開皇十六年（五九六）に天台山に向かったと理解するものが主なものである。[63]これに関連して日本の研究ではおおむね前者の説を採用するが、[64]近時、李四龍氏はこの天台帰山の時期について、主要な説として開皇十七年（五九七）を加えた三説があるとし、うち開皇十六年（五九六）の安居直前が妥当だとする説を主張する。[65]李氏は第五十三条が「重述」と題しているのに着目し、同年三月二十日以前に智顗が天台山に帰ることを述べた書状があったが『国清百録』が記載しなかった可能性を指摘するほか、晋王の書状である第五十四条の日付が七月二十七日となったことは、晋王の意に反して智顗が天台山へ帰ってしまったことを快く思っていなかったから返事が遅れたのだろうと推測し、第五十二条と第五十四条との間には一年の隔たりがあるとする。

いずれにしても、智顗は晋王の意向を知りつつ、自らの仏道を優先すべく天台山への想いをあきらめず成就する。このような両者の願いの間に生じた大きな懸隔は、第一回献上本が取り急ぎ提出された背景として留意しなければならない。

なお、道宣『続高僧伝』巻十七に収録された智顗の伝記の内容は、おおむね『別伝』に依ることが知られるが、智顗が「維摩経の疏」を著すにいたった件の後に、『別伝』には記されなかった逸話が挿入されている。その内容とは、晋王の妃である蕭氏が医師も為す術がないほどの重い病に伏したため、柳顧言を介して智顗を招き、智顗は『金光明経』の懺法を行い、これが功を奏して王妃は快復したというものである。[66]『隋書』巻三十六の「煬帝蕭皇后」伝に、『続高僧伝』に記されるような病については触れられていない。この一段と『維摩経』の註釈が著されることとの因果関係は明らかではないが、『維摩経』には問疾品があることから病身を憂い読誦される例は少なくない。[67]また日本では維摩会が治病祈願を目的として始まったことを勘案すると、非常に興味深い記述と言えよう。

三　門人の介在に関する諸説

湛然が『略疏』の序で指摘する「侍者をして随録せしむ」とは、『国清百録』巻三に収録される「遺書与晋王第六十五[68]」の中で次のように述べられることに基づくものである。

　此之義疏、口授出本、一遍自治、皆未捜簡経論、僻謬尚多、不堪流布。既為王造、寧羞其拙。嘱弟子抄写後本。（大正四六・八一〇上）

　開皇十七年（五九七）十一月、死の間際に晋王に宛てた遺書の中で智顗は、「口授して本を出だす」と自らが口述し弟子が代筆したことを明かしている。また、一通り直したものの、まだ経論の確認が不十分であるので流布に堪えないとした上で、「弟子に嘱して後本を抄写す」と弟子に書写させているというが、前の文脈からすれば実際にはその作業を通じて「僻謬」を改めさせていたと見るべきであろう。ここにいう弟子が灌頂であることは、翌年正月二十日付の「王答遺旨文第六十六」の中で「灌頂が送る所の、最後の浄名義疏三十一巻[69]」と述べられることから明らかである。

　この他にも、撰述に関与した人物として、古くから注目されていたのが徐陵（五〇七～五八三）である。これは『別伝』の以下の文に基づく理解である。

　智者頻辞不免。乃著浄名経疏。河東柳顧言、東海徐陵、並才華族冑、応奉文義。（大正五〇・一九五下）

智顗が『維摩経』の疏を著し、柳顧言と徐陵といった文才に富んだ名家の子息が、「文義を応奉」したという。これに関連して宝地房証真は、『維摩経疏私記』において、次のように述べる[70]。

　此経広疏二十八巻者、大師之真筆、徐陵之潤色也。（増補改訂『日本大蔵経』一四巻一六五頁）

　これに対し、佐藤氏は、徐陵の没年が『陳書』第二十六により陳の至徳元年（五八三）であることから、開皇十五年（五九五）以降に撰述が始まる維摩経疏に介在することはあり得ないとする。さらに「応奉」について、江戸時代の可透（一六八二～一七三四）撰『天台大師別伝句読』には、「応」は「膺」の誤りとし、「膺奉」とは「服膺遵奉」の意だとする説を参照し[71]、服読してその意義に従い奉ったと理解しうるとして、柳顧言の潤色も否定する[72]。

このように、先の『別伝』の一文は徐陵の没年との不整合から矛盾をきたしているが、『続高僧伝』はこれに相当する箇所で「徐儀」と記していることが注目される[73]。徐儀（?～六〇八）は徐陵にいた四人の息子の一人で、陳朝滅亡後に隠遁していたが、煬帝に召されて学士となった人物である[74]。この限りにおいて問題はないが、関連の文献で徐儀に言及するのは『続高僧伝』のこの一箇所のみで、最澄（七六七または七六六～八二二）編とされる『天台霊応図本伝集』に収録された『別伝』の当該箇所でも「徐僕射[75]」と陳の宣帝の時代に尚書僕射の位にあった徐陵であることを示すほか、史書に記されるとおり徐儀が煬帝に召されたという点を重視すれば、彼が隠遁生活から表舞台に出るのは晋王が皇太子を経て皇帝に即位する仁寿四年（六〇四）以降のこととなり、開皇年間の話題の中に登場するのは唐突の感を免れない。道宣がどのような情報源に基づき徐儀としたかは判然としないが、父である徐陵と智顗の深い縁をふまえ、同じく文才あふれる息子を介した点は一考に値する理解と言えよう。

徐陵か徐儀かの一件はともかく、智顗自身が述懐するように、献上された三一巻が灌頂ら弟子による書写であることは間違いなく、引用経論の確認など細かな点は弟子に任せていたものと思われる。

このような状況において、はたして智顗の著作と言いうるかが問題となるが、撰号に着目すると、『玄疏』の内題には「天台山修禅寺沙門智顗撰」が各巻に付されているものの、『文疏』にはいずれの巻にも撰号がない。『文疏』の撰号については、元々あったものが削除されたとは考えにくいため、古くよりなかったと見るべきであろう。一方の『玄疏』の撰号がいつどのように加えられたかの問題が残るが、「口授」の事実を措いても、後代には智顗のものだと強く認識されつつ流伝していたことが知られよう。

ただし、これとは別に近年、内容面から成立の問題に疑問が投げかけられている。この点は、節を改め後述したい。

四　三回献上説の意義

天台維摩経疏は晋王広の依頼によって撰述が着手され、結果的に智顗の示寂により完成を見ることがなかったものの、出来上がっていた三一巻は依頼主である晋王のもとに献上された。このように、天台維摩経疏が献上を目的として撰述された文献であることは、その内容を考える上で極めて重要な要素である。

その成立の経緯について今日定説とされているのが、佐藤氏の三回献上説である。その概要は本章末に付した「図一　天台維摩経疏の成立段階図」を参照されたい。この三回献上説は昭和八年（一九三三）から翌九年にかけて発表された上下二篇よりなる論文において示され[76]、昭和三十六年（一九六一）刊行の『天台大師の研究』にも継承されて、今日周知されるに至っている。この三回献上説が新たにもたらした意義とは、それ以前に漠然と二回の献上と考えられていたことで生じていた矛盾を解消した点にある。

佐藤氏によれば、天台維摩経疏が複数回にわたり献上されたことは、咸淳五年（一二六九）に成立した志磐（生没年未詳）撰『仏祖統紀』においてすでに注意されていたという[77]。巻三十九、法運通塞志は編年体で主要な歴史的事項を列挙するが、この中に「浄名義疏」に関する記述が二箇所に見える[78]。

十五年。……二月晋王遣使迎智者、至揚州禅衆寺、上所著浄名義疏。九月辞帰天台。（大正四九・三六〇下）

十八年。故智者弟子僧使灌頂普明、奉遺書及浄名義疏、至揚州。（大正四九・三六一上）

これだけの記述では、志磐が献上を二回と理解していたかを判断することはできない。ただし、このように智顗の時代の重要事項を列挙する中で二箇所にその記載が見えることは、後の読者に二回の献上があったことを意識させる要因にはなったであろう。

このような二回献上説に基づく論攷として、佐藤氏は薗田宗恵、上杉文秀、境野黄洋、多田厚隆の諸氏の研究を挙げる[79]。以下に、それぞれの論旨を確認しておきたい。

薗田宗恵「四教義と四教儀」は明治二十九年（一八九六）の論攷である[80]。管見の限り、とくに二回献上説の正当性を強調して論じたものではない。いまだ大正蔵もない当時に用いられていた縮刷大蔵経所収の『四教義』に欠落があることを指摘した上で、『四教義』と『玄疏』の異同を検証している。『四教義』の「釈此経五義」が『玄疏』では略されていることに言及するなど、『四教義』と『玄疏』を比較した先駆的研究として重要であるが、研究環境の整っていない時代の成果とあって、『四教義』を『玄疏』の増補と見なすなど、今日から見れば問題も多い。

境野黄洋『支那仏教史講話』下巻は昭和四年（一九二九）に出版されたものであるが[81]、この中に天台維摩経疏の成立に関する氏の意見が示されている。「思ふに智顗の『維摩疏』は、一たび之を晋王に授け、後天台山に於て再治して更に王に奉つたもので、前後両本あつたものであることは、彼の遺書に「在山両夏、専治玄義、進解経文、至仏道品、為三十一巻」とあるので、玄文共に在山両夏の再治であることを知るべく、前に与へしものは、之を火中に附せよとあるので、初稿の存せしこともこれまた明瞭である。……或は此の『三観義』なるものは、所謂其の前稿本より抜き出したものではないかと想ふのである」と、二回の献上を想定している。この中で「火中に附せよ」と引用されるのは『国清百録』の「遺書与晋王」の次の文である。

仰簡前所送玄義及入文者、請付弟子焚之。（大正四六・八一〇上）

このように「前に送る所の玄義と入文」から『三観義』などが別行したという考え方は、以降の諸論にも共通するが、処分されたはずのものが流布するという矛盾の元となっている。

上杉文秀「天台宗典籍談」は『無尽灯』という雑誌での連載を補訂し、昭和十年（一九三五）刊の『日本天台史』

に収録されたものである。[82]また、「次に『維摩経玄疏』に就いて少しいふことがある。大師、曽て『維摩経玄義』十巻を著作された。然るに其後晋王の為に別に玄義及び疏を作られた。そこで前者を分かちて三部とし、各題目を立てたのが『四教義』『四悉檀義』『三観義』である」と別行本について言及する。十巻本の献上は、『国清百録』の「秘書監柳顧言書第一百一」にも言及されるが、[83]その中には内容に関する記述は特に見られない。別行本との対応は、湛然『法華文句記』巻一中の以下の記述によったものであろう。

又浄名前玄、総有十巻。因為晋王、著浄名疏。別製略玄、乃離前玄、分為三部、別立題目。謂四教六巻、四悉両巻、三観両巻。（大正三四・一五九中）

昭和六年（一九三一）に発表された多田厚隆「高祖天台維摩部述作の年次」は、もっとも二回献上説の論証に努めた論攷である。[84]第一回の献上である「初巻義疏」は、智顗の遺書に焼却するようにと言及される「玄義及入文」だと考え、「其の焼却の責任者は、大師の遺告と維摩疏とを持って晋王に使した章安灌頂である（百録六十六）から、章安が自ら撰して帝に謹状した別伝の上に之等三部の名を載せないのは、さもある可き事と認めてもよい」と、焼き捨てられるはずの第一回献上本を処分しなかった灌頂は、その非を感ずるが故に『別伝』の中に別行本に言及しなかったのだとの見解を述べる。さらに、『玄疏』に散説される「大本」について、「明らかに此処に云ふ大本とは、特に維摩経一部に関係したものでなく、遍ねく諸経を通じたる独立の四教義の大本が、撰述せられて居つたものでは無からうかと思はれる」と述べて、『四教義』が『維摩経』註釈の目的とは別にすでに存在していた可能性を示唆する。このような記述からは、二回という回数を確固たるものとして、矛盾点に理由を付して、その正当性を擁護する姿勢が強く窺える。

ここに挙げた諸先学のみならず、佐藤氏によって三回献上説が提唱される前には、二回の献上がさしたる疑義を挟まれることもなく理解されていたようである。たとえば、『玄疏』の項目を収録する『仏書解説大辞典』第十一巻が刊行されたのは、佐藤氏が三回献上説を発表した後の一九三五年であるが、まだその説が周知されていなかったのか、中里貞隆氏による解説では、「天台には前に十巻の浄名玄義がありて已に煬帝に送つてあつたが、本書を煬帝に送るに当りて前本は宜しく焼棄すべしと……言ふてゐる程自信を持つた製作である。六祖湛然は現行天台の遺著、四教義六巻、三観玄義二巻は前著十巻の玄義を四教三観四悉檀の三部に分離した中の二部だと言ふてゐるが……本書に於ても其の三部門を説くこと深細である[85]」といい、三回献上説はまったく顧慮されていない。同巻の『三観義』の項目においても、「前著は浄名玄義として何等か意に満たぬ所があつたと思はれる。勿論湛然の説の如く十巻の玄義が、四教、三観、四悉檀のみで尽きてゐたものとすれば、現存六巻の玄疏と比較して可なり不備なる点がある。五重玄義中僅に釈名の章の一部分で、他の四章は全然闕けてゐるからである。かくて旧玄義は浄名玄としては不備であるが、その論述には何等の誤謬闕点があるのでなく、天台所立の四教の要旨や、三観の義旨を知る上に他に見られざる特長を有して居る。為に滅後の門人等が此を焼棄するに堪えないで、三部に分離し、夫々別号を付して後世に伝へたものであらふと思ふ[86]」と後世の門人の所行とすることで、二回の献上の矛盾を認めつつ解決の糸口を探っている。

以上に見たように、佐藤氏の研究が発表される以前には、遺書によって焼却されるべきはずのものが「十巻玄義」であり、現存する『玄疏』六巻に『文疏』巻二十五までを加えた計三一巻は二回目に献上されたものと考えられていた。このような二回献上説では、あくまで仮説の域を出ない理由を立てることで、これら焼却されるべき別行本が後に流布するという矛盾を会通させなければならない困難があった。それに対し、逆転の発想ともいうべき視点から、佐藤氏は新たに第二回目の献上が開皇十七年春にあったことを論証することで問題の解決を図っている。

この三回献上説がそれ以前の通説と異なるのは、後の離出本の原形となる十巻本と、智顗の寂滅直後献上された三一巻本との間に、一四巻からなる第二回献上本の存在を指摘する点である[87]。『国清百録』の「王遣使人天台参書第六十二」の「玄義刪削し、文句初に入る、其れ旧、維れ新たにして、麁より妙に至る[88]」という表現や、その具体的な巻数に言及する「秘書監柳顧言書第一百一」に基づき[89]、それ以前の二回献上説で曖昧となっていた問題、つまり現行の『玄疏』とその前段階で撰述されたものを智顗が遺書において処分せよと言い残したことと、『四悉檀義』（散逸）、『三観義』、『四教義』という名で独立した書として流布した事実との間に生じた説明しがたい矛盾は、最終的な献上の前に第二回献上本があり、それが処分されたと考えることで解消されたのである。

なお、厳密に言えば、「王謝義疏書第五十一」に明らかなように、智顗は第一回献上本とされる十巻の前に、「初巻義疏」なるものをいち早く提出している[90]。したがって、献上回数を四回と解釈してもよい気もするが、一カ月も経たないうちに十巻本が改めて贈られているので、初めの二回の提出をひとまとめにして献上回数が数えられているようである。

五　灌頂の補遺をめぐる問題

天台維摩経疏の成立において、灌頂はいわば第二の撰述者とも言うべき存在である。智顗の示寂の後、灌頂らが内容を抄写し第三回献上本を晋王に届け、そして、後にはみずから筆を執り、智顗がなしえなかった『維摩経』入不二法門品から嘱累品までの六品の釈を『文疏』に巻第二十六から二十八までの三巻を加えることにより補っているからである。

灌頂は至徳三年（五八五）以降、智顗につき従って三大部講説の場にも参列して研鑽を積む。しかし開皇十四年（五九四）には病気療養のため、智顗の元を離れる。その後、二年半ほど予章での静養は続き、開皇十七年（五九七）秋にふたたび智顗の元に戻ったとされる。[91] こうして、献上本の口授にも携わったことが知られる。また、この際、療養中にまとめていた三大部の草稿本が参照される。『玄疏』巻六には『法華玄義』に釈を譲る例があるなど、大いに活用されたようである。[92]

さて、灌頂の補遺を裏付けるものとして、まず注目すべきは、『文疏』奥書の次の記述である。

此経一部疏、合三十四巻。上玄文三十一巻、是天台智者大師、為楊主出、至仏道品。不二法門品下、有三巻疏。是補処頂法師、往前私記、接成一部。流伝後代、故以記之耳。（続蔵二八・一九二左下、新纂一八・七〇二下）

この奥書は如意元年（六九二）から天宝三年（七四四）までの年号が記され、その間の流伝の状況を伝える情報として貴重である。[93] ここにまず、灌頂が「私に記した」との表現があることに注意しなければならない。湛然の『略疏』の序文でも、同様に灌頂の補遺に触れるように、[94] 巻二十六以降は灌頂によって著されたことは間違いのない事実と考えてよいであろう。では、その時期はいつか。その問題を考える上で重要なのが、『別伝』の次の記述である。

奉勅撰浄名経疏、至仏道品、為二十八巻。（大正五〇・一九七中）

この大正蔵本は「二十八巻」と現行の『文疏』の巻数に相当する数字に言及するため、この限りでは『玄疏』の六巻分をどう扱っているかが曖昧である。ただし、この『別伝』のより古い形態を保持するとされる、『天台霊応図本伝集』巻一に収められたテキストによれば、この「二十八巻」の部分は「三十四巻」となっている。[95] 佐藤氏は、これに基づけば晋王に提出された三一巻から現行の『玄疏』と『文疏』を合した三四巻にまで巻数が増広していることになるため、『別伝』が完成した大業元年（六〇五）までに補遺が撰述されたとする。[96] これ以上に灌頂の補遺の時期を確定する決定的資料は今のところないようである。

さて、再三述べるように開皇十八年（五九八）一月に献上された本は、『玄疏』六巻と『文疏』二五巻を合わせた三一巻であったが、その後に灌頂が補った三巻は、どのように扱われたのであろうか。まず、献上の有無について、これはほぼなかったと言って間違いない。その根拠の第一としては、管見の限り『国清百録』に献上を窺わせる記述がないことが挙げられよう。もし献上されたならば、なんらかの形でそれに関する感想が晋王などによって述べられてしかるべきであろうし、またそのような記録があれば、必ずや『国清百録』に収録されるはずである。

また、巻二十六以降に「云云」という文言が目立つ点も、献上された文献に似つかわしくない印象を抱かせる。このような釈のまとめ方は『法華文句』などにも多く見られるが、『文疏』では巻二十五までは四箇所のみであった。ところが補遺の部分を見てみると、巻二十六に三箇所、巻二十七に一三箇所、巻二十八には五箇所と「云云」が増えている。註釈の終盤になると釈が粗略になることは珍しいことではないが、巻二十六以降の「云云」の多用は、後代には煩瑣だと言われ『略疏』が作られるほどに言葉を尽くした巻二十五までとは、かなり異なった態度と言わざるを得ない。

さらに、『文疏』の写本は巻二十五までは経文と釈とが併記されていたが、巻二十六以降には経文が付されていなかったという。これは版本の上梓に奔走した守篤本純（一七〇二～一七六九）が『文疏』に付した凡例に基づく情報であるが[97]、このように補遺の部分が献上本と同様の形式を取っていないことも献上がなかった事実を裏付ける証左と言えよう。

以上の点から、献上はなされなかったと考えられるが、近時、天台教学における地論教学の影響を指摘する青木隆氏は、『文疏』の補遺部分のうちとくに巻二十七以降には地論宗系の註釈がそのまま利用されている可能性を示唆する[98]。灌頂の補遺をどう捉えるかという問題だけでなく、天台維摩経疏全体の成立にかかわる重要な課題であるが、今はその指摘を紹介するにとどめ、後考に俟つこととする。

第四節　親撰をめぐる諸見解

一　親撰の定義

三回献上説により成立の経緯を明らかにした佐藤哲英氏は、智顗の文献として現存するものに四六部一八八巻あり、その他に欠本となっているものとして二八部を数えている。ただし、それらは『別伝』において「智者の弘法、三十余年、章疏を蓄えず[99]」と記されるように、智顗が親しく筆を執ったものは極めて少なく、大部分が智顗の講説を門人が筆録したものである。そこで、佐藤氏はこれら智顗に関係する著作の数々を以下のように五つに分類する。

第一類　親撰　智顗が親しく筆をとったもの
第二類　真説　智顗自身が講説し門人が筆録したもの
　　A類　智顗自らの監修を経たもの
　　B類　智顗の監修を経ていないもの
第三類　仮託　智顗の作に擬せられつつ実は後人の筆になるもの
　　A類　智顗にその名を托して後人が偽作したもの
　　B類　後人の著作がいつのまにか智顗の著作として混入されたもの[100]

この中で、第一類の親撰に属するものの代表とされるのが、「浄名玄義十巻」、つまり別行の『三観義』と『四教義』である。また、「浄名経疏三一巻」、つまり『玄疏』六巻と『文疏』巻二十五までを、第二類の真説のうちA類に位置付ける。これに対し、『法華玄義』『法華文句』『摩訶止観』の天台三大部は灌頂の筆録であり、その完成が智顗の滅後であることから、「厳密な資料批判を試みて、智顗の真説の部分と門人の添加部分とを峻別した上でないと、直ちに智顗教学の研究素材となりえない[101]」B類に属するものだとする。そこで第二類のA類は親撰と同様に権威を持つとの位置付けから、佐藤氏は天台維摩経疏の研究資料としての価値を高く評価した。このような評価は、三大部との対比からより強調的になされたものである点が特徴である。近年の天台維摩経疏の大いなる研究の進展は、このような佐藤氏の見解によって導かれたものである。

そこで改めて、佐藤氏の区分をふまえ、智顗の著作における天台維摩経疏の位置付けを整理して示すと、以下の通りとなる。

＊『三観義』・『四教義』　→　親撰
『玄疏』六巻　→　真説
『文疏』巻一～巻二十五　→　真説
『文疏』巻二十六～巻二十八　→　親撰、真説、仮託のいずれでもない灌頂撰

広義の天台維摩経疏である別行本は親撰となるが、本書にいう天台維摩経疏となる『玄疏』と『文疏』は真説に灌頂撰を加えたものということになる。厳密にはこのような区分となるが、さきに述べたように三大部との対照を意識して佐藤氏は、「この維摩疏は何れも智顗の親撰か親撰に準ずる価値高い資料[102]」という表現を用いて天台維摩経疏全体に対し高い評価を与えている。このことが、天台維摩経疏が親撰であるとのイメージを読者に強く植え付ける結果となっている。

二　佐藤説に向けられた疑問

前項に見たような佐藤氏が主張する天台維摩経疏の資料的価値に疑問を呈したのが、平井俊榮氏である。平井氏は昭和六十年（一九八五）に刊行された『法華文句の成立に関する研究』において「維摩経注疏をめぐる諸問題」という章を設け、[103]「今日、「維摩経疏」が智顗の晩年の代表的作品として重要な存在意義を付与せられているのは、本疏が、智顗の親撰であるという大前提に立っているからなのである。果たしてそこには、以上の成立経緯に照らして想像し得るような、不純な要素の入り込む余地が全くなかったのであろうか」[104]との問題意識の下、三回献上説を立証する『国清百録』の資料的価値を疑い、智顗の滅後に成立したはずの吉蔵の『維摩経』の註釈書から依用された可能性がある部分を検討する。管見の限り、その項目は一七にものぼる。これらの考察を通して平井氏は、三大部と同様に維摩経疏においても灌頂が積極的に介在して吉蔵の説が参照された可能性を示唆するのである。

平井氏が疑問を向ける『国清百録』は、天台の行法や智顗にまつわる書簡、碑文など智顗在世から滅後の大業七年（六一一）までのさまざまな資料により構成される文献であるが、中でも晋王時代からの煬帝に関係する文書が六九条とその大部分を占めている。天台維摩経疏の成立過程が他の文献に比して詳細に知られるのも、これらの書状の存在によることは前節に考察したとおりである。その名は「百録」というものの、実際には一〇四条が収録される。これについては、区切りの良い概数を用いたとも考えられているが、[105]後に付加されたことによって一〇〇条を上回ったと見る説もある。[106]

また、吉蔵には『浄名玄論』八巻、『維摩経略疏』五巻、『維摩経義疏』六巻および『維摩経遊意』一巻の計四書の『維摩経』の註釈書があり、これらはいずれも現存している。平井氏の研究によって、吉蔵の著作の年代はその活動場所の推移に応じて三期に分けられる。[107]第一期とは会稽嘉祥寺時代で吉蔵四九歳の開皇十七年（五九七）まで、第二期は揚州慧日道場時代で五一歳の開皇十九年（五九九）までのわずか一年半、また第三期の長安日厳寺時代はそれ以降である。これら前二期に『維摩経』に関する著作は残されていないが、晋王から皇太子となった楊広に伴い活動の場を都である長安日厳寺に移してから、吉蔵は次々と『維摩経』の註釈書を撰述したとされる。これらの成立の順番は、『浄名玄論』が開皇の末（五九九または六〇〇）、『維摩経略疏』が仁寿の終わり（六〇四）、先行する両書をふまえて『維摩経義疏』が成立し、『維摩経遊意』は『義疏』巻一を別出したものと考えられている。[108]となれば、いずれも智顗の献上よりも後の成立である。それにもかかわらず、吉蔵疏からの依用の可能性が否定できないという観点から、「智顗の親撰書として絶対視されている「維摩経疏」といえども、智顗の経典註疏の一般的な成立事情の埒外にあるものではないことを指摘するにとどめたい[109]」との結語に明らかなように、第三回献上とされる開皇十八年（五九八）以降に灌頂が吉蔵疏を参照し加筆した可能性を示唆している。

また、この平井氏の説を受けて、近時には小野嶋祥雄氏も親撰説に疑義を呈している。[110]平井氏の考察の中心は『文疏』と吉蔵疏の関連であったが、小野嶋氏は『四教義』に玄奘訳『阿毘達磨倶舎論』が引用されているという島地大等氏の指摘をふまえ、[111]『三観義』『四教義』『玄疏』を検討し、「有人言」と他師の説が参照されるうち、三論学派の説に関係する三点を検討し、うち一つを『大乗玄論』からの引用だとするほか、[112]佐藤氏と安藤俊雄氏との間で議論された『観音玄義』の成立をめぐる問題の中で争点とされた十双が、『文疏』に基づくのか、それとも吉蔵の『法華玄論』や『法華義疏』の参照によるものかの問題を再検討し、[113]『法華玄論』や『法華義疏』の成立年代から、灌頂が手を加えた例だと結論付ける。

平井氏や小野嶋氏の論攷はいずれも、佐藤氏が資料的価値を高く認め、「三大部そのものの中に混在せる灌頂的要素と、智顗の思想とを判別するための基準となり尺度ともなるべきものであろう[114]」と評したことに対する疑義を呈したものである。ただし、指摘される灌頂の介在については、そもそも第三回献上本は灌頂らが抄写している点からも明らかであり、そこでは単なる口授だけではなく、若干の補遺や修正などがなされた可能性も十分に想定しうる[115]。よって、佐藤氏がいう「灌頂的要素」が全くないわけではないことは、自明のことであろう。また、この間、とくに補われたのは経論の引用や他師の説であったと思われる。「有人言」に関連した部分は、『法華文句』の成立を疑った平井説を松森秀幸氏が検討する中で、智顗は他師の学説に対する関心が希薄であった可能性があり、智顗の学説の優位性を際立たせることが灌頂の目的であったので、他師説の紹介も簡潔な形となったと見なす点は[116]、重要な指摘と言えよう。

また、吉蔵説からの引用の可能性については、吉蔵の『維摩経略疏』が仁寿の終わり（六〇四）に「命を奉じて」撰述されたという点をどう見るかという問題もあろう。この点について平井氏と小野嶋氏は検討していないが[117]、時の権力者の依頼を受けて撰述したという共通点があるならば、先行する智顗の献上本を意識して、吉蔵がより精緻な記述を目指したと考えるほうが自然である。また、『大乗玄論』については、吉蔵のものではない可能性も指摘されていることから[118]、吉蔵の文献にも成立については議論の余地があり、このような状況下において先後を決定することは困難である。より慎重な検討が俟たれよう。

おわりに

本章では、天台維摩経疏の成立の背景として、インド以来の《維摩経》の受容や中国への伝来と社会へ及ぼした影響といった間接的な背景を概観した上で、智顗と『維摩経』との接点を伝記より読み解き晩年の註釈へと繋がる直接的な背景を探り、成立を解明した佐藤哲英氏の三回献上説に導かれつつ、改めて関係する資料を検討した。本章のまとめに代えて、三回もの献上がなされるに至った要因を考えていきたい。

まず考えられるのは、晋王の智顗に対する帰依についてである。晋王が智顗に宛てた『国清百録』第四十八条と第五十条に見られる「非禅非智」の表現などにより、晋王が智顗に帰依した理由は、智顗が義解だけではなく禅、つまり実践者としても優れた徳を備えていたからであったことがわかる。つまり、晋王は禅定の教えを『維摩経』を通して受けようとしていたことが、天台維摩経疏の撰述を依頼した目的にあったと考えられるのである。事実、第一回献上本の内容を伝える『四教義』には、四念処観などが詳細に説かれている。このような具体的な禅定の方法論が『維摩経』の註釈になぜ必要なのか、にわかにはその意義を見出し難い。しかし、以上の点から考えれば、智顗は晋王の「禅定に基づくからこそあなたに依頼するのだ」という言葉に応じて、在家者である王に対しても懇切丁寧に修道論の全容を示した結果だと理解することができよう。

『維摩経』は古来より在家居士が法を説く経典として王侯貴族にも信奉者が多かったが、晋王もその一人であったことは間違いないであろう。また第四十八条と第五十条においてはとくに依頼した書が『維摩経』に関するものであることは明記されていない。これが『維摩経』に対するものだと特定できるのは、遺書に「仏道品」と言及されることや、書状が出された日付の歴史的な考証による。依頼の書状にとくに明記されていないことは、それ以前より『維摩経』の教えを請うていた経緯があり、すでに両者のうちには暗黙の了解であったからとも思われる。またそれをなぜ智顗に求めたのかということは、もちろん当時すでに晋王と智顗の間に密接な関係が確立していたことは言うまでもないが、晋王が第五十条の中で明かしているように、他師の教理偏重の教えに満足できるものはなく、教観の一致を唱えた智顗であるからこそ、という強い思いがそこには込められていたのであろう。道宣の『続高僧伝』では、同時代の高僧である浄影寺慧遠や吉蔵の伝記が義解篇に収められているのに対し、智顗または智顗の師である慧思の伝記が習禅篇にあることは、当時智顗が禅者としての名声が高かったことの証左に他ならない。このことが晋王の篤い帰依をもたらす要因であったと推測される。

もう一つは、三回という献上回数の多さについてである。これについては、智顗が最初に撰述を断ったことが、結果として献上を重ねる原因となったと考えられる。智顗が晋王に宛てた第四十九条以降に繰り返し述べられるように、初めに撰述の要請を受けた時、智顗は天台山に戻ろうと意志を固めていた。その実現が遅れることを恐れてであろう、殷勤に依頼を断っているが、ふたたび求められたために、ついに断りきれずに取り急ぎ初巻の義疏を送り、日を空けずして十巻の玄義を完成させている。しかし、これらは別行本として流布した『四悉檀義』『三観義』『四教義』に類する内容であるとすれば、『維摩経』を理解するためのいわば方法論が縷々展開され、経文そのものに対する解釈が見えにくいものであったに違いない。結果的にそれは晋王の求める『維摩経』の義疏としては込み入った議論が多く、直ちには理解し難いものであったろう。結局はこのようなすれ違いが最初の段階で生じたことが、智顗がふたたび筆を執らざるを得なかった理由に繋がっている。

智顗がその最晩年に死の間際まで従事することとなる天台維摩経疏の撰述には、その他の思想的な要因も影響しているものと思われる。本章では智顗の行状を中心として考察したが、思想的な面については、本書の最後に改めて論じることとしたい[119]。

註

（1）本書では鳩摩羅什訳の『維摩経』と区別するため、インド原典を含めた諸訳の総称として《維摩経》を用いる。

（2）『大唐西域記』巻七「伽藍東北三里、有窣堵波。是毘摩羅詰（唐言無垢称。旧曰浄名。然浄則無垢。名則是称。義雖取同、名乃有異。旧曰維摩詰訛略也）。故宅基趾。多有霊異。去此不遠、有一神舎。其状塁甎。伝云積石。即無垢称長者現疾説法之処。去此不遠、有窣堵波。長者子宝積之故宅也」（大正五一・九〇八中）。

（3）諸説については、大正大学綜合仏教研究所梵語仏典研究会編『『維摩経』『智光明荘厳経』解説』（大正大学出版会、二〇〇四、一七頁）に詳しい。その他、《維摩経》研究においてもっとも重要なエティエンヌ・ラモット氏の見解の詳細については、エティエンヌ・ラモット著、高橋尚夫監修、西野翠訳『ラモットの維摩経入門』（春秋社、二〇一五、七五〜七六頁）参照。

（4）高田仁覚「維摩経の思想的立場とその宝性論との関係」（『日本仏教学会年報』二三号、一九五八）は、『維摩経』と『首楞厳三昧経』が密接な関係があることを指摘する常盤大定氏の説をふまえて考察する。また河野訓「『正法華経』薬王如来品と『維摩経』法供養品について」（『印度学仏教学研究』四六巻一号、一九九七）は、竺法護自らが訳した『維摩詰所説法門経』の文言を『正法華経』に挿入した可能性を指摘する。

（5）橋本芳契『維摩経の思想的研究』（法藏館、一九六六、七五頁）は、「第四章 *Śikṣāsamuccaya* における維摩経の引用」において、七カ所九文にわたる全引用箇所を挙げて論じている。特徴として、引用部で説かれているのは菩薩道の基本に関する事柄であることを指摘する。大正大学綜合仏教研究所梵語仏典研究会編（二〇〇四、二三〜二八頁）には *Prasannapadā*, *Śikṣāsamuccaya*, *Bhāvanākrama*, *Kudṛṣṭinirghātana* などの文献における《維摩経》の引用部分と発見された梵本との対照を掲載する。

（6）大正大学綜合仏教研究所梵語仏典研究会編（二〇〇四、一八頁）によれば、発見された写本は十一〜十三世紀に書写された可能性が高いという。

（7）大正大学綜合仏教研究所梵語仏典研究会編（二〇〇四、四九～五三頁）収録の「維摩経に関する文献目録」には、古典諸言語に加え、フランス語、英語、ドイツ語など欧米語訳を挙げるほか、日本語については学術的なものから一般向けまで枚挙に暇がないとする。

（8）Jonathan Silk, "Taking the *Vimalakīrtinirdeśa Seriously*", Annual Report of the International Research Institute for Advanced Buddhology at Soka University XVII, 2014, は、かつて *Why has the Vimalakīrtinirdeśa been so popular?*（二〇〇四年に龍谷大学で講演など）という題で論じられた旧稿に基づく論攷だが、この中ではインドでは《維摩経》と似たモチーフの経典はいくつかあり、それらはほとんど注目されていないのに対し、《維摩経》だけが突出して今日まで読み継がれているのはなぜかという問題提起から、その答えを中国仏教における初期の受容形態に求めている。特に Erich Zürcher, *The Buddhist Conquest of China The Spread and Adaptation of Buddhism in Early Medieval China*, 2vols. Leiden, 1959 の所説に依拠して、《維摩経》は中国に伝えられてはじめて飛躍的に影響力を増したと結論付けている。

（9）『婆藪槃豆法師伝』「解釈諸大乗経。華厳、涅槃、法華、般若、維摩、勝鬘等」（大正五〇・一九一上）。

（10）石松日奈子「維摩・文殊像の研究」（『南都仏教』七一号、一九九五）は「維摩という人物と『維摩経』という経典はインド起源のはずであるが、意外にも維摩像の作例はインドや中央アジアには見出せない。インドにおいては維摩を像造化することが行われなかったものと思われる」（三三頁）と指摘する。また、現存する最古の維摩像は西秦の建弘元年（四二〇）の作とされる甘粛省永靖県の炳霊寺第一六九窟北壁十一号壁画で、これには後代において維摩像のシンボルとなる麈尾（扇子の一種で、南北朝時代には士大夫が清談などに際してこれを手に執り臨むようになり、貴族や僧侶たちの間で知性や教養を象徴する道具として愛用された）を持たない、インド風の菩薩像として描かれているという。なお、この第一六九窟は現存する中国石窟寺の中でもっとも古い造像題記を残すものとして、中国仏教美術史の中でも重要な石窟の一つとされている。

（11）中国における《維摩経》の影響を総合的に論じたものに、以下の論考がある。Paul Demiéville, "Vimalakīrti en

Chine", *L'Enseignement de Vimalakīrti*, Louvain, 1962, および林信明訳「中国における維摩」（『花園大学国際禅研究所研究報告』第一冊、一九八八）は、東晋時代の縉紳仏教への影響から現代の京劇に残る文化的影響まで幅広く論じたもので、今日までその白眉とも言いうる価値を持っている。また、日本では藤枝晃「維摩変の系譜」（『東方学報』三六冊、一九六四）、横超慧日「維摩経の中国的受容」（橋本博士退官記念仏教研究論集刊行会編『橋本博士退官記念 仏教研究論集』清文堂出版、一九七五）、里道徳雄「維摩信仰の形成」（塩入良道先生追悼論文集刊行会編『塩入良道先生追悼論文集 天台思想と東アジア文化の研究』山喜房佛書林、一九九一）などが主要な論考である。中国では任継愈『中国仏教史』第一巻（中国社会科学院出版社、一九八五）が「維摩詰経的思想剖析」なる項目を立てるが、唯物思想に偏った解釈が目立つ点が惜しまれる。それに対し、孫昌武『中国文学中維摩与観音』（天津：天津教育出版社、二〇〇五、初版一九九六）は、中国の知識階層に影響を及ぼした維摩信仰と社会の各階層に等しく根を下ろした観音信仰とを対比的に捉え、博引旁証の中からその特質を論じた名著である。また近年、もっとも網羅的に研究したものとして、何剣平『中国中古維摩詰信仰研究』（四川：巴蜀書社、二〇〇九）がある。

(12)『開元釈教録』巻十一「別録之一」「維摩詰所説経三巻〈一名不可思議解脱、或直云維摩詰経〉姚秦三蔵鳩摩羅什訳〈第六訳〉、……維摩詰経二巻〈或三巻〉呉月支優婆塞支謙訳〈第二訳〉、説無垢称経六巻大唐三蔵玄奘訳〈出内典録第七訳〉右三経同本異訳〈前後七訳四訳欠本〉」（大正蔵五五・五九一下）。同じく巻十四「別録中有訳無本録第二之一」（同・六二九上）には、すでに散逸した四本に関する記載がある。

(13)木村宣彰『注維摩経序説』（真宗大谷派宗務所出版部、一九九五、六～一六頁）は、第一と第五訳に対し翻訳そのものの存在を疑っている。

(14)『出三蔵記集』巻二「合維摩詰経五巻〈合支謙・竺法護・竺叔蘭所出、維摩三本、合為一部〉」（大正五五・一〇上）の他、巻八には支敏度「合維摩詰経序」（同・五八～下）も収録される。

(15)横超慧日（一九七五、三一九頁）は、繰り返し翻訳されたことが識者の注目を集めたと指摘する。

（16）村上嘉実「清談と仏教」（塚本博士頌寿記念会編『塚本博士頌寿記念 仏教史学論集』塚本博士頌寿記念会、一九六一）参照。
（17）Paul Demiéville（1962）には、東晋時代の政治家である殷浩に関する例からはじまり、『世説新語』より多くの逸話を紹介する。また孫昌武（二〇〇五、八二頁）には、《維摩経》自体がもともと、老荘的玄談の風格をもっており、それゆえにその教義は老荘思想と合致し流行したと評する。
（18）釈果樸「敦煌写巻 P3006「支謙本」《維摩詰経》注釈考」（台北：法鼓文化、一九九八）参照。
（19）木村宣彰（一九九五、四一～四九頁）によれば、①僧叡が『毘摩羅詰提経義疏』を著している（現存しないが『出三蔵記』に序が残されている）、②僧叡の疏には羅什の訳出年が明らかにされていない、③『大乗大義章』（『鳩摩羅什法師大義』）に収録された廬山の慧遠が羅什に宛てた質問状には「毘摩羅詰経」とある、④羅什自身が『大智度論』の中で『維摩経』を「毘摩羅詰経」と訳している、などの点から『注維摩詰経』にある「別本云」も『維摩詰所説経』以前の訳を指すものとしている。
（20）桑原隲蔵「六朝隋唐時代の文化に及ぼしし仏教の影響」（『桑原隲蔵全集』第一巻、岩波書店、一九六八）は中国において仏教が及ぼした影響について論じる中で「文学上の革新」という項目を設け、仏教が形式美を追求する四六駢儷体の勢力を幾分減殺し去った理由として、仏教の教義を普及させるためには、なるべく文を平易にする必要があったこと、また翻訳に従事した外国の僧侶にとって粉飾を事とする駢儷文は容易ではなかったことの二点を挙げる。訳経家には四六の体を排して達意の文を採用した者も少なくなかったといい、その代表に『維摩経』を挙げ、文学史における鳩摩羅什訳の負の一面を指摘する。
（21）佐藤心岳「六朝時代における『維摩経』の研究講説」（仏教大学『人文学論集』三号、一九六九）参照。
（22）横超慧日「北魏仏教の基本的課題」（横超慧日編『北魏仏教の研究』平楽寺書店、一九七〇、四三頁）には、北魏の宣武帝が『維摩経』を講義し、僧には大部の『華厳経』を講義させたという記録に着目し、『維摩経』が短く文学的構想の経であることから皇帝自らが講じたと、その理由を指摘する。

(23) Paul Demiéville（1962）は、南北朝時代の《維摩経》受容の特質として、とくに民間的な信仰において『法華経』と組み合わせて流布していたことを、当時の文物に対する図像学的な分析から指摘する。
(24) 佐藤心岳「唐代における『維摩経』の研究講説」（『印度学仏教学研究』一九巻二号、一九七一）参照。
(25) その他、唯識の立場に重点を置き『維摩経』を註釈したものに、唐代の西明寺系の学僧、曇曠（?〜七八八?）の『維摩経疏』がある。晩年、敦煌で活動したことから敦煌写本の中にその残巻が残され、うちP.2049とP.2040は大正蔵八五巻に収録されている。その他の写本の整理は佐藤哲英「維摩経疏の残欠本について」（『西域文化研究』巻一、一九五八）に詳しい。また、敦煌における『維摩経』研鑽の系譜について整理する上山大峻『増補 敦煌佛教の研究』（法藏館、二〇一二、三六〇頁）は、敦煌においては新訳法相系が主流であったが、維摩学に限ってはその学風が定着せず、旧訳（鳩摩羅什訳）やそれに基づく『注維摩詰経』への復帰を支持する風潮があったと指摘する。
(26) 橋本芳契（一九六六、一五九〜一六六頁）に「禅宗と維摩経」という章があるほか、孫昌武（二〇〇五、一三六〜一六八頁）は、「唐代文人居士与維摩詰」という主題で唐代の『維摩経』の影響を禅宗との関連を中心により網羅的に論じている。
(27) 橋本芳契（一九六六）は、「インドからの思想的教系からすれば龍樹を祖とする中観派でも、反対に世親やその兄無着に由来する瑜伽行派でも、維摩経に共通さるべき思想源があったことを言うことができよう」（二〇頁）と《維摩経》が持つ内容の汎用性を指摘する。これに従えば、東アジア文化圏に夥しい数の経疏をもたらした要因は、そのような《維摩経》の思想そのものの中に存しているといえよう。
(28) 先行研究における諸説については、池田魯參『詳解 摩訶止観 研究註釈篇』（大蔵出版、一九九七、四九頁）に島地大等、佐藤哲英、京戸慈光、武覚超諸氏の説が比較される。その他、田村芳朗・新田雅章『人物 中国の仏教 智顗』（大蔵出版、一九八二、二二〇〜二二三頁）の「智顗略年譜」は佐藤説を踏襲した六時代による分類である。なお、海外の研究のうち主なものは以下のとおりである。まず、Leon Hurvitz, *CHIH-I(538-597): An Introduction to the Life and Ideas of a Chinese Buddhist Monk*, Melanges chinois et bouddhiques XII, 1980, pp.101-173 では、“Early Years”, “Disciple to Hui-ssu”, “At Chin-

ling", "First Sojourn on T'ian-t'ai", "Back to Chin-ling", "In the Shadow of the Sui", "Return to T'ian t'ai and Death" の七節に分けて論じている。また中国語圏の研究では、張風雷『智顗評伝』（北京：京華出版社、一九九五）が「生為宦官子 却有菩薩心」「出家果願寺 求師大蘇山」「金陵折群僧 陳都交百官」「天台勤修道 海浜重放生」「放召返金陵 感夢止匡山」「江都見晋王 玉泉開講筵」「再下江都城 重上天台山」の七節を立てるほか、潘桂明『智顗評伝』（南京：南京大学出版社、一九九六）が大蘇山修学までの「出家修学時期」と建康伝道以降の「弘揚仏法時期」の二節で論じ、李四龍『天台智者研究――兼論宗派仏教的興起』（北京：北京大学出版社、二〇〇三）は節を分けずに論じるといった違いが見られる。ただ、いずれも年譜を巻末につける点が共通している。また特徴的なのは、李四龍（二〇〇三、三七頁）に諸説が紹介されるように、智顗には遺書が残されていることから、その死が単なる病死ではなく政治的な迫害に対する抗議だと見る論調が、中国においては一九八〇年代以降、根強いことである。日本では、山内舜雄「天台大師と煬帝――煬帝へのレジスタンスを中心として」（『禅と天台止観』大蔵出版、一九八六、四九九～五〇八頁）に、『別伝』が殊更に智顗と晋王との密接な関係を強調するが実際には智顗は一貫して厳しい態度で晋王に接していたと指摘されるほかは、ほんど考慮されない問題であり、日本と中国の学界における関心の違いを示すものとして興味深い。韓国では、李永子『天台仏教学』（ソウル：해조음、二〇〇六、五二頁）が、「成長期」「修学期」「瓦官寺教化期」「天台山修行期」「三大部講説期」「維摩経疏撰述期」の六期に分けた表を挙げる。

（29）佐藤哲英『天台大師の研究』（百華苑、一九六一、二七頁）参照。

（30）池田魯参（一九九七、四九頁）参照。

（31）佐藤哲英（一九六一、四一九～四二〇頁）参照。

（32）顧愷之の生卒年については諸説あるが、ここでは鄒清泉『虎頭金粟影――維摩詰変相研究』（北京：北京大学出版社、二〇一三、五八頁）の記載に従う。

（33）平凡社東洋文庫『歴代名画記1』（平凡社、三二三～三二六頁）を参照。この逸話は『仏祖統紀』巻三十六、法運通塞

志十七之三の興寧元年（三六三）の項（大正四九・三四〇中）にも記されている。また『文苑英華』巻八五七に唐の元黄之「潤州江寧県瓦棺寺維摩詰画像碑」が収められている。堂谷憲勇『支那美術史論』（桑名文星堂、一九四四、一七頁）には、顧愷之の維摩像の制作年時を瓦官寺造営の興寧二年（三六四）と同時とし、二一歳の作と推測する。他方、谷口鉄雄「顧愷之と瓦官寺」（九州大学文学部編『創立四十周年記念論文集』九州大学文学部、一九六六、三六〇頁）は、『梁高僧伝』の慧力の伝には、後に瓦官寺の三絶と称される戴逵の仏像、師子国の玉像については記載があるものの、維摩像にまったく触れていないこと、またその伝からは当時の瓦官寺は維摩像が描かれたとされる北殿を備えるような伽藍を整えていたとは思えないことなどを理由に、慧力の次に瓦官寺に関係のあった竺法汰（三二〇〜三八七）が止住した三七一年以降、より具体的には顧愷之が桓温の下で大司馬参軍という地位についていたものの桓温の死去によりそれを辞した三七三年、二七歳以降のことであろうとの仮説を述べる。諸説あるが、いずれにしても智顗の時代には存在していたことは確かである。その後、唐代に入り会昌五年（八四五）の廃仏の危機に際して、維摩が描かれた壁は甘露寺に移されて難を逃れ、大中七年（八五三）にはさらに内府に移されたものの、唐王朝の滅亡に伴い所在は不明となったとされる。以上の経緯は鄒清泉（二〇一三、五八〜六〇頁）に要約されている。

(34) 大正は「神」に作るが、清田寂雲編『天台大師別伝略註』（一九八八、四四頁）に基づき「胡」に改める。

(35) 『続高僧伝』巻十七「忽致西域神僧告曰。制敵勝怨、乃可為勇。文多不載」（大正五〇・五六五上）。

(36) 『仏祖統紀』巻六「明星出時見一神僧。謂之曰。制敵勝怨、乃可為勇〔此二句出浄名経〕」（大正四九・一八二上）。

(37) 『維摩経』巻中「譬如勝怨、乃可為勇」（大正一四・五四五上）。

(38) 里道徳雄（一九九一、三九二〜三九四頁）は、釈道安（三一二〜三八五）や釈智静（生没年未詳）の「檄魔文」に破魔の大将として維摩居士の名が連ねられていることから、中国において『維摩経』が降魔伏魔経典として認識されていたことを指摘する。

(39) 『別伝』「於当陽県玉泉山而立精舎。蒙勅賜額、号為一音。重改為玉泉」（大正五〇・一九五上）。

(40)『止観輔行伝弘決』巻一之一「至陳貞明三年、即隋開皇十一年。旋荊置寺、以答地恩。初名一音、後改玉泉。泉色如玉、因以名焉」（大正四六・一四二下）。
(41)『維摩経』巻上（大正一四・五三八上）のほか、隋代までに翻訳された主なものとして『大宝積経』巻六十二（大正一一・三六一中）、『大般涅槃経』巻九（大正一二・六六五上）、『阿毘曇毘婆沙論』巻四十一（大正二八・三〇六下）などに見られる。
(42)天台文献のうち『維摩経』の註釈を除くと、『摩訶止観』巻一上（大正四六・二中）、灌頂『大般涅槃経疏』巻六（大正三八・六九下）に「浄名云」と引用される。
(43)『国清百録』巻二「文皇帝勅給荊州玉泉寺額書第四十四」（大正四六・八〇六下）。
(44)『国清百録』巻二「王入朝遣使参書第四十三」の「即具聞奏。嘉号乃覃」（大正四六・八〇六中）。この部分を池田魯参『国清百録の研究』（大蔵出版、一九八二、三一五頁）は「ただちに天子に聞奏し、嘉号（よいな）を覃（つ）けましょう」と訳す。また、鎌田茂雄「玉泉寺攷」（「天台大師研究」編集委員会編『天台大師研究』天台学会、一九九七、八二九頁）が「晋王広より寺額を下賜され一音寺と改名した」とするのは、この点を踏まえてのことであろうか。
(45)近年、中国における『維摩経』信仰をもっとも網羅的に研究した何剣平（二〇〇九、二九一～二九六頁）は、『玄疏』における金粟如来の本迹説による解釈や、『文疏』に見られる実社会に即した解釈表現などが、後の註釈や俗講・変文などに引き継がれた点を重視し、智顗の『維摩経』解釈が広い階層に影響を与えたことを評価する。
(46)佐藤哲英（一九六一、四四四～四四五頁）には、天台維摩経疏の中に国王と臣下との関係など政治に関連した譬喩が多いことに着目し、晋王の懇請による事情から考えれば当然だとの見解を示す。
(47)『別伝』（大正五〇・一九五上）、『国清百録』巻二（大正四六・八〇三中）。
(48)以上の智顗と晋王の動向については、李四龍（二〇〇三、二四九～二五一頁）に詳しい。
(49)佐藤哲英（一九六一、四二〇頁）参照。

(50)『国清百録』巻二（大正四六・八〇七上～中）、池田魯參（一九八二、三二七～三三〇頁）。
(51)『国清百録』巻二（大正四六・八〇七中～下）、池田魯參（一九八二、三三一～三三三頁）。
(52)『国清百録』巻二（大正四六・八〇七下～八〇八上）、池田魯參（一九八二、三三四～三三七頁）。
(53) 池田魯參（一九八二、三三〇頁）は『達摩多羅禅経』からの引用とするが、これは経文ではなく廬山慧遠の序である。『出三蔵記集』巻九に収録される慧遠「廬山出修行方便禅経統序」に「禅非智無以窮其寂。智非禅無以深其照」（大正五五・六五中）と同文が見られる。また、同巻に収録される僧叡「関中出禅経序」にも「故経云。無禅不智、無智不禅」（大正五五・六五中）とあり、人口に膾炙した句であることが知られる。『法華文句』巻二下に『法華経』序品で仏が無量義処三昧に入る場面（大正九・二中）を説明する箇所においても「非禅不智……非智不禅」（大正三四・二八上）とあるほか、『摩訶止観』巻七上「若従正見正思惟入定、従定発無漏、是時正見智名大臣。正定為大王。従此得名、名三三昧。非智不禅、即此意也。若由正定生正見、従正見発無漏、是時正定為大臣、智慧為大王。従此得名、名三解脱。非禅不智、即此意也」（大正四六・九〇中）と詳しく説明する。その典拠としては諸説あるが、『涅槃経』巻二十八「若非三昧、則非一切智。若非一切智、云何名三昧」（大正一二・七九二中）、または『法句経』や『成実論』に見られる「無禅不智、無智不禅」などが考えられる。晋王がとくにこの句に智顗の姿を重ねていたことは、「王謝冠幷請義書第四十八」で引用されていることからも推測される。
(54)『国清百録』巻三（大正四六・八〇八上）、池田魯參（一九八二、三三九～三四〇頁）。
(55) 佐藤哲英（一九六一、四二〇頁）参照。
(56)『国清百録』巻二「復使柳顧言、稽首虔拝」（大正四六・八〇八上）。
(57)『国清百録』巻三（大正四六・八〇八上）、池田魯參（一九八二、三四〇～三四二頁）。
(58) 池田魯參（一九八二、三四一頁）参照。なお、現代語訳では「始めて『義疏』を制して頂き」と訳されているが、前の句である「爰に開許を降し」の「爰」が「やっと」の意であることから、ここでの「始」も「ようやく」の意であろう。

(59) 佐藤哲英（一九六一、四二〇頁）参照。

(60) 『国清百録』巻三（大正四六・八〇八上～中）、池田魯参（一九八二、三四二～三四四頁）。

(61) 佐藤哲英（一九六一、六一頁）、および Leon Hurvitz（1980, p.158）。両書とも如海『天台智者大師紀年録』の開皇十五年七月二十八日説を参照しつつ、この説を採用している。

(62) 開皇十五年秋とする中でも詳細な時期については、また異なった記述が見られる。『仏祖統紀』巻二十三では「開皇十五年七月。智者禅師、至揚州禅衆寺、以所著浄名義疏。奉上晋王、九月辞帰天台」（大正四九・二四八上）と、九月帰山説に立つ。他方、Leon Hurvitz（1980, p.161）は十月十六日付の第五十七条の時点で、晋王の宣勅を柳顧言によって直接伝えられていることから、智顗はその時点でまだ天台山には至っていないとし、これよりまもなく天台山へ向かったのだろうとする。また、京戸慈光『天台大師の生涯』（第三文明社、一九七五、二五四頁）の略年表では十五年七月とする。

(63) 戒応撰『智者大禅師年譜事跡』には、「五十九歳春再還天台」（大正四九・八二三下）とある。

(64) 佐藤哲英（一九六一、六一頁）、田村芳朗・新田雅章（一九八二、五四頁）、池田魯参（一九九七、三一頁）参照。

(65) 李四龍（二〇〇三、二五一～二五二頁）は、第一の開皇十七年説は『別伝』に基づくとし、第二の開皇十六年説は『国清百録』第一〇四条の「智顗遺書与臨海鎮将解抜国述放生池」と第六十五条「遺書与晋王」に基づくという。これらには智顗が天台山で過ごした時期を十二年としていることに着目し、最初の天台山隠棲期が十年間であるため、残り二年を開皇十六年以降に過ごしたとするのが主な論拠である。また湛然『止観輔行伝弘決』巻一之一「開皇十五年自荊下鄴、至十六年重入天台」（大正四六・一四八上）や戒応撰『智者大禅師年譜事跡』を証左とする。第三は『仏祖統紀』の開皇十五年秋説を挙げる。

(66) 『続高僧伝』巻十七「後蕭妃疾苦、医治無術。王遣開府柳顧言等、致書請命、願救所疾。顗又率侶、建斎七日、行金光明懺。至第六夕、忽降異鳥、飛入斎壇、宛転而死、須臾飛去。又聞豕吟之声、衆並同矚。顗曰。此相現者、妃当愈矣。鳥死復蘇。表盍棺還起。豕幽鳴顕示斎福相乗。至于翌日、患果遂瘳、王大嘉慶」（大正五〇・五六七上）。

(67) 花塚久義（大西龍峯）「浄名玄論研究序説」（『曹洞宗研究員研究生研究紀要』一四号、一九八二、一八七〜一八八頁）には、吉蔵が自らの体調不良から『浄名玄論』撰述を思い立ったとし、その他に老病の憂いを契機に『維摩経』を読誦した例として曇遵、法上、白楽天を紹介する。

(68) 『国清百録』巻三（大正四六・八〇九下〜八一〇下）、池田魯參（一九八二、三六三〜三七九頁）。

(69) 『国清百録』巻三「灌頂所送、最後浄名義疏、三十一巻、至仏道品」（大正四六・八一一上）。

(70) 宝地房証真の説を受けて、上杉文秀『日本天台史』別冊附録（破塵閣書房、一九三五）には、「『略玄』の如きは已に徐陵の修文潤色にかゝるといへば、概して智者の親撰ではなくて、章安尊者の記録というてよからう。但し親撰にあらざればとて、之を疑ひ軽しむるという筈はない。唯、注意迄に言うて置くのである」（七五九頁）と『玄疏』が智顗の親撰ではないことを強調する。

(71) 『続天台宗全書 史伝1』（春秋社、一九八七、二五八頁）参照。

(72) 佐藤哲英（一九六一、四四四頁）参照。

(73) 『続高僧伝』巻十七「河東柳顧言、東海徐儀、並才華冑績。応奉文義、緘封宝蔵」（大正五〇・五六七上）。李四龍（二〇〇三、二五一頁）は、『別伝』の徐陵は誤りだとして、智顗の著作は柳顧言と徐儀により晋王に送られたとする。

(74) 『陳書』巻二十六（中華書局、一九七二、三三六頁）。

(75) 『天台霊応図本伝集』巻一（『伝教大師全集』巻四、一九四頁）。

(76) 佐藤哲英「天台維摩疏の研究序説（上）」（『龍谷学報』三〇七号、一九三三）、「同（下）」（同三〇八号、一九三四）。これらの考察の成果は、後に佐藤哲英（一九六一）「第四篇経疏類の研究　第二章維摩経疏」に継承されている。

(77) 佐藤哲英（一九六一、四二三頁）参照。

(78) この他、『仏祖統紀』巻六、東土九祖第三之一「七月以所著浄名義疏初巻、奉王」(大正四九・一八四上)、「十八年智者弟子上首智越、遣僧使灌頂普明、奉遺書及浄名義疏三十一巻」(同・一八五上)と二箇所に記述が見える。

(79) 佐藤哲英(一九六一、四一七~四一八頁)参照。

(80) 薗田宗惠『仏教と歴史』(佛教大学叢書第一編、六条学報社、一九一九、二五五~二六七頁)所収「四教義と四教儀」参照。

(81) 境野黄洋『支那仏教史講話』下巻(共立社、一九二九、一八一~一八五頁)参照。

(82) 上杉文秀(一九三五、七五九~七六〇頁)参照。

(83) 『国清百録』巻四「去歳経蒙一旨、至今保持。奉賚十巻玄義、往仁寿宮、服読八遍。麁疑略尽、細関難除」(大正四六・八二二下)。

(84) 多田厚隆「高祖天台維摩部述作の年次」(『山家学報』新一巻四号、一九三一)参照。

(85) 『仏書解説大辞典』第十一巻(一九三五、一二五頁)「維摩経玄疏」参照。

(86) 『仏書解説大辞典』第十一巻(一九三五、一二六頁)「維摩経三観玄疏」参照。

(87) 佐藤哲英(一九六一、四二五~四二七頁)参照。

(88) 『国清百録』巻三「近頻降両書、爰垂示功徳。玄義删削、文句入初。其旧維新、従麁至妙」(大正四六・八〇九上)。

(89) 『国清百録』巻四「去歳経蒙一旨、至今保持。奉賚十巻玄義、往仁寿宮、服読八遍。麁疑略尽、細関難除。新治六巻、幷入文八軸、為荘染未竟、少日鑽研」(大正四六・八二二下)。「王遣使人天台参書第六十一」と「秘書監柳顧言書第一百二」ともに、別行された十巻玄義よりも後に焼却されることとなる第二回献上本の方をよりわかりやすいものと評価している点が問題となるが、『三観義』『四教義』はいずれも『維摩経』の註釈というよりは教理体系を示した内容であるため、晋王らには難解すぎたことによるのであろう。

(90) 『国清百録』巻三「逮旨送初巻義疏」(大正四六・八〇八上)。

(91) 灌頂の行状については、みずから綴ったものに『涅槃経玄義』巻下の末に付した疏の縁起を記す文がある。この中に「頂疾滞予章。始挙颿南湖。已関東還台岳、秋至仏隴、冬逢人滅」（大正三八・一四中）と病気療養から智顗の元に戻るまでの経緯を記す。また、『続高僧伝』巻十九に立伝されている。

(92) 佐藤哲英（一九六一、四三八頁）参照。

(93) 『文疏』奥書よりみる流伝の問題については、本書第一部第二章第一節を参照されたい。

(94) 『略疏』序「章安私述続成」（大正三八・五六二下）。これに関連して智円『維摩経略疏垂裕記』巻十は、釈仏道品の冒頭に「此下並章安私録也」（大正三八・八三四中）と記していることが問題となるが、灌頂の補遺は仏道品からではなく次の入不二法門品以降であることは明らかであるため、智円の誤認によるものと判断されよう。

(95) 『天台霊応図本伝集』巻一（『伝教大師全集』巻四、二〇二頁）。なお、境野黄洋（一九二九、一八五頁）は、『文疏』の奥書に着目して、灌頂の私記を合わせ一部として流布したのは、義威より以降のことだと推定するが、この説は『天台霊応図本伝集』に基づけば否定されることとなる。また、『天台霊応図本伝集』巻二に収録する顔真卿『天台山国清寺智者大師伝』は「凡著浄名疏卅四巻」（『伝教大師全集』巻四、二二四頁）に作るが、単なる誤写かあるいは別行の十巻を合わせたかの判断は検討を要する問題であろう。

(96) 佐藤哲英（一九六一、七六～七七頁）は、『天台霊応図本伝集』の伝える「この数字が事実を伝えるものとすれば」という限定つきながら、灌頂の補遺を大業元年以前に設定する。

(97) 『文疏』凡例については、本書第二部第二章第一節を参照されたい。

(98) 青木隆「「南三北七」覚え書き」（大久保良峻教授還暦記念論集刊行会編『大久保良峻教授還暦記念論集 天台・真言 諸宗論攷』山喜房佛書林、二〇一五、四一頁）参照。

(99) 『別伝』「智者弘法、三十余年、不畜章疏」（大正五〇・一九七中）。

(100) 佐藤哲英（一九六一、七四～七六頁）参照。

(101) 佐藤哲英（一九六一、七四頁）参照。

(102) 佐藤哲英（一九六一、四四八頁）参照。
(103) 平井俊榮『法華文句の成立に関する研究』（春秋社、一九八五、四五〜九九頁）参照。
(104) 平井俊榮（一九八五、五二頁）参照。
(105) 池田魯參（一九八二、一三頁）は、「百録」とあるのはその概数をいうに外ならないとする。
(106) 吉蔵の手紙は第一〇二、一〇三条にあることから、『国清百録』がなぜ一〇〇で収まらず一〇四条収録されているのかが問題の焦点となる。Jinhua Chen, *Making and Remaking History: A Study of Tiantai Sectarian Historiography*, STADIA PHILOLOGIA BUDDHICA Monograph Series XIV, The International Institute for Buddhist Studies, 1999 は、一〇一条以降は章安灌頂の門人が、師を顕彰するため吉蔵が灌頂に師事したという話を捏造し、またその説を確証づけるために吉蔵の手紙を捏造したと主張する。
(107) 平井俊榮『中国般若思想史研究』（春秋社、一九七六、三五四〜三八一頁）参照。
(108) 平井俊榮（一九八五、五四頁）参照。吉蔵疏の成立順については、村中祐生『天台観門の基調』（山喜房佛書林、一九八六）は「嘉祥大師の諸経疏の撰修について」において、『維摩経義疏』を『浄名玄論』よりも早い成立と見ている。これに対し奥野光賢「吉蔵撰『維摩経遊意』について――その割注をめぐって」（『駒澤短期大学仏教論集』二号、一九九六、一一一頁）は、写本などとの対校から村中説の問題点を指摘し、平井説を穏当なものとしている。
(109) 平井俊榮（一九八五、五四頁）参照。
(110) 小野嶋祥雄「『天台維摩疏』智顗親撰説への疑義――吉蔵撰述書との比較を通して」（『岐阜聖徳学園大学仏教文化研究所紀要』九号、二〇〇九）参照。
(111) 島地大等「天台浄土十疑論」（『六條学報』八号、一九〇二）参照。指摘されるのは『四教義』巻七「天地此界多門室、逝宮天処十方無。丈夫牛王大沙門。尋地山林遍無等」（大正四六・七四四下）で、同文は玄奘訳『阿毘達磨倶舎論』巻十八（大正二九・九五中）などに見られる。

(112) 小野嶋氏が着目する『玄疏』巻二「有人言。声聞多用因成仮。縁覚多用相続仮。菩薩多用相待仮」(大正三八・五二六上)は、末註書においてもその記述が疑われてきた部分である。守篤本純は湛然『止観輔行伝弘決』巻五之五「如章安云。声聞観因成、縁覚観相続。菩薩観相待」(大正四六・三一六下)に着目し、これが灌頂の説であることを指摘する。

(113) 安藤俊雄『天台学——根本思想とその展開』(平楽寺書店、一九六八)の「如来性具思想の創設者——灌頂説への反論」、佐藤哲英『続・天台大師の研究』(百華苑、一九八一)の「如来性悪説の創始者は誰か」参照。

(114) 佐藤哲英(一九六一、四一七頁)参照。

(115) 『法華玄義』巻一下「会異」(大正三三・六八七上～中)で不可説を詳しく論じた部分には、「私十五番釈其相令易解」として、灌頂の私釈が開陳されている。『玄疏』巻一「対四悉檀」(大正三八・五二〇下～五二一上)の対応箇所では、十五番の釈は見えないものの三つの問答があり、このうちの二つが『法華玄義』において十五番を列挙する途中に挿入されている料簡問答と内容的に一致する。ここにも灌頂説の挿入が疑われる。

(116) 松森秀幸『唐代天台法華思想の研究——荊渓湛然における天台法華経疏の注釈をめぐる諸問題』(法藏館、二〇一六、六二頁)参照。

(117) 平井俊榮(一九七六、三七四～三七五頁)や同(一九八五、五四頁)には、『維摩経義疏』と『維摩経略疏』の成立の前後を決するにあたり、「仁寿の終わりに命を奉じて文疏を撰す」という引用を挙げつつも、「命」の内実には触れていない。

(118) 『大乗玄論』については、伊藤隆寿「『大乗四論玄義記』に関する諸問題」(『駒澤大学仏教学部論集』四〇巻、二〇〇九)において韓国や日本で製作された可能性があることを示唆した上で、「私は『大乗玄論』を一次資料として吉蔵の思想を論じることは避けるべきであると考えている」との見解を示している。また、奥野光賢「『大乗玄論』に関する諸問題」(『駒澤大学仏教学部研究紀要』七〇号、二〇一二、一二九頁)も伊藤氏の見解を引用し、「文献学的にはもっとも正しい『大乗玄論』への接し方であろう」と賛同の意を示している。

(119) 思想的な面からの成立問題に関する考察については、本書第四部第二章を参照されたい。

図一　天台維摩経疏の成立段階図

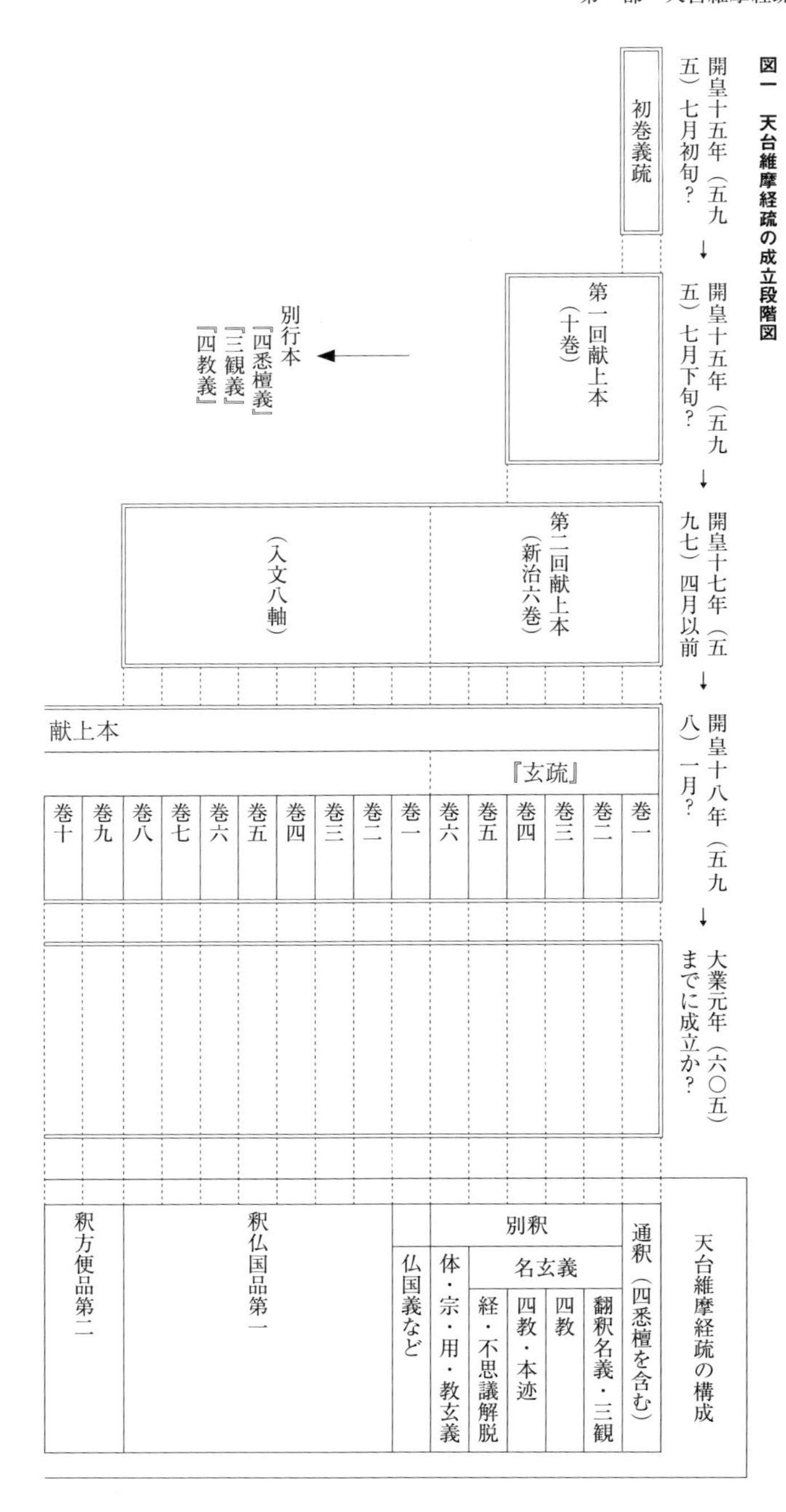

図二　別行本と『玄疏』対応図

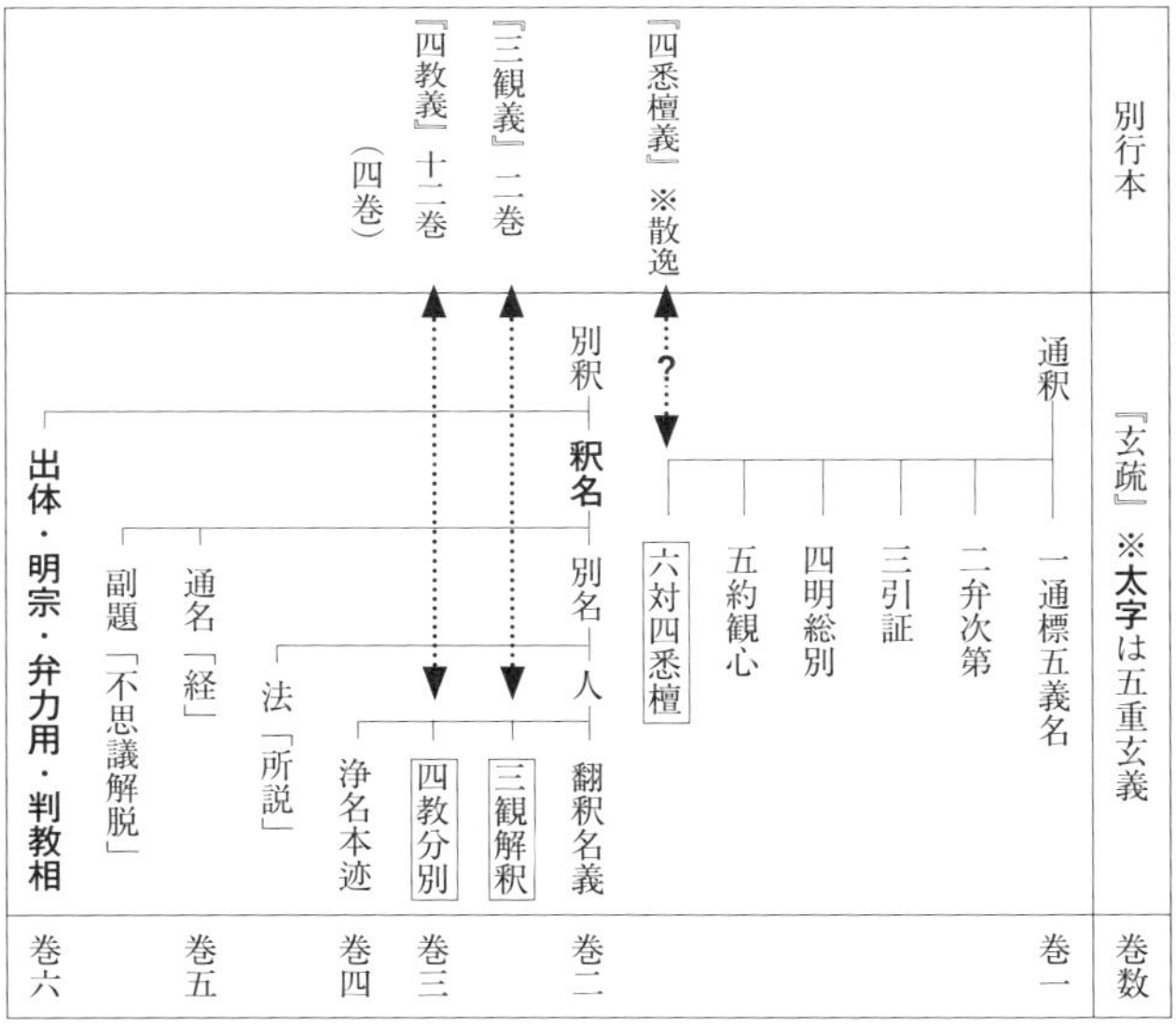

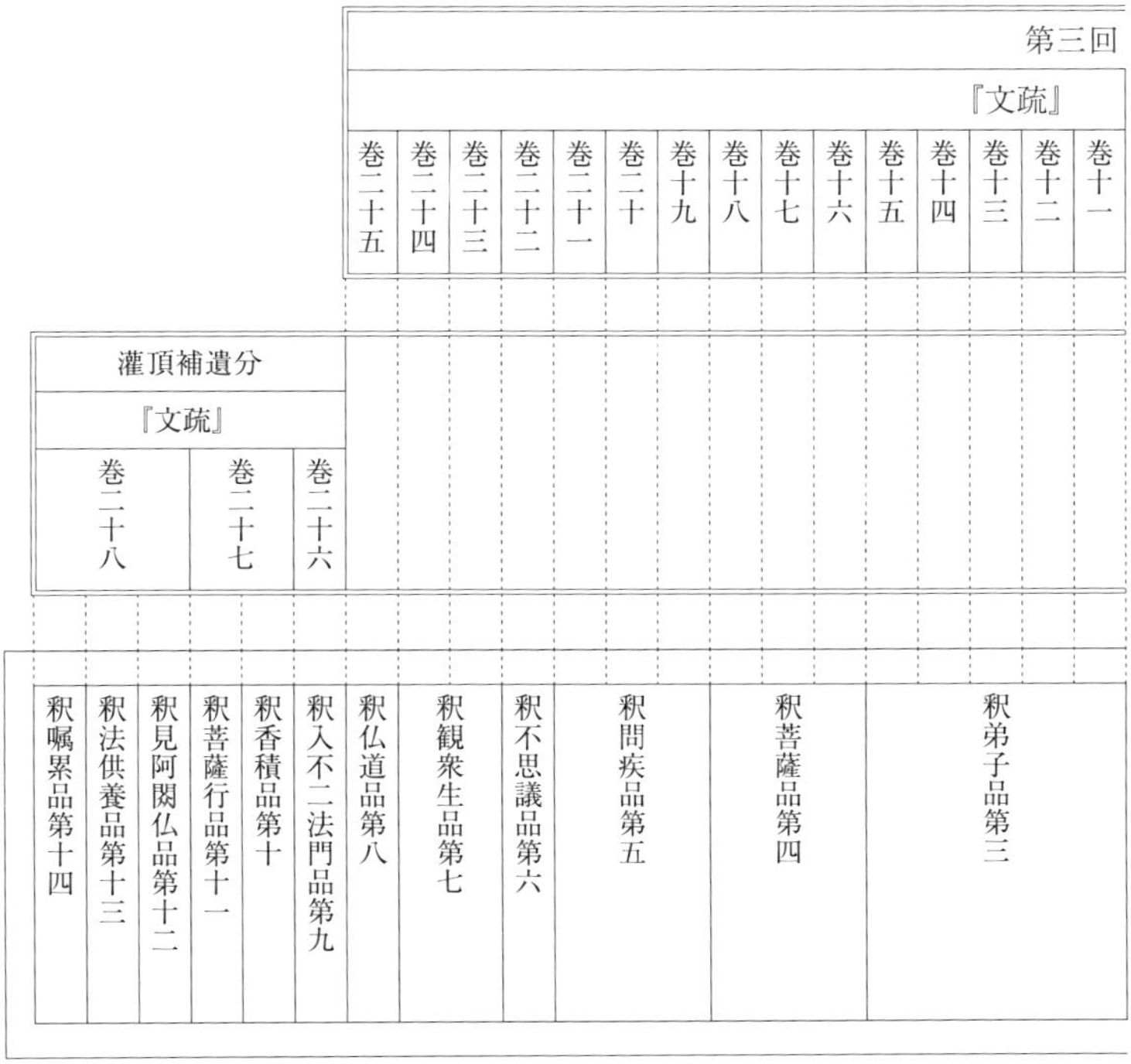

別行本

『四悉檀義』※散逸
『三観義』二巻
『四教義』十二巻（四巻）

『玄疏』※**太字**は五重玄義

通釈
一通標五義名
二弁次第
三引証
四明総別
五約観心
六対四悉檀

別釈
釈名
別名
人
翻釈名義
三観解釈
四教分別
浄名本迹
法「所説」
通名「経」
副題「不思議解脱」
出体・明宗・弁力用・判教相

巻数
巻一
巻二
巻三
巻四
巻五
巻六

第三回

『文疏』

巻十一　巻十二　巻十三　巻十四　巻十五　巻十六　巻十七　巻十八　巻十九　巻二十　巻二十一　巻二十二　巻二十三　巻二十四　巻二十五

灌頂補遺分

『文疏』

巻二十六　巻二十七　巻二十八

釈弟子品第三
釈菩薩品第四
釈問疾品第五
釈不思議品第六
釈観衆生品第七
釈仏道品第八
釈入不二法門品第九
釈香積品第十
釈菩薩行品第十一
釈見阿閦仏品第十二
釈法供養品第十三
釈嘱累品第十四

第二章　流伝に関する諸問題

はじめに

天台維摩経疏の流伝を論じた先行研究としては、佐藤哲英氏によって智顗の著作を諸目録の中から網羅的に跡付ける試みがなされており、これがほぼ唯一のものであろう。[1] このような検討は本来、文献の性質を知る上でもっとも基本的な作業となるが、佐藤氏の研究以降、この方面に関してはほとんど精査されることなく今日に至っている。このことは、これまでの天台維摩経疏に対する関心が、いかに思想の問題に注がれてきたかを表している。

現在、『玄疏』と『文疏』はそれぞれ独立した文献として流布する。しかし、天台智顗（五三八〜五九七）の示寂後、晋王広（後の隋の煬帝、五六九〜六一八）へ献上された際には、『玄疏』と『文疏』は連続する一部の疏として扱われている。そして後に検討するように、唐代初期の文献目録においても、やはり同様の扱いを受けて記録がなされている。そもそも両書が一部の疏として構成されたそのもっとも明白な根拠は、本文の中に現れている。『玄疏』巻一には、随文解釈の前に五重玄義に基づき論を展開することが、次のように述べられている。

今輒於文前、撰五重玄義。（大正三八・五一九上）

ここにいう「文」とは随文解釈、つまり『文疏』のような釈の内容を意味する語である。そして、『文疏』もこれを承けるかのごとく、巻一の冒頭は次の一文より始まっている。

次明入此経文。（続蔵二七・四三〇左上、新纂一八・四六四上）

「次に……」と開口一番に述べるその文頭からは、単独の書としての雰囲気はまったく感じられない。このように両書は成立段階において、二つの文献としてではなく、一つの文献における「玄義」と「入文」という二つの部分として、その間に明らかな前後関係が定められているのである。さらに、この冒頭部分のみならず、『文疏』の経文解釈には、『玄疏』の三観解釈や四教分別を前提として、繰り返し「約観心」「約教」という語句が用いられる。『文疏』に記される次の一文は、三観と四教の適用について『玄疏』と『文疏』の相違を述べる文である。

問曰。玄義明三観四教、懸釈此経、三観為前、四教在後。入文帖釈、何得四教為前、三観在後。答曰。玄義論其玄旨。教従観出、如破微塵出三千大千経巻。入文帖釈、従事入理。故先須四教、鎖釈経文。尋文入理、必須観行。次略点三観章門。（続蔵二七・四四三左上〜下、新纂一八・四七七上〜中）

ここで問題とされるのは、前、つまり『玄疏』では三観が前、四教が後という順番で説明したが、経文解釈、つまり『文疏』ではなぜ四教が前で三観が後となるのかという、三観と四教の前後関係である。このように両書の違いを説明する問答をあえて設置するところに、『文疏』の解釈が『玄疏』の論理構成を前提としていることが感じられよう。

しかしながら、一部の文献であった天台維摩経疏は、いつしか『玄疏』と『文疏』というように、二つの文献に分かれて流布することとなるのである。流伝の過程において、どのようなことを契機に分かれたのか、そしてその後それぞれがどのような歴史を辿り今日に至るのか。各種資料に基づき、その流れを以下に考察してゆくこととする。

第一節　中国における流伝

一　『略疏』以前の流伝

結論から言えば、天台維摩経疏の流伝において第一の転機となるのが、荊渓湛然（七一一～七八二）の『略疏』十巻の登場である。そこで、まず、『略疏』が成立する以前の流伝の状況を本項では辿ることにしたい。

本章の冒頭に触れたように、晋王に献上された当初から、天台維摩経疏は現行の『玄疏』と『文疏』に該当するものが一体となって「浄名義疏」と称され流布していた。智顗の在世時までに『玄疏』六巻と『文疏』の仏道品までの釈に相当する二五巻、計三一巻が著されたことは、『国清百録』所収の遺書の中で智顗みずからが明かしている通りである。その後については、『別伝』が章安灌頂（五六一～六三二）による補遺三巻がこれに加えられたと思われる巻数に言及していることから、[2]『別伝』が成立したとされる大業元年（六〇五）以前に、灌頂は遺された品の釈を著し終え、これを前三一巻に加えて三四巻の形態を整えたものと考えられている。[3]

次いで唐代に入り道宣（五九六～六六七）が伝えるところによると、『続高僧伝』巻十七に収録された智顗の伝記の中には、「浄名疏」として「三十七巻」の数字を挙げている。[4]この巻数が意味するものが何であるか、この限りでは判然としないためしばし保留し、麟徳元年（六六四）に成立した同じく道宣の『大唐内典録』を見てみたい。巻五には以下のような記述が見られる。[5]

維摩経疏〔三十巻隋帝請出、幷前玄十巻、後玄六巻〕

……
三観義
四教義
四悉檀義
……
右十九部、八十七巻、天台山沙門釈智顗撰。（大正五五・二八四上〜中）

道宣は最後に智顗の著作を「十九部八十七巻」だとしている。これらは省略した部分に記されたものも含め、列挙された文献とそれらの巻数を合計したものである。これによって、「維摩経疏」は三〇巻、『三観義』『四教義』『四悉檀義』はそれぞれ一巻ずつとして計算されていることが判明する。これら別行本をそれぞれ一巻としていることも問題であるが、「十九部八十七巻」と明記されている以上、そのように道宣が理解したと考えるより他ない。そこでふたたび『続高僧伝』の「三十七巻」という巻数の意味を考えてみると、灌頂の補遺を含めた三十四巻に別行の三本三巻を加えた数字が相当する。ただし、この計算も『大唐内典録』が「維摩経疏三十巻」とすることと矛盾するので、今はその可能性を指摘するに留めたい。

さて、その後も天台維摩経疏は天台学における主要な文献の一つとして、しばらくは学僧たちに重んじられていたようである。道宣以降、湛然以前の受容を知る上でもっとも重要な記述は、次の『文疏』の奥書である。

此経一部疏、合三十四巻。上玄文三十一巻、是天台智者大師、為楊主出、至仏道品。不二法門品下、有三巻疏、是補処頂法師。往前私記、接成一部。流伝後代、故以記之耳。

維大周如意元年、歳次壬辰八月。天宮寺僧義威伝写。誓願受持、以期仏慧、為報三宝。往江南法華寺、斯文乃尽、爾年六十。処処霄夕、至死無倦。

大唐開元二十二年十二月、会稽郡法華寺僧道儀、往浦陽清泰寺、依天宮寺本写訖。

天宝十三載、福厳写（続蔵二八・一九二左下～一九三右上、新纂一八・七〇三下）

ここには、如意元年（六九二）、開元二十二年（七三四）、天宝十三載（七五四）だの年号が記される。後に述べるように、『文疏』の成立は湛然の門人が著した序文によって広徳二年（七六四）だとされるので、ここに引用した『文疏』の奥書は、その直前までの流伝の一端を伝える重要な記述ということになる。ここに名が見える義威、道儀、福厳の伝はいずれも未詳である。しかし、天宮寺は中国天台宗の第四祖として数えられる慧威（生没年未詳）が住した寺であり、法華寺も第三祖智威（?～六八〇）の住した寺であるほか、浦陽清泰寺は湛然の師である左渓玄朗（六七三～七五四）が受学した寺である。つまり、これらの寺院は唐代の天台教団史における主要な拠点であることがまず注意される。さらに、湛然がこの清泰寺に滞在して『文疏』を参照した後に『略疏』を撰述していることも重要な接点である。以上のことを総合すると、さきに挙げた三人とも天台系の学僧であったと考えるのが妥当であろう。なお、境野黄洋氏はこの奥書から、義威が灌頂の補遺三巻を加えたと考えているが、『別伝』の異本には「三十四巻」の語が見えることから、灌頂によって補遺はすでに加えられていたと理解すべきである。

このように、初唐から盛唐にかけては、『玄疏』と『文疏』を合わせた一部の「維摩経疏」として流布していたことが知られるのである。

二　『略疏』成立から唐末までの流伝

湛然が『略疏』を著したのは「甲辰」の夏である。このことは、門人である梁粛（七五三～七九三）の序文に明記されることから確定しうる事実である[10]。日比宣正氏は『止観科』に序文にある「宝応於浦陽重勘」の一文に着目し、宝応年間（七六二～七六三）には浦陽に滞在していたと確定し、その翌年が甲辰であることから、広徳二年（七六四）が『略疏』の撰述の年に当たるとする。その上で日比氏は、『法華玄義釈籤』が同年に完成していることから、これら二つの大著が同時に執筆されることは考えにくいとして、『略疏』の実質的な撰述を、『文疏』を参照するため立ち寄ったとされる浦陽の清泰寺に滞在した時だと見ている[11]。これに対し筆者は、『略疏』撰述は天台山に戻ってから短期間の内に成し遂げられたものと考える。湛然が智顗の墓前で誓いを立てたことが、『略疏』の自序の中に記されているからである[12]。

また『略疏』の自序には、湛然が智顗の文章を削ることで意味が改まることがないよう細心の注意を払ったことが語られているが、このような削略には、その背景として地方反乱の危機に直面したことも無関係ではなかろう[13]。そのように考えれば、湛然の削略とは、単に繁を削るというだけではなく、智顗の教えを守るために、少しでも流布の便を図ろうという切実な目的があったことが窺われる。

湛然と天台維摩経疏との関係でもう一つ忘れてならないのは、『維摩経疏記』（以下『疏記』）三巻の撰述である。その成立時期については、『略疏』のように撰述の年代に関する記事がないため確定は困難であるが、日比氏は『法華文句記』と思しき引用が見られることから、『法華文句記』の完成した大暦十二年（七七七）以降と推定する[14]。池麗梅氏は湛然には『疏記』とは別に『文疏』に対する註釈として『浄名広疏記』六巻があった可能性を指摘するが[15]、その是非ついては検討が必要であろう。また、現存するものとして、この他にも湛然の弟子とされる道暹『維摩経疏記鈔』も著されている。

なお、『法華文句記』巻一中には、別行本について次のような言及がなされている。

又浄名前玄、総有十巻。因為晋王、著浄名疏。別製略玄、乃離前玄、分為三部、別立題目。謂四教六巻、四悉両巻、三観両巻。彼両巻中、文甚委悉。（大正三四・一五九中）

さきにみた道宣の『大唐内典録』では、三書ともに一巻と見なされていたようであったが、湛然のこの記述はより詳細な情報として、第一回献上本の十巻が分割されたその内訳を示している。『四教義』六巻、『四悉檀義』二巻、『三観義』二巻、合計十巻の調巻であったことが、ここに確認されるのである。

その他、湛然在世時の「維摩経疏」に関連する事項としては、『宋高僧伝』巻五の清涼澄観（七三八〜八三九）伝の中の大暦十年（七七五）の記録としてある、次の一文が注目されよう。

従湛然法師、習天台止観、法華、維摩等経疏。（大正五〇・七三七上）

これによれば、澄観は湛然から三大部とともに維摩経疏も学んでいたという。これ以上に詳しいことはわからないが、「維摩経疏」が天台学の基礎文献として学ばれていたことが知られよう。

前項で考察したように、一体となって流布していたものが『玄疏』と『文疏』に分離する、あるいは『玄疏』が切り離されて流布するようになるのは、湛然が広徳二年（七六四）に『略疏』十巻を著した後、[16]比較的早い時期からであったと思われる。これに関するもっとも早い記録は、延暦二十四年（八〇五）の『伝教大師将来台州録』（以下『台州録』）の中に見られる。後に検討するように、最澄が請来したのは『玄疏』六巻と『略疏』十巻であり、そこに『文疏』は含まれていない。この『台州録』の記録は、一部三四巻の疏として受容されてきた流伝の動向が、『略疏』の登場後半世紀も経っていない九世紀初頭にはすでに変化しつつあったことを如実に物語るものである。

さて、唐代の天台維摩経疏の流伝を考える上でもう一つ重要なのは、敦煌における道液疏の隆盛である。道液の伝は不明であるが、長安で資聖寺を中心に活動し訳経に携わった学僧であったと考えられている。[17]その道液の著作として代表的なものに、『注維摩詰経』に基づいた『浄名経集解関中疏』二巻がある。道液の自序によれば、これは上元元年（七六〇）に述作し、永泰元年（七六五）に再治したものであるという[18]。また、同様に『維摩経』関係の註釈書として『浄名経関中釈批』、あるいは『浄名経関中釈抄』二巻がある。これはその冒頭に「天台云」と始まるように、全編にわたり天台維摩経疏が積極的に引用されている。これら道液の文献は敦煌出土の『維摩経』に関係する註釈書の写本の大半を占めており、また写本には多くの朱点が加えられていることなどから、道液の疏が八〜九世紀の敦煌における維摩学の主流であったことが知られる。このことは転じて、道液疏を通じ天台維摩経疏および天台学が敦煌でも学ばれたということになる。その証左として、『浄名経関中釈批』の科段が『天台分門図』なる題で流布したことが挙げられよう[19]。上山大峻氏によれば、道液による天台疏の参照とその隆盛は、玄奘（六〇二〜六六四）が『説無垢称経』を訳出し、慈恩大師基（六三二〜六八二）が『説無垢称経疏』を撰述してもなお、このような法相唯識家の学風は定着せず、鳩摩羅什訳とその註釈書の復帰を指示する風潮があったことを示唆するものであるという[20]。

三　宋代の流伝

唐末五代の混乱により中国の仏教界は深刻な打撃を受けたが、天台宗もその例外ではなかった。志磐撰『仏祖統紀』巻八に記される螺渓義寂（九一九〜九八七）の伝には、唐末の悲惨な状況を次のように伝えている。

遠自安史挺乱〔天宝末年、安禄山、史思明、相継反逆〕、近従会昌焚毀〔武宗会昌五年、罷僧尼毀寺院〕。残編断簡伝者無憑。師毎痛念力網羅之。先於金華古蔵、僅得浄名一疏。（大正四九・一九〇下）

安史の乱（七五五〜七六三）や会昌の廃仏（八四二〜八四五）のなど政治的な混乱によって、多くの天台典籍が失われ、残されたのは金華の古蔵から発見された『維摩経』の一疏のみであったという。これがはたして『玄疏』なのか、

『文疏』なのか、あるいは『略疏』であったのかははっきりしないが、発見された「浄名一疏」は教学復興の一縷の望みとして義寂の目には映ったことであろう。その後、義寂は高麗や日本から典籍を蒐集し蔵書を回復させる。こうして再興の機運が高まる中、慈雲遵式（九六四～一〇三二）が開宝蔵入蔵を目的として、天聖七年（一〇二九）に『天台教観目録』を作成する。『天竺別集』巻上に収録された当目録には、十一世紀の天台維摩経疏に関連する諸文献について次のように記している。

維摩玄義五巻
……
四教義四巻(21)
……
（已上七十六巻智者説、聖朝新編入大蔵）（続蔵二―六・一三一右下、新纂五七・二三中～下）

この中にいう「維摩玄義」とは巻数こそ五巻とあって異なるが、『玄疏』であることはほぼ間違いない。しかし、『玄疏』はここに入蔵文献として名を連ねていたものの、結局は続蔵経に至るまで入蔵を果たしていない。次いで、湛然の『略疏』や『疏記』も入蔵文献として名が挙げられている。

維摩略疏十巻（略大本疏文）
維摩広疏記六巻
……
（已上四十九巻、然禅師撰同入大蔵、已上三師共計一百四十五巻入蔵）（続蔵二―六・一三一左上、新纂五七・二三下）

またさきに見たように、別行本のうち『四教義』は入蔵の扱いを受けるが、『三観義』と『四悉檀義』については、除外されている。このように流伝史において、別行本の中でも『四教義』のみがその価値を認められ単独に受容されるようになってゆく。それに対し、『三観義』や『四悉檀義』は大部に含まれるとして、軽視されていた様子が窺える。

三観義二巻
四悉檀二巻
……
〔已上九巻智者説、今参入大部〕（続蔵二―六・一三一左上～下、新纂五七・二三下）

さらに次の「維摩玄疏」とは、「二十八」という巻数からみて『文疏』に外ならないと思われるが、当時現存していることが確認されながらも入蔵の選に漏れている。

維摩玄疏二十八巻
……
〔已上三十三巻智者説、其本現存、但不入大蔵〕（続蔵二―六・一三一丁左下、新纂五七・二三下）

ここに見られた『文疏』軽視の状況は、同じく遵式の『天竺別集』巻上、『天台教随函目録』において、より具体的に記されている。

維摩経玄義五巻
維摩経略疏十巻
維摩経広疏記六巻
四教義四巻

……維摩経疏、先有広本二十八巻。後人患其文多、故荊渓略為十巻。言繁則剪、帯義則存。故広本罕伝、略本盛行矣。疏記六巻、猶対広疏、未暇治定。然師云、亡雖指文少殊、亦釈義宛合。

（続蔵二―六・一三三右上〜下、新纂五七・二五中）

傍線部の「広本（『文疏』）伝わること罕にして、略本（『略疏』）盛んに行わる」という表現は、当時において『略疏』が主流であったことを如実に物語る表現である。宋代に入り、『文疏』軽視の風潮は決定的なものとなったことが知られよう。

さて、順番が前後するが、宋代の天台維摩経疏の学問動向として注目すべきは、大中祥符八年（一〇一五）に撰述された孤山智円（九七六〜一〇二二）の『維摩経略疏垂裕記』（以下『垂裕記』）十巻の存在である。智円の自序によれば、『略疏』を『疏記』に照らして読む者の中に、要約すると五つの誤解が生じたため、みずから『略疏』のための註釈を記してこの誤りを正そうとしたのが、撰述の動機であるという。なお、智円は『涅槃玄義発源機要』巻三において別行本の巻数に言及する。

別有疏本者。[22]開浄名前玄以為三部。謂四悉四巻。四教四巻。三観両巻。（大正三八・三四中）

ここにいう、「四悉四巻」というのは、『四悉檀義』が四巻ということであろうが、これは現行の『玄疏』巻一の内容からみても、またこれまでおおむね二巻とされてきたことから考えても、にわかには信じ難い。智円が何に基づいたかは不明である。

以上に見たように、宋代には、『略疏』が主流となり『文疏』を軽視する傾向が決定的となる。その傾向は、十一世紀に編纂された祖師たちの名言集である四明如吉『重編天台諸文類集』[23]にも顕著である。現存資料から確認される限り、『玄疏』より六箇所、『略疏』より二四箇所、『疏記』より十一箇所の引用が見られるが、編者は本来『文疏』の註釈書である『疏記』を引用しつつ、それに対応する文を『文疏』ではなく『略疏』に求めている。たとえば、巻五では、『文疏』において初めて説示された通相三観についての引用文を多く挙げているが、その一つを挙げると次のように記されている。

維摩疏明通相三観　七、十六（『金沢文庫資料全書』第三巻五〇頁）

『文疏』によって通相三観が説かれるのは巻二十一であるので、ここで示している「七」巻「十六」丁には一致しない。これは『略疏』の当該箇所（大正三八・六六一下）を表しているのである。

また『略疏』の流行により、以降の末註書は『文疏』ではなく『略疏』に対するものだけが作られる。さきに言及した『垂裕記』もその一つであるが、同じく『重編天台諸文類集』巻五には、『疏記』と『垂裕記』の該当箇所を挙げている。

維摩疏記示三千非道明暗双遊事理不二　中之下、三　裕六、五（『金沢文庫資料全書』第三巻四五頁）

『略疏』は『文疏』の内容を変えることなく削略されたが、結果的には湛然により大幅に表現が改められた部分も少なくない[24]。湛然の手になる『略疏』を読みながら、しかし湛然の釈である『疏記』は『文疏』に対するものであるので、改めて智円の『垂裕記』を参照しつつ学ばなければならない。このような対応関係の複雑さが、ますます学僧たちに『文疏』へ立ち返る気持ちを失わせることになったと考えられよう。

なお、上述のごとく『玄疏』は入蔵しなかったものの、宋代には版本が刊行され、その一部が日本にも伝えられている。濃州長瀧寺（岐阜県郡上市白鳥町）に伝来する宋版の中に『玄疏』があり、江戸時代の安楽律派の学僧、守篤本純（一七〇二〜一七六九）は長瀧寺蔵宋版に基づき詳細な校異を付した『再校維摩経玄義』を上梓している。その他、京都栂尾の高山寺にも宋版の『玄疏』が伝えられているとされる[25]。

最後にふたたび、経録や史料より宋代の天台維摩経疏の受容を確認しておこう。

まず、もっとも重要なのは、高麗の粛宗六年（一〇九〇）に刊行された義天『新編諸宗教蔵総録』、通称『義天録』である。巻一には当時高麗に伝わっていた『維摩経』関係の註釈書を列挙する中、次のように記している。

維摩経

……

疏二十八巻

玄義六巻

玄論七巻　已上　智顗述

広疏記六巻

略疏十巻　已上　湛然述

垂裕記十巻科六巻　智円述（大正五五・一一七〇上）

このうち「玄論七巻」が、具体的にどのような文献を指しているかは不明である。吉蔵に『浄名玄論』八巻があり、『義天録』には吉蔵の『維摩経』関係の文献について、智円の『垂裕記』に続いて「疏十二巻或六巻」と挙げるのみである。これは吉蔵の『維摩経義疏』六巻に比定できるため、ここに言う「玄論」とは『浄名玄論』が智顗撰述と誤解されて混入した可能性もあろう。なお、『義天録』は、別行本については『四教義』のみに言及するが、先の引用箇所からは大分離れた位置となり、『四念処』や『小止観』などの禅観を説いた文献の間に置かれている[26]。このことから、『義天録』の分類において『四教義』は、『維摩経』註釈の別行本としてではなく、天台固有の教義を説く文献として認識されたことが知られよう。

また、少しく時を経た咸淳五年（一二六九）に成立した志磐『仏祖統紀』巻二十五にも、天台維摩経疏に関する記載が確認される。

……

維摩玄疏〔六巻〕

四教義〔四巻維摩玄疏離出之文〕

右七十六巻、天聖二年、慈雲奏入大蔵。

維摩文疏〔二十八巻為煬帝撰。荊渓略為十巻、但称略疏、与前玄疏各行〕

……

右共三十三巻、未入蔵。（大正四九・二五八中～下）

「維摩文疏」の下の割註にも『玄疏』とともに『略疏』が流布した宋代の状況が記されている。なお、『仏祖統紀』は、『三観義』を湛然の著作として扱っていることが注意される。[27] このような理解は『仏祖統紀』以前には見られないもので、志磐による事実誤認と考えられる。

四　元代以降の流伝と入蔵史

宋代には『略疏』を中心としながらも講究がなされた天台維摩経疏であったが、その後の流伝を伝える史料は少ない。その中で、幽渓伝灯（生没年不詳）の『維摩詰所説経無我疏』十二巻は、末註書等ではないが天台の教義に基づいて著された『維摩経』註釈として重要である。天啓五年（一六二五）の自序において、次のように智顗の疏を評している点は興味深い。

陳隋智者疏已云亡。然而浄名玄義、既昭昭而可観。性具法門、又瞭然而在目。是以不遺先見、而語義具存。（続蔵三〇・二四右下、新纂一九・五七六中）

伝灯は、智顗の疏はすでに失われているとしつつも、『玄疏』に性具の法門が明らかに説かれていると述べている。またこの他にも、『文疏』の「広本浄名経疏序」に引用される藕益智旭（一五九九～一六五五）の言葉は、この時代の流伝の状況を示すものとして重要である。

宋時台教入蔵、不幸見遺、人間罕伝。逮胡元、終爾亡失。霊峰旭師、復張中柱書有言、維摩疏久錮海東、儻仗鼎力、復照此地、乃千古奇事日夜祝之。（続蔵二七・四二九右上、新纂一八・四六二上）

ここに引用された文章は、智旭が張中柱なる人物へ宛てた返信の一節である。[28] 原文によれば「六妙門と維摩疏の二書、久しく海東に錮（ふさ）がれ」とある。中国において散逸した『六妙法門』と『文疏』が朝鮮半島に残っているので、この地に復活させたいという切望が表されている。

最後に、入蔵史における天台維摩経疏と関連文献の状況について概括しておきたい。

まず、基本的に見るべきものは少ない。[29]『玄疏』と『文疏』『三観義』『垂裕記』は日本において、大正元年（一九一二）に完成した大日本続蔵経に収録されるまでまったく入蔵することがなかった。『略疏』と『疏記』は金蔵に収録されたものの、その後はやはり『玄疏』等と同様に入蔵を果たしていない。関連の文献としては、わずかに『四教義』だけが奮闘し、中国においては金蔵、明代の永楽南蔵、北蔵、径蔵、清代の龍蔵に採用され、日本でも明治十八年（一八八五）に完成した縮刷大蔵経にいち早く収録されている。『義天録』に関連してさきに指摘したことでもあるが、『四教義』のみは元来の『維摩経』註釈書としての範疇を超えて、天台学を学ぶ基礎文献として大いに活用された。その点は、次節に考察する日本における流伝でも顕著な傾向である。

第二節　日本における流伝

一　鑑真の請来

日本に天台文献をもたらしたのは、鑑真（六八八～七六三）であるとされる。鑑真が艱難辛苦を乗り越え日本に至ったのは天平勝宝五年（七五三）であった。したがって、天台維摩経疏についても、この時に鑑真により請来されたと予想されるが、『遊方記抄』所収の『唐大和上東征伝』では、鑑真が請来した文献として三大部をはじめとする天台典籍の書目が挙げられる中に、『四教義』は見られるものの天台維摩経疏は含まれていない[30]。また、さきに引用した『文疏』の奥書には、天宝十三載（七五四）に書写されたことが記されている。これは鑑真の来朝後になるので、少なくとも現行の『文疏』は鑑真請来本とは考えられない。したがって、日本初伝の確定は困難である。

しかしながら、鑑真請来をまったく否定し得ないのは、伝教大師最澄（七六七または七六六～八二二）が書写した記録があることに基づく。最澄は入唐以前の延暦四年（七八五）、十九歳の時に鑑真請来の天台典籍に出会い、覚えずして涙したという。この場面は編年史の『扶桑略記』にも描かれるものであるが、この際に書写したものとして以下の書目が挙げられている。

得写円頓止観[31]、法華玄義、法花文句疏、四教義、維摩広疏卅四巻等。（『新訂増補国史大系』第一二巻一一〇頁）

ここに三大部とともに『四教義』と「維摩広疏三十四巻」が列挙されている[32]。史実としての真偽の問題は残るが、これらの逸話が誇張されたものであったとしても、ここに「維摩広疏」の名が挙げられていることは、当時それが代表的な天台文献として認知されていた一例と見ることができよう。この最澄伝の例にあるように、『玄疏』と『文疏』を一部とした成立当初の三四巻本の形態が日本にもたらされていたことは、その他の古写経目録の記録からも明らかである(33)。

二　最澄の請来と以降の流伝

『台州録』は、最澄みずから請来した文献の目録である。その中では諸文献を分類する項目として「維摩部」を設けているが、そこにはすでに『玄疏』や『略疏』といった現行と同様の書目が列挙されている。

維摩経玄疏六巻〈智者大師出　一百一十六紙〉
維摩経疏記三巻〈或六巻荊渓和尚撰　一百四十八紙〉
　已上二部九巻同帙
維摩経略疏十巻〈荊渓和尚撰　三百九十四紙〉
維摩経疏私記三巻〈上巻玄義 伝法弟子道邃撰　一百四十八紙〉
四教儀十二巻〈智者大師出　九十七紙(34)〉（大正五五・一〇五六上、『伝教大師全集』巻四・三五五頁）

ここには天台維摩経疏に関連する五つの文献を請来したことが記されている。別行本の『四教義』はその中に含まれているが、『四悉檀義』と『三観義』については、別の項目で言及されている。

……
天台欠本目録

三観義二巻

……

已上疏幷義等、一十四部四十一巻、開元二十二年、龍泉寺岑法師与僧道謀所書、智者大師墳前右柱碑上、雖有名目、然梁本未得。（大正五五・一〇五六下～一〇五七上、『伝教大師全集』巻四・三六二頁）

ここにいう「欠本目録」とは、開元二十二年（七三四）に作られた智者大師墳前の右柱の碑文に書目を確認したものの入手できなかった文献の一覧である。この中に『三観義』二巻の名が見える。

次の「随部目録」に挙げられる十五科は、各文献群に付随する特定の教義に関する解釈をまとめたものとされ、やはり智者大師墳前の左柱の碑文に基づき記録されている。

天台随部目録　合雑義等壱拾伍科

三観義一科〔入止観部〕

釈二十五三昧義一科〔入四教義幷法華玄義部〕

……

四門義一科〔入四教義幷止観及粛玄法華維摩等部〕

四土義一科〔入維摩疏部〕

……

四悉檀義一科〔入法華玄義幷四教義等部〕

……

已上一十五科義。随（ママ）智者大師、即章安和尚私記。其義随義為巻、前後所記、散在諸方。恐後学致疑故。龍泉記中、故存名目。諸部之中、其義都尽、不急之故。今不別巻耳。

（大正五五・一〇五七上〜中、『伝教大師全集』巻四・三六二〜三六四頁）

その冒頭に「三観義」とあるが、これは止観部に配されているため、「欠本目録」中にあった二巻本とは別に「三観義」なるものがあったということであろうか。またその他に維摩部または四教義部に配されているものを見てゆくと、「釈二十五三昧義」「四門義」「四土義」「四悉檀義」が続いている。これらは『四教義』『玄疏』『文疏』などからの抜粋と予想される。よって、「四悉檀義」については先の「三観義」の例と同様に、別行本の『四悉檀義』とは異なるものを指しているとも考えられるが、今はその可能性を指摘するに留めたい。

さて、湛然は『文疏』の意をそのままに字句を切りつめ『略疏』を製したとされるが、他方末註書として著した『疏記』が『文疏』についての註釈であったので、後の学僧たちは両方を参照しなければならない繁があったという。このような風潮を早くも最澄が意識していたかはこの記録だけではわからないが、最澄は事実『文疏』を請来していない。この点は、先の鑑真請来本の書写が事実であったとすれば、そのことが影響して最澄の請来の選から洩れたとも考えられる。『略疏』と『文疏』の並行の難については、のちに日本では宝地房証真（生没年未詳）がそれを解消するための試みとして『維摩経疏私記』二巻を著している通りであり、このような煩雑さが高じて、次第に『略疏』のみでこと足りるとする風潮が生じたと考えられよう。

なお、最澄については、『玄疏』依用や、法相宗との権実論争の中で著した『再生敗種義』における『維摩経』の引用が田村晃祐氏によって指摘されているほか、大久保良峻氏が『顕戒論』における『文疏』の引用に着目するが[35]、この点は日本における天台維摩経疏研究の嚆矢として興味深い問題を多く含んでいることが予想される。

その後の請来目録によれば、慈覚大師円仁（七九四〜八六四）が智顗の入手できなかった『三観義』二巻を五台山華厳寺にて書写して請来している。[36] 佐藤氏の指摘にあるように、円仁求法の主な目的は密教伝法にあるが、最澄が求められなかったものを補おうと努めており、[37] これにより『三観義』が比叡山の経蔵にもたらされた意義は大きい。一方、智証大師円珍（八一四～八九一）の請来目録のうち、天台維摩経疏関連の文献に関する記録は、『四教義』巻一が見られるだけであり、[38]『維摩経』に関する註釈書では道液疏が見られることから、新しい文献の収集に力を入れたようである。[39]

この他に、天台宗内での流伝を示すものとしてとくに重要なものに、延喜十四年（九一四）に醍醐天皇の勅により延暦寺玄日（？～九二二）が献上した『天台宗章疏』と、延長三年（九二五）頃の比叡山東塔山王院経蔵の蔵書目録である『山王院蔵書目録』がある。『天台宗章疏』は天台所依の一八一部六四二巻の書目を挙げるが、このうち天台維摩経疏関連の文献としては『玄疏』六巻、『文疏』二八巻をはじめとした八文献を記す。[40]『山王院蔵書目録』はもともと四帖あったとされるが、現存するのは二帖のみである。その中には一〇九〇部二九五九巻が記されるが、円珍が帰朝後に住した山王院の蔵書目録には、『三観義』『四教義』『玄疏』のほか、湛然の『維摩経疏記』『略疏』の名が見られるが、『文疏』の記録はない。[41] 目録には散逸した部分があるため断定はできないが、『玄疏』『維摩経疏記』『略疏』が続けて記されている中に記載がないということは、『文疏』が山王院に所蔵されていなかったと見るべきであろう。

また、平安時代後期における諸宗の蔵書を網羅したものに、寛治八年（一〇九四）に法相宗の永超（一〇一四～一〇九五）がまとめた『東域伝灯目録』がある。この中には別行本の『四教義』『三観義』のほか、早くに散逸したとされる『四悉檀義』二巻の記録もあるほか、『文疏』二八巻については三四巻本、三七巻本、三〇巻本などがあったと付記されていることから、さまざまな調巻の本が日本に伝わっていたことが知られる。[42]

こうした流伝の一方、別行本である『四教義』は、恐らくは『法華玄義』を補うものとの位置付けが次第に定着し、

「三大部」に付随する形で大いに受容されるようになる。弘法大師空海（七七四〜八三五）の『御請来目録』[43]や、称名寺蔵書[44]の中にも「三大部」とともに収められているという事実は、日本での他宗派における天台典籍の受容傾向を如実に表すものであるが、これは同時に中国での研究動向や入蔵の実態を反映したものと見るべきであろう。結果的に『玄疏』は、『法華玄義』と同様にその骨子として五重玄義を用いているので、全体としての意義は次第に見失われたが、その原形である別行本の『四教義』は化法四教のもっとも詳細な記述のある書としての個性を発揮し、重用されるに至ったと考えられるのである。

三　宝地房証真の註釈研究

証真は、源平の合戦も知らずに大蔵経を閲覧すること十六遍であったと語られる、平安末から鎌倉時代初めの激動の時代に生きた天台学僧である。著述は三大部の『私記』をはじめとしてすこぶる多いが、その中に天台維摩経疏に関するものとして、『維摩玄略鈔』『維摩経疏私記』『四教義抄』の三書が残されている。収録される日本大蔵経の解題に詳しいので、今はそれに倣って概要を示すこととしたい[45]。

まず、『維摩玄略鈔』一巻は、『玄疏』六巻の全体に亘る註釈書である。撰述年代は識語等がないため不明であるが、『維摩経疏私記』には安元三年（一一七七）とあるので、前後して作成されたものと考えられている。ただし、「別抄」「他抄」といい、『法華玄義私記』に釈を譲る箇所も見られる。したがって、指摘されるよりも『維摩経疏私記』と撰述の時期は離れているかもしれない。

管見の限り、この中には『玄疏』巻一の十箇所、巻二の十七箇所、巻三の十八箇所、巻四の十七箇所、巻五の十二箇所、巻第六の七箇所の合計八一箇所を挙げ指摘を加えている。うち現行の『玄疏』には見られない語句二箇所に対して註釈を付していることから、[46]証真が参照した『玄疏』は後に版本の底本とは若干系統の異なるものであった可能性が高い。

また、『維摩玄略鈔』が貴重なのは、「暹云」として道暹の説を三八箇所も引用している点である。湛然の弟子である道暹が著した『略疏』の註釈書である『維摩経疏記鈔』は現存するが、その道暹には『玄疏』の註釈書もあったことが諸目録から明らかである。[47]少なくとも証真の時代までは参照が可能であったことが知られる。

次に『維摩経疏私記』であるが、現存するのは巻一と巻二のみである。巻二までで『文疏』巻十四および『略疏』巻五の途中までとなる『維摩経』弟子品の釈に及んでいる。『維摩玄略鈔』と同様に道暹の『維摩経疏記鈔』を引用している。成立の問題の中で触れた「徐陵の潤色」とは、この『維摩経疏私記』の巻一冒頭に述べられている説である。[48]

『四教義抄』については、金沢文庫に『四教義私記』の題で同本とほぼ確定される心慶の手沢した写本が現存する。[49]このことから、『四教義抄』が『四教義』の末註書として重んじられたことが知られる。

日本の中世までの天台維摩経疏の流伝史における主な事項は、以上に述べたところにほぼ尽きる。その後は近世、江戸時代に入って、新たな展開を見せることとなる。したがって、節を改め論ずることとしたい。

第三節　安楽律派の活動について

一　江戸時代の版本刊行とその動向

江戸時代に入り、経済活動が安定したことで印刷技術が向上し、仏書も数多く刊行され広く流布することとなった。このような当時の仏教学全体の動向において天台維摩経疏がいつどのように刊行されたのか、その流れを追うため、まずは渋谷亮泰編『昭和現存天台書籍綜合目録』（一九七八）に基づき、中国撰述の天台維摩経疏や関連する文献がどのような順序で上梓されていったのかを整理すると、以下の通りとなる。なお、複数回刊行されたものについては、もっとも古い刊行の記録のみを選んで挙げている。

元和二年（一六一六）湛然略『維摩経略疏』　大正三八巻収録
元和四年（一六一八）智顗『四教義』　大正四六巻収録
正保五年（一六四八）智顗『維摩経玄疏』　大正三八巻収録
承応二年（一六五三）伝燈『維摩詰所説経無我疏』　続蔵三〇套収録
延宝三年（一六七五）智円『維摩経略疏垂裕記』　大正三八巻収録
※元禄五年（一六九二）湛然『維摩経疏記』（の一部分）[50]　＊秀雲校訂
享保十年（一七二五）智顗『三観義』　続蔵二編四套収録
元文四年（一七三九）湛然『維摩経疏記』　＊亮潤校訂　続蔵二八套収録

元文五年　（一七四〇）　智顗　『維摩経玄疏』＊本純校訂
宝暦十一年（一七六一）　智顗　『維摩経文疏』＊本純校訂　　続蔵二七・二八套収録

先行研究によれば、天台文献の刊行活動の初期には叡山みずから活字開版を行っていたことが知られているが、そのもっとも隆盛を極めた時期とされるのが、元和年間（一六一五～一六二四）から寛永年間（一六二四～一六四四）前半にかけてである。(51) この間に刊行されたのが『略疏』と『四教義』である。両書は天台維摩経疏に関連する文献の中でも、その流伝においてもっとも重んじられたものであり、また底本となるテキストも整っていたためいち早く刊行されたものと思われる。次いで刊行されたのが『玄疏』である。この『玄疏』とともに成立した『文疏』は、ほぼ散逸していたものが「寧楽（奈良）の古蔵」より発見されたという経緯があるものの、同じ時にもたらされた『疏記』よりも二二年遅れて刊行されたことは注意を要する。

ところで、刊行が遅れた『疏記』や『文疏』は、校訂が加えられ開版されている。また、それ以外にも享保十三年（一七二八）刊『略疏』は亮潤が、元文五年（一七四〇）刊『玄疏』は本純が、さらに天明八年（一七八八）刊『三観義』は本純の註釈書をもとにして貫充が、すでに流布している版に飽きたらず、当時可能な限りの対校文献を蒐集し、彼らの学識を加えた校訂本を、相次いで刊行している。

さて、以上に名を挙げた人物たちが、江戸時代の天台宗史の中で特筆すべき、かの安楽律派に属する学僧であったことは、極めて重要な事実である。安楽律派の詳細に関しては先学の論攷に譲るものとするが、(52) ここではその概要に触れておきたい。

安楽律派とは、比叡山安楽律院を拠点に活動した四分律を重んじる一派である。思想的には、妙立慈山（一六三九～一六九〇）の主張によって、当時勢いの増していた恵心檀那両流の口伝法門などを邪教とし、四明知礼の教学に基づき天台義の復古を進めたのがその始まりとされる。妙立は一時放逐されたが法親王らの外護を受けたことにより次第に勢力を強め、妙立の後には、元禄六年（一六九三）横川飯室の安楽院を律院とし霊空光謙（一六五二～一七三九）が管せしめられたことを期に、安楽律派としての基盤が確立し、その後も玄門智幽（一六六八～一七五二）がその法灯を継承していった。

二　『文疏』の二つの序文

当時の研究動向の実際を知る上で、天台維摩経疏に関連する文献の中でももっとも刊行の遅れた『文疏』に付された二つの序文は重要な資料である。

その第一は、公遵親王（一七二二～一七八八）によって著された「広本浄名経疏序」である。公遵親王は、中御門天皇の第二皇子として生まれ、天台座主を二度務めており、安楽律派の外護者として重要な人物である。この公遵親王にはたして特別な『維摩経』信仰があったかどうかはわからないが、その序文の冒頭にはみずから行状を述べた興味深い一文がある。

曩時比睿（ママ）大衆恵順等、有欲梓行之志、請言於余。余比歳善病、故許而未果。（続蔵二七・四二九右上、新纂一八・四六二上）

ここには、かつて病気がちであったので上梓を許したものの実際には果たせずにいた、との述懐が記されている。ここから第一に想像されるのは、公遵親王が自らの病と維摩居士の疾とを重ね合わせ、『文疏』の刊行に対して特別な思い入れを持っていた可能性である。日本では、聖徳太子が『維摩経義疏』で言及する金粟如来に対する信仰が根強い。『今昔物語集』第六には、書生が『維摩経』を書写したところ病が治るなどの功徳があり、ついには維摩居士の前身である金粟如来の住する金粟世界に往生したという説話もある。[53]『維摩経』を護持することによる功徳を謳った各種の伝承は、病身の公遵親王にも少なからず意識されたことであろう。

また、さきにも触れたように、親王の序文に明代の僧、智旭の雑稿集である『霊峰藕益宗論』の引用があることも、特筆すべき点である。智旭の手紙文の最後に記された中国において『文疏』が散逸したことを嘆く一文からの引用は、我が国においてその貴重な完本が発見され、ついに刊行に至ったことを誇るかのごとくである。

次に守篤本純（一七〇二～一七六九）の「新刻維摩経文疏序」は、公遵親王の序と同じく宝暦十一年（一七六一）に書かれたものであるが、その発見の経緯について次のように記している。

但憾文疏一部本山失伝、其僅存数巻。亦惟残簡不足采覧。往歳鶏頭慈瑗挨得寧楽古蔵、併荊渓記、齎来珍秘。既而以覚常恵順等苦奨、乃許弘通。因共奉東睿大王命旨、得以定心蔵中。尋又謀梓行、俾余校閲。

（続蔵二七・四二九左上、新纂一八・四六二中）※傍線筆者

つまり、当時『文疏』は比叡山においても完本は残っていなかったという。さきに見たように平安時代までは各地に所蔵されていたようであるが、とくに比叡山については元亀二年（一五七一）の織田信長による焼き討ちで多くの蔵書が焼失したこともあり、『文疏』はすでに失われていた。そんな中、鶏頭慈瑗によって寧楽（奈良）の古蔵から『疏記』と共に発見されたという。この古蔵が具体的には興福寺であることは、『疏記』に附された元文三年（一七三八）の亮潤「刻浄名疏記序」に「諸南都興福を特索し、果たせるかな全帙を獲る」[54]と示されていることから明らかである。

これを覚常恵順が流布させようと努めて、東睿大王に奉じたことが記されている。「覚常恵順等」について、佐藤哲英氏は「覚常・恵順等」と二人の人物として理解しているようであるが、[55]正しくは「横川覚常院の恵順ら」を意味

したものと思われる。その直前に登場する「鶏頭慈瑗」が「横川鶏頭院の慈瑗」と考えられることとも併せて、これらの院に住していた僧と考えるのが自然であろう。[56]また、ここにいう東睿大王とは、先の公遵親王のことである。

同じく興福寺より発見された『疏記』は元文四年（一七三九）に刊行されているが、『文疏』版本の上梓はそれより二二年遅れることとなった。続いて「序」の文では、刊行が遅々として進まなかった原因の一端を、次のように明かしている。

或曰。略疏既行布寰中、又何用此浩繁。為余謂不然。初祖師之製合玄文為三十有四巻。……宝暦庚辰沙門某甲等、勇進捨資、遂得上木焉。（続蔵二七・四二九左上、新纂一八・四六二下）※傍線筆者

傍線部では、湛然が二八巻の文章を十巻に削定した『略疏』がすでに流布しているのだから『文疏』を出版する必要がないとの意見があったことを明かす。それに対し本純は、そもそも『玄疏』と共に『文疏』が著されたのだと本来の天台維摩経疏のあり様を述べるほか、省略部では『略疏』を重んじるのはかえって湛然の意に反するものであると強く主張している。結果的には、宝暦十年（一七六〇）にある沙門（あるいは自身のことか）が私財をなげうって、開刻することとなったという。

三　公遵親王の安楽律派外護

ここでは安楽律派の変遷において繰り広げられた騒動の中で重要な役割を果たした、先の東睿大王、公遵親王について概観しておきたい。

公遵親王は天台座主を二度務めており、『天台座主記』によれば、その在位は第二〇三世として延享二年（一七四五）五月から同年九月までの五カ月間、そして再任では第二〇六世として寛延二年（一七四九）四月から七月の四カ月

間であった。座主を辞した後は二度とも上野の東叡山に向かっている[57]。宝暦二年（一七五二）八月の隠居後は随自意院を院号とし浅草伝法院に住したが、明和九年（一七七二）七月には寺務に復帰し、当時の後継争いの混乱を治めるため手腕を奮う。この後、安永九年（一七八〇）には、号を随宜楽院に改め、ふたたび伝法院に戻ったとされる[58]。

安楽律派と公遵親王との関係においてそのもっとも重要な出来事は、宝暦八年（一七五八）に安楽律派の兼学律が廃止され、幕府に訴えを起こすに至った、いわゆる「安楽騒動」である。この間、安楽律派の学僧は退院や追放される者まで出たが、明和九年に公遵親王が輪王寺宮として寺務に復帰後、親王は同年（安永元）十二月には四分兼学律を復興させ、宝暦八年以前と同様の体制に戻している。

ここにおいて注目されるのは、先の『文疏』序文は宝暦十一年（一七六一）、つまり安楽騒動中に著されている点である。これによって安楽律派に属する本純と公遵親王は、騒動の間も密接な関係にあったことが知られる。また、このことは本純が註釈した『三観義籖録』に公遵親王の序文が付されていることからも窺い知られる。

安楽騒動の一連の動向については、江戸幕府の教学統制政策の影響によって大きく左右されたことが指摘されている[59]。しかしながら、公遵親王はもともと霊空光謙に篤い信頼を寄せていた。政治上の宗教統制の大きな潮流の裏で、安楽律派の学僧との親交がこのような形であったことは、安永元年の安楽律復帰をもたらした要因の一つと言えよう。

四　守篤本純の註釈研究

これまでに見たように、天台維摩経疏の流伝にもっとも大きな貢献をしたのが本純である。

本純は十二歳で出家した後、二二歳で比叡山に登り、三二歳から光謙に師事し、後に仙波喜多院（川越）に十余年住して宗風を宣揚し、二百余部とも言われる著作を残したという[60]。

また先の『文疏』の版本刊行に尽力したほか、『玄疏』と『三観義』に対しても校勘をほどこしている。とくに『玄疏』については、濃州長瀧寺（岐阜県郡上市白鳥町）に伝わった宋版と校合することによって、すでに流布していた版本との校異を付し、錯簡部分を新たに翻刻して差し替えた『再校維摩経玄義』を元文五年（一七四〇）に刊行している。[61]この『再校維摩経玄義』は極めて重要な成果であったが、明治時代に至って『玄疏』が入蔵を果たした際には、『再校維摩経玄義』の存在が周知されていなかったのであろうか、もっとも古い江戸初期の版本を底本としたため、本純の努力は顧みられることがなかったことは不運というより他ない。

『日本天台宗典目録』は本純の著作として五四の書目を連ねているが、[62]これらの中で『維摩経』に関係すると思われるものは十一にも上る。『維摩経玄疏籤録』、『維摩経疏籤録』（湛然『維摩経略疏』の註釈）、『四教義籤録』、『三観義籤録』、『維摩経疏記指事録』（湛然『維摩経疏記』の註釈）が代表的なものである。

また、本純の『維摩経』への関心の高さを示すものとして、『天台霞標』七編巻之三には『読維摩詰所説経十四品偈』が収録されていることが注目されよう。[63]また、本純の号は「菴園」であるが、その名は『維摩経』の舞台である菴羅樹園にちなんだものと思われる。

なお、本純が住した東塔北谷の龍珠院は、その昔学僧の手によって開版がなされた地として知られる。[64]本純が積極的に開版活動に従事した背景には、そのような土地柄の影響もあったと考えられる。

五　安楽律派と天台維摩経疏

江戸時代の仏教界に対する評価の一つに、徳川幕府の統制政策のもと宗教的な意義が見失われたとするものがある。しかしその一方で、保護されたことによって学問の上では恩恵に浴し、各宗派の宗学研究はより精緻なものへと高められていった。その成果がさきに触れた校訂版の編集と流布である。この時代の人々のたゆみない努力があって、天台維摩経疏も現代にまで伝えられてきたことが知られるのである。

ではなぜ、彼らは天台維摩経疏の研究に傾注したのか。一つには、さきに述べたような社会の流れがあったことは間違いないが、それ以上に彼らの学問的な関心を惹起せしめた最大の要因は、『維摩経』の仏国品に説き顕された浄土の思想と、それに基づき展開された智顗の浄土論であったと思われる。とくに『文疏』はこれに関連した四土説を詳説し、智顗に帰せられる浄土思想関係の文献のうち、親撰であることに疑いのない唯一のものとして重要視されている。また、『維摩経』の「随其心浄則仏土浄」（大正一四・五三八下）の句は天台教学上において円教の常寂光土の文証として、また中国仏教史上では浄土三部経に先行する浄土世界の象徴として、極めて重要な概念であった。このような『維摩経』の浄土思想に対する探究心が、叡山浄土教の発祥地である横川の安楽律院を本拠とした学僧たちの出版活動の原動力となったのだといえよう。

第四節　濃州長瀧寺について

一　長瀧寺と宋版

本純が『維摩経玄疏籤録』の中で述べた美濃国長瀧寺は、隣接する長滝白山神社とともに、岐阜県郡上市白鳥町に位置する天台宗の寺院である。周囲は山に囲まれ長良川が流れる風光明媚な場所に、往時の繁栄ぶりを潜めつつ、現在もその地にひっそりと佇んでいる。

さて、この長瀧寺に現存する重要な仏教文献として、第一に挙げられるのは国指定重要文化財の宋版一切経である。この一切経の特徴は宋版の中でも湖州思渓版のみで構成されている点である。その他国内に現存する寺院所蔵の一切経が、異なった版を組み合わせた混合大蔵経であるのに対して、思渓版のみで三七五二巻を残していることは出色とされる。この三七五二巻という数は、昭和二十四年（一九四九）より文化財保存委員会によって断続的に調査が行われ、最終的には昭和四十一年（一九六六）に精査を加えて編集された『長瀧寺宋版一切経現存目録』[65]によるものである。しかし、応永三年（一三九六）に経と箱を整理した旨の墨書があり、天和三年（一六八三）に日光輪王寺門跡から一切経目録を求められた時の勘定によると、「荘厳講執事帳」[66]には全部で五九一八巻であったことが記されている。所蔵文献の総巻数のみで文献名などに対する記録がないため詳細は不明であるが、明らかにかつては現在よりも多くの巻数を保有していたようである。それが三七五二巻に減少したのは、明治三十二年（一八九九）の火災による。当時かろうじて搬出されたものが、南北朝時の代作と見られる黒漆塗りの一九六の箱に一箱平均約二〇巻ずつ納められ今日に至っているのである。

ところで、その目録には『玄疏』の名はない。思渓版にもともと『玄疏』は入蔵していないので、現存目録にその名がないのも当然である。

では、何をもって本純は「長瀧寺の宋本」と記しているのであろうか。長瀧寺には上述の一切経の他に、同じく宋本と思われる別函典籍類と呼ばれる文献が残っている。これらは昭和四十年（一九六五）以来、市の重要文化財に指定されており、現在も三函四二巻が保存されている。伝来の事情は不明とされているが、宋版一切経と印刷の形状が同一と考えられており、一切経の別函として一緒に伝来寄進された可能性が高いと見られている。

現存する四二巻とは、湛然「妙玄釈籤（二〇巻）」、従義「止観義例纂要（六巻）」、了然「釈門帰敬儀通真記（三巻）」、

元照「阿弥陀経義疏（一巻）」、道宣「四分律補繁闕行事鈔（七巻）」、元照「四分律補随機羯磨疏（五巻）」である。これらはいずれも唐・宋代に撰述された文献であるが、六本の内容に共通項は見あたらない。したがって、他にも註釈書のような書物が備えられていたが、たまたま火事の焼失を免れた四二巻が残ったと考えるのが自然であろう。

現存する別函典籍類の諸本の他にも多くの典籍があったとするならば、その中に『玄疏』が収められていてもなんら不思議はない。よって、本純が校訂するために参照したのはこの別函典籍類に属していたものだと推定される。これらの他にどんなものがあったのか、または他にはなかったのかは調査結果のうちには不明である。しかし、明らかに本純は「長瀧寺の宋本」に依拠したことを記しているため[67]、当時はより多くの宋版が長瀧寺に所蔵されていたと考えられる。また本純が師事した霊空光謙は孤山智円の『涅槃経疏三徳指帰』を正徳五年（一七一五）に刊行しているが、その際に長瀧寺で探し求めた宋版を基にしている[68]。その『涅槃経疏三徳指帰』二〇巻も思渓版一切経には入蔵していない。これらの記録を併せて考えれば、長瀧寺には少なくとも十八世紀中頃までは、一切経の他に蔵外の註釈書類を中心とした宋版の典籍類が数多く所蔵されていたことが知られよう。

二　長瀧寺縁起

長瀧寺の歴史は、白山信仰の開祖とされる泰澄（六八二〜七六七）の時代にまで遡ることとなる[69]。奈良時代の養老元年（七一七）に白山への三方の参拝路を開こうとして美濃側に下った泰澄が社を建て、養老七年（七二三）には元正天皇によって本地仏として十一面観音、聖観音、阿弥陀如来が奉納され、これによって白山本地中宮長瀧寺と号するようになった。その後、天長五年（八二八）には法相宗から天台宗に転じたと伝えられるが、これに関しては疑問視する説も挙げられている[70]。正式に天台宗から天台別院の綸旨を賜ったのは平安中期、治安元年（一〇二一）にまで時代が下がるが、それまでに白山信仰の三馬場の一つとして加賀の白山中宮、越前の平泉寺と共に大いに発展した。しかしながら文永八年（一二七一）十月、白山中宮寺は火災によって十四もの堂塔が全焼してしまう。その復興には実に数十年の月日がかかったという。現存する多くの指定文化財はこの後に寄進されたものであった。戦国時代に浄土真宗の勢力が強まる中で、末寺の多くが真宗へと転宗したことで、長瀧寺は往時の勢威を失ったとされる。

江戸時代に入り、さまざまな紛争に見舞われながらも、藩主の先導によって補修の資金集めのための二万人講が結成されるなど、長瀧寺は地域住民の力によって守られていたが、明治維新の際に発せられた神仏分離政策の煽りを受け、それまでの白山中宮長瀧寺は解体される。その影響から、以後はまったくと言っていいほど廃れてしまい、明治三十二年（一八九九）には民家からの出火が燃え移り、大蔵経も多くが焼失してしまうという災難に見舞われる。

過去を振り返ると、鎌倉室町時代の全盛期を頂点としてその後は二度の火災を経験するなどの不運もあったが、これらの難局を乗り越え、長瀧寺は現在も多くの文化財を保有し法灯を伝えている。

このような中、江戸時代の天台維摩経疏の復興活動において、長瀧寺は極めて重要な役割を果たした。光謙が智円『涅槃経疏三徳指帰』を長瀧寺所蔵の宋版本により刊行した先例もあったことから、弟子の本純もまた長瀧寺所蔵の宋版本に基づき『玄疏』の校訂作業を進めているのである。本純が十余年滞在していた喜多院も一切経を所蔵していた寺院である。あえて遠地の長瀧寺に求めたということは、宋版の『玄疏』は喜多院にも所蔵されていない、当時においても貴重な文献であったということになろう。

おわりに

以上に天台維摩経疏が成立から今日に伝えられるまでの経緯を考察した。

その過程からは、成立時には一部の書であった天台維摩経疏が、湛然の『略疏』が流行するに至り、次第に『玄疏』と『文疏』に分かれて流布した経緯が明らかとなった。こうして『玄疏』と『略疏』が読まれるようになる中、『文疏』は元代に入り散逸の憂き目に遭うこととなる。さらに『略疏』で事足りるとする風潮は、江戸時代の日本の学僧らにも根強く存していた。散逸状態にあった『文疏』の写本が幸いにも興福寺より発見されたにもかかわらず、一部には『略疏』がすでにあるのだから『文疏』を刊行する必要がないとの意見すらあったという。このように理解が得られない状況の中、本純の並々ならぬ努力があり刊行が成し遂げられたことは序文に記される通りである。しかし、大正蔵の編纂においては、その成果が周知されていなかったからであろうか、ふたたび『玄疏』と『略疏』という組み合わせにおいて収録されたことは、いかにも残念な出来事であったと言わざるをえない。

佐藤哲英氏の研究以後、天台維摩経疏の重要性が認識されるに至り、『文疏』にも研究者の眼が向けられている。流伝史における紆余曲折を経て、今日、成立時の姿がふたたび尊重されるに至ったことで、本純らの尽力がここに結実されたと言えよう。

註

（1）佐藤哲英『天台大師の研究』（百華苑、一九六一、七六～九〇頁）参照。

（2）大正蔵所収の『別伝』には「奉勅撰浄名経疏、至仏道品為二十八巻」（大正五〇・一九七中）とあるが、『天台霊応図本伝集』巻一に収められている『別伝』のテキストには「浄名経疏三十四巻」（『伝教大師全集』巻四、二〇二頁）とある。
（3）佐藤哲英（一九六一、七六～七七頁）参照。
（4）幸いにも筆者は花園大学が撮影した京都の興聖寺蔵『続高僧伝』写本のデジタル画像を参照し得た。『続高僧伝』の成立は複雑な段階を有しているが、興聖寺本は『続高僧伝』の初期段階を留めるものとして注目される写本である。ここにも「三十七巻」であることは変わらなかった。興聖寺本には貞観二十二年（六四八）までの記載しか見られないことから、翌二十三年の成立と考えられている。現行本と比較してもっとも異同が大きいのは巻四の玄奘伝で、これを含めた諸師の伝記の出入から、このように確定されるのである。詳細については、藤善真澄「『続高僧伝』玄奘伝の成立――新発現の興聖寺本をめぐって」（『道宣伝の研究』京都大学学術出版会、二〇〇二）、同「『続高僧伝』管見――興聖寺本を中心に」（『道宣伝の研究』）、および伊吹敦「『続高僧伝』の増広に関する研究」（『東洋の思想の宗教』七号、一九九〇）を参照。
（5）同様の記述は巻十（大正五五・三三二上）にもある。
（6）『宋高僧伝』巻二十六「釈玄朗……因詣東陽天宮寺慧威法師」（大正五〇・八七五中～下）という。東陽のある婺州は浙江省金華に位置する。なお、このことと直接的に関係するかは不明であるが、唐代の『維摩経』講説者の一人で『続高僧伝』巻十五に立伝されている義褒（六一一～六六一）は、婺州で学び伝道教化に努めたという。このように婺州に『維摩経』講究の風土があったことは、宋代にわずか金華の古蔵にのみ維摩経疏が残されたことの素地を作ったとも考えられよう。佐藤心岳「唐代における『維摩経』の研究講説」（『印度学仏教学研究』一九巻二号、一九七一）参照。
（7）『宋高僧伝』巻六「唐処州法華寺智威伝」（大正五〇・七三九上～中）に立伝される。処州は浙江省麗水県の東南に位置する。
（8）『宋高僧伝』巻二十六「如意元年閏五月十九日勅度配清泰寺」（大正五〇・八七五下）。如意元年は六九二年である。
（9）境野黄洋『支那仏教史講話』下巻（共立社、一九二九）には、「こゝに義威とは、如何なる人か其の伝を明にしないが、天宮寺に居たとあるから、年代より推して、七祖天宮恵威門下の人ではなかつたかと想ふ。若し然りとすれば、灌頂より四代の法系に当り、此の奥書より見れば、灌頂の私記を合せ、一部として流行したのは、此の義威よりのことの様である」（一八二頁）といい、補遺を加えたのが義威であるとする。

(10) 梁粛については、池麗梅『唐代天台仏教復興運動研究序説――荊渓湛然とその『止観輔行伝弘決』』（大蔵出版、二〇〇八、二四九～二五五頁）に詳しい。

(11) 日比宣正『唐代天台学序説』（山喜房佛書林、一九六六、一四六・二二四頁）参照。

(12) 『略疏』が短期間のうちに撰述されたとする筆者の見解は、本書第二部第三章第二節を参照されたい。

(13) 近時、この時期の湛然の動向について、呉鴻燕『湛然の『法華五百問論』の研究』（山喜房佛書林、二〇〇七、三二～三四頁）は、一般に言われる安史の乱ではなく、袁晁の乱という地方反乱の広がりが影響していることを指摘するほか、池麗梅（二〇〇八、一一六～一一七頁）も同様に、湛然が袁晁の乱の平定を待って広徳二年に仏隴に帰山し『法華玄義釈籤』十巻と『略疏』十巻を撰述した経緯を詳細に論じている。

(14) 日比宣正（一九六六、三四七～三七三頁）参照。また、『疏記』を作成する際に、『略疏』を参照した可能性を指摘する。

(15) 池麗梅（二〇〇八、九二頁）参照。『浄名広疏記』の存在を別に立てることで、『疏記』を『略疏』製作の際に使用した『文疏』の研究ノートだと位置付ける。

(16) 湛然は『文疏』を删略したが、『玄疏』に対しては手を加えなかったようである。この点について、智円『涅槃玄義発源機要』巻一は、灌頂の『涅槃経玄義』が湛然の再治ではないとする七つの理由の中に、「五者準浄名部。荊渓亦但删略疏文、而不再治玄義。以此例彼、知非再治」（大正三八・一五下）と、湛然が『玄疏』を再治していない例を挙げている。

(17) 『宋高僧伝』巻二「唐洛京智慧伝」（大正五〇・七一六中）には、貞元八年（七九二）訳成の『大乗理趣六波羅蜜多経』十巻に関わった人物として資聖寺道液の名が見える。近時、松森秀幸「『浄名経関中釈抄』と『天台分門図』」（『印度学仏教学研究』六三巻一号、二〇一四）、同「資聖寺道液による天台文献の依用について」（『印度学仏教学研究』六四巻一号、二〇一五）は、道液が僧肇釈をもっとも重んじるほか、智顗の釈を鳩摩羅什の釈と同様に傍釈と扱う点に着目する。

(18) 『浄名経集解関中疏』巻上「于時上元元年歳次困頓。永泰初祀、又於長安菩提道場、夏再治定。庶法鏡転明。恵灯益矣」（大正八五・四四〇上）。

(19) 京戸慈光「A PROPOS DU "TIANTAI FENMENTU" 天台分門図 DECOUVERT A DUNHUANG」（『大正大学研究紀要』五九号、一九七四）、同「《敦煌天台》について［Ⅰ］——その背景と資料」（『山家学会紀要』二号、一九九九）、松森秀幸（二〇一五）参照。

(20) 上山大峻『増補 敦煌仏教の研究』（法藏館、二〇一二、三六〇頁）参照。

(21) 『天台四教儀』「若要委明之者。……乃浄名玄義中四巻。全判教相」（大正四六・七八〇下）とあるが、関口真大『昭和校訂 天台四教儀』（山喜房佛書林、一九三五）では、この「浄名玄義中四巻」を「四教義をさすものであると見てよい」（附録、二六頁）とする。また『義天録』も「四教義四巻〈或有十二巻本開合而已〉」（大正五五・一一七八上）としているので、高麗系の『四教義』は四巻立てが主流であったと考えられる。

(22) 智円が註釈するのは、灌頂『涅槃経玄義』巻下「四、四教者。此該仏一化。名相理趣別有疏本〈云云〉」（大正三八・一三上～中）の部分である。

(23) 『金沢文庫資料全書』第三巻天台篇（一九七九）に収録。大日本続蔵経には巻十のみを収めるが、金沢文庫本は全十巻中、巻四・六・九・十が完全に残っており、その他にも巻一・二・三・五は一部を欠くものの、その大部分を留めている。

(24) 『略疏』の削略については、本書第二部第三章第二節を参照されたい。

(25) 『再校維摩経玄義』および高山寺蔵宋版『玄疏』については、本書第二部第一章第一節を参照されたい。

(26) 『新編諸宗教蔵録』巻三「禅波羅蜜十巻／禅門口決一巻／六妙門禅法一巻／方等行法一巻／覚義三昧一巻／四念処

四巻／般若玄論一巻／四教義四巻〔或有十二巻本開合而已〕／略明開矇初学坐禅止観要門三巻〔或一巻〕／円教六即一巻　已上　天台述」（大正五五・一一七八上）。

(27)『仏祖統紀』巻七（大正四九・一八九上）や巻二十五（同・二五九中）は、湛然の著作を列挙する中に『三観義』を含んでいる。池麗梅（二〇〇八、八五～八六頁）はこれを「明らかに別人の撰述と考えられる」とし、湛然の著作の総数に加えていない。

(28)『霊峰藕益宗論』巻第五之二「復張中柱」。手紙の内容から儒者と思しき張中柱に対し、天台典籍の入門書の代表的なものとして『大乗止観法門』『小止観』『摩訶止観』等を挙げ、これらの特色を述べて薦めている。

(29)天台典籍の入蔵の経緯については、呉鴻燕（二〇〇七、三二二～三五二頁）に詳しい。『中華大蔵経』（北京版）所収の天台関係の維摩経疏類の中で、金蔵広勝寺本を用いているのは、第九十七冊所収の『四教義』と第九十八巻所収の『略疏』と『疏記』だけである。蔡運辰編『二十五種蔵経目録対照考釈』（台北：新文豊出版公司、一九八三）参照。

(30)『唐大和上東征伝』「天台止観法門、玄義、文句各十巻。四教儀十二巻。次第禅門十一巻。行法華懺法一巻。小止観一巻。六妙門一巻」（大正五一・九九三上）。

(31)『摩訶止観』にはその成立の過程を示す三種本があったとされ、現行の『摩訶止観』は第三本にあたるが、『円頓止観』と称されるものは第一、または第二本に相当するものであったと考えられている。佐藤哲英（一九六一、三七〇～三八二頁）参照。

(32)引用文とほぼ同文は円珍抄『比叡山延暦寺元初祖師行業記』（改訂増補『日本大蔵経』第七八巻七六頁上）に見られるので、『扶桑略記』の著者である天台僧、皇円阿闍梨がこれに倣ったものと思われる。『比叡山延暦寺元初祖師行業記』は『叡山大師伝』を抄録したものであるので、同様の内容は『叡山大師伝』（同五三頁上）にも見られるが、巻数についての記載はない。これらの記述はいずれも、鑑真請来（七五四年来朝）本であることを強調する。

(33)牧田諦亮監・落合俊典編『中国・日本経典章疏目録』七寺古逸経典研究叢書 第六巻（大東出版社、一九九八、一六四頁）

収録の『古聖教目録』には、「維摩疏部」の筆頭として「維摩玄疏入文三十四巻　上中下　智者」を挙げる。
(34) 智顗撰『四教義』十二巻は高麗諦観（一〇世紀後半）の『天台四教儀』一巻と混同されがちであるが、前者が「義」であるのに対し、後者は「儀」の字を用いるため区別される。ここでは「四教儀」としているが、以上の年代考証かちこれは諦観のものではあり得ず、智顗の『四教義』と断定されるものであろう。また、「十二巻九十七紙」とあるが、試算として大正蔵の頁数で『玄疏』と対比すると、（玄）一一六対（四）一二七・五となるので、明らかに九十七紙は少ないことになる。あるいは『玄疏』を基準にした場合、（玄）一三一対（四）一四四となり、同比率の紙数を『玄疏』この差異は、『越州録』において記載される「四教義二巻〔第三第四〕」（大正五五・一〇五八下）によって補われたものと見るべきであろうか。
(35) 田村晃祐「最澄と維摩経」（『東洋大学東洋学研究』二二号、一九八八）、大久保良峻「『維摩経文疏』と天台教学――仏についての理解を中心に」（「天台大師研究」編集委員会編『天台大師研究』天台学会、一九九七、二二三頁）参照。これらには『顕戒論』（『伝教大師全集』巻一・七八頁）における『文疏』釈弟子品の引用を指摘する。
(36) 『入唐新求聖教目録』「三観義二巻〔天台大師撰〕」（大正五五・一〇八五上）。
(37) 佐藤哲英（一九六一、八五～八六頁）参照。
(38) 『福州温州台州求得経律論疏記外書等目録』「四教義一巻〔第一〕」（大正五五・一〇九五中）。
(39) 『智証大師請来目録』（大正五五・一一〇五中）には、道液『浄名関中疏釈批』など唐代に撰述された『維摩経』に関連する著述、七文献を挙げる。
(40) 『天台宗章疏』（大正五五・一一三六上～中）参照。
(41) 佐藤哲英「山王院蔵書目録に就いて――延長三年筆青蓮院蔵本解説」（『叡山学報』一三輯、一九三七）は、「平安期初期の叡山における見定目録として、恐らく現存唯一のもの」（四頁）と当目録の価値を述べる。また同誌には青蓮院蔵本「山王院蔵書目録」の翻刻が掲載され、天台維摩経疏関連では「〔六三〕三観義二巻」「〔八五〕維摩玄疏六巻〔金忠禅師

送〕」「〔八六〕維摩経疏記六巻〔本三巻本末之〕妙楽」「〔八七〕維摩経略疏十巻一帙」「〔八八〕維摩疏記三巻雲川」「〔一四七〕四教義十二巻一帙」の記載が見られる。

(42)『東域伝灯目録』（大正五五・一一五一中）参照。

(43)空海の『御請来目録』には「論疏章等」の項目の中に天台関係の文献を含んでいるが（大正五五・一〇六四上）、この中で『法華玄義』や『法華文句』とともに『四教義』の名が連ねられている。

(44)塩入良道・池田魯參「金沢文庫における天台典籍」（『金沢文庫資料全書』第三巻天台篇、一九七九）の称名寺現存の中国天台典籍一覧の中には、智顗撰とされる所蔵文献の中で、三大部と並んで四種（合計十三冊）の『四教義』が記載されている。高橋秀榮「心慶手沢・稀覯本天台典籍本文並びに解題」（『金沢文庫研究紀要』九号、一九七二、一三九～一四〇頁）によれば、真言律宗に属する称名寺に、五〇〇冊近くの天台典籍が伝存されていた主な理由を、開山した妙性房審海が真言律教学研鑽のかたわら天台学にも浅からぬ造詣を寄せていた、また入宋経験をもつ円種という天台学僧が長期に亘って滞在していた点などに求めている。

(45)増補改訂『日本大蔵経』第九七巻、解題一（鈴木学術財団、一九七七、七〇頁上～七二頁下）は高田良信氏の担当である。

(46)現行本に一致しない第一の箇所は、『維摩玄略鈔』「若説生生不可是自性」と『玄疏』巻二の本文を引用した上で、「不字剰」という（二五七頁下）。しかし、現行本にはもともと「不」がない。第二の箇所は『玄疏』巻五に「唐梵之語」とあるといい、智顗の時代の言葉にふさわしくないので「恐後人改字」と後世の付加であると判断を下すのであるが（一六二頁下）、これもこのような語は巻五には見られない。

(47)『天台宗章疏』は「維摩疏私記三巻〔道暹述〕維摩玄疏記一巻〔道暹述〕」（大正五五・一一三六上～中）と単独の『玄疏』の末註書があったことを記すほか、『東域伝灯目録』は「同疏私記三巻〔道暹撰、上巻玄記〕」（大正五五・一一五一中）と記すことから、三巻本のうちの上巻が『玄疏』の釈であったことが知られる。『台州録』に記す「維摩経疏私記三巻〔上巻玄義 伝法弟子道邃撰 一百四十八紙〕」（大正五五・一〇五六上）は『天台宗章疏』にいう道暹疏のことであろう。

(48)「徐陵の潤色」の問題については、本書第一部第一章第三節を参照されたい。
(49)『四教義抄』は刊記不明の版本が確認されているが、筆者は直接参照していないため詳細は不明である。高橋秀栄（一九七二）参照。同号には、『四教義私記』の翻刻も掲載されている。これによれば書写は文保三年（一三一九）四月であることが確認される。
(50)元禄五年（一六九二）時に秀雲が記した「維摩経疏記序」（続蔵二八・三六〇右上、新纂一八・八七一上～中）によると、日本においてしばらく『維摩経疏記』は散逸していたが、偶然に序文の著者秀雲がその一部分を発見し、また書林が洛北禅門で思いがけず簡単に入手していた部分とを併せて刊行したものであるという。なお、この版本の上巻は『文疏』巻一から巻四までの釈で、下巻は巻十七から巻二十一までの釈によって構成されている。
(51)川瀬一馬『増補古活字版之研究』上巻（日本古書籍商協会、一九六七、三〇〇～三〇三頁）参照。
(52)主なものとして、宗学的立場からの論攷には上杉文秀『日本天台史』（破塵閣書房、一九三五）、福田尭穎『天台学概論』（文一出版、一九五九）があり、日本仏教通史の観点から論じたものに辻善之助『日本仏教史』第九巻（岩波書店、一九七〇）、石田瑞麿『戒律の研究』下巻（法藏館、一九八六）などがある。
(53)『今昔物語集』第六、「震旦会稽山陰県書生書写維摩経生浄土語第三十八」（『今昔物語集二』新日本古典文学大系三四、岩波書店、一九九九、七六頁）参照。
(54)亮潤「刻浄名疏記序」「特索諸南都興福、果獲全帙」（続蔵二八・三六〇右上、新纂一八・八七〇上）。
(55)佐藤哲英（一九六一、四四〇頁）参照。
(56)当時の比叡山の僧堂の様子を伝えるものに、智湛記『横河堂舎並各坊世譜』（『天台宗全書』第二十四巻）がある。この中で般若谷分に覚常院（一七七頁）、兜率谷分に鶏頭院（一六五頁）の記録がある。
(57)『校訂増補天台座主記』（渋谷慈鎧編『天台座主記』第一書房、一九九九、五五七・五八二頁）参照。
(58)『日本人名大事典』二（平凡社、一九七九、五二五頁）参照。

(59) 村山修一『比叡山史　闘いと祈りの聖域』（東京美術、一九九四、三三一頁）参照。
(60) 上杉文秀（一九三五、七一九頁）参照。
(61)『再校維摩経玄義』については、本書第二部第一章第一節を参照されたい。
(62) 山口光円監、古川英俊・中村孝順共編『日本天台宗典目録』（比叡山専修院出版部、一九四一、二〇九〜二一一頁）参照。
(63)『天台霞標』七編巻之三、『読維摩詰所説経十四品偈』（『大日本仏教全書』四二巻一四三〜一四四頁）。
(64) 川瀬一馬（一九六七、三〇七頁）参照。
(65) 目録は手書きをガリ版印刷されたもの。白山文化博物館所蔵のものを特別に見せていただいた。なお平成十三年（二〇〇一）八月に当博物館を訪れた際に開催されていた「特別展　霊峰白山の秘宝」で宋版一切経の一部が展示されており、幸いにも目にすることができた。展示用としてとくに選んだものを陳列していたのであろうが、その保存状態は虫損などはまったく見られず極めて良好であった。
(66) 荘厳講における仏事執行に関わる白山中宮長瀧寺一山各住職の当番帳で、宝治二年（一二四八）から慶応四年（一八六八）におよぶ約六〇〇年間の記録である。しかし応永二十年（一四一三）から約一二〇年間の空白がある。
(67)『維摩経玄疏籤録』巻一（二丁左）。
(68)『金沢文庫資料全書』（二二七頁）、『涅槃経疏三徳指帰』巻十五の解題に詳しい。
(69) 本項では、文化財保護委員会編『長瀧寺宋版一切経現存目録』（文化財保護委員会、一九六七）、白鳥町教育委員会編『奥濃越の遺宝白鳥町の文化財』（白鳥町、一九八五）、岐阜県編『岐阜県史通史編古代』（岐阜県、一九七一）を参照した。
(70) 岐阜県編（一九七一、九〇二〜九〇三頁）は、『白山之記』にいう三馬場開創が天長九年（八三二）であることを考えると、天長五年（八二八）改宗説の伝承の信憑性は非常に薄いと指摘する。

第二部　天台維摩経疏のテキストとその問題

第一章　天台維摩経疏の現存諸本

はじめに

天台維摩経疏の内容は、今日『玄疏』が大正蔵三八巻、『文疏』は続蔵二七・二八套（新纂一八巻）に収録されることで、広く参照されるに至っているが、これらの大蔵経が底本としたのは、いずれも江戸時代に刊行された版本である。江戸時代には印刷技術の発展にともない仏書の刊行も盛んに行われる。そのような流れの中、とくに天台維摩経疏に関連する文献の刊行にあたっては、安楽律派の学僧たちが大いに尽力し、その恩恵により日本において入蔵を果たしたという経緯がある。(1)

さて、これら諸本の所在を確認するにあたり、まず参照すべきは渋谷亮泰編『昭和現存天台書籍綜合目録』（以下『渋谷目録』）である。周知のごとく『渋谷目録』は、天台宗に関連する諸文献の書誌情報を網羅的に記した目録で、一九四〇年に上巻、一九四三年に下巻が刊行され、一九七八年には増補・索引を加えて三巻本で再刊されている。この中には、諸本の種別や日本の代表的な天台宗関連の蔵書や仏教系大学図書館の所蔵状況がまとめられており、『玄疏』や『文疏』についても、この『渋谷目録』により基本的な情報を把握することができるが、それ以外にもいくつかの重要な資料の存在が確認されている。

そこで本章では、『渋谷目録』の記録をもとにその他の資料に関する情報を加え、現存する諸本の概要や所蔵先などの書誌情報を整理しておきたい。

第一節　『玄疏』について

一　現存諸本とその所在

『渋谷目録』の上巻には『維摩経』および関連文献の書誌情報を掲載する。その中の『玄疏』の項では、そのテキストとして六種を挙げている。[2] これらは二種の入蔵文献と四種の版本よりなり、写本は含まれていない。後に述べるように版本は入蔵文献の底本や対校本に用いられているので、さきに四種の版本から詳細を見ていきたい。

A　正保五年（一六四八）　敦賀屋刊[3]
B　貞亨三年（一六八六）　京都浅野刊[4]
C　元文五年（一七四〇）　京都浅野刊　「維摩玄義[5]」
D　元文五年（一七四〇）　京都銭屋刊　「浄名玄義再校」

ここに挙げた四種の版本は、いずれも江戸時代に日本で刊行されたものである。

このうち、A、B、Cの三本を実見したところ、本文の書体などが一致していることから、これらは刊行年が異なるものの同じ版木を用いて印刷されたものであることが判明した。とくにAとBは異同がまったく見られない。今日でいうところの「初版第一刷」と「初版第二刷」の関係である。

他方のCは、本文の部分はAやBと同じ版木による印刷であるが、後に詳しく考察するように、上部余白に新たに校異を刻しているほか、巻五に生じていた錯簡については新たに版をおこして訂正している。いわば「改訂第二版」のような存在である。このCについては、次項にて詳しく述べることとする。なおDについては、実見していないため断定はできないが、書名および刊行年からみてCと同本であると思われる。

この他にも、『仏書解説大辞典』には現所蔵者の項目にAとBを挙げているほか、『渋谷目録』には記載のない版本を一点挙げている。

E　文化五年（一八〇八）刊

高野山大学所蔵とされるが、これについても実見していないため、詳細は不明である。

また、Cの奥書からは、AとBの間に位置する延宝年間（一六七三～一六八一）にも刊行されていたことが知られる。その詳細については次項に改めて述べることとする。

次に、『玄疏』の入蔵本には以下の二種がある。

F　大日本続蔵経　二七套　／　新纂大日本続蔵経　一八巻

G　大正新脩大蔵経　三八巻

Fの続蔵本は、底本等は明らかではないが、三七箇所にわたり底本の不備を指摘している。また版本と同様に返り点が付されているため、底本に忠実に翻刻されたと言えよう。

Gの大正蔵本は底本に正保五年（一六四八）版本のAを採用し、甲本として貞享三年（一六八六）版本のBを用いる。しかし、さきにも指摘したように、もともと同じ版木を用い印刷しているAとBの間に異同はない。しがたって、Gの中で校異として付しているのは、編纂者によって誤字と判断された七箇所のみである。また、明らかに誤字や異体字と思われるものについては、これをとくに断りなく直している。

さて、これまでに見たように、『渋谷目録』は『玄疏』の現存テキストとして江戸期の版本を中心に挙げるが、この他に重要なものとして高山寺に伝わる宋版がある。[6]

H　維摩経玄疏　巻二・三・四・五・六　五帖（第四五函一五）

『高山寺経蔵典籍文書目録』第二には、これらが「南宋時代刊」であること、一頁六行、一行二〇行の折本装であること、巻四は中欠、巻五と巻六は尾欠であることを記す。[7] 昭和九年（一九三四）から翌年にわたり常盤大定氏が高山寺の宋版を調査した際の記録には、「維摩経玄疏一帖……折本。六行、行二十字。紙質頗る善し。「続蔵」に六巻としてある」と記す。[8] この一帖が『玄疏』六巻のうちのいずれにあたるのか、あるいはその一帖が六巻の内容を備えるものかは判然としないが、『目録』に記載されるのが巻二から巻六までの五帖であることから、常盤氏が調査したのは巻一であった可能性が高い。常盤氏が報告した時にあったものが失われ、その時知られていなかったものが現存するということになろうか。高山寺経蔵には『玄疏』のほか、『略疏』巻九と巻十、[9] 孤山智円（九七六～一〇二二）『維摩経略疏垂裕記』全十巻、[10] 他では知られていない智円『維摩経略疏科』六帖など、[11] 数多くの宋版本を所蔵している。いずれも実見に至っていないが、貴重本であることは間違いない。

なお、『玄疏』の宋版の存在については、Cの校訂にあたり長瀧寺（岐阜県郡上市白鳥町）から入手した宋本を参照したという記録にも明らかであるが、[12] その際に参照されたものは現在、所在が不明となっている。

また関連して、近代の中国における刊行としては、周叔迦氏（一八九九～一九七〇）が参照した揚州衆香庵本の存在も注目される。[13]『周叔迦仏学論著集』下冊に収録される「釈典叢録」は諸仏典の解題集であるが、この中では続蔵本の『文疏』を紹介する一方、『玄疏』については「維摩詰所説経玄義六巻 揚州衆香庵本」と揚州本に基づき内容を概観する。また巻五の錯簡についても言及しており、日本の旧伝本に見られるこのような異同は古写本の錯簡によるものだと指摘する。[14] このことから、揚州衆香庵本は宋版を継承した内容であることが窺えよう。

また、写本については『渋谷目録』には一切指摘がないが、池麗梅氏の調査により、叡山文庫には『玄疏』三冊本の写本があることが分かっている。[15]

Ｉ　維摩経玄疏上・中・下（叡山文庫四〇〇―一二四五～一二四七）

所蔵シールによると、華蔵院の旧蔵で大正十年（一九二一）十一月五日に叡山文庫に収蔵されたようである。本写本には筆写年を確定する情報は見られないが、表紙裏には三冊ともに「中正院光賢蔵」と書かれていることから、天台僧である正覚院豪恕（一七三三～一八二四）の所有した本であることが知られる。豪恕はもと光賢といい、寛政十年（一七九八）に宝園院から正覚院へと転住する際に改名したとされる。[16] 伝記によれば、宝暦八年（一七五八）二六歳で比叡山西塔南尾谷中正院の住職となったとされるので、[17] その時期にこの写本で『玄疏』を学んだものと思われる。実見していないが複写を見る限り、すでに流布していた版本と同じ行数や文字数で返り点や送り仮名なども忠実に書写したもののようである。誤写らしきものも少なくないが、「〇イ」と異本を参照した形跡も見られる。

さらに『身延文庫典籍目録』によれば、内題より『玄疏』と思われる写本が身延山の蔵書にあったことが知られる。[18]

Ｊ　唯摩疏　第一（内題　維摩羅詰経玄疏巻第一　天台智者顗禅師作）

同目録によれば、本写本は身延山第四十七世の亮心院日豊（一七一三～一七八六）の蔵書で、[19] 写本は一冊に巻二までの内容が書かれていることが知られる。いまだ調査に及んでいないため、今は以上の指摘に留めることとする。

二　『再校維摩経玄義』と宋本

日本の近現代の研究において、大正蔵収録の『玄疏』巻五に生じた錯簡の問題を最初に指摘したのは、一九七九年に発表された大島啓禎氏の論文である。[20] 前項で述べたように、中国ではこれより若干早く、同様の指摘が周叔迦氏によってなされていたが、その説はほとんど知られることがなかったようである。

大島氏が参照したのは元文五年（一七四〇）に刊行された『再校維摩経玄義』六巻である。その奥書には、次のように記されている。

元文五歳次庚申　季秋

且依延宝旧版、第五巻中■（三）版、並増補毎■（格）上文字

京城書鋪浅野氏謹識（三〇丁左）

※■は虫損部分。巻五の六丁版心の記述をもとに想定される字を（　）に補った。

ここでは、この元文五年本が「延宝旧版」に基づきつつ、巻五の三つの版木については作り直したほか、全編にわたり格上に校異を示したことを述べている。

『渋谷目録』等には延宝年間（一六七三〜一六八一）に刊行された記録が見られないが、正保本、貞亨本、およびこの元文本を対照したところ、いずれも本文は同じ版木に基づくものであった。よって、ここに言及される「延宝旧版」も、先行する正保本と同本であったと推測される。

「第五巻中三版」とは、具体的には四丁から六丁までの三紙である。その版心（折り目）には次のような文言が刻まれている。

台山某等■資刻此上

三版並毎巻格上文字

「台山某等」とは守篤本純（一七〇二〜一七六九）らのことであろう。彼らが私財を擲ち、新たに巻五の三紙や格上の

註記を開刻したという。本純は宝暦十一年（一七六一）の『文疏』の版本上梓にあたっても、みずから出資しているという。[21] 資金面においても本純が大きな役割を果たしたことで刊行が実現されたことが知られよう。肉眼でみると本文部分はすでに版木が摩耗したためであろうか、印刷された文字が粗くなっているのに対し、上欄の註記部分の印刷はそれよりも鮮明である。本文の版木で印刷した後に註記部分を重ねて印刷したものと思われる。

格上の校異は、「○宋作△（○が宋版では△になっている）」というように一々の異字を指摘する。これらは格上の空欄部に置かれた四角枠の中に二行で記される。註記では、大きくわけて三種類の指摘がなされている。まず、のべ一二七箇所に亘り宋本との異字をつぶさに指摘する一方、四箇所で宋本の誤脱を指摘しているほか、本純自らの指摘も二三箇所に及んでいる。一二七箇所の異同と四箇所の宋本の誤脱の指摘から、日本で伝写された本と宋本の間には細かい部分でかなりの相違があったことが知られる。

では、参照された「宋本」とはどういったものか、それについて述べているのが『維摩経玄疏籤録』である。この書は本純が著した『維摩経玄疏』に対する数少ない末註書として貴重な文献である。本純は多くの天台維摩経疏に関連する文献を著しているが、その一つである『維摩経玄疏籤録』巻一の冒頭で、宋本について次のように述べている。

此玄巻数、本製六巻。以文疏巻末記所云為証。亦孤山之所拠也。若慈雲之教函目録、明智弁才、所刻行、並但五巻者、後人調巻、合六為五耳。然而本邦濃州所置宋本、見六巻成。不知誰者就五開六、復旧貫也。今本嘗親較長瀧本、巻数体段、全同無異。知依宋本所刻也。文字稍有誤脱、随文録出、在下可見焉。（一丁左）

『玄疏』の巻数について、慈雲遵式（九六四～一〇三二）の『天台教函目録』では『玄疏』が五巻と記されていることを取り上げ、濃州にあった宋本も六巻であることから、誰が五巻から六巻に開き元の形に戻したのかは不明とする。長瀧寺と当時流通している本とを比較すると、形式は変わらないので、既刊の版本が宋本に基づき翻刻されたことがわかるとしつつも、ただし、文字の誤脱があるので、解釈しつつ指摘するという。『維摩経玄疏籤録』の釈では、元文五年本の註記と同様の校異が見られる。『維摩経玄疏籤録』の撰述および版本の刊行時期は明らかではないが、元文五年本では単なる異同だけではなく、その他の疑問点についても二三箇所にわたり指摘されることから、『維摩経玄疏籤録』が先行して成立し、その成果に基づき元文五年本が刊行されたと考えられよう。

なお、東北大学図書館狩野文庫には、「維摩経玄疏　釈本純」（二―三〇二六―一）とする写本が所蔵されている。同文庫の目録によれば、本写本は草案の写しとされ、マイクロフィルムを見る限り、『維摩経玄疏籤録』の草稿本を書写したもののようである。これらの詳細については、まだ筆者も調査が及んでいないため、今はその指摘に留めたい。

第二節　『文疏』について

一　現存諸本とその所在

『渋谷目録』によれば、『文疏』のテキストとして確認されているのは、二点のみである。

その一つは、次の版本である。

宝暦十一年（一七六二）刊[22]

この宝暦十一年本は今日も多くの機関に所蔵されるが、実見した駒澤大学図書館蔵本は、二巻を一冊にまとめた計十四冊よりなる。題簽には「維摩詰経広疏」、版心には「維摩経広疏」と記し、本文には返り点および送り仮名も付している。また、『玄疏』の元文五年（一七四〇）本と同様に格上に校訂に関する註記を記している点が特徴である。

この版本が艱難辛苦を乗り越えて上梓されたことは、本純や公遵親王（一七二二～一七八八）の序に明かされている。比叡山にも『文疏』二八巻が完全な形では残されていなかった中、興福寺で完本が発見され、それに基づき上梓したものであるという。また巻二十八の末には、この写本の原本が唐の如意元年（六九二）にまで遡るものであることが記されている[23]。今日、その興福寺より発見された写本は所在不明となっている。

刊行にあたっては、底本にした写本をそのままの形で翻刻したのではなく、読者の便を図って工夫を凝らしたことが凡例より知られる[24]。たとえば、写本は経文と釈文が続けて記されていたというが、版本では経文と釈文とを改行で区別するほか、釈文を経文よりも一文字分下げて表示し、一見して経文か釈文かが分かるようになっている。また、巻二十六以降には経文が付されていなかったが、それ以前の巻と同様に読み進めることができるよう、新たに経文が挿入されている。さらに、誤脱の可能性がある箇所に対し、本純が自らの見識や『略疏』との対照によって付した註記が格上に刻されている。その指摘は二八巻を通じて一一二〇箇所にも上る。

次に大蔵経等に収録されたものは、次の一点である。

大日本続蔵経　二七・二八套　／　新纂大日本続蔵経　一八巻

これら続蔵本では底本を明記していないが、付記された序文や凡例の一致から、その底本は宝暦十一年本と考えられる。

このように、『渋谷目録』などで知られる『文疏』の諸本は版本と続蔵本の二種のみであったが、この他にも、叡山文庫には、鎌倉時代の書写とされる以下の写本が現存している。

維摩広疏　七冊（真如蔵旧蔵）

本写本は、先述の興福寺本から宝暦十一年本、続蔵本という流れとは異なる系統のテキストとして注目される。その特徴については、項を改め詳細を論じたい。

二　叡山文庫所蔵の写本について

ここに考察する叡山文庫所蔵の写本については、網羅的に現存資料の所在を記録する主要な目録にも何ら言及されておらず、[25]いまだ不明な点が多い。その形態から鎌倉期の書写と推定される本写本は、現在確認しうる『文疏』最古の資料となる。結論から言えば、続蔵本の『文疏』本文との間には大きな異同はなく、よって本写本の登場が『文疏』の思想研究に変化をもたらすというわけではない。しかし、いまだ各方面で解明すべき課題の多い『文疏』の研究に新たな資料が加わったという意味で、本写本の存在意義は少なからざるものがある。

智顗の『文疏』撰述、および灌頂による補筆などの経緯については佐藤哲英氏の研究に詳述される通りであるが、[26]その後、湛然が読者の利便を図り二八巻の『文疏』の文言を切り詰めて十巻の『略疏』を著した結果、『文疏』の研鑽は廃れ、中国では散逸し、日本天台宗においても一度は流伝が途絶えかけた。このような危機的状況を回避したのは、江戸時代の安楽律派の学僧らであった。今日、続蔵の底本となっているのは、彼らが興福寺より二八巻の完本を見つけ出し、それを元に宝暦十一年（一七六二）に上梓した版本である。その際に付された序文で守篤本純は、『文疏』は比叡山においても数巻が残るばかりであったが、鶏頭慈瑗によって寧楽（奈良）の古蔵から『維摩経疏記』と共に発見されたという、比叡山の文献の伝存状況と版本刊行の発端に触れている。[27]

さて、ここにいう「古蔵」が興福寺であることは、『維摩経疏記』に附された亮潤「刻浄名疏記序」に「特索諸南都興福、果獲全帙而還」（続蔵二八・三六〇右上、新纂一八・八七〇上）とある一文から明らかである。興福寺は周知のごとく維摩会を催す法相宗の寺院である。そのような伝統のある興福寺が、『維摩経』に関連する文献として『文疏』

や『維摩経疏記』を蒐集していた事実は、自然なことと受け止められよう。ただし、残念なことにこの興福寺写本の所在は現在不明となっている。よって、叡山文庫所蔵の写本は現存する唯一の『文疏』の写本ということになる。

叡山文庫の整理記録によれば、本写本の基本情報は以下の通りである。

真如蔵書内典三二・二七・一七八六

維摩羅詰経文疏（外題 維摩広疏）七冊　粘葉装　写本

本写本は浄教房真如蔵の旧蔵本とされるが、これは後述のごとく、七冊のうち五冊に「山門東塔南谷　浄教房　真如蔵」の墨書があることから確認される。巻三は「維摩広疏　鎌倉時代古鈔」と墨書きした題簽が付された帙に収められており、またその他の巻を包んだと思われる紙（縦33cm ×横44cm）にも「維摩広疏」の題が見られる。題簽に鎌倉時代と記述されたことについては、筆写時期に関する奥書等がないため明確な根拠は不明であるが、粘葉装の外形などから判断したものと推定される。帙、紙ともに昭和二十九年（一九五四）八月十日の日付が入った整理番号等を記す小さな表が貼付されているため、少なくともこのころより叡山文庫に所蔵されていたことが判明する。

粘葉装の中身は、一丁片面ごとに七行十八字前後（十七〜二二字）が配され、一二六文字前後が記されている。巻ごとの詳細な情報については以下の通りである。

巻数	紙高×紙幅	丁数
巻三	25.0×15.5	三十四
巻四	25.2×15.5	三十八
巻六	25.0×15.5	三十三
巻十一	24.8×15.1	三十八（元は四十六？）

巻十二　　24.7×15.0　　四十七（元は四十九？）
巻十三　　25.0×15.5　　四十三
巻十五　　25.0×15.6　　四十七

実見したところ、巻十一と十二は他とは紙質が異なり、また紙高や紙幅は若干ながら小さい。またこの二冊はいずれも破損が著しい。巻十一は六、七丁の虫損が著しく、十八～二一丁、四二～四五丁に相当すべき部分が落丁している。また巻十二も二、三丁に相当すべき部分が落丁しているほか、本来四二、四三丁に位置すべき部分が一丁と四丁の間に置かれる、といった状態である。

そして、この二冊にのみ丁数が振られている点も留意されよう。これは落丁部分を明示するため便宜的に付されたものと考えられる。基本的には欠けた部分の数字をふまえて番号を振る一方、巻十一の四二～四五丁に相当すべき内容（続蔵本によれば一〇二六文字）が欠落しているにもかかわらず、その分を飛ばして四一丁の次に残った尾題を有する丁に「四十二」の数字を振る例があること、巻十二では粘葉装が虫損により分離してしまい頁が前後したままの部分には数字が入っていないことなどは、これらの数字が後代に加えられたことの証左と言えよう。また、これら二冊は内題横に「真如蔵」の墨書がない。そのため他の五冊とは別に真如蔵に加えられた可能性も考えられる。

各巻の外題、内題、尾題については以下の通りである。

巻三
外題　維摩広疏巻第三　※右下「朝幸」とあり
内題　維摩羅詰経文疏巻第三九
※内題右横に「山門東塔南谷浄教房真如蔵」

尾題　維摩羅詰経文疏第三

巻四

外題　維摩広疏巻第四　※右下「朝幸」とあり

内題　維摩羅詰経文疏巻第四十

※内題右横に「山門東塔南谷浄教房真如蔵」と思しき文字が墨で塗り潰されている

尾題　維摩羅詰経文疏第四

巻六

外題　維摩広疏巻第六　※右下「朝幸」とあり

内題　維摩羅詰経文疏巻第六

※内題右横に巻四と同様の塗り潰しがある

尾題　維摩詰経文疏第六

巻十一

外題　維摩経文疏　十一

内題　維摩羅詰経入文疏巻第十一　弟子品第三初

尾題　維摩詰経疏第十一

巻十二

外題　維摩広疏巻第十二　※右下「朝幸」とあり

内題　維摩羅詰経入文疏第十二　弟子品之二

尾題　維摩羅詰経入文疏第十二

　巻十三

外題　※表紙欠

内題　維摩羅詰経入文疏第十三　弟子品之三

※内題右横に「山門東塔南谷浄教房真如蔵」

尾題　維摩詰経疏第十三

　巻十五

外題　維摩広疏巻第十五　※右下「朝幸」とあり

内題　維摩経文疏第二十一　弟子品之五

※内題右横に「山門東塔南谷浄教房真如蔵」

尾題　維摩詰経文疏巻第二十一

各巻の間で題が一致せず、また外題、内題、尾題も画一でないため、これだけでは系統の分類が容易ではない。また写本の保持者と思しき朝幸という人物についても、いまだ調査が及んでいないため不明であるが、はたしてこれら七冊がさきに引用した本純の言及する「数巻」であるのか、さまざまな問題と共にさらに検討を加えていきたい。

（二）巻数と題目について

今日、『玄疏』と『文疏』はそれぞれ独立した文献との扱いを受けているが、そもそも智顗が晋王へ献上した時には、一部の書として認識されていた。そのもっとも明白な根拠は、本文の中に現れている。つまり『玄疏』には、

「今輒於文前、撰五重玄義」（大正三八・五一九上）と随文解釈の前に五重玄義に基づき論を展開することが述べられ、これを承けるかのごとくに『文疏』の冒頭は「次明入此経文」（続蔵二七・四三〇左上、新纂一八・四六四上）と始まっている。両書が分離して流布し始めたのは、湛然の『略疏』が重用されるに至ってからと見られる。[28]

さて、さきに挙げた内題の中には、この問題に関連して興味深い記述が見られる。まず巻三と巻四は、「三」または「四」の数字の下に割註のように小さく「九」または「十」といった数字が記されている。この数字は『玄疏』の六巻を加えて通して数えた場合の巻数と合致する。同様に、巻十五は首題、尾題共に「巻二十一」としているが、これもやはり『玄疏』六巻を加えた数である。また題にも注意すべき点が見られる。巻十一、十二、十三は「維摩羅詰経入文疏」と「入」を挿入しているが、これもしばしば解釈の中で『文疏』の内容を「入文」と表記する例[29]を想起させるものである。版本ではこのような異同がなく題がすべて「維摩羅詰経文疏」となっているが、これは本純らが刊行の際に統一した結果と見るべきであろう。

（二）経文について

『文疏』では鳩摩羅什訳の経文と対応する釈文とが交互に配されており、版本およびそれを継承する続蔵本（以下、両者を総称して「現行本」とする）では、経文に対して釈文を一字下げて表記する。これについては、凡例において読者の便を図るために施したと述べられている。[30]その内容から、その底本となった興福寺の写本では経文と釈文とが区別されることなく併記されていたと推測される。本写本も経文と釈文が連書されていることから、古写本はいずれも連書であったことが知られる。

また、写本も現行本と同様に経文を中略することなく引用していることが注目されるが、これらの経文は献上当時から挿入されていたと思われる。『文疏』に挿入された経文には、大正蔵などと対照すると相違する文字があるが、解釈の中でもその字義に沿っているため、単なる誤写ではないことが確認される例がある。[31] さらに、『文疏』が献上本であるということも考慮すべき要素であろう。だからこそ経文を引用する煩を厭わず著述されたと見ることが可能だからである。後には解釈の部分まで湛然によって省略されるほどであるので、註釈書では省略されることの多い経文を新たに加える必要が献上時以降にあったとは考えにくい。鎌倉時代の書写と見られる本写本も経文をそのまま引用していることから、その蓋然性は一層高まったと言えよう。

(三)「一本」と「イ」本について

現行本において註記は二八巻全体に亘り付されている。これらは湛然『略疏』との比較から誤脱を指摘するものが主であるが、[32] 管見のかぎりこの中には計十二箇所で「一本」との指摘が見られる。これは「ある本には～のような違いがある」という意味だと思われる。この十二箇所は巻一の一箇所を除いたすべてが本写本に現存する巻に含まれているため、これらが一致すればこの「一本」とは本写本との対照の結果だと見ることができよう。ところが、現行本の「一本」の指摘は本写本の文言と異なる例も少なくない。註記にある一本と本写本との対応関係を掲げると、次の通りとなる（上段は現行本の註記、下段は写本本文、〇は註記と写本が一致、×は不一致を示す）。

巻一　布政（一本布政下有布政二字）　※対応巻欠

巻四　小得（小得一本作得小）　得小〇

位（位一本作但）　但〇

縁修相（修一本無）　縁相〇

巻十一　業（業一本作縁）　業×
種（種一本作処）　種×
巻十二　是（是字一本無）　是×
述（述上一本有正字）　※対応部分欠
巻十三　果（果上一本有無字）　無果◯
頭（頭一本作髪）　頭×
巻十五　我見（見一本無）　我◯
我是（是一本作見）　我見◯

そして、本写本が参照されなかったことを示す例も確認される（上段は現行本の註記、下段は写本の該当箇所）。

巻十二　法高（高上疑脱無字）　法無高
説（説疑誤当作諸）　諸
由此也（由下疑脱良以二字）　由良由此也
結勧（結上疑有脱文）　四結勧
衆故（故疑誤当作生）　衆生故
是（是上疑脱集字）　集是
滅（滅字疑剰）　感
種（種疑誤当作理）　理
著（著疑誤当作普）　普

巻十五　是即（是即疑当作即是）　即是

右に記した現行本と本写本の異同は、版本の編集時に写本が参照されていたならば「一本」として表記されてもよいはずのものである。しかし、註記では異本の存在に触れず校訂者の私見として指摘が加えられている。現行本と本写本の異同は枚挙に暇がないが、明らかな誤写を無視したとしても、校異に加えられなかったものは他にも多数ある。これらの点から、『文疏』の刊行が準備された当時に、本写本とは異なる第三の資料が参照された可能性が浮上するのである。

第三の資料の存在は、本写本の書き込みからも窺い知られる。本写本には訓点が付されていないが、本文の余白部分に校異を示す書き込みが多数見られる。その中でカタカナの「イ」のような文字を用いて異字を記す場合がある。以下はその回数である（上段は「イ」本の指摘箇所、中段は「イ」本と現行本が一致する例、下段は写本本文・「イ」本・現行本がすべて異なる例）。

巻三	七	三	一
巻四	十	七	一
巻六	十二	八	なし
巻十一	一	一	なし
巻十二	二	二	なし

※巻十三と巻十五には「イ」本の校異なし

これらの指摘箇所が完全に続蔵本と一致すれば、版本やその底本となった興福寺本を参照して加えられたものと見ることも可能となろう。しかし、実際には異なる箇所があり、また「イ」本、写本本文、現行本のすべてが異なる例も少ないながら存在する。問題はこの書き込みがいつ加えられたかで、その解明には朝幸という人物について明らかにしなければならず、課題はいまだ少なくない。しかしその問題をしばらく保留しても、これらの記述が暗示する第三の資料の存在は興味深い事実と言えよう。

以上の考察より、叡山文庫に所蔵される『文疏』写本の七冊は、内容面では現行本と比較して大きな差違は見られないものの、『玄疏』から『文疏』という文献の成立の前後を如実に示す巻数の表記が見られるなど、古い形式を留めていることが特徴として確認された。現行本の校訂にあたって本写本が参照されない例があり、本写本にも現行本とは異なる校異が存在することから、『文疏』序文で本純が言及する「数巻」が本写本の七冊全体を指したものかの正否については、いまだ課題として残るものの、この問題に乗じて浮上した現存資料とは異なる文献の存在は、『文疏』の流伝史に新たな内容を添えることとなるであろう。

おわりに

本章では、天台維摩経疏の諸本について、現時点で筆者が確認している限りのものを紹介した。ここに挙げたリストはいまだ十全とは言い難いものであるが、『渋谷目録』には記載されなかった新たな研究資料の存在もいくつか指摘した。近時、さまざまな機関の蔵書目録が公開される中、さらなる資料の発見が期待されよう。

『玄疏』については、現在、研究資料としてもっとも普及するものに、大正蔵三八巻に収録されたテキストがあるが、その底本である正保五年（一六四八）刊の版本に生じた錯簡はそのままの状態で収録されている。後に元文五年（一七四〇）には校訂本が刊行されていたにもかかわらず、参照されることがなかったため、長らくその問題は気づかれることもなく研究が進められてきた。ところが、中国では一九七〇年以前に周叔迦氏が揚州刻本との対照から大正蔵の問題点を指摘したほか、日本では一九七九年に発表された大島啓禎氏の論文により元文五年（一七四〇）版本に基づき錯簡部分について言及されたことで、ようやくその問題が共有されるに至っている。幸いなことに二〇〇一年に発売された天台宗典編纂所制作の『天台電子仏典CD２』では、この錯簡についての指摘に基づき内容に沿って文を入れ替えた形でテキストが入力されている。今後は、元文五年本や宋版などを対照した校訂テキストの刊行が望まれるところである。

『文疏』についても、続蔵本およびその底本である宝暦十一年（一七六一）刊の版本以外に対校すべき完本がないことが問題であるが、叡山文庫の鎌倉時代の写本が確認されたことから、今後新たな資料の発見が期待されよう。

註

（1）安楽律派による活動については、本書第一部第二章第三節を参照されたい。
（2）渋谷亮泰編『昭和現存天台書籍綜合目録』増補版上巻（法藏館、一九七八、七一頁）参照。
（3）駒澤大学図書館蔵の龍谷大学蔵本の複写（H258.3/82-1〜3）および同図書館蔵本（H258.3/38-1〜3）を参照させていただいた。
（4）駒澤大学図書館蔵本（H258.3/57-1〜3）を参照した。
（5）大正大学図書館蔵本（1170/57/3-1〜3）を参照した。
（6）高山寺の宋版の存在は、奥野光賢先生よりご教示いただいた。記して感謝申し上げたい。
（7）高山寺経蔵典籍文書綜合調査団編『高山寺経蔵典籍文書目録』第二（東京大学出版会、一九七五、二九〇頁）参照。

（8）常盤大定「宋代に於ける華厳教学興隆の縁由――高山寺所蔵の宋版章疏、附、写本及欠本の調査に基づきて」（『支那佛教の研究』第三、春秋社松柏館、一九四三、三二六～三二九頁）には、『玄疏』と同じく高山寺に所蔵される湛然『略疏』や智円『維摩経略疏垂裕記』の宋版がいずれも朝鮮紙に印刷されたものであり、これらが高麗より直接もたらされたのか、中国を経由しているかは不明である、とその特徴を記している。

（9）高山寺経蔵典籍文書綜合調査団編（一九七五、二九七頁）参照。常盤大定（一九四三、三二九頁）には、「維摩経疏　一帖」という。

（10）高山寺経蔵典籍文書綜合調査団編（一九七五、二九五～二九七頁）参照。常盤大定（一九四三、三四一頁）には、十帖とする。これがそのまま今日まで所蔵されているようである。

（11）高山寺経蔵典籍文書綜合調査団編（一九七五、二四五～二四六、三〇六頁）参照。常盤大定（一九四三、三四一頁）には、巻五と巻六の終わりの奥書を記しており、その内容は現存する六帖の巻五と巻六に一致するようである。また常盤氏は、この『維摩経略疏科』が他では見られないものだとし、その価値を高く評価している。

（12）長瀧寺宋本については、本書第一部第二章第四節を参照されたい。

（13）揚州衆香本は、中国の清末から民国年間に流通した揚州刻本の一つ「衆香庵法雨経房」のものであろうと思われる。

（14）毛双民編『周叔迦仏学論著集』下冊（北京：中華書局、一九九一、九七六～九七七頁）参照。また若干冒頭を変えた形であるがほぼ同文が、李森編『周叔迦仏学論著全集』第五冊（北京：中華書局、二〇〇六、一九四八～一九四九頁）に収録されている。

（15）池麗梅先生より本写本の複写をご提供いただいた。記して感謝申し上げたい。

（16）渋谷慈鎧編『訂正日本天台宗年表』（第一書房、再版一九九九、三三〇頁）参照。

（17）武覚超「正覚院豪恕の円頓戒に関する業績」（多田孝正博士古稀記念論集刊行会編『多田孝正博士古稀記念論集 仏教と文化』二〇〇八、八一八頁）参照。

(18) 身延文庫典籍目録編集委員会編『身延文庫典籍目録』下（身延山久遠寺、二〇〇五、三七七～三七八頁）参照。
(19) 日豊については、『日蓮宗事典』（日蓮宗宗務院、一九八一、六八五頁）参照。
(20) 大島啓禎「『維摩経玄疏』をめぐる二・三の問題」（『印度学仏教学研究』二八巻一号、一九七九）参照。
(21) 『文疏』本純「序」「宝暦庚辰、沙門某甲等、勇進捨資、遂得上木焉」（続蔵二七・四二九左上、新纂一八・四六三上）。
(22) 駒澤大学図書館蔵本（H258.3/47-1~14）を参照した。
(23) 『文疏』版本の刊行については、本書第一部第二章第三節を参照されたい。
(24) 凡例で本純は、巻二十五までを「以望末代会経疏者、優足以為模楷」（続蔵二七・四二九左下、新纂一八・四六三上）と他の経疏に比べ優れた模範的会本であると評している。そして残りの三巻については「今倣前巻、合以宋刻経本」（同）と宋版の『維摩経』を参照して経文を加えたという。『文疏』凡例については、本書第二部第二章第一節を参照されたい。
(25) 管見の限り、『渋谷目録』ほか、『国書総目録』（岩波書店、一九九一）、『叡山文庫文書絵図目録』（臨川書店、一九九四）等にも本写本に関する記載はない。
(26) 佐藤哲英『天台大師の研究』（百華苑、一九六一、四一六～四四八頁）参照。
(27) 『文疏』「新刻維摩経文疏序」「但憾、文疏一部、本山失伝、其僅存数巻、亦惟残簡、不足采覧。往歳鶏頭慈瑗、挟得寧楽古蔵、併荊渓記齎来珍秘」（続蔵二七・四二九左上、新纂一八・四六二中）。
(28) 中国における流伝については、本書第一部第二章第一節を参照されたい。
(29) 『玄疏』巻六「但論仏国因果為此経正宗。入文更当略分別也」（大正三八・五六〇中）。『文疏』巻二「問曰。玄義明三観四教、懸釈此経、三観為前、四教在後。入文帖釈、何得四教為前、三観在後。答曰。玄義論其玄旨。教従観出、如破微塵出三千大千経巻。入文帖釈、従事入理。故先須四教、銷釈経文。尋文入理、必須観行。次略点三観章門」（続蔵二七・四四三左上～下、新纂一八・四七七上～中）など。『文疏』巻九「第一明此品次仏（国）来。第二略釈方便義。第三入文

解釈」（続蔵二八・八右下、新纂一八・五一八下）に見られるように、各品ではいずれもまず経の中での位置付けなどを述べた後、経文解釈に入るが、具体的にはその経文解釈を指して「入文」としている。

(30)『文疏』「凡例」「前二十五巻、牒経釈義。……但経疏連書、初機易惑。今皆概高低一字、以便覧者」（続蔵二七・四二九左下、新纂一八・四六三上）。

(31)『文疏』に挿入された経文については、本書第二部第二章を参照されたい。

(32)『文疏』「凡例」「毎巻文字異同脱剰。更無全本可尽対較。大率照看略疏、以従其正可也」（続蔵二七・四二九左下、新纂一八・四六三上）。

謝辞

本章の考察にあたっては、駒澤大学図書館、大正大学図書館、叡山文庫に所蔵される諸資料を参照させていただいたほか、関連する資料収集に際しては、国際仏教学大学院大学図書館および東洋大学図書館にご協力いただいた。記して感謝を申し上げる次第である。また、叡山文庫所蔵の『維摩広疏』写本の調査では、野本覚成先生に格別のご配慮を賜った。本書の刊行が遅れたことで、昨年急逝なさった先生に改めてお礼を申し上げられなくなってしまったことが何より悔やまれるが、ご冥福をお祈りしつつ本章を捧げたい。

第二章　『文疏』所引の『維摩経』経文の特質

はじめに

『維摩経』の随文解釈である『文疏』には、註釈の対象となる経文も省略されることなく引用されている。この『文疏』の経文を一般に参照される大正蔵所収の経文と比較すると、文意を改めるような大きな相違はないものの、細かな点でかなりの異同が確認される。この中には、釈文によって天台智顗（五三八～五九七）が明確にそのように理解していたことが裏付けられる部分もある。そのため、これらの異同を単なる誤写として片づけることはできない。結論から言えば、『文疏』に挿入された経文は、宋代以後に陸続と編纂される各種の大蔵経本よりも古い『維摩経』の姿を今に伝えているのである。

これによって我々が改めて認識しなければならないのは、次の三点である。第一に、当然のことながら、『維摩経』が鳩摩羅什（三四四～四一三または三五〇～四〇九）によって訳出された弘始八年（四〇六）から今日に至るまでの流伝において、一字一句の異同もなくその文言が継承されたわけではない。第二に、無批判な大正蔵との対照は、註釈の原意を見誤る危険がある。第三に、以上の点から経文の変遷と時代的特徴を明らかにする必要がある、ということである。

近時、『維摩経』の原典研究は、梵本が発見されたことで大きく進展しつつあるが、漢訳文献については文献学的な調査および検討が十分になされているとは言い難い。鳩摩羅什訳の詳細な検討と、流伝の過程で変化したと想定される語句を訳出当時の形に復元する手順を経ないことには、諸言語との対照も意味をなさないことは言うまでもない。『文疏』に挿入された経文は、そのような研究の一資料として活用しうる価値を持っているのである。

第一節　『文疏』の中の『維摩経』

一　版本の凡例と識語よりみる『文疏』の原形

現行の『文疏』は、智顗が存命中にまとめられ示寂直後に献上された仏道品第八までの註釈である二五巻と、その後全十四品の釈を完成させるために章安灌頂（五六一～六三二）が補った三巻とが合わせられて計二八巻となっているように、その成立には複雑な経緯が存している。また、その流伝も紆余曲折を経ており、荊渓湛然（七一一～七八二）により『略疏』が撰述されて以後、『文疏』は次第に顧みられなくなり、元代以降は散逸する。そんな中、偶然にも日本の興福寺の蔵書から写本が発見されたことで、江戸時代の宝暦十一年（一七六一）に版本が刊行される[1]。その版本が続蔵経の底本に採用され、今日我々が容易に参照しうる状況になっているのである。

さて、その本文では、前二五巻と補遺の三巻とに形式的な違いは見られない。経文と釈文とが並行する会本の体裁で一貫しており、違和感なく読み進めることが可能となっているからである。しかしこれが本来の書式ではないことは、『文疏』上梓の立役者ともいうべき守篤本純（一七〇二～一七六九）によって付された凡例に明らかである。参考までに、その全文を示すと次の通りとなる。

①一　前二十五巻牒経釈義。元取式於大智度論、以望末代会経疏者、優足以為摸楷。但経疏連書、初機易惑。今皆概高低一字、以便覧者。

②一　後三巻乃章安続補。元本不会経文。今倣前巻、合以宋刻経本。所以与旧来会本、其体不同也。

③一　毎巻文字、異同脱剰。更無全本、可尽対較。大率照看略疏、以従其正可也。

（続蔵二七・四二九左下、新纂一八・四六三上）※丸数字筆者

①では、巻二十五まではもとより経文と釈文が一緒であったこと、また経（経文）と疏（釈文）が続けて記されていることから、初心者にはわかりにくいので、経文に対して釈文の部分を一文字下げて読者の便をはかったと、版本の書式について新たな方法を採用したことを明かす。②では、底本では灌頂が補った巻二十六から二十八までは経文が付されていなかったが、版本の開板にあたって前の形式にならい宋版の経文を挿入したと、巻二十六以降の編集の具体的な内容を述べる。また③では、対校すべき完本がないため、『略疏』を参照したと、校異の方法を説明する。

①に言及される「経疏連書」については、鎌倉時代の書写とされる叡山文庫蔵『維摩羅詰経文疏』が正しくその形式であることから[2]、元来は経文と釈文とを分けない形式で伝写されていたことが分かる。

二　経文挿入の時期

叡山文庫蔵の写本から、少なくとも鎌倉時代には経文が挿入されていたことが確認され、本純の凡例からは、版本の底本となった興福寺所蔵の写本も経と疏が連書されていたことが知られる。そこで問題となるのが、興福寺蔵写本の由来である。写本そのものは今日その所在が不明であるが、幸いにもその奥書が版本の巻二十八の末尾に付記されている。その情報も『文疏』の由来を知る上で非常に重要であるので、煩を厭わずその全文を挙げ、ここで内容を確

認しておきたい。

此経一部疏、合三十四巻。上玄文三十一巻、是天台智者大師、為楊主出、至仏道品。不二法門品下、有三巻疏、是補処頂法師。往前私記、接成一部。流伝後代。故以記之耳。

維大周如意元年、歳次壬辰八月。天宮寺僧義威伝写。誓願受持、以期仏慧、為報三宝。往江南法華寺、斯文乃尽、爾年六十。処処霄夕、至死無倦。

大唐開元二十二年十二月、会稽郡法華寺僧道儀、往浦陽清泰寺、依天宮寺本写訖。

天宝十三載、福厳写。（続蔵二八・一九二左下～一九三右上、新纂一八・七〇三下）

これによると、興福寺に伝えられた写本は、その元を辿ると『文疏』の成立から一〇〇年を経ていない如意元年（六九二）にまで遡ることができ、最後に記された書写の記録を示す天宝十三年（七五四）も湛然の『略疏』撰述とされる広徳二年（七六四）よりも以前の年紀であることがまず注目される。また天宮寺、法華寺、清泰寺といった唐代の天台教団において重要な役割を担う寺院が名を連ねている。[3] よって、その底本となった天宮寺本は、晋王広への献上本に極めて近い形態を保った善本である可能性が高い。その伝写の過程において、『文疏』に経文が加えられた可能性も完全には否定できないが、湛然の『略疏』は註釈のみであり、その簡便さゆえに大いに流布したことを勘案すれば、それ以後にわざわざ経文を挿入して伝写することは考えにくい。

筆者は、このような『文疏』の成立と流伝の背景から、巻二十五までに付された『維摩経』の経文は、献上当初から釈とともに文中に挿入されたものであったと推定する。これは中国における註釈書の形式からして、当然のことであったと考えられる。[4] 以上の点をふまえると、その経文とは智顗が理解し読誦した『維摩経』そのものに他ならないことになるのである。

第二節　『維摩経』研究のための方法論とその資料

一　研究の方法論

本節では、『文疏』の経文の検討から、一般に流布する大正蔵との異同を明確にし、またそれらの性質を分析することによって、可能な限り個々の特色を指摘することを目的とする。この主旨のかぎりでは、厳密な『維摩経』の校異の研究には程遠いが、天台教学の研究資料たるべく、以下の試みを行った。

検討対象は、写本の段階から会本形式であった巻二十五までに挿入されている仏国品第一から仏道品第八までの経文とする。したがって、『維摩経』巻上、中が主な対象となる。『文疏』と大正蔵本、それから大正蔵よりも詳細な校勘記がある『中華大蔵経』（北京版）によって、諸本、とくに各種大蔵経所収本との大まかな異同を確認した。次に、その他に、隋唐代の『維摩経』における語彙の傾向を見極めるために、とくに唐代以前に書写された資料を収集し、参照することに努めた。考察範囲を広げれば『玄疏』などに引用される経文もその対象となるはずであるが、それらには取意的な用例も多く確認される。したがって、ここでは基礎的な考察として、『文疏』の挿入部分に対する検討を優先とし、特異な例が確認された場合にのみ、その他の引用箇所などを参照するという手順を取った。

註釈書所引の経文を抽出し諸本と対校するという手法は、藤田宏達氏による『観無量寿経』の研究に先例を求めることができる。[5] 本研究の目的は、『文疏』研究の文献学的基礎として、挿入された経文と、一般に使用される大正蔵本との相違点を明確に把握することにある。これらが、誤写や異読として安易に排除される危険を避けるため、単に両書を比較するのではなく、重要な諸本との対照を加えることで、より客観的な判断基準を設けることとした。

二　使用した資料

『文疏』のテキストとして参照可能なものは続蔵本およびその底本の版本、そして叡山文庫蔵写本とわずかであるが、一方、『維摩経』については枚挙に暇のないほどである。

そこで経文の対照にあたっては、続蔵本『文疏』、大正蔵本『維摩経』、高麗大蔵経（以下高麗蔵）本『維摩経』の三文献を中心に、経文間に見られる異同を整理した。しかし、これら今日流布するテキストは、いずれも宋代以降の、会昌二年（八四二）の廃仏および唐末五代の混乱期を経た後に成立したものであり、『文疏』が成立した六世紀後半とはおのずと隔絶の感がある。そこで、より智顗の時代に近いものを参照することにより、異同がみられた場合に、それが単なる誤脱か否かを判別する基準を設ける必要が生じる。その他、古い時代に位置し[6]、かつ現在において比較的閲覧が容易な『維摩経』の資料として、さらに房山石経、聖語蔵写本、敦煌写本、中華蔵の四種の文献を用いた。これらは本研究では詳細に検討することができなかったが、重要な相違点については必要に応じて参照した。

『文疏』および対校したテキストの所在は次の通りである。

○大日本続蔵経　第一套第二十七、二十八冊所収『文疏』（以下《文》）

これは江戸期の宝暦十一年（一七六一）刊の版本に基づいて収録されたものである。本研究では誤脱を確認するため、必要に応じて版本を参照している。

○大正新脩大蔵経第十四巻所収『維摩経』（以下《大》）

大正蔵本は、増上寺所蔵の高麗蔵本を底本としている。本章では、これがもっとも普及したテキストであるという現状を鑑み、検討対象の文言の位置を示すにあたって、大正蔵の該当箇所を指摘することとした。このテキストは宋、元、明版に加え正倉院聖語蔵本との校勘がなされていることが出色である。ただし、後に聖語蔵の説明で示すように、天平御願経の『維摩経』には巻上が二本あり、大正蔵の脚註を見る限りでは校合箇所の一々がどの本に基づいているのか判然としない。その他にも校勘の洩れなどもあって問題が山積しており、より詳細な検討の必要性を実感したことも、ここに付記しておきたい。

○高麗大蔵経第九巻所収『維摩経』（以下《高》）

高麗蔵本については、東国大学校より発行された影印版が現在普及しているが、これはいわゆる再雕本に基づくものである。初雕本は顕宗（在位一〇一〇～一〇三一）によって顕宗二年（一〇一一）に出された勅に始まるが、仁宗十年（一一三二）に元の襲来によって経板ともにすべて焼失してしまう。その後、高宗（在位一二四一～一二五九）が高宗二十三年（一二三六）に再雕を発願し、同三十八年（一二五一）に完成したのが再雕本である。[7] さて、この間『維摩経』がいつ頃彫造されたかについては、その巻末にそれぞれ再雕の年が記されている。それによると巻上は「壬寅」とあるので高宗二十九年（一二四二）、巻中と巻下は「癸卯」で同三十年（一二四三）にそれぞれ完成したことが確認できる。

周知の通り、大正蔵は高麗蔵を底本としており、基本的には高麗蔵とまったく同じであるはずであるが、改めて版をおこしているため誤脱が生じた例もあることから、その扱いには注意を要する。そこで本章では、大正蔵本の確認も兼ねて、改めて高麗蔵本を参照した。

○房山石経（中国仏教協会、中国仏教図書文物館編）

A 維摩詰経（隋唐刻経第一冊 二）（以下《房A》）

B 維摩詰所説経（隋唐刻経第三冊 一三六）（以下《房B》）

房山石経は、周知のごとく現在の河北省房山県に位置する雲居寺に所蔵される石刻の経典群である。その発端は智泉寺静琬（?～六三九）[8]が末法思想に基づく強い危機感を抱き、経典の保護、後世への流伝を目的としたことであり、隋の煬帝の皇后であった蕭氏の援助を得て大業年間（六〇五～六一七）に始まっている。そして、その事業は断続的ではありながらも元の時代まで引き継がれた。近年では中国仏教協会による調査が進み、その成果として影印本と目録一巻を含む全三〇巻が刊行された。

この一大経典群の中に、『維摩経』は二本の現存が確認されている。『房山石経』の目録によれば《房A》については、作成された時代は隋唐とおおまかな判定が記されている。[9]氣賀澤保規氏は塚本善隆氏の研究を整理分類し、石経山に蔵される隋唐代成立の経を洞窟別に年代を示す中で、この刻経を唐初の成立と位置付けている。[10]第五洞すなわち雷音洞は静琬時代の事業の中心となる石室だとされるが、[11]その東壁に『維摩経』の石経が設置されていたという。計三三枚の石版のうち三枚は至正元年（一三四一）に高麗僧慧月が修治したとされるが、[12]その点を差し引いても、大部分は智顗の在世時にかなり接近した時代に成立したテキストであり、重要である。

《房B》は題記が刻まれており、それによって開成元年（八三六）の雕刻であることが確認される。後述のごとく、これは中華蔵の対校本に採用されている。

○聖語蔵（宮内庁正倉院事務所所蔵）※CD-ROM版　丸善株式会社発行

Ａ　維摩詰所説経巻上　甲（第三類天平十二年御願経第四十八号　No.324）（以下《聖上甲》）

Ｂ　維摩詰所説経巻上　乙（第三類天平十二年御願経第四十八号　No.325）（以下《聖上乙》）

Ｃ　維摩詰所説経巻中（第三類天平十二年御願経第四十八号　No.326）（以下《聖中》）

聖語蔵は、正倉院に収蔵された奉納経典であり、前述の通り、大正蔵の対校本としても使用されている。CD-ROM

によってすでに画像が公開されているもののうち、『維摩経』はのべ三巻があるが、いずれも天平十二年（七四〇）筆写との奥書があり、各巻末に「光明皇后願文」とあることから、これらは正しく聖武天皇の供養のために正倉院に納められたものであることが知られる。なお、石田茂作氏の研究によれば、『維摩経』が奈良時代に写経されたとする古文書には、天平六年（七三四）、および天平勝宝七年（七五五）の記載年が挙げられている。[13] これらの記録は日本仏教の黎明期における『維摩経』の流伝を確証付けるものと言えよう。

○敦煌文献

A　S・一八六四（『敦煌宝蔵』十四冊）（以下《S1864》）

B　S・三三九四（『敦煌宝蔵』二十八冊）（以下《S3394》）

C　上海図書館蔵〇三五（八一二四四一）（『上海図書館蔵敦煌吐魯番文献』第一冊）（以下《上035》）

世界各国に所蔵されている膨大な数の敦煌出土の写本の中には、『維摩経』の書写が数多く残されている。[14] 近年、敦煌文献はさまざまな媒体によって、研究の便宜が図られるようになった。黄永武主編『敦煌宝蔵』には、ロンドン、北京、パリ等、所蔵地ごとに収録されている他、『敦煌大蔵経』は、各地に所蔵されている経文の断片を巻ごとに収集し頁を構成している。その『敦煌大蔵経』の中で、『維摩経』は第四十二～四十七冊を占める。さらには、一九九八年より公開が始まった国際敦煌プロジェクトのホームページから各種資料のデジタル画像が参照できるようになったことで、研究環境はより一層の変化を遂げている。

その他にも、散蔵された写本もあり、これらの正確な現存状況を把握することは困難を究めるが、幸いなことに台湾の江素雲氏の『維摩詰所説経敦煌写本綜合目録』によって、『敦煌宝蔵』に収められた写本を中心に、その他の個人蔵なども含めた所在の整理が行われている。これによれば、敦煌写本の『維摩経』は計八二一巻あるというが、[15] 調査結果を見る限り、上海図書館蔵などの主要なコレクションが含まれていないようである。したがって、『維摩経』敦煌写本の総数は実際にはその数に留まらないものと理解すべきであろう。

これらを網羅的に調査することはできないため、奥書などの識語によって書写年代が明らかになっているものから、本研究の目的上、巻上、中の内容を記すものを選択した。結果、本研究では、とくに重要と思われた三種の写本を抽出した。

Aの《S1864》は三巻を完備しており、また甲戌年（七九四）の識語がある。『維摩経』の数多の敦煌文献中でも、主要なものとして挙げられよう。

Bの《S3394》は巻中、観衆生品第七から巻末までである。永徽三年（六五二）の識語がある。

Cの《上035》は巻上弟子品第三の途中から巻末までの断簡である。北魏、神亀元年（五一八）の奥書があることから、南北朝時代の写本として注目される。

○中華大蔵経（北京版）第十五冊所収『維摩経』

中華蔵は、巻上は先の高麗蔵を採用するが、巻中と巻下に金蔵広勝寺本を採用している点で貴重である。金蔵は十二世紀中頃に公刊されるが、勅版大蔵経ではなく、山西の民間におこった大蔵経であることがその特色の一つである。[16]このような貴重な資料を収録する中華蔵には、巻末ごとに房山石経、資福蔵、磧沙蔵、普寧蔵、永楽南蔵、嘉興蔵、清蔵、高麗蔵との校勘記が付されている。ただし、房山石経に関しては、中華蔵がこれらをどのような形で対照したかについて、校勘記には明記されていないため不明である。管見の限り、中華蔵が校異に用いたのは、その誤脱の特徴からして《房B》で、より古い成立とされる《房A》は校異の対象とはなっていないようである。

第三節　諸本と『文疏』経文の相違点

一　注目すべき相違点

（一）『文疏』と一部の異本で興味深い一致が見られる例

①「不見如来仏国厳浄」《文》（続蔵二八・六左下三行、新纂一八・五一七上）・《聖上甲》・《聖上乙》・《房A》・《房B》・《S1864》

「不見如来仏土厳浄」《大》（五三八下一一行）・《高》

「不見如来国土厳浄」その他の宋版以降の大蔵経

ここでは三種類の語句が用いられる。唐代以前に書写された写本や石経では「仏国」の語が採用され、また『文疏』もその例に含まれることが注目される。

②「非得果」《文》（続蔵二八・四八右下五行、新纂一八・五五八下）・《聖上甲》・《聖上乙》・《上035》

「非得果非不得果」《大》（五四〇中二六行）・《高》・《房A》・《S1864》

この部分の経文は、「不見四諦、非不見諦。非得果。非凡夫、非離凡夫。非聖人、非不聖人」と対句が続く中、「非得果」に対する否定句が抜け落ちた形となっている。『文疏』では釈の中で、「経言非得果、有師解言、此恐脱落。類応有対」と脱落と判断する他師の説を挙げているが、それに対して「今明非脱落。正是義也」として、有師の説を採らない。ここで批判を加える有師とは浄影寺慧遠であるとの指摘がある(17)。

③「善得」《文》（続蔵二八・九二左下一三行、新纂一八・六〇三中ほか）・《聖上甲》・《上035》

「善徳」《大》（五四三下一行）・《高》・《聖上乙》・《房A》・《房B》・《S1864》

仏伝に有名なSudattaの訳語に対し、『文疏』「善得の善は善巧なることを表し、得とは理を得る、の意である」との語義を与えている。唐の孔穎達『礼記』の疏に「徳とは理を得るの称なり」という解釈があるように、中国古典一般に用いられる釈を依用し、「得」により積極的な意義を与える。また、聖徳太子撰とされる『維摩経義疏』でも「善得」として用いられている。

（二）『文疏』と大正蔵（高麗蔵）が一致するがその他とは異なる例

①「菩提心是菩薩浄土」《文》（続蔵二七・四七七右下八行、新纂一八・五一一上）・《大》（五三八中三行）・《高》

「発大乗心是菩薩浄土」《房A》

「大乗心是菩薩浄土」《聖上甲》・《聖上乙》・《房B》・《S1864》

『文疏』巻第七「大乗心者、即是四教大乗。四種菩薩発菩提心也」（続蔵二七・四七七丁右上、新纂一八・五一一上）と釈の中では「大乗心」としている点が注目される。『注維摩詰経』の会本の経文部分には「大乗心」とあるが、僧肇の注には「別本云、直心深心菩提心」（大正三八・三三五下）という。一方、鳩摩羅什の釈の中では「大乗心」の語は用いられず、三心の浅深の過程を「直心誠実心也。発心之始、始於誠実。道識弥明、名為深心。深心増広、正趣仏慧、名菩提心」（同下）と説く。この限りにおいて、羅什が釈を付けた経文で「大乗心」の語が採用されていた可能性は極めて低い。「別本」については、木村宣彰氏の研究によって羅什が弘始八年（四〇六）に訳出した現行の『維摩経』の前に訳出した草稿本の『毘摩羅詰提経』であることが指摘されている。[18] この説に基づけば、草稿本の段階では「菩提心」であった箇所を、弘始八年の訳本では「大乗心」に改められたということになろう。これに『文疏』を対応させると、経文部分では草稿本を依用し、釈文では弘始八年訳本の語彙を採用したということになる。

（三）『文疏』のみの異読で解釈との関連が見られる例

①「法自在菩薩」《文》（続蔵二七・四五六右下五行、新纂一八・四八九下）・《聖上甲》
「法自在王菩薩」《大》（五三七中三行）・《高》・《聖上乙》・《房A》・《S1864》
『文疏』巻第四では「～王」という菩薩に対しては、「定自在王菩薩　用一心三観、能観心性。名為上定、得此上定。於一切真俗禅定。即得自在如国王也」（続蔵二七・四五六右下、新纂一八・四八九下）のように「～であるのは王のようだ」と総括するのに対し、「法自在菩薩　一心三観、正観三諦、心無滞礙。於十法界一切諸法自在也」（同）といい「如王也」の定型句がない。したがって、『文疏』の経文に「王」がないのは、単なる誤脱ではない可能性が高い。

②「大長者」《文》（続蔵二八・一一右下七行、新纂一八・五二〇下）
「長者」《大》（五三九上八行）・《高》・《聖上甲》・《聖上乙》・《房A》・《房B》・《S1864》
『法華経』譬喩品第三「舎利弗、若国邑聚落、有大長者」（大正九・一二中）に対応する『法華文句』の解釈では、この「大長者」に対し詳細な定義を与える。『文疏』のこの箇所に対する解釈は、『法華文句』とほぼ同じである。[19]

巻	品	頁	段	行	大正蔵	高麗蔵	文疏
上	1	537	下	6	於是	於是	(なし)
上	3	540	中	15	聞此	聞此	(なし)
上	3	542	上	15	仁	仁	人
上	4	542	中	18	応	応	当
上	4	543	下	8	答曰	答曰	(なし)
中	5	544	中	3	王等	王等	王
中	5	545	上	10	為*	謂	謂
中	6	546	下	9	延	延	演
中	7	547	下	27	天女	天女	天
中	8	549	上	23	采	采	婇
中	8	549	中	1	礙*	痴	痴
中	8	549	中	23	返復	返復	反復
中	8	550	上	23	慈心	慈心	慈悲
中	8	550	中	7	仏道	仏道	仏智
中	8	550	中	24	量	量	数

表一　大正蔵・高麗蔵『文疏』異同対照表

二　大正蔵本の異読

今回の調査を通じて判明した、高麗蔵および大正蔵に固有の異読と思われるものを表一に掲げる。周知の通り、大正蔵は高麗蔵を底本としている。よって基本的に、その文言は高麗蔵とまったく同じはずであるが、改めて版をおこしているため誤脱が生じている例もあることから、その扱いには注意を要する。表一の「＊」は高麗蔵と一致しないため、大正蔵の誤植と思われる箇所である。

おわりに

今回取り上げた『維摩経』の校異にあたっては、広範かつ綿密な調査がなされるべきである。本章はその試みとして、現在参照しうるテキストのうち、智顗の時代に比較的近いものを選択し対照した結果に基づき、いくつかの特質を論じた。作業を経て、各本の系統を辿るといった本格的な検討には至らなかったが、大正蔵との安易な照合は時に危険を伴うことを、筆者自らが認識することとなった。また、その他の経疏においても、このような作業の必要性を実感するに至った次第である。

日本には、今回考察した聖語蔵の他にも、重要な写本は数多い。今後は、名古屋の七寺本や、近年研究が進められている大阪府の金剛寺などの古写経も視野に入れる必要があろう。後世の流伝の過程において変化した文言から鳩摩羅什の訳出時の旧態へと遡及する手がかりは、これらの膨大な諸本を系統付けることによって得られるはずである。近時、梵本の発見によって『維摩経』研究は、新たな展開を迎えている。鳩摩羅什訳の再検討は、梵本との対照研究においても必要とされる作業と言えよう。

註

（1）興福寺写本の発見と『文疏』版本の刊行については、本書第一部第二章第三節を参照されたい。

（2）叡山文庫蔵『文疏』写本については、本書第二部第一章第二節を参照されたい。

（3）法華寺・天宮寺・清泰寺については、本書第一部第二章第一節を参照されたい。

（4）古勝隆一「釈尊礼と義疏学」（小南一郎編『中国の礼制と礼学』朋友書店、二〇〇一）参照。また近時、菅野博史・孫茂霞「白鶴美術館所蔵『大般涅槃経集解』写本について――巻第一―三、十八―二十の校勘」（『東アジア仏教研究』一四号、二〇一六、八六頁）は、『大般涅槃経集解』や霊弁『華厳経論』の写本に経文がすべて掲載されている例を挙げ、大部の経典に対する註でも、読者の理解のために経文を全文掲載していた可能性を指摘する。

（5）藤田宏達『観無量寿経講究――『観経四帖疏』を参看して』（真宗大谷派宗務所出版部、一九八五）の附章である「『観無量寿経』の諸本対照表」では、敦煌写本四〇点をはじめ、中国の各種版本や、日本の写本など、計五八本を対照しており、圧巻である。このうちの一本に元照『観無量寿仏経義疏』所引本も加え、その採用理由を「この所引本は上記の版本とは性格が異なるが、特殊な読みをしている場合があるので、版本に準ずるものとして取り扱った」（四九頁）としているほか、親鸞真筆の『観無量寿経集註』も漏らさず対照している。経疏から経文を抽出し検討することの必要性は、この研究によって立証されたと言えよう。

(6) ここでは詳細な検討を加えることができなかったが、南北朝時代の『維摩経』の経文を伝えるものとして現存が確認されているものに、北響堂山石窟（河北省邯鄲市）第二窟（南窟）の石経がある。北斉の時代に唐邕が発願者となり開削されたもので、房山石経よりも早い石経による仏教経典保護の動向として注目される。その拓本の一部は、常盤大定『支那仏教史蹟』三　図版（仏教史蹟研究会、一九二六）の図版八十二に掲載されている。

(7) 大蔵会編『大蔵経――成立とその変遷』（百華苑、一九六四、三七～三八頁）参照。

(8) 一説には、静琬が南岳慧思（五一五～五七七）の弟子であり、師の発願を受け、房山石経を実行に移したとも言われ、中国仏教協会編『房山石経』第三十冊「目録」（北京：華夏出版社、二〇〇〇、一頁）出版前言にもその説を紹介する。周知のごとく、慧思は末法時代到来の強烈な自覚を持っていたとされ、智顗の師として中国天台宗の第二祖に列せられる人物であるが、房山石経の開刻が末法時代における危機感を背景としたものであることを併せ考えると、非常に興味深い見解と言えよう。しかしながら、塚本善隆『中国近世仏教史の諸問題』（塚本善隆著作集第五巻、大東出版、一九七五）に収録された「房山雲居寺の石刻大蔵経」では、両者の動向の年代考証を述べた上で「史的事実として簡単に承認すべきではなかろう」（三四六頁）との見解を示す。

(9) 中国仏教協会編（二〇〇〇、三頁）参照。

(10) 氣賀澤保規「附 房山石経洞窟所蔵隋唐石経一覧」（氣賀澤保規編『中国仏教石経の研究』京都大学学術出版会、一九九六年、九四頁）参照。

(11) 雷音洞の詳細については塚本善隆（一九七五、三九〇～四二九頁）に詳しい。塚本氏は雷音洞における静琬の刻経と認められる十七種の経を次の三種に分類する。一　教義の根底となる大乗経典（法華経、無量義経、維摩経、金剛般若経、勝鬘経、涅槃経）、二　帰仏の対象、実際の信仰を示すもの（優婆提舎願生偈、弥勒上生経、賢劫千仏名、十方仏、三十五仏名並懺悔五十三仏名、大王観世音経、四柱刻仏）、三　実践上の儀式、および仏教徒としての僧俗の修道生活、ならびに日常生活における心得（菩薩地持戒品受菩薩戒法、八戒斎法・厳経菩薩百四十願、仏臨般涅槃略説教戒経、温室経）。また、雷音洞の思想的な意義として、「羅什仏教（龍樹仏教）と菩提流支仏教（世親仏教）との結合」（四二六～四二九頁）という項を立て、北地中国仏教教学における中観と唯識の接触交流を指摘する。

(12)　中国仏教協会編（二〇〇〇、七頁）参照。

(13)　石田茂作『写経より見たる奈良朝仏教の研究』（東洋文庫論叢第十一、東洋文庫、一九三〇、一二頁）所収「奈良朝現在一切経疏目録」参照。

(14)　呉其昱（伊藤美重子訳）「敦煌漢文写本概観」（池田温編『敦煌講座5　敦煌漢文文献』大東出版社、一九九五、三三頁）には、Lionel Giles, *Descriptive Catalogue of the Chinese Manuscripts from Tunhuang in the British Museum*, London, 1957、通称『ジャイルズ目録』に基づいた統計表を示すが、このうち『維摩経』は『法華経』『大般若経』『金剛経』『金光明経』『無量寿宗要経』『涅槃経』に次いで、敦煌写本で点数の多い経として挙げられている。点数のみの概算であるため正確な順位とは見なし難いが、『大般若経』や『涅槃経』が大部の経典であることを考慮すれば、『維摩経』が数多くの経典の中で上位に名を連ねていることは、やはり注目に値する結果と言えよう。

(15)　江素雲『維摩詰所説経敦煌写本綜合目録』（台北：東初出版社、一九九一、二頁）参照。

(16)　大蔵会編（一九四六、四二～四三頁）、国際仏教学大学院大学附属図書館『大正蔵・中華蔵（北京版）対照目録』（国際仏教学大学院大学附属図書館、二〇〇四）序文参照。

(17)　吉津宜英「地論師という呼称について」（『駒澤大学仏教学部紀要』三一号、一九七三、三一〇～三一一頁）は、ここで批判の対象としているのは『維摩経義記』巻二本「非得果者、約果以説。此言略少。準前応言、非得果非不得果」（大正三八・四五一下）であることを指摘する。

（18）木村宣彰『注維摩経序説』（真宗大谷派宗務所出版部、一九九五、四一～四九頁）参照。

（19）「大長者」の解釈をめぐる思想的な問題については、本書第四部第一章第一節を参照されたい。

第三章　『略疏』よりみる湛然の『文疏』削略の特質

はじめに

荊渓湛然（七一一～七八二）には多くの著作があるが、[1]このうち天台維摩経疏に関連するものに、『文疏』二八巻を要約した『略疏』十巻と、『文疏』の註釈とされる『維摩経疏記』（以下『疏記』）三巻（または六巻）がある。この『略疏』の登場は、後の天台維摩経疏の流伝に大きな影響を与えている。学僧たちの関心が次第に『文疏』から『略疏』へと移行したことで、『文疏』は散逸の危機に見舞われることとなったからである。

このような過去の状況に比べて、近年の研究動向においては、歴史的に長く続いていた『略疏』盛行の傾向から一転し、研究者の関心は今日『文疏』へ集まり、逆に『略疏』が顧みられることはほとんどなくなっている。これは、佐藤哲英氏によって三大部に匹敵する文献群として『玄疏』と『文疏』よりなる天台維摩経疏の資料的価値が評価されたことに端を発するものであろう。[2]筆者もまた、天台智顗（五三八～五九七）の思想研究にあたっては『文疏』に基づくべきと考える者の一人である。

しかし、『文疏』もまた完璧ではない。続蔵所収の『文疏』の底本は江戸時代の版本であるが、そこには『略疏』を参考にした校異が示されている。このように、両書を並行して読むことで誤脱を補完し、文言を確定することではじめて、『文疏』の中で智顗が示そうとした原意へと遡ることが可能となる。近時、このような試みとして、大久保良峻氏は『文疏』の考察にあたって『略疏』を参照しつつ文意を検討している。[3] このような先例により、『略疏』の有用性は実証されたと言ってよいであろう。

さて、『文疏』と『略疏』の対比は、過去に日比宣正氏により試みられている。日比氏は、仮託されるものも含め湛然の文献に対し網羅的な研究を行っているが、その一章として『略疏』について考察している。そこでは、釈仏道品の一節を上下段に配して読者にその削定の一端を示し、結論として、「実際に『文疏』と『略疏』の文を比較考察して、その削略の状態をみるとき、確かに湛然が自序に述べている如く、天台疏の原型をくずさないように配慮され、しかも簡潔にすることに努力していることが窺われる」と述べている。[4] しかし、日比氏の引用した仏道品の箇所は語句の異同が少なく、『文疏』と『略疏』の相違を本質的に表した部分であるとは認め難い。よって、本章ではより多くの異同が見られる釈仏国品の対照から、湛然削略の特徴を探ってゆきたい。

第一節　『文疏』から『略疏』へ

一　『文疏』の流伝における『略疏』の影響

中国において『略疏』の隆盛により『文疏』が散逸するという事態に至る前兆は、慈雲遵式（九六四～一〇三二）が天台典籍入蔵の働きかけを目的として作成した『天台教観目録幷序』や『天台教随函目録』の中に顕著に表れている。その記述からは、『略疏』の方が盛行していたことから、『文疏』は当時散逸していたわけではなかったものの、すでにあまり参照されていなかった状況が知られる。[5] また孤山智円（九七六～一〇二二）は、当時の人々が『文疏』の釈である湛然の『疏記』によって『略疏』を読んでいることの矛盾を正すために、『維摩経略疏垂裕記』（以下『垂裕記』）を著した、と序文で撰述の動機を述べているが、そこでは当時の学問状況を次のように記している。

吾祖智者、著疏申経、其文弥広。而荊渓撰記、解疏其文、弥略者何〔疏三十四巻、記三巻〕。蓋於疏文有意乎。刪削故不暇詳悉也。自時厥後、略疏成而盛行于代、後世童蒙執記尋疏。（大正三八・七一一上）

ここには智顗の『文疏』に対する湛然の『疏記』が簡略であることの理由を、「蓋ぞ疏文に意有らざらんや。刪削するが故に詳悉するに暇あらず」といい、『文疏』に意味がないからではなく、『略疏』を作ったので湛然は詳しく解釈する時間がなかったからだと説明する。その文脈からは、人々の眼に『文疏』が冗長なものとして映っていた様子が窺われる。以上の例から、宋代における『略疏』と『文疏』の流布の実態を把握することができよう。

日本においても、数々の天台文献を中国から持ち帰った伝教大師最澄（七六七または七六六〜八二二）が『文疏』を請来しなかったことの一例に代表されるように、中国と同様に『文疏』軽視とも言うべき傾向が生じた。平安末から鎌倉時代にかけて活動した学僧、宝地房証真（生没年未詳）の『維摩経疏私記』（以下『私記』）には、当時の学問状況において『略疏』が主流であったことを次のように伝えている。

後妙楽削為略疏十巻、而妙楽記消広疏。道暹記釈略疏。学者対見、非無其煩。然今世人多読略疏。（増補改訂『日本大蔵経』一四巻一六五頁上）

湛然は『略疏』において削略するも、『疏記』では『文疏』を註釈し、弟子の道暹（生没年未詳）が『略疏』を註釈するという交錯した文献の関係が学ぶ者に煩わしさを感じさせた、という証真の言は、中国の人々にも共通した想いを代弁したものと言えよう。また、江戸時代に入って印刷技術の向上に伴い、数多くの仏教書が刊行されることとなったが、『文疏』の上梓にあたっては、『略疏』がすでにあるのだから無駄であるという意見もあったことが、『文疏』に付された江戸時代の天台宗安楽律派の学僧、守篤本純（一七〇二～一七六九）の序によって明かされている。[6]さらにこのような動向は現代にまで影響を及ぼしている。事実、大正蔵三八巻において『玄疏』の次に収録されたのは、『文疏』ではなく『略疏』であった。またごく一部ではあるが、専門の研究書の中にも、『文疏』と『略疏』を混同したと思しき記述が見られるのである。[7]

二　『略疏』流伝の系譜とその問題点

『略疏』の成立は、湛然の門人とされる梁粛（七五三～七九三）の序文に記された一文を手がかりとして、[8]広徳二年（七六四）と推定されている。日比氏は、湛然の『法華玄義釈籤』や『止観輔行伝弘決』の撰述時期との相関関係から、宝応元年（七六二）以降に製作が進められ、最終的に広徳二年に完成したとの説を立てるが、[9]その問題点については次節で改めて指摘することとしたい。

次に流伝の問題であるが、湛然によって『略疏』が作成されて以後、時代を経るごとに重用されたことは前述のとおりである。ただし、入蔵史から見れば、中国において『略疏』が収録された大蔵経は金蔵のみである。[10]また管見の限りでは、古写本の存在も報告されていない。したがって、次に古い形態のテキストは、以下に挙げる四本の版本となる。[11]

A　元和二年（一六一六）刊
B　承応元年（一六五二）刊
C　寛文九年（一六六九）刊
D　享保十三年（一七二八）刊

このうちAは大正蔵所収『略疏』の底本、またCは甲本として使用されている。なお、続蔵所収『略疏』はその底本を明らかにしていないが、大正蔵甲本の校合箇所を辿るとCの文言に近似していることから、これがCの系統に属するものであることが窺われる。AとCでは若干の文字の異同が見られるものの、基本的には同系統のテキストと考えてよいであろう。なお、Bに関してはいまだ筆者は直接その内容を確認していないため、今後の課題とし言及を保留する。

これらに対し、Dは東叡山の亮潤（一六六八～一七五〇）の序によると、かつて濃州長瀧寺にて発見された『略疏』の宋本に基づき新たに版を起こしたものであるという。宋本を持ち帰ったところ、霊空光謙（一六五二～一七三九）が大いに喜んだというエピソードにも触れていることから、[12]当時としても貴重なテキストとして珍重されたことが分かる。Dの最大の特徴は、巻立てがAやCと異なる点である。[13]また凡例には、宋本と本邦本とでは異同が多いので巻末ごとに校訂を設けたこと、宋本の第十巻には六〇〇字ほどの脱文があったため和本によってこれを補ったこと、などが記されている。文字の出入に関しては、ほとんどが内容に影響しない程度のものであるが、その数は少なくないため、一つ一つ検討してゆく必要がある。

また、『中華大蔵経』（北京版、以下中華蔵）第九十八冊に影印収録される金蔵広勝寺本の『略疏』とDとを比較したところ、巻七末と巻八初との一箇所を除き分巻の位置が一致した。具体的には、Dは『維摩経』不思議品第六の釈の途中で『略疏』巻八へ移行するが、中華蔵本巻八は観衆生品第七の釈から始まる、という点で異なっている。しかし中華蔵本は広勝寺本の巻七と巻八が失われていたため大正蔵本によってこれを補った暫定的とも言うべき調巻であるため、[14]むしろ本来の形は、Dと同様に観衆生品の釈の途中で分巻されていたものと推測される。なお、『垂裕記』が引用する『略疏』の文言は、宋本に基づいたDにより近い点も留意されよう。

日本に『略疏』を最初に請来したのは最澄であると考えられる。それ以降に日本国内で流布した『略疏』の系統は、さきに挙げたA～Cの版本に帰着するところのものであろう。以下にこれらを「和本系」と称し、Dまたはその底本となった長瀧寺伝来の宋本、並びに十二世紀後半に雕印された金蔵広勝寺本は、少なくとも宋代の『略疏』の形態を伝える資料であるので、これらを「宋本系」と仮称する。よって『略疏』には二系統のテキストの現存が確認されたことになる。

三　『文疏』と『略疏』の末註書

次に、『文疏』と『略疏』の末註書について整理していきたい。

『文疏』の末註書にあたるものは、湛然の『疏記』がある。日比氏の研究によれば、『疏記』は『略疏』撰述の後、湛然の晩年に著されたものとされる。ただし、池麗梅氏は『疏記』は『略疏』を製作した際に使用した研究ノートのようなものであり、この他に『文疏』に対する「浄名広疏記」六巻があったとの見解を示す[15]。伝統的に『疏記』が『文疏』に対する註として理解されてきたことは、さきに引用した智円や証真の言葉に明らかであるため、その是非の検討は新たな資料の発見がない限り困難であるが、いずれにしても湛然が『文疏』の註釈を著したことは事実となろう。

次いで著されたのが、『維摩疏記鈔』（以下『記鈔』）である。撰者の道暹は湛然の弟子とされる人物であることから、『記鈔』は恐らくもっとも古い『略疏』に対する註釈書となる。ただし、現存するのは巻四と巻五の僅か二巻である。

最後に、宋代、山外派に位置付けられる智円の『垂裕記』は、仏教文献のみならず外典をも巧みに引用しながら語釈を施している点が特徴で、十巻すべてが現存している点でも貴重である。

日本撰述のものとしては、前に引用した証真の『私記』がある。『文疏』や湛然の『疏記』、道暹の『記鈔』を引用しながら釈を構成した示唆に富んだ内容であるが、これも現存するのは前半部分までの釈である。

これら各末註書類の対応関係については、本章末の表三にまとめたので参照されたい。

以上はすべて各種大蔵経に収録された文献であるが、この他に重要なものとして本純の『維摩詰経疏籤録』十巻がある。これは『略疏』に基づく末註書で、版本が数多く残されている。[16] 本純は維摩経疏に関連する諸文献の註釈研究に傾注し、また『文疏』の刊行にも尽力した人物であるので、その指摘は興味深いものが多い。

最後に、以上に挙げた末註書の所在を示しおく。

湛然『維摩経疏記』三巻（または六巻）　続蔵二八冊／新纂一八巻／中華蔵九八冊
道暹『維摩疏記鈔』二巻残　続蔵九二冊／新纂一九巻
智円『維摩経略疏垂裕記』十巻　大正蔵三八巻／続蔵二八冊
証真『維摩経疏私記』二巻　『日本大蔵経』九巻／増補改訂『日本大蔵経』一四巻
本純『維摩詰経疏籤録』十巻　天明八年（一七八八）刊など

第二節　全体に共通する湛然削略の特色

一　序文にみる削略の基本姿勢

湛然は『略疏』を撰述した意図を、みずからが記した序の中に明かしている。以下にその全文を挙げ、『垂裕記』

に記されたこの序文の科段[17]と語釈を参考にその読解を試みたい。

①今茲疏文、即隋煬帝請天台大師出之、用為心要。勅文具在国清百録。因令侍者随録奏聞、但至仏道品、後分章安私述続成。②初文既筆在侍人、不無繁広。毎有緇素諸深見者、咸欣[18]慕之、但云弊其文多。③故輒於其録、而去取之、帯義必存、言繁則剪、使旧体宛然、不易先師之本故也。④然自省闇短、慮失元規。嘗於墳堂、然香求徴。儻少壊大道、願示以留礙。二旬未竟、仏道斯終。既免幽訶。寧非冥護。⑤儻裨其宗旨、則光光後昆。冀諸達人、恕以専輒。（大正三八巻五六二頁下）※丸数字筆者

湛然は①で『文疏』撰述の経緯を略述するが、②では灌頂による補遺以前の部分は筆授されたものであるから文章が煩雑で、緇素つまり在家者も出家者もこれを読む者はことごとく感銘をうけるものの、その分量の多さに辟易してしまう、と『文疏』の難点を指摘する。そこで③以降では自らが筆録するにあたり文言を取捨したことを述べ、『文疏』の意味を保持し体裁もそのままにするという基本方針を明言する。

そして④ではその作業が無事終了したことに言及するが、ここで問題となるのが「二旬未だ竟らずして仏道ここに終わる」の一文である。「旬」は十日または一年を表す単位であるが、どちらの意味を選択するかで撰述の期間が大きく異なってしまう。筆者は『垂裕記』の註釈[19]に基づき「二十日と経たないうちに仏道品（までの釈）は終了した」と理解した。このように意味を確定すれば、湛然は智顗に対し畏敬の念を込めつつ懸命になって撰述を進め、極めて短期間のうちに智顗の釈の終わりである仏道品までを完成させた、ということになる。[20]このことは「墳堂然香求徴」の「墳堂」を、智顗が埋葬された天台山仏隴峰の地に設置された全身龕塔と理解し[21]、梁粛の序文の「吾師晋陵より仏隴に帰る夏なり」という記述と合わせることで[22]、一層現実味を帯びてくるのである。以上の点を総合すると、湛然は仏隴峰に到着後、『略疏』撰述の作業に取りかかったと考える方が自然であろう。

湛然は⑤において後世への思いを述べ、序を結んでいる。この自序の限りでは、湛然がかなり慎重に削定の作業を進めたことが知られるが、さらに、周囲からの要望に後押しされ略本を作製するに至ったという撰述の経緯が明かされていることも注意される。弟子たちの要望があったことは梁粛の序においても関説されていることから[23]、このような周りからの依頼が直接的なきっかけとなっていることは間違いない。湛然は『文疏』の文章がすっきりとしたものでないことを侍者の責任にしているが、成立からすでに一五〇年以上の時が経ち、その文体は智顗の遺徳を慕う者の目にもやや色あせたものとして映っていたのであろう。

二　数値にみる削略の実態

湛然は、どのようにして『文疏』の字数削減を図ったのであろうか。『文疏』と『略疏』を対照すると、文を再構成して略述するというよりも、序文にもその方針が示されたように、『文疏』の語を剪定していきながら語句を詰めていくという手法を基本としていることが分かる。そこで『文疏』と『略疏』とでは、どの程度、字数に差異があるのか具体的数値を調査した。その結果、次頁表二のような結果となった[24]。

さきにも言及したとおり、本純が作成した凡例によって、写本の『文疏』巻二十六以降は会本形式ではなかったことが知られるので、巻二十六以降の数値に『維摩経』経文の文字数は含まなかった。会本形式である『文疏』二五巻までと会本ではない『略疏』との数値上の比較については、経文分の誤差があることを加味しなければならないであろう。ただし『文疏』の経文挿入に相当すべく、『略疏』も経に相当する部分を短い語句であればそのまま引用し、また長文に亘る場合は抄出した上で解釈を加えている。『文疏』でも初めは短く経文を区切り釈を立てているため、そのような箇所では経文の挿入の有無がそれほど影響していないものと考えてよい。なお、『文疏』巻一は経文解釈

表二　『文疏』と『略疏』の字数の比較

文疏巻数	文疏字数	略疏字数
1	9,213	7,397
2	8,688	6,120
3	8,072	5,725
4	9,390	6,967
5	7,424	5,180
6	8,188	5,792
7	9,554	6,287
8	9,136	5,839
9	11,532	8,252
10	12,418	8,575
11	11,275	7,195
12	13,090	8,363
13	10,469	7,109
14	10,146	6,650
15	11,702	7,545
16	11,019	7,495
17	11,933	8,052
18	11,922	8,089
19	11,975	8,729
20	12,295	9,314
21	12,295	8,416
22	9,431	6,187
23	11,188	8,676
24	11,996	7,883
25	12,770	9,133
26	9,872*	9,688
27	11,823*	11,783
28	9,046*	8,894

※「*」は会本経文部分の数値を含んでいないことを意味する。

をまったく含んでいないので、対応する『略疏』との字数の差は、削略の実数を示したものと言えよう。

このような数値の結果で削訂の状況を分析することは正確性に欠けることを承知しつつ、それでも注目せざるを得ないのは、灌頂の補遺とされる『文疏』の巻二十六以降は、『文疏』と『略疏』の文字数にほとんど違いが見られないことである。実際に両書の文言を比較してみても、その差はほんの僅かであった。さきに検討した湛然の自序において、智顗の釈となる仏道品までの部分は侍者が筆録したものであるので文章が煩雑だという指摘や、仏道品までの完成を一区切りとしたと推定される記述があったことと合わせて考えれば、削略の主な対象は釈仏道品までであったと見るのが妥当であろう。[25]

第三節　『略疏』の略述手法とその特質

一　主な略述の手法

次に全体を通じてただちに看取される相違点を指摘する。ここでは異同が大きくみられる『文疏』巻八までを取り上げたい。これらの相違は主なものとして、第一に固有名詞の略述化、第二に科段における序数の省略や簡略化、第三に引用文の簡略化や省略、第四に助詞の省略、第五に教学をふまえた省略、などに分類される。

以下に挙げる（　）内は、『文疏』はとくに冊数を示さない場合には続蔵二七套の頁数および段を、『略疏』は大正蔵三八巻の頁数および段を示す。また複数使用される例については初出の箇所を示した。

第一の固有名詞の略述化に関する代表的な例としては、まず経典名の表記が挙げられる。たとえば『文疏』は『大智度論』を「大智度論」「大智論」（四三〇左下）と称するが、『略疏』はこれらを「大論」（五六三上）にほぼ統一している。同様に『略疏』は徹底して『涅槃経』を「大経」、『大品般若経』は「大品」とし、その他の主要な経典名についても基本的に「法華」「華厳」などとして「経」をいちいち付すことはない。

音写語よりも意訳語を多用することも、結果として『略疏』の字数削減に貢献している。『文疏』が「十波羅蜜」（四五〇左下）としているのを「十度」（五七六中）とする場合などである。同様に『文疏』では「優塡波斯」（四四八右下）であるのを『略疏』は「優田」（五七四下）とした例に代表されるように、人名も省略されることが多く、「須菩提」（四四九右上）を「善吉」（五七五上）、「富楼那」（四七二左上）を「満願」（五八九中）、「提婆達多」（二八・一右上）を実である。

「調達」（五九二中）、といった置き換えもよくなされている。『文疏』はまったく「善吉」等を使わない、その逆に『略疏』が「須菩提」等と表記しないということではないが、『略疏』は意訳語をより好んで用いる傾向にあることは事実である。

『文疏』において列挙された仏教用語をグループ化して示すことも、『略疏』ではよくなされている。主な例としては、『文疏』では「羅漢・辟支・菩薩」（四三一左上）と列挙するのを『略疏』は「三乗」（五六四中）とするほか、「過去・未来・現在」（四三七左上）を「三世」（五六八上）、「空・無相・無作」（四四一右上）を「三空」（五七〇中）、「戒・定・智慧」（四四五右上）を「三学」（五七二下）、「四天王及炎摩・兜率・化楽天・他化自在天」（四六〇左上）を「五天」（五八二上）、「生生不可説乃至不生不生倶不可説」（四七五右上）を「四不可説」（五九一上）、「有為無為縁集」（二八・六左上）を「二縁集」（五九五中）と要約するなど、法数によって示す例が多出する。また『略疏』では「乃至」を用いた省略もなされている。

その他の用語では、「三十七品」（四四二左上）を「道品」（五七一上）、「煩悩」（四四九左上）を「惑」（五七五中）というような置き換えも複数見られた。さらに「若観心因縁生滅即空即仮即中」（四五一右上）を「一心三観」（五七六中）や、「背捨・勝処・九次第定・師子奮迅・超越」（四五〇右上）を「観練薫修」（五六七上）とする例は、教学的理解に基づいた省略と言えよう。

また固有名詞ではないが、疑問詞として『文疏』がよく用いる「所以然者」「所以者何」は『略疏』ではほぼ「何者」に置き換えられている。「問曰」「答曰」も『略疏』ではほぼ一貫して「問」「答」となっている。また「一切」（四五四右上）を「諸」（五七八中）とするのも、たびたび見られる例である。

以上が主な削略の実例であるが、とくに法数による置き換えの例からは、『略疏』の略述化の特質と言うよりも、

『文疏』が丁寧に語釈を加えていた実態が知られよう。

第二に科段の簡略化または序数の省略についても、『略疏』では効果的に略述の手段として使用されている。ここではその典型的な例として『文疏』巻一の冒頭の科段を中心に特徴を見てゆきたい。

大為五意。第一明経度不尽。第二略分文。第三弁仏国義。第四釈品。第五正入経文。第一明経度不尽者……。（続蔵二七・四三〇左上、新纂一八・四六四上）

大為五意。一明経度不尽。二略分文。三弁仏国義。四釈品。五正入文。初意者……。（大正三八・五六二下）

このように『文疏』では大項目に対しては序数として「第一」と示すが、『略疏』では「第」をほとんど用いない。また『文疏』は初めに項目を列挙し、それぞれの詳説に入る時にもその項目をふたたび掲げるが、『略疏』ではこのような重複を極力避け、引用文のように「初意者」などとすることで、具体的な項目の内容をいちいち示さずに済ませることが多い。

また前の引用文に掲げられた大項目の第二番目「略分文」の釈の初めにも、『略疏』の略述の実態が看取される。

第二分経文者即為両意。一明先出古今諸法師開経不同。二明一家判釈。（続蔵二七・四三〇左下、新纂一八・四六四中）

二分文為二。先出古今。次明一家。（大正三八・五六三上）

ここではさらに二項目に分かれるが、『文疏』が「一明……」「二明……」とするのに対し、『略疏』は「先……」「次……」と簡潔に項目を並べる。このように「初」「先」「次」などの語を掲げることでただちに解釈の内容へと移行する。

第三に引用文の簡略化について、『略疏』の中でもっとも大幅に縮小化されたのは、『文疏』巻八で布施について解釈を加える中で『大智度論』所説として引用された、釈迦の前生である鹿王の話である。『文疏』（二八・一左上〜二右上）ではこれを約五〇〇字に亘って詳説するが、『略疏』（五九二下）ではわずか三〇字ほどに要約している。これほど大胆な削略の例は他に見られないが、『略疏』では引用そのものを削除したり、語句をより絞って依用したりする例が、しばしば見られる。

第四の「也」「者」「之」などの助詞の省略については、これも枚挙に暇がないので、ここで一々の例を挙げることはしない。

第五の教学をふまえた省略は、とくに蔵・通・別・円の四教や、従仮入空、従空入仮、中道第一義の三観など、主要な教義の詳説について見られる。さきに「若観心因縁生滅即空即仮即中」（四五一右上）を「一心三観」（五七六中）に要約した例を挙げたが、その他にも『文疏』の詳細な説明を『略疏』では大きく要約する例が見られる。たとえば、四教に関する顕著な例として、『文疏』巻三と対応する『略疏』巻一の以下の文がある。

若住三観之心、観此紹隆相、従三宝之心。即是四教真正三宝紹隆不絶也。所以者何。若観紹隆三宝之心、生滅無常析仮入空自行教他、即是三蔵教真三宝紹隆也。若観紹隆相従三宝之心、皆如幻化即空、自行教他、即是通教真実三宝紹隆使不断絶也。若観紹隆相従三宝之心、不滞於空能入仮名、分別無量智慧、恒沙仏法、境智無二、自行教他、即是紹隆別教真実三宝使不断絶。若観紹隆相従三宝之心、入中道第一義諦、正観分明、自行化他、即是円教一体三宝紹隆不絶。是故在家出家菩薩、応須如是紹隆三宝不断絶。（続蔵二七・四四八右下～左上、新纂一八・四八二上）

若住三観之心、観此相従三宝。不滞空有、入第一義、一体三宝、紹隆不絶。（大正三八・五七五上）[26]

引用文を比較すると、『文疏』が四教のすべてにわたり「若観紹隆相従三宝之心」といった表現を繰り返して説明を重ねているのに対し、『略疏』は「不滞空有」により蔵通二教の立場を超えた別教を、「入第一義」により円教を示して、内容を五分の一以下に圧縮している。天台維摩経疏の撰述にあたっては初めに『四教義』が作られたこともあり、『文疏』では四教のそれぞれの違いを説明するために蔵教や通教にも多くの分量を費やしている。一方の『略疏』ではそのような意識は希薄で、蔵教に関連した議論が大きく削除される例も確認される(27)。

また『文疏』において四教と諸教説との対応を詳しく説明した部分も、『略疏』では大幅に削除されることがある。以下の引用は、四教それぞれの菩薩の誓願を四種四諦との対応から説明する箇所である。

三蔵菩薩、約生滅四諦、起四弘誓願。通教約無生四諦、起四弘誓願。別教約無量四諦、起四弘誓願。円教約無作四諦、起四弘誓願。願力因縁薫被衆生。此四種大乗心、三権一実。（続蔵二七・四七七右下、新纂一八・五一一上）

各縁四諦、起四弘誓。名之為乗、三権一実。（大正三八・五九二中）

『文疏』では蔵・通・別・円教にわたり「約～四諦、起四弘誓願」と同じようなフレーズが四回繰り返されているところは、やはり先の三宝紹隆に関する解釈と同じ基調である。これを『略疏』では一つにまとめ、文字数も四分の一にしてしまっている。

このように『略疏』において大きな削略がなされた背景には、想定される読者層が『文疏』とは異なっていることが影響していると考えられる。『文疏』の第一の読者は疏の撰述を依頼した晋王広（後の隋の煬帝、五六九～六一八）である。晋王はそれなりに仏教への造詣が深いとはいえ、智顗の説を周知していたわけではないので、智顗としては自説を正しく理解してもらうために繰り返し四教と諸教説との対応を一つ一つ明示する必要があったのであろう。一方の『略疏』は、弟子の要望に応じて説かれたものである。智顗の滅後一五〇年以上が経ち、その教学の伝統を身につけた当時の弟子たちにとって、四教と四種四諦の関係などは自明の理であり、ここで詳説される必要がなかったのである。同様の例は、四教と四土説との対応を説いた箇所にも見られる(28)。

以上が、現時点で筆者が把握する主な『略疏』における削略の例である。その具体例を辿るにつけ、湛然がいかに字句を切りつめることに腐心したかが窺われよう。

『文疏』はもともと王への献上を目的として述作され、臣下たちにも読まれていたことから、在家者にも理解しやすい表現を心がけたのであろう。またそのための用紙まで与えられているのであるから[29]、智顗は言葉を惜しまず解釈にあたることができた。しかし、後の学僧たちにとってみれば、このような文章は書写し読むにあたって負担にすぎず、すでに仏教教理に精通していた唐代の在家者からも、懇切丁寧な説明はもはや必要とはされていなかったのであろう。そこで湛然はさまざまな手法を積み重ねることで、読者が要を得て『文疏』の内容を知るための『略疏』を世に出したのである。

二　新訳経論の摂取

その他にも意図的に語句を変更したと思われる箇所がある。その一つが、仏国品釈の第一に立てられた「経度不尽」における、『維摩経』の翻訳の種別についての言及である。短い部分であるが、ここで確認される相違は、『文疏』と『略疏』の性質の違いをよく示した事例として興味深いものである。

第一明経度不尽者、此五前後翻訳経文、雖復不同、今古両本、正各三巻。窃尋此経、来意不尽。在於西土、文義巨多。（続蔵二七、四三〇左上、新纂一八・四六四上）

初意者、前後五訳不同。今釈什本尋経文義。西土猶多。（大正三八・五六二下）

智顗が『文疏』を著した当時は、言うまでもなく鳩摩羅什訳が最新の『維摩経』の漢訳であった。ここでいう「五訳」を、『垂裕記』は一厳仏調訳二巻、二支謙訳二巻、三竺法護訳一巻、四竺叔蘭訳三巻、五鳩摩羅什訳三巻とするが[30]、隋の開皇十四年（五九四）に編纂された『衆経目録』（『法経録』）には、支謙訳は三巻本として記載されているので[31]、『文疏』の言う「古今両本正各三巻」とは、支謙訳を「古」、羅什訳を「今」としているものと思われる。しかし、『文疏』のこの記述は、玄奘によって『説無垢称経』六巻が訳出されて久しい八世紀の読者に、解釈の誤りだと誤解される危険がある。そこで湛然はその部分には触れずに、この註釈が鳩摩羅什訳に対するものであることを読者に認識させることを目的として、「今釈什本尋経文義」と文言を改めたのであろう。

このように、『文疏』から『略疏』までの約一六〇年間に訳出された経典の影響が『略疏』にも反映されている例は、他にも見受けられる。重要な例として、唐代に入り訳出された実叉難陀訳『大方広仏華厳経』八〇巻の受容が挙げられよう。智顗の時代には東晋、仏駄跋陀羅訳のいわゆる『六十華厳』により『華厳経』が理解されていたが、湛然は『八十華厳』の要略書である『華厳経骨目』を著すなど、実叉難陀訳を積極的に用いている。もちろんこの依用の背景には、同時代に活躍する華厳宗の清涼澄観（七三八～八三九）との思想的対決があったことは言うまでもない。

このような『華厳経』を巡る学問事情の変化は、次の例に反映されている。つまり、湛然は『文疏』巻五で『六十華厳経』の説時の分類を示す「七処八会」の語句を、『略疏』の対応箇所において「七処九会」に置き換えているのである[32]。『八十華厳』では、『六十華厳』の第六他化自在天会に包括される十一品から最初の十地品のみ第六他化自在天会とし、この後に新たに十定品を挿入した十一品を第七普光法堂重会として加えるので、一会増加した「七処九会」として理解されているからである。

このように湛然が新しく訳された経論を積極的に取り入れた点は、門人たちが智顗の『文疏』ではなく『略疏』を選ぶようになった理由の一つと言えよう。

おわりに

本章では湛然が『略疏』において『文疏』の文言を削略する例を中心に考察した。これら代表的な実例からは、主に三つの特質が見られた。その第一は、『略疏』の序文に湛然みずから示しているように、智顗に対する強い尊崇の想いから、極めて慎重に手を加えようと努めた姿勢である。第二は、後代の弟子にとっては迂遠ともいえる基本的な教理説明を大胆に要約する例に見られたような、読者に対する意識である。第三は、智顗以後に翻訳された経論の訳語などを取り入れるような、時代の変化への柔軟な対応である。

このように湛然が『文疏』の文言に固執することなく、時にはあえて大胆な変更を加えたからこそ、智顗の教えはふたたび人々の目に親しく触れることとなったのであろう。その結果、『文疏』にとっては、その存在が等閑視されるという弊害が及ぶこととなったが、それでもなお『略疏』を通してその主旨が伝えられ続けた意義は決して少なくない。一度は散逸した『文疏』であったが、江戸時代になり興福寺蔵写本の発見をきっかけに版本が刊行され、そして今日また研究者の関心が『文疏』に向けられるようになったからである。三大部註釈に代表される湛然の精力的な著述活動は天台教学の復興に大きな役割を果たしたが、『略疏』もまたその一端を担う重要な文献であることが、改めて知られよう。

註

（1）池麗梅『唐代天台仏教復興運動研究序説――荊渓湛然とその『止観輔行伝弘決』』（大蔵出版、二〇〇八、八五～八七頁）は、三二部を数えている。最新の湛然研究の成果である松森秀幸『唐代天台法華経疏の研究』（法藏館、二〇一六、六頁）も、その説を受けている。

（2）佐藤哲英『天台大師の研究』（百華苑、一九六一、四一七頁）は、「三大部の講説以後に述作された維摩疏こそは、智顗の後期時代、特に晩年時代における思想を研究する基礎素材として、重要な存在意義をもつことが知られるであろう」と述べる。

（3）大久保良峻「『維摩経文疏』と天台教学――仏についての理解を中心に」（『天台大師研究』編集委員会編『天台大師研究』天台学会、一九九七）参照。

（4）日比宣正『唐代天台学序説』（山喜房佛書林、一九六六、二三六～二五三頁）は、『略疏』の成立時期を探る論考が中心となっている。

（5）中国における流伝の実態や『文疏』が軽視された経緯については、本書第一部第二章第一節を参照されたい。

（6）『文疏』「新刻維摩経文疏序」「或曰。略疏既行布寰中、又何用此浩繁。為余謂不然」（続蔵二七・四二九左上、新纂一八・四六二下）。

（7）鎌田茂雄『中国仏教史』第六巻（東京大学出版会、一九九九、五七一頁）は、現存する智顗の著作として『略疏』を挙げるほか、後出の頁で湛然の著作を列挙する中にふたたび『略疏』を加える。また、金治勇『上宮王撰三経義疏の諸問題』（法藏館、一九八五、二五二頁）は、「便宜上『略疏』によったが」としつつ、『維摩経義疏』と『略疏』に引用された経論疏の比較を行う。『維摩経義疏』は天台維摩経疏の影響を受けていないという結論ではあるが、『維摩経義疏』の聖徳太子真撰説に立つのであれば、どのような理由であれ『略疏』を用いたことは適切ではない。

（8）『略疏』「維摩経略疏序」「疏成之歳、歳在甲辰。吾師自晋陵、帰于仏隴之夏也」（続蔵二八・一九四右下、新纂一八・七〇

四中）。この梁粛の序は大正蔵所収の『略疏』には付されていない。また現存する各種江戸期の版本にもこの序が付された例はない。続蔵において湛然の自序の前に梁粛の序が加えられた典拠は明らかではないが、この文そのものは、雍熙三年（九八六）編纂の『文苑英華』巻第七三七、および嘉慶十九年（一八一四）編纂の『全唐文』巻五一八にも収録されている。また、『垂裕記』にはこの梁粛の序の全文が引用されていることから、あるいはこの序は続蔵の編集者によって、これらの資料から抜粋して挿入されたのであろう。

（9）日比宣正（一九六六、二五二〜二五三頁）参照。

（10）蔡運辰編『二十五種蔵経目録対照考釈』（台北：新文豊出版公司、一九八三、二〇三頁）によると、金蔵、続蔵、大正蔵に収録され、『至元録』にも記載されたことが知られる。

（11）渋谷亮泰編『昭和現存天台書籍綜合目録』増補版上巻（法蔵館、一九七八、七二頁）参照。

（12）享保十三年（一七二八）刊『略疏』「合刻維摩経略疏序」「余往歳訪古蔵於美濃長瀧寺、獲此疏宋刻而来。霊空和尚、覩而大喜」（三丁右）。長瀧寺は現在も岐阜県郡上市白鳥町にある天台宗の寺院で、思渓版大蔵経を所有する。長瀧寺については本書第一部第二章第四節を参照されたい。

（13）立正大学図書館所蔵の享保十三年版本を参照させていただいた。なお、駒澤大学図書館には「維摩詰所説経玄疏会本」の表題が付され清の光緒八年（一八八二）に長沙で刻印されたとする記載がある八冊本が所蔵されている。内容を確認したところ、亮潤の序や凡例をそのまま用いていたことから、その実際は享保十三年版本をもとに改刻されたものであることが判明した。

（14）中華蔵九八冊六二二頁中には、次のような校勘記がある。「一、底本は金蔵広勝寺本である。本書は十巻よりなるが、（中）国内では僅かに金蔵にのみ収録されたので、校訂がない。……（散逸してしまった部分は）大正蔵によって収めたが、分巻が金蔵とは異なっている。今は大正蔵本の相当箇所によって、補い収録した」（筆者和訳）。

（15）池麗梅（二〇〇八、九〇頁）参照。

(16) 天明八年（一七八八）刊、駒澤大学図書館蔵本を参照した。

(17) 湛然の自序に対する『垂裕記』の科段を図示すると次のような構成となる。

造疏縁起（引用①）
削略因（引用②以降）→後学嫌繁（引用②）
荊渓削略（引用③以降）→筆削凡例（引用③）
大師冥加（引用④）
謙己述意（引用⑤）

(18) 宋本は「咸欣慕之」の「欣」の字は「傾」に作る。また『垂裕記』巻一も「但云下、雖皆傾慕、咸病繁広」（大正三八・七一四中）とする。

(19) 『垂裕記』巻一「二句者、十日曰旬。仏道斯終者、於今略疏已及九巻」（大正三八・七一四下）。

(20) ④以下は『略疏』撰述の過程を探る上で重要な記述であるが、管見の限り、先行研究においてその具体的内容は検討されたことがない。たとえば中里貞隆氏による『仏書解説大辞典』第十一巻の『略疏』の項は、湛然の自序を書き下し文にて掲載するものの、①から③までの引用に止まっている。また佐藤哲英（一九六一、四四〇頁）も③のみを書き下し文にて引用し、それをもって『略疏』を「天台疏の原型を聊かも改変しないで冗漫な字句をきりつめたものである」と評する。さらに日比宣正（一九六六、二三七頁）も同様に③を引用しており、佐藤氏の説の範囲を出るものではない。

(21) 全身龕塔は智顗の肉身塔として国清寺北方に位置する真覚寺の中に存する。明代の幽渓伝灯『天台山志』巻四には真覚寺の項目を立てるが、これによれば、智顗を埋葬した龕の前に石の塔を置いて定慧真身塔院と名付けたことに始まり、宋の大中祥符元年（一〇〇八）に真覚寺に号を改めたという。『中国仏寺誌叢刊』八一巻（江蘇広陵古籍刻印社、一九九六、一〇四頁）参照。また巻十三には智者大師全身龕塔の項目がある（三三七頁）。真覚寺の現状については斎藤忠

『中国天台山諸寺院の研究』（第一書房、一九九八、一八七～一九二頁）参照。

(22)　『略疏』梁粛「維摩経略疏序」「吾師自晋陵帰于仏隴」（続蔵二八・一九四右下、新纂一八・七〇四中）、同文は『垂裕記』（大正三八・七一三下）に引用される。

(23)　『略疏』梁粛「維摩経略疏序」「弟子比丘衆、作礼以請公。於是削其浄辞、合為十軸」（続蔵二八・一九四右上、新纂一八・七〇四上）、同文は『垂裕記』（大正三八・七一三上）に引用される。

(24)　算出された文字数は、かつて筆者が作成した『文疏』の入力データと『天台電子仏典ＣＤ２』（天台宗典編纂所、二〇〇〇）に収録された『略疏』のデータを元にワープロソフトの文字カウント機能を利用し導出した。なお、この数値には各品の首題と尾題の文字数を含んでいない。

(25)　『維摩経疏籤録』巻一「刪略之間、恐謂専輙。正在大師所著、故特約此遮之。若削続成、疑妨稍緩、故且置之也。又続補三巻、対看略疏。文句全同。疑是以文本従簡、不在荊渓所略也。故但云初文、不及続補文耳」（一丁左）と本純も同様の指摘をする。

(26)　大正蔵は「人」に作るが、意味の上から「入」に改める。

(27)　類似の例として、『文疏』巻二「若言五陰実無有我、但有名者、数人可得作此解。曇無徳、既有仮我、何得用数人名字我聞、不用仮我聞。犢子既云、第五不可説蔵有我。何得不用此我聞、而取名字我聞也。通教学者、既明幻化我、何得不用幻化我聞、而用数人名字我聞也。如此互相望、諍論互失也」（続蔵二七・四四〇下、新纂一八・四七三下）と「如是我聞」の「我聞」を解釈する中に、部派の諸説を批判する内容が記されているが、『略疏』ではこの部分に対応すべき箇所がすべて削除されている。

(28)　たとえば『文疏』巻七「此二為調伏取仏土者、若用四教調伏衆生、未断有為縁集、即是凡夫。若断有為縁集不尽、即是聖人。為此調伏凡聖、而取浄穢同居土也。次明四教所調伏衆生、若断有為縁集尽者、為此四教所調伏衆生、取有余土也。若別円両教所調伏衆生、能見中道、断無為縁集、為此円別両教調伏衆生、而取果報無礙土也。若円教所調伏

衆生、断無為縁集将尽、為此円教所調伏衆生、而取常寂光土也」（続蔵二七・四七四右下、新纂一八・五〇八上）に対応するのは、『略疏』巻二「二為調伏取仏土者。四教調伏衆生、断有為無為、尽不尽、若凡若聖。以教対土、例前可知。但調伏之言異耳」（大正三八・五九〇中～下）である。四教と四土の対応は「例前可知」と詳しい説明を省き、その理解を読者に委ねている。

(29)『国清百録』巻四「秘書監柳顧言書第一百一」（大正四六・八二一下）では、晋王の側近である柳顧言が、第一回献上本を八度読んだがまだ疑問が残っていることをしたためる。また巻三「答施物書第五十八」（同・八〇八下～八〇九上）には、智顗が王より贈られた紙を註釈書撰述に使用するつもりだとも述べている。

(30)五訳に関しては『垂裕記』巻一（大正三八・七一五中）および、『維摩疏私記』巻一（増補改訂『日本大蔵蔵』一四巻一六五頁上）に言及される。なお一般に『維摩経』の訳本は唐の智昇『開元釈教録』以降、「三存四欠」と理解されている。木村宣彰『注維摩経序説』（真宗大谷派宗務所出版部、一九九五、六～一七頁）に詳しい。

(31)『衆経目録』巻一「維摩詰経三巻（呉黄武年支謙訳）」（大正五五・一一九上）とある。また『歴代三宝紀』巻五も「維摩詰所説不思議法門経三巻（亦云仏説普入道門経、或二巻）」（大正四九・五七上）と支謙訳を記載する。

(32)『文疏』巻五「釈梵身値盧舍那、聞七処八会之説」（続蔵二七・四五九右上、新纂一八・四九二下）に対し、『略疏』巻二「以釈梵身値舍那、七処九会」（大正三八・五八一上）とする。

表三『維摩経文疏』関係文献対応表

<table>
<tr><td>維摩経</td><td>鳩摩羅什訳</td><td></td><td colspan="13">仏国品第一</td><td colspan="3">方便品第二</td><td colspan="6">弟子品第三</td></tr>
<tr><td>文疏</td><td>智顗・灌頂</td><td></td><td>巻一</td><td colspan="2">巻二</td><td>巻三</td><td colspan="2">巻四</td><td>巻五</td><td colspan="2">巻六</td><td colspan="2">巻七</td><td colspan="2">巻八</td><td>巻九</td><td colspan="2">巻十</td><td>巻十一</td><td colspan="2">巻十二</td><td colspan="2">巻十三</td><td>巻十四</td></tr>
<tr><td>和本略疏</td><td>湛然</td><td>序</td><td colspan="6">巻一</td><td colspan="7">巻二</td><td colspan="3">巻三</td><td colspan="5">巻四</td><td>巻五</td></tr>
<tr><td>宋本略疏</td><td>湛然</td><td>序</td><td colspan="5">巻一</td><td colspan="5">巻二◎（576c20已能～）</td><td colspan="5">巻三◎（591a13宝積～）</td><td colspan="5">巻四◎（606b8諸仁～）</td><td colspan="2">巻五●（621c10若須～）</td></tr>
<tr><td>三巻本記</td><td>湛然</td><td></td><td colspan="14">巻上</td><td colspan="8">巻中</td></tr>
<tr><td>六巻本記</td><td>湛然</td><td></td><td colspan="9">巻一</td><td colspan="5">巻二</td><td colspan="5">巻三</td><td colspan="3">巻四</td></tr>
<tr><td>記鈔</td><td>道暹</td><td colspan="18">欠</td><td colspan="5">巻四</td></tr>
<tr><td>垂裕記</td><td>智円</td><td colspan="3">巻一</td><td colspan="6">巻二（570a19仏在～）</td><td colspan="4">巻三（584b15就前～）</td><td colspan="3">巻四（594b15次約～）</td><td colspan="3">巻五（606b8 諸仁～）</td><td colspan="4">巻六（618a14以一～）</td></tr>
<tr><td>私記</td><td>証真</td><td></td><td colspan="13">巻一</td><td colspan="9">巻二</td></tr>
</table>

	巻十五					巻五（尾欠）		欠
							巻七（629b22優婆～）	
菩薩品第四	巻十六				巻五			
	巻十七	巻六	巻六●	巻下				
	巻十八							
							巻八（647c28文為～）	
問疾品第五	巻十九							
	巻二十	巻七	巻七×			欠		
	巻二十一							
							巻九（663b13上第～）	
不思議品第六	巻二十二				巻六			
			巻八×（669b24爾時）					
観衆生品第七	巻二十三	巻八						
	巻二十四							
仏道品第八	巻二十五	巻九	巻九○				巻十	
入不二法門品第九	巻二十六							
香積品第十	巻二十七	巻十	巻十●					
菩薩行品第十一								
見阿閦仏品第十二	巻二十八							
法供養品第十三								
嘱累品第十四								

凡例

一、宋本略疏の欄に示した頁は、享保十三年本の分巻箇所を大正蔵により示したものである。なお巻数下に付した記号は次の意味を表わす。◎＝広勝寺本の分巻位置が確認でき一致が確実　●＝広勝寺本の当該巻の冒頭が欠落しているが前巻の末によって一致が確認可能　○＝広勝寺本の前巻は欠落しているが当該巻冒頭によって一致が確認可能　×＝広勝寺本の当該巻冒頭も前巻の末も欠落しているため不確定

一、垂裕記の欄に示した頁は、垂裕記の釈が略疏の巻の途中から始まる場合の大正蔵との対応を示したものである。

第三部　天台維摩経疏の教学とその特質

第一章　経典解釈法の形成過程

はじめに

天台智顗（五三八～五九七）はその晩年に『維摩経』註釈に従事するが、諸資料に伝えられるその経緯は非常に複雑である。このことは、後に考察するように関連する文献の比較からも明らかである。智顗が註釈書の依頼主である晋王広（後の隋の煬帝、五六九～六一六）に献上するために、撰述にあたっては繰り返し推敲を重ね、示寂の間際まで解釈の精査に努めていたことが知られるのである。

最終的に『玄疏』と『文疏』に開陳された解釈がどのような過程を経て形成されたのか、またその結果として他文献に与えた影響はどのようであったのかという視点から、本章では三つの問題を考察してゆく。第一節では、最初に献上された本に基づくとされる『三観義』や『四教義』のいわゆる別行本の内容が、『玄疏』と『文疏』では解釈がどのように変化したのかを考察する。また第二節では、『文疏』の巻二十一以降に初めて説かれる通相三観説がどのような意図で導入されるに至ったかを、先行して成立した『玄疏』において示される三観説との比較から探ってゆく。最後に第三節では、『文疏』に展開される経文解釈から、『法華文句』の四種釈がどのような意図で導入されたのかを検討してみたい。

第一節　別行本よりみる形成過程

一　問題の所在

佐藤哲英氏は『国清百録』の分析を通じて、『玄疏』と『文疏』の複雑な撰述の経緯を明らかにし、その結果として天台維摩経疏の「三回献上説」を提唱した[1]。この説に基づくと、現存する『三観義』『四教義』およびすでに散逸した『四悉檀義』は第一回目に献上された「十巻玄義」の主たる内容にあたり、『玄疏』はこれらを基本として六巻にまとめられたということになる。そこで、これらは『玄疏』の別行本、または離出本と称される（これらの対応については、本書第一部第一章末の図二を参照されたい）。

このように、『玄疏』と別行本は、内容的にも構成的にもおおむね対応が認められるが、詳細にこれらを比較するとさまざまな異同があることが先行研究によって指摘されており[2]、「十巻玄義」たる別行本とその後に再構成された『玄疏』との関係をどう理解すべきかについては、いまだ複雑な問題を孕んでいる。

二　十巻玄義の構成と別行本

前述の通り、別行本は三回の献上のうちの第一回に献上された「十巻玄義」に基づくものとされるが、その対応関係については、次の三点をどう解釈するかが問題となろう。

第一は、『国清百録』王謝義疏書第五十一によれば、「初巻義疏」には「未曽聞」の四悉檀が説かれていたというが[3]、

『玄疏』巻一の通釈の中でも最後に位置する四悉檀についての内容がすでに「初巻義疏」にあったとすると、荊渓湛然（七一一～七八二）が「四悉両巻」[4]、孤山智円（九七六～一〇二二）が「四悉四巻」[5]と記述することとはどう対応するのか。

第二は、『玄疏』では「三観解釈」の前に「翻釈名義」という項目があるが、『三観義』『四教義』ともに、これに対応する箇所はない。また、『玄疏』の「釈名」つまり、五重玄義のうちの名玄義には先の「翻釈名義」「三観解釈」「四教分別」に続いて、「浄名本迹」という第四の項目が立てられるが、これについても別行本の中に相当する箇所はない。「十巻玄義」が『玄疏』の巻二以降、どの範囲を説いていたかについても疑問が残る。

第三は、「十巻玄義」には、はたして『玄疏』が骨子とする五重玄義の構想がそもそもあったのか。

これらの問いに対し、佐藤氏は次のような見解を示している。第一の疑問に関して、「初巻義疏」には四悉檀だけではなく、通釈六意のような構成があった可能性を示唆する[6]。第二の疑問については、「十巻玄義」が五重玄義の通釈と釈名の「三観解釈」「四教分別」に相当する部分まででまとめられ、献上されたと見る[7]。そして第三の疑問については、第二の疑問に対して示された推論に明らかなように、五重玄義の構想そのものは認めているようである。

そこでまず、第三の問題から検討していきたい。佐藤氏が指摘するように、「十巻玄義」は五重玄義の構想を意図して書かれたものであることはほぼ間違いない。『三観義』巻下に述べられる「釈玄五義」には、五重玄義を前提とした内容が説かれることは、その証左といえよう。

一釈玄五義者、初用三観釈浄名之号、已如前説。二次釈経体、第三観顕不思議正道之理。即是真性之体顕也。三釈経宗者、三観断三諦之縁縛。即是四種仏国之因行。行成得四種浄土之果也。四釈経用者、三観破三諦之惑、即是析伏之義。摂三諦之理善、即摂受義。即経之用也。五明教相者、此経約三観明教。与余有同有異。具如前釈、

即判教相也。（続蔵二―四・五一左下、新纂五五・六八三中）

また、『四教義』巻十二にも、『三観義』と同様に四教と五義の対応を説く「釈此経五義」がある。

一釈此経五義者、即如前約四教位、釈浄無垢称之名。次弁体者、三教所詮、即是思議解脱之体。円教所明、即是不思議解脱也。次明宗者、是即四教明四種四諦因果、感仏国不同也。次顕用者、即是四教、従浅至深。次第以深呵浅也。次判教相者、此経具明四教。与諸経有同有異。如前分別。（大正四六・七六八中～下）

『玄疏』「対四悉檀」にもこれらに類似した「対五義」が立てられているため、[8]散逸した『四悉檀義』にも同様の内容が存在していた可能性は高い。これらの存在により、『玄疏』の原初形態を示すとされる別行本の撰述時に、『維摩経』に対して五重玄義に照らした解釈を行う構想がすでにあったことは認められよう。

しかし、このような項目の存在は、『三観義』と『四教義』が五重玄義に基づいて著述されたことをただちに意味するわけではない。『三観義』と『四教義』の当該部分は、いずれも『玄疏』においては削除されているからである。これは「三観解釈」と「四教分別」がいずれも釈名に包括されているため、その中でさらに五重玄義の他の項目に言及するのは不都合となるからであろう。それに対し、『玄疏』「対四悉檀」は、五重玄義の全体を通じて解釈する通釈の中に位置するため、このような項目によって四悉檀と五義それぞれとの関係を論じる必要性がある。そこで「対四悉檀」の立場を『三観義』と『四教義』の問題に還元して考えてみると、これらはもともと五重玄義の釈名の下に置かれたものではなく、「対四悉檀」のように通釈として位置付けられたものであったと考えることができるのである。

このように仮定すると、第二の問題についても合理的に解釈することができる。佐藤氏の見解のように、「十巻玄義」は通釈と釈名の途中までという未完成な状態で献上されたと理解する必要がなくなるからである。むしろ、これは五重玄義の前提となる四悉檀、三観、四教の三部によって構成された書として完結していたと考えるべきなのである。

また、このことは次の二点からも妥当性を持つものと考える。まず前述のように、湛然と智円はいずれも十巻玄義は三分されたと明言し、巻数の内訳は異なるものの三部の書の合計を十巻としている。また、四悉檀と三観、四教の関係は、天台維摩経疏の中で繰り返しその重要性が強調されている。とくにこれらの配列の思想的意義について、『玄疏』巻三「四教分別」では、四悉檀に基づき、三観によって諸法を観察し、四教によって仏の教えを解釈するという流れが必然であり、かつ他師の解釈とは異なることを以下のように強調する。

所以前明四悉檀義者、正是述一家通教説法、与古今説法、運用不同也。前明三観、竪破諸法、略為数十番。次此下明四教所詮、約諸教立義。其尋覧者則知、与諸禅師及三論師破義及立義、意不同也。（大正三八・五三四上）

これと同様の主張は、対応する『四教義』巻一の中にも確認されることから[9]、撰述構想の早い段階からこの順序は確立していたと見ることができよう。また、別行の三書が『玄疏』の構成と同様に『四悉檀義』『三観義』『四教義』の順に成立したことは、佐藤氏によって確認されている通りである[10]。

以上を総合すると、智顗の『維摩経』註釈として最初に著された「十巻玄義」は、五重玄義の各説を含まず、四悉檀と三観、四教という三本の柱によって構成されたものであり、その内容は『四悉檀義』『三観義』『四教義』の別行本にほぼ集約されるものであったと推定することができよう。また、このような構成であったからこそ、別行も容易であったと考えられる。他方、この仮説に基づけば、「十巻玄義」を元に『玄疏』六巻へと編纂し直す過程においては、抜本的な変更が行われたことになる。遺書において第二回献上本の焼却を託したことは、二回目と三回目の間に大きな相違があったことを意味する。よって二回の修訂の間に、今日見られるような構成の変更が行われたのであろう。

三　『三観義』と『文疏』の関係

さて、『三観義』と「三観解釈」を対照すると、別行本を基に『玄疏』が編集される過程でかなりの文字数が削減されたことが知られる。具体的には「三観解釈」は『三観義』のほぼ半分となっている。また『四教義』から「四教分別」に至っては、三割以下にまで分量が絞られている。ただし、両書の内容を比較すると、ほぼ同文の転用が続くかと思えば、大幅に削除されたり、新たな文章が加えられたりする箇所も見られるなど、単に内容を要約しただけでなく、かなり大幅な修訂を経て現存する『玄疏』の内容へと編集されたことが看取される。

先行研究では、『三観義』と「三観解釈」を比較した場合、大きな内容の変化が見られるのは、一心三観に関する説示であり、後述のごとく『四教義』の内容が「三観解釈」に組み込まれた例も確認されている[11]。ただし、『玄疏』に残されなかった部分も、単に不要な解釈として切り捨てられたわけではない。これまで別行本と『玄疏』との関係のみに焦点が当てられたため看過されていたが、実は『玄疏』において省略された部分が、『文疏』に依用されている例も確認されるのである。

『三観義』第四会乗義は、別相三観に基づき三乗を、一心三智に基づき大乗一乗を説く一段である。『玄疏』「三観解釈」においてもそれに対応する成諸乗義が立てられており、とくに別相三観の解釈については『三観義』とほぼ一致している。しかし、一心三智の構成にはかなりの改変が加えられている。『三観義』では『摩訶止観』の十乗観法に相当する十法成大乗が展開されるが、『玄疏』「三観解釈」の対応箇所では、六即（理即・名字即・観行即・相似即・分証真実即・究竟即）を基調とし、観行即の中に十法成大乗を包括している。両書の比較により、このような構成の改変があったことが明らかとなる。

また、十法成大乗の第一である分別不思議境では、『三観義』が不思議十二因縁を境として、その十二因縁を煩悩道・業道・苦道の三道や正因・了因・縁因の三因仏性によって解釈を展開すると同時に、『維摩経』も用語はなくとも仏性を説く経典であることが問答形式により強調される一段がある。(12) それに対し、『玄疏』「三観解釈」はこれらの内容を欠いており「涅槃即生死」「菩提即煩悩」「生死即涅槃」「煩悩即菩提」を無作四諦の苦・集・滅・道に割り当て、これらが一実諦であることを強調する。

今略明不思議十法、成観行即者、一知不思議正因縁、即是所観境。如前明一念眠心、具一切夢法。譬一念無明、具一切法。三諦之理、不縦不横、即其義也。此須的取維摩訶弥勒言、一切衆生、即大涅槃、即菩提相。明此不思議因縁也。所以者何。中道第一義諦非因縁。是無作四諦之因縁也。若言涅槃即生死、一実諦即是苦因縁。若言生死即涅槃、一実諦即是滅因縁。若言菩提即煩悩、一実諦即是集因縁。若言煩悩即菩提、一実諦即是道因縁也。是為知不思議世間出世間正因縁也。（大正三八・五三〇下）

この中では、以下の『四教義』巻十一の文が依用されていることが明らかである。

不思議因縁者、即是今所説、不思議無作四実諦。如前三観中明。譬如一念眠心、具一切法。不縦不横、即是不思議因縁、無作四実諦也。如此的取維摩大士呵弥勒云、一切衆生、即大涅槃、即菩提相。明此不思議因縁。（大正四六・七六一下）

このように、『玄疏』「三観解釈」のこの部分は、もとの『三観義』とはかなり内容を異にしている。ただし、ここで『玄疏』には採用されなかった『三観義』の解釈は、後に『文疏』において引用されている。まず、『三観義』は不思議十二因縁の理を説く中で、『大智度論』の三道や『涅槃経』の三徳に基づき、以下のように説明する。

大智論云、十二因縁有三種道。一者煩悩道、二者業道、三者苦道。苦道七支、即是正因仏性。煩悩道三支、即是了因仏性。業道二支、即是縁因仏性。故涅槃経云、十二因縁、名為仏性。仏性不出三種。因名三種仏性、果名三徳涅槃。所以者何。七支苦即法性五陰、故属正因仏性。涅槃経云、無明有愛。是二中間、則有生死、名為中道。中道者即仏性。若転無明以為明、由惑故解。此即了因仏性。転悪行為善行、由悪故善。此即縁因仏性。

（続蔵二─四・四五左下～四六右上、新纂五五・六七七中）

この部分は、『文疏』巻二十五釈仏道品において品の題目である仏道の道の意義を説明する中で、以下のように引用されているのである。

此十二因縁三種非道、即是三種仏性、前於玄義以略説。今当更明。所以然者、若苦道七支、即是正因仏性。煩悩道三支、即了因仏性。業道二支、即是縁因仏性。故大涅槃経云、十二因縁名為仏性。仏性不出三種。因名仏性、果名三徳涅槃。所以然者、七支苦道、即是法性五陰、属正因仏性。故大涅槃経云、無明有愛、是二中間、則有生死、名為中道。中道者、即是正因仏性也。若転無明以為明。是則猶惑故解。此即了因仏性義。若転悪行、為善行是則猶悪故有善。則是縁因仏性義。故知三種非道之理、即是三種仏性之理。是故浄名説言、行於非道通達仏道也。

（続蔵二八・一五二右上～下、新纂一八・六六二下）

引用部冒頭では、三種仏性については玄義に略説したとするが、これは『玄疏』巻五に「類通三法」を挙げる中に三種仏性が説かれる部分を指しているものと思われる。そこでは三種の名称や『維摩経』の副題である不思議解脱を三種に開いて述べるだけである[13]。また、この部分以外に『玄疏』では三種仏性に関する主だった解説は見られない。そこで『文疏』は「今当に更に明かすべし」と説明を加えてゆくが、その内容はさきに挙げた『三観義』の一段を転用したものであることは明らかである。

また、『文疏』はこれに続いて問答形式でさらに仏性との関係を説明していくが、対応する『三観義』の箇所でも問答が続いている。それらを比較すると、若干の文字の異同はあるもののほぼ同一の内容が一一二〇字にもわたり続いている。[14] よって、『文疏』巻二十五の仏道品釈における品題解釈は、『玄疏』では用いられなかった『三観義』の一段を参照して構成された文章であることが分かる。

『文疏』巻二十五は、智顗が示寂の前に完成させた最後の巻である。そして、他の文献には一切見られない『文疏』だけに特有の通相三観説の中で、仏道品は従仮入空観に配当される。[15] 直接的な因果関係は不明であるが、もともと一心三観の説の中にあったものを、通相三観の中に応用したことは、推敲を重ねる中で智顗の中に生じた、問題意識の変化の表れの一例なのではなかろうか。

四　小結

『玄疏』と『文疏』は、三回献上説に明らかなように、智顗が死の間際まで推敲を重ねた努力の上に成立した文献であることに間違いはない。反面この事実からは、なぜここまでせざるを得なかったのかという疑問も生じるところである。本節の考察では、その背景として考えうる要因を指摘した。

第一に、「十巻玄義」を元に『玄疏』六巻を編纂する過程において、抜本的に論の構成が変更された可能性である。もともとは五重玄義の通釈的な位置付けで解釈を展開した三観と四教の説を、釈名の中に配置し直したことは、灌頂が携えてきた『法華玄義』を参照したことで五重玄義を中心とした構成に改めた可能性も考えられよう。

第二に、『維摩経』の註釈書を編纂する中で行われた複雑な内容操作の過程である。とくに、『三観義』は『文疏』にも引用されており、『文疏』で引用された箇所は『玄疏』では削除されていた点は、これまで指摘されなかった異同の特色として注意すべき問題である。『四教義』でもこのような事例があるのか、さらに調査を進める必要があるう。

第二節　通相三観の成立とその意義

一　問題の所在

従仮入空観、従空入仮観、中道第一義観の三観説は、智顗が確立した観門体系の中心的な教義であり、その詳細を知るにあたって参照されるべき典拠が天台宗の聖典とも言うべき三大部（『法華文句』『法華玄義』『摩訶止観』）であることは論を俟たない。しかし、智顗の最晩年に成立した天台維摩経疏もまた、この三観説が考察される際に必ずと言っていいほど検討が加えられる文献のひとつである。

このように天台維摩経疏が諸先学の関心を集めてきたのには、大きく分けて二つの理由が挙げられよう。第一には、『玄疏』巻二が別行の『三観義』にほぼ対応しているためである。しばしば三観に関する詳細がこれらの釈に譲られるように、その中には三観説の体系的な思想が整備されている。第二には、『玄疏』に次いで成立した『文疏』には、別教所説の別相三観と円教所説の一心三観のほかに、通相三観なる観法を加えた三種三観説が説示されることである。

さて、通相三観が三大部には見られないという事実も相俟って、先行研究においては、この通相三観を含めた三種三観の出現を智顗の晩年において三観思想が発展した結果として捉えるか否かで、見解が分かれている。まず前者の説を唱えるのは、新田雅章氏である[16]。また、佐藤哲英氏もどちらかと言えば、三種三観をもって思想の発展と位置付ける態度を表明する[17]。この主張は、灌頂が成立に大きく介在する三大部に対し、智顗の親撰に限りなく近くかつまた最晩年の思想を示すものとして天台維摩経疏に価値を置く両氏の見解の根拠にもなっている点は注意を要する。後者は、濱田智純氏、野本覚成氏、多田孝文氏らの論攷がその代表である[18]。それらの中では、三種三観説と『摩訶止観』十乗観法の中に詳説される第四破法遍の竪・横・一心の破法遍を対照すると、通相三観を横の破法遍として比定しうること、また行位論の被接説、とくに円接通と通相三観の近似性を指摘することにより、通相三観も三大部に示された内容の枠を超える思想ではないことが主張される。

結論から言えば、筆者の通相三観に対する基本的な理解は、後者の説に賛同するところが多い。ただし、先行研究においては、通相三観説の考察にあたって、直接的な記述の見られる部分のみが論じられ、『維摩経』解釈の全体的な流れにおいて、どのような意義があるのかという視点が希薄である。そこで、本節ではその点に留意しつつ、『文疏』の中で別相三観と一心三観の間に新たに加えられた通相三観について、関連する文脈をより広範に抽出することに努め、考察を加えてゆきたい。

二　通相三観説の基調

別相三観、一心三観に通相三観を加えた三種三観説の体系的な説示は、『文疏』巻二十一の問疾品釈におけるものが初出である。まずは通相三観の概要を把握するため、冗長ではあるが別相三観と一心三観も含めた文脈を、以下に引用しておきたい。

【引用A】今但約別教円教二種、以簡別三観之相不同、則有三種。一者別相三観。二者通相三観。三者一心三観。

①一別相三観者、歴別観三諦。若従仮入空、但得観真、尚不得観俗。豈得観中道也。若従空入仮、但得観俗、亦未得観中道。若入中道正観、方得双照二諦。是義如前三観玄義、已具分別也。②二通相三観者、則異於此。従仮

入空、非但知俗仮是空、真諦中道亦通是空也。若従空入仮、非但知俗仮是仮、真空中道亦通是仮。若入中道正観、非但知中道是中、俗真通是中也。是則一空一切空、無仮無中而不空。一仮一切仮、無空無中而不仮。一中一切中、無仮無空而不中。但以一観当名、解心無不通也。雖然、此是信解虚通、就観位除疾、不無患尽前後之殊別也。③三一心三観者、知一念心不可得不可説、而能円観三諦也。即是此経云。一念知一切法、即是坐道場、成就一切智故。此観前於三観玄義、已具分別也。（続蔵二八・一一六左下～一一七右上、新纂一八・六二七上～中）※丸数字筆者

一見して明らかなように、①別相三観や③一心三観の説明が『三観義』または『玄疏』の三観義に釈が譲られているため簡略なのに対し、②通相三観については新出の概念であるためか、若干ながらもその観法の実際が示されており、①や③よりも多くの文言が費やされている。これによれば、通相三観とは、俗諦を対象として空観により了知するのと同時に真諦や中道も空じるといった具合に、真諦や中道をそれぞれ一つの対象として観ずる場合にも、他の二つの諦を同時に観じる観法のようである。そして、「一空一切空、無仮無中而不空」等とその融通なる境地が示されるが、これらの部分をどう読むかについては若干の議論が存する。

野本氏は、「無仮無中而不空」「無空無中而不仮」「無仮無空而不中」の三句に見られる二つの「無」字のうち、第二の「無」字が誤植である可能性を指摘し、「仮、空として而も中ならざるは無し」と読む。[19]『文疏』の異本としては、続蔵経およびその底本である版本のほか、叡山文庫所蔵の鎌倉時代写本と推定される七巻がある。[20]しかし今問題とする巻二十一はその中に含まれていないため、直接的に異本を調べる術はないのが現状である。

しかし、間接的ながらこの問題の検証を可能にするものとして、次の二文献が現存する。その第一は、永明延寿（九〇四～九七五）の『宗鏡録』である。この中で【引用A】が一部省略も見られるもののほぼ忠実に引用されており、そこにも「無仮無中而不空」等とあることから、[21]十世紀に延寿が参照した『文疏』のテキストにもそのように表記さ

れていたと考えられる。よって、版本を上梓した際の誤植と片付けることはできない。第二は、湛然の『略疏』である。周知のごとく、『略疏』は湛然が読者の便を図るために『文疏』の内容を変えることなく文言を切り詰め著したものであるが、このうち該当箇所では、「無仮中而不空」、「無空中而不仮」、「無空仮而不中」とあり、第二の「無」字を除いている。[22] この事実から湛然が野本氏と同様の理解を持っていたことが窺える。智顗が『文疏』巻二十一に通相の従空入仮が一仮一切仮であることを述べて、「非但仮是仮、若空若中無非仮也（ただ仮が仮であるのみならず、空であれ中であれ仮でないものはない）」[23] と言い換えていることも勘案すると、いずれも二重否定であり、総括的な肯定として意味を取ることができるため、湛然の要約も適切な理解であると言えよう。

しかし、こうなると新たな疑問が浮上することとなる。『摩訶止観』には、この「一空一切空、無仮中而不空」等の三句が一心三観の釈の中に用いられているのである。[24] 湛然はこれらの句が『文疏』で通相三観の説明としてあることの矛盾に対して、「語似今文、其意則別（語句はこの文に似ているが、意味は別である）」と断っているが、[25] このように同義の文を両書の中で用いた智顗の意図が那辺にあるのかは、さらに検討が必要であろう。

そこでふたたび、②の総合的な解釈に立ち返り、通相三観の主意を探ってみたい。さきに言及した『摩訶止観』の一心三観の解釈の中に類似の文言が用いられたことに顕著なように、通相三観では一つ一つの段階において一心三観のごとき観法がなされる。しかし、次第を追って空観から中観へと深化してゆくこと、そしてこのように次第があるため行位に応じて疾が除かれることにも時間的な差がある、というあたりが解釈の焦点となるようである。

さて、引き続き『文疏』の説明を見ていきたい。次の引用は先の【引用A】に続く一文であるが、そこには三種三観と四教の関係が説かれている。

【引用B】此三種三観、初別相三観、的在別教。歴別観三諦也。若通相三観、一心三観、的属円教也。今此経室内六品明三観、正是通相三観意、或用一心三観也。何以故知、初明従仮入空観、云唯有空病、空病亦空、此語似空於中道也。又観衆生品従仮入空、徹観三諦。入文解釈、方見此意分明也。

（続蔵二八・一一七右上、新纂一八・六二七中）

ここでは、室内六品（問疾品第五から香積品第十まで）に通相三観が用いられること、また「唯有空病、空病亦空」という問疾品の一句と観衆生品が従仮入空観に相当することが示されている点が重要であるが、この詳細については後に改めて論じることとしたい。今は、別相三観が別教、一心三観が円教に属するという周知の内容とともに、この通相三観も円教であると明記されている点に着目しよう。そして、【引用B】の直後にはさらに通相三観が円教であるということを承けて、次のような問答が置かれる。

【引用C】問。此両観既並是円教、何意為両。答曰。通相三観約通論円。此恐是方等教帯方便之円。非如法華所明也。（続蔵二八・一一七右上、新纂一八・六二七中）

先行研究においてすでに指摘されるように[26]、ここでは簡潔ながらも次の二点により、一心三観とは異なる通相三観の特質が示されている。第一に、通相三観が通教に立脚して円教を論じるものであること。第二に、通相三観の円教とは五味教判における第三方等教の円教の意であって、第五味の『法華経』におけるものとは異なるということである。方等教には四教のすべてを備えるのに対し、『法華経』は円教の教えのみを明かすと定義される五味と四教の対応関係を踏まえ、この説では同じ円教ではあるが方等教と『法華経』とでは用いる観法が異なってくる、と両者を峻別するのである。これは、『文疏』において『維摩経』の円教を説く場面で、繰り返し「方便を帯びる」と補足されたことと同様の態度である[27]。

【引用A】から【引用C】までの三箇所からは、通相三観に関する情報として、方等経典である『維摩経』であるからこそ用いられるという基本的な理解とともに、室内六品に用いられるという適用の範囲が確認された。そこで、次項ではこれらを手がかりに、『維摩経』の解釈において三観がどのように用いられたかという観点から、さらに検討を加えていきたい。

三　『玄疏』にみる通相三観説の萌芽

諸先学が指摘する通り、通相三観は『文疏』に至って初めて現れる三観説であり、『玄疏』にはまったくその文言は現れない。しかし、前述のごとく『玄疏』には三観を主題とする章が立てられ、別相三観と一心三観に対する体系的な説示があり、その中には後の『文疏』に通相三観が説示されることの萌芽を見出すことができる。[28]『玄疏』巻二の次の問答はそれを裏付ける一例と言えよう。

【引用D】問曰。室内既正明不思議義、何得約別相三観、以通諸品也。答曰。経文一往似約別相三観而説、細尋意趣、悉通入一心中道也。（大正三八・五三二上）

ここでの議論は、『維摩経』十四品を三観のいずれに適用するかが直前に述べられたことを承けてのものである。そして、その内容は維摩詰の方丈という会座を中心に十四品を室外、室内、出室の三部に分ける解釈法が前提となっていることを、まず確認しなければならない。そこで、この質疑を正しく把握するため、この前後に説かれる各品と三観説との対応を要約して示すと、次頁の表四の通りとなる。

表の三行目は『玄疏』から抽出した文言で、四行目にはその内容をより端的に把握するため筆者の理解により三観のいずれに配当するのかを要約して示した。ここで、室内六品に着目すると、確かに不思議品には中観が、観衆生品から香積品は個々の三観が配されており、別相三観的な歴別次第の様相を呈している。この解釈を前提に問いでは、

表四　『維摩経』十四品と三観説の対応

《室外四品》	仏国品第一	三観成仏国因果之義	三観
	方便品第二	析体二種入空	空観
	弟子品第三	体仮入空第二観	仮観
	菩薩品第四	第三中道第一義観	中観
《室内六品》	問疾品第五	中道第一義諦観修智之果、用三観	三観
	不思議品第六	第三観修智之果、双照二諦	中観
	観衆生品第七	正用初観	空観
	仏道品第八	第二観	仮観
	入不二法門品第九	第三観	中観
	香積品第十	第三観、双照二諦	中観
《出室四品》	菩薩行品第十一	用三観通釈仏国因果	三観
	見阿閦仏品第十二	〃	三観
	法供養品第十三	室内室外三観折伏	三観
	嘱累品第十四	〃	三観

維摩詰の方丈において展開された問疾品第五から香積品第十までの室内六品には、不思議の義を明かしているのだから、別相三観ではなく一心三観に基づくべきだとの見解を主張する。しかしそれに対する答えは、経文は別相三観に基づき説くようであるが、詳細にその意趣を尋ねれば、みな一心中道に通じている、と意外にも消極的な表現で一応の見解を示すに止めている。

ところで、この問答は『玄疏』に先行して成立した『三観義』の対応すべき箇所の中に見出すことができない[29]。天台維摩経疏はそもそも晋王広の求めに応じ著述されたものであり、その成立に関しては、佐藤哲英氏が提唱した三回献上説が今日権威ある学説として周知されている。この説によれば、『三観義』は第一回目に献上され、現存の『玄疏』はこれら第一回献上本を元に再編された第三回献上本となる[30]。また、先に成立した『三観義』と後に修訂した形で成立した『玄疏』とを比較すると、全般的に『玄疏』では『三観義』を簡略化した箇所が多く、新たに内容が加えられることは極めて少ない。以上を総合すると、『三観義』にないこの部分は第二回献上本以降に加えられた数少ない事例の一つとなり、この点からもこの問答の意義は重要さを増すこととなろう。この部分が挿入された理由について現時点ではあくまでも推測の域を出ないが、第一回献上本である『三観義』ではいち早く三観説に対応させて各品を解釈したものの、その後、随文解釈に着手し室内六品を精査してみると、別相三観のようであり、しかし一心三観にも通ずる、両者どちらかに限って配当するには判然としないものが智顗の中にあったためではなかろうか。答えの中で「似」という一字を加えて断定を避けている点からも、智顗がいまだ確信するに至っていない様子が窺えるのである。

四　『文疏』における三種三観説の構築

前項に考察した通り、『玄疏』では室内六品を解釈するにあたって、いまだ保留的な態度であったことが明らかとなった。このことを『文疏』において室内六品の釈の中に初めて通相三観が登場するという事実と照らして見た場合、その疑問の打開策として導入されたものが通相三観であったと仮定することができよう。本項ではこの仮説に基づき、前述の『玄疏』において提起された問題が『文疏』において具体的にはどのようなかたちで論じられているのか確認するため、まず智顗の室内六品の各品に対する認識について考察を加え、その上で改めて通相三観の意義を検討したい。

（一）『文疏』における室内六品の位置付け

『文疏』では室内六品は維摩詰が現す「疾」が起点となって各品が説かれるという理解のもと、それぞれの位置付けを与えている。これは『文疏』巻十九、釈問疾品の次の一文に端的に示される通りである。

【引用E】第四明因疾出六品経文者、浄名託疾、意在興教。因文殊問権疾、浄名答権疾、出此品上半経文。因文殊問実疾、浄名答実疾、出此品下半経文。是則此一品経文、従疾之一字、有権有実、故有也。又因権疾、広説不思議解脱品。因実疾、広説観衆生品、仏道品、入不二法門品、香積品。以是義故、室内六品、皆従疾之一字出。入文帖釈、当如符契也。（続蔵二八・一〇一左上、新纂一八・六一二上）[31]

ここでは、六品の具体的な関係が示されている。この中では問疾品第五を起点として、権疾に基づき不思議品第六が、そして実疾に基づき残りの四品が派生するという、権実の分類による大きな流れが設定されていることが看取されよう。

また、この解釈に関連して注目すべきは、智顗が【引用E】の後に、「三由六源二始両因」という新たな分科を紹介している点である。智顗の『維摩経』の分科は『文疏』の冒頭、仏国品の釈の中に説かれるものがよく知られているが[32]、その中ではまったく言及されていなかった説がこの問疾品釈で初めて登場するのである[33]。その内容を要約して示すと、はじめの仏国品のみを釈尊の自説としてこれはひとまず置き、以下十三品を四分するもので、方便品から菩薩品までは疾に由来し（三由）、室内六品は疾が源本であり（六源）、菩薩行品と見阿閦品は疾が癒えたことより始まり（二始）、法供養品と嘱累品は疾に因って流通する（両因）のだという。疾を分科の中心に据えて十三品の関係性を規定するこの説は、代表的な「序分・正宗分・流通分」などとはかなり趣を異にするもので、内容からして『維摩経』にしか用いることのできない解釈法である。ただ、智顗による独創というわけではなく、「五源八始」という説がすでにあり、その不備を補うために考え出されたものであるという。[34] 智顗が旧説を換骨奪胎し、問疾品に説かれる疾を中心軸としてその前後にある各品の意義を把握したことは、後に検討するように観心における疾、つまり惑の調伏という実践的要素が背景となっていると考えられる。

このような解釈の基調は、実際に問疾品の釈にも如実に顕れている。【引用E】の記述の通り、智顗は問疾品の経文を縷々細分化して、[35] 室内六品の関係のみならず、さらには前に位置する室外四品との関係にも還元させつつ、これらを有機的に結びつけ解釈しているのである。散説される解釈を総合すると、次頁に示す表五のような構造が智顗の中で組み立てられていたことが判明する。

さきにも指摘したように、室内六品は果中権疾と因中実疾の二種に大別される。前者は法身菩薩が利他行を起こすために仮に現した疾であり、後者は九道の衆生（六道と声聞・縁覚・菩薩）の疾を指すという。[36] 実際に、通相三観が説かれるのは、このうちの因中の実疾においてである。

（二）『文疏』における通相三観の導入

そこで次に、通相三観の対象となる実疾に配当される観衆生品、仏道品、入不二法門品、香積品の位置付けに焦点を絞って見てゆきたい。これらの四品と三観説との関係については、『文疏』巻二十三で観衆生品の由来を説く中に明文がある。

【引用F】此四品即為三段。一観衆生品正明従仮入空観。二仏道品正明従空入仮観。三入不二法門品香積品、此両品明中道正観双流也。今此一品是初明通相従仮入空観也。[37]（続蔵二八・一三四右上～下、新纂一八・六四四下）

このように観衆生品が通相三観の初観に配当されることは、前述の【引用B】にもすでに示されていた通りである。

表五　問疾品と他品の相関関係

問疾品第五			室内その他五品	室外四品
爾時仏告文殊師利、汝行詣維摩詰問疾。（五四四上二六／一〇一左下～一〇二右上）	仏命文殊問疾		—	—
文殊師利白仏……世尊慇懃到問無量。（五四四上二七～中一九／一〇二右上～一〇八左上）	文殊恭命問疾	—	—	—
居士是疾何所因起其生……以有其病、是故我病。（五四四中一九～下一七／一〇八左上～一一四右下）		果中権疾	不思議品第六	仏国品第一
爾時文殊師利、問維摩詰、……菩薩云何、調伏其心。（五四四下一七～二七／一一四右下～一一六左上）		因中実疾	—	—
維摩詰言……唯有空病、空病亦空。（五四四下二七～五四五上一三／一一六左上～一一八左下）			観衆生品第七	方便品第二
是有疾菩薩、……如是兼除老病死者、菩薩之謂。（五四五上一三～二五／一一八左下～一二一左上）			仏道品第八	弟子品第三
彼有疾菩薩……設身有疾、而不永滅、是名方便。（五四五上二五～中二三／一二一左上～一二四右下）			入不二法門品第九	菩薩品第四
文殊師利……而不捨於菩薩之道、是菩薩道。（五四五中二三～下二九／一二四右下～一二五左下）			香積品第十	
説是語、時文殊師利……皆発阿耨多羅三藐三菩提心。（五四五下二九～五四六上二／一二五左下）		—	—	—

※ここに示した室内六品と室外四品との対応関係は、『文疏』巻二十三（続蔵二八・一三三左上～一三四右上、新纂一八・六四四上～下）に記載された解釈と、問疾品全体にわたる経文解釈を参照しつつ作成したものである。また、（ ）内の／より上は、大正蔵一四巻『維摩経』の該当箇所、／より下は続蔵二八冊『文疏』における解釈の位置を示したものである。

そこで改めてその内容を検討してみよう。室内六品が通相三観の意であり、あるいは一心三観を用いる、ということは、全体として通相三観が主であることを認めているように思われる。「唯有空病、空病亦空（ただ空病があるのみで、この空病もまた空である）」[38]とは問疾品の一句であるが、ここでは中道の中に空を見出す[39]。【引用F】では観衆生品を起点として第一の従仮入空観より始められている。これは表四に示した観衆生品に初観を用いると定義した『玄疏』の解釈をふまえたものであるが、同時にこの品が通相三観の着想に何らかの役割を果たしているかのような印象を与えるものである。

実際に観衆生品の釈を見てみると、品題の釈では「観衆生」という語を利他行の立場から「観」と「衆生」とに分け解釈を加えている。観とは観達、観穿の義であり[40]、衆生の本源の清浄に観達し、心性本際の金剛に至ることだという。次いで『文疏』は『法華経』法師品第十の高原穿鑿を引用して、さらに「観」と「衆生」の意義を述べる。

【引用G】故法華云、譬如有人、渇乏須水、穿鑿高原[41]。猶見乾土、知水尚遠。[42]施功不已、転見湿土、遂漸至泥。其心決定、知水必近。見乾土者、観衆生仮、見真諦也。見湿土者、観真不住、見仮無礙也。遂漸至泥者、此明中道与無明合、如水与泥合、故言至泥。若得清水之時、即是中道理顕。離無明泥、澄停清浄、即真解脱也。故入此品文、明観衆生有三種意[43]、即擬此三諦観也。（続蔵二八・一三四左上、新纂一八・六四五上）

『法華経』の高原穿鑿の譬喩は、菩薩を土を掘る人に、阿耨多羅三藐三菩提を水に譬えたものである。その上で、『法華経』をいまだ知らない状況を乾いた土に、『法華経』を知り修習する過程を湿土と表現する[44]。この『法華経』の譬喩から智顗は、人が水を求め土を掘り進める姿の中に観衆生品の趣意を探り、また三観の深まりを読み取るのである。このように深化する過程が通相三観の重要な特質の一つであることは、すでに指摘した通りである。では、その修習の過程とはいかなるものであろうか。

【引用H】通相従仮入空、如前説、非但仮空、真亦空、中道亦空。初観之者、雖如此知、位行終在従仮入空観。不可以知中道空既已断無明也。（続蔵二八・一一八左下、新纂一八・六二九中）

この中では、通相の従空入仮観においては一心三観のごとくに観ても、行位としてはやはりまだ従仮入空観に留まるものであり、無明を断じ尽くしているわけではないことを説く。一心三観は三惑を同体として一気に断つが、通相三観では別相三観のようにそれぞれの段階で惑を断つという違いがあることは、【引用A】に見られた「前後の違い」を具体的に述べたものと理解できよう。このように同じ円教でも両観には断惑の方法に相違があるのである。

さて、高原穿鑿の譬喩と三観の関係は、『法華文句』にも説かれており、そこでは通観、別観、円観を挙げ、三観と通・別・円教との対応を明示している[45]。そして、『法華文句』の解釈と呼応するかのごとく、『文疏』巻二十においても三観と三教の関係が示されている。

【引用I】文殊問慰喩意、在請出三教、問調伏意、在請出三觀。若将三教成上室外経文者、即用通教慰喩、従仮入空観調伏、即是成上為国王長者説法弾呵有為縁集衆生。若別教慰喩、従空入仮観調伏、即是成上呵十弟子無為縁集也。若円教慰喩、空仮一心三観調伏、即是成上弾呵菩薩自体縁集也。若将此成下文者、上已明問権疾、為不思議品作本。今問実疾、若通教慰喩、従仮入空、即為観衆生品作本。若別教慰喩、従空入仮調伏、為仏道品作本。若円教慰喩、中道正観調伏、為入不二法門香積二品作本。（続蔵二八・一一四左上〜下、新纂一八・六二五上〜中）

すでに述べたように、通相三観の説が提示されるのは『文疏』巻二十一以降である。したがって、ここには通相三観としての各観の位置付けはいまだ見られないが、従仮入空観を観衆生品に対応させる記述からみて、この解釈が後に通相三観のそれとして確立することは【引用B】や【引用F】の内容に照らして明らかである。また、問疾品の前に位置する三品と観衆生品以降の四品との相関的関係もさきに表五に要約して示した内容と同義である。この釈をふまえて改めて【引用C】に示された通相三観の基本的な解釈を検討してみると、そこに述べられた四教を備える方等教の中の通教に立脚した円教とは、通教から別教、そして円教へと一つ一つの段階を経た上で到達する境界を意味しているのだと言えよう。このような解釈からは、先学が指摘するような、通相三観が被接説を背景に具現化された可能性を強く感じさせられる。通教から展開される三観は、二乗のみならずあらゆる衆生に対しても円教へ向かう契機を提供する。このように通教に立脚することで、智顗はより広い化導が可能となる『維摩経』の意義を示そうとしたのであろう。

以上の検討によって、通相三観が観衆生品において通教に立脚し、以降の品にも適用される意図が明らかになった。そこで次に、従空入仮観と仏道品の対応を確認すると、『文疏』巻二十五で仏道品の由来を説く中に、これが明示されている。

【引用J】今此仏道品、次明通相従空入仮観。（続蔵一八・一五一左上、新纂一八・六六二上）

これらに続いて、入不二法門品や香積品が通相三観の中道第一義観に配当されるかについては、管見の限り【引用E】や【引用J】のような明文を見出すことができない。智顗の釈は巻二十五の仏道品釈までで終わっているため、この点についてはすでに確認するすべがないが、前の品までに展開された解釈を敷衍すれば、これら両品も通相三観に属すると理解するのが妥当であろう。ただし、通相三観の第三観を考えた場合、その内実は一心三観と構造的にかなり近いものになることが予想されるため、通相三観か一心三観かということはすでに問題ではなくなるのであろう。その意味からすれば、通相三観がその意義や独自性を発揮するのは前の二観ということになる。この点については、なぜ『文疏』は仏道品までの釈で終わっているのかという天台維摩経疏の成立についての問題と少なからず関係しているように思われるため、改めて論ずることとしたい[46]。

五　小結

智顗が『維摩経』の各品の位置付けや各経文の意義をより正しく把握するための試みとして通相三観を導入したことは、『文疏』の問疾品以降の解釈に至って初めてこの説が現れたこと、「三由六源二始両因」という分科によって問疾品第五の疾を中心に据えて前後各品の有機的な関連性を定義したこと、さらに疾を不思議品第六では権疾、観衆生品第七以降は実疾として分別することで、権実の両面より室内六品を解釈したこと、などにより顕著であった。

また、通相三観は円教所説でありながら、実際にそれを行ずるのは通教の菩薩からであり、三段階を経て円教に入るという過程が示されている。すでに諸先学に指摘されるとおり、三大部に見られる被接説が基礎となっていることは、間違いないところであろう。しかし、これが単に三大部に示された思想のみならず、他の教学から影響を受けている可能性があるため、問題は依然として複雑である。本節ではこの点を論ずることができなかったが、天台維摩経疏には献上の相手である晋王広とその側近たちが親しんだ北地の教学、とくに地論師の学説の影響が随所に見られる。とくに、『文疏』に説示される四土説が地論師の説いた縁集説に基づくことはすでに指摘されるところであり(47)、通相三観もこれらの説と対応しつつ説かれることから、何らかの関係があることは明らかである。通相三観の解明にあっては、今後一層この方面の考察が加えられなければならない。

しかし、このような外的な要因も、通相三観の成立においてはあくまで間接的な動機にすぎないであろう。直接的な動機を探るとすれば、それは『法華経』と『維摩経』の相違が明確に意識されたことによって顕在化した、智顗自身の内的な問題意識の中に求めるべきではなかろうか。また、ここでさらに注意しなければならないのは、これが単なる智顗の『維摩経』軽視を意味するのではないということである。『法華経』との相違に対する意識とはむしろ、智顗が『維摩経』の経文をより重層的に解読する過程において、室内六品を中心に展開される方等教における実疾の調伏（断惑）や利他行の意義を重視したことの結果だとも考えうるからである。通相三観が『法華経』解釈の中でいまだ意識されず、よって三大部に依用されることがなかったのも、このような事情によるのであろう。

第三節　天台四種釈の成立をめぐる諸問題

一　問題の所在

天台四種釈とは、智顗の講説をもとに章安灌頂（五六一～六三二）が筆録した鳩摩羅什訳『法華経』の註釈書である『法華文句』に用いられる四つの解釈方法に他ならない。天台教学において、この因縁釈・約教釈・本迹釈・観心釈よりなる四種釈は、『法華経』を余すところなく解釈するために考出されたものと見なされる。その成立に関しては、かつて平井俊榮氏により、智顗と同時代に学風を宣揚した三論宗の吉蔵が用いる四種釈義が灌頂によって依用され、『法華文句』の四種釈が成立したとの見解が出され[48]、後に菅野博史氏によりその説の妥当性に疑義が呈されたほか[49]、その前後にいくつかの議論が展開した[50]。しかし、天台教学の上でどのような意義をもって成立したものであるのかについては、審らかではない点も少なからず残されている。

本節では、先行研究において議論される問題をさらに掘り下げ、天台四種釈成立の背景を探っていきたい。

二　『法華文句』の四種釈と『維摩経文疏』の経文解釈

『法華文句』巻一上には、四種釈を用いる理由や典拠などを説明する次の一段があることが知られている。

今帖文為四。一列数、二所以、三引証、四示相。列数者、一因縁、二約教、三本迹、四観心。始従如是終于而退、皆以四意消文。而今略書、或三二一。貴在得意、不煩筆墨。（大正三四・二上）

この中では、まず「列数（四種の名称の列挙）」「所以（四種釈の由来）」「引証（四種釈の典拠となる『法華経』の経文）」「示相（それぞれの特徴の提示）」の四項目により四種釈を解説するという。引用では「列数」までを示したが、そこには『法華経』のすべての経文はこの四種釈によって解釈されるとした上で、ただし意味をはっきりとさせることを重んじて、四種すべてにわたり詳しく述べることはしないと断っている。このように、四種釈そのものを説明する一段が経文解釈に先行してなされることは、天台の他の経疏にはほとんど例を見ない。「帖文為四」の存在は、この四種釈に基づいた解釈を展開するということが、『法華文句』の中で極めて大きな意味をなすものとされている証左といえよう。

しかしながら、その内容は完成体としての四種釈の意義の宣揚という役割は果たしても、成立の具体的な経緯に関する情報の提供は十分ではない。たとえば、実際の経文解釈に入ると、因縁釈では四悉檀（世界・為人・対治・第一義）による解釈が多出し、約教釈も化法四教（蔵・通・別・円）にかけた説明が中心となるが、そのような釈になることを直接説示する部分は見られない。また、前に引用した四項目のうち第三に挙げられた「引証」には四種釈を用いる根拠を『法華経』の経文から説示する一節がある。ところが、引用される個々の経文に対する『法華文句』の解釈では、そのような典拠とされていることを強調的に説くということもない。これらの点から、四種釈成立の背景は、「帖文為四」の四項目をどれほど仔細に検討したとしても判然としないのである。

そこで、諸研究により注目されるのが、『文疏』の解釈方法である。『文疏』は、智顗の晩年に後の隋の煬帝となる晋王広（五六九～六一六）に献上するために撰述された『維摩経』の註釈書で、『法華文句』の複雑な成立過程に比して、成立の経緯や背景が明らかである。そのため、近年の研究では、智顗の思想研究における一つの座標軸として注目されている。『文疏』では、さきに挙げた『法華文句』の四種釈そのものを定義付けるような文章は見られないが、経文の初めの部分はおおむね三種釈と見てとれる形で解釈を進めていることが指摘されている。(51)

この中で特徴的なのが、化法四教と三観による解釈で、これについては諸研究が一致して、四種釈のうちの約教釈と観心釈に相当するものと認めている。一方、因縁釈と本迹釈が『維摩経』解釈において用いられたのかどうかについては、研究者の間で見解の相違が生じている。

三　四種の釈の検討

本来ならば、四種釈で挙げられている順に検討を進めるのが思想的な分析の上では正しい方法であろうが、ここでは成立の問題を明らかにしていく目的から、先行研究でも異論の少ない約教釈と観心釈から見ていきたい。

さきにも触れたように、『文疏』の中に約教釈と観心釈に相当するものがあることは、諸研究が斉しく着目するところである。先行研究が指摘する以外にも、「約四教」「約観心」と始まる釈は『文疏』巻八までに散見されるほか、以降の巻にも数は幾分減るものの確認される。(52)よって、四教と観心が『文疏』撰述時において智顗の中で解釈の基軸をなしていたことが知られるが、これに関連して注目したいのは、『文疏』巻二の次の一文である。

問曰。玄義明三観四教、懸釈此経、三観為前、四教在後。入文帖釈、何得四教為前、三観在後。答曰。玄義論其玄旨。教従観出、如破微塵出三千大千経巻。入文帖釈、従事入理。故先須四教、銷釈経文。尋文入理、必須観行。次略点三観章門。(続蔵二七・四四三左上~下、新纂一八・四七七上~中)

ここでは、『文疏』に先行して撰述された五重玄義に基づく『玄疏』では、三観が先で四教が後であったのに、『文疏』では逆であることを取り上げている。そして、経の主旨を説明するためには教から観という流れがよく、経文解釈では四教で分析してからそれを実践に移していく順序がよい、と説明する。

ここで問題とされるのは、『玄疏』の五重玄義の構成である。名玄義が始まる『玄疏』巻二では、先に「三観解釈」が説かれ、その後の巻三以降に「四教分別」が説かれているが、前述の『文疏』巻二の引用文は、正しくそのことを俎上に載せる。『玄疏』は『維摩経』の主旨を論じる文献で、三大部でいえば『法華玄義』に相当する内容のものであり、両書は同じく五重玄義を核として展開する。またこれに関連して、『玄疏』の構成の中には、四種釈の解釈において用いられる、またはそれに相当する教理がすべて含まれていることが注目される。三観義の前には四悉檀義が、四教義の後には本迹義が続いているのである(詳細は、本書第一部第一章末の図一を参照されたい)。

そこでふたたび『文疏』巻二の記述に戻ると、その説示により『玄疏』の三観義・四教義と『文疏』の約四教・約観心の解釈が関連付けられていることは明白である。このことから、『玄疏』の構成と『法華文句』の四種釈との相似も、無関係に生じたものではないことが知られよう。

次に四種釈の第一に置かれる因縁釈について検討してゆくが、これに関しては、諸研究により『文疏』の扱いをめぐって見解が分かれている。[53]『法華文句』では、「帖文為四」において因縁釈の由来を次のように説明する。

因縁亦名感応。衆生無機、雖近不見。慈善根力、遠而自通。感応道交。故用因縁釈也。(大正三四・二上)

このように、衆生と仏の「感応」の関係において経文を読みこんでゆくのが、因縁釈の第一義であることが知られよう。一方、実際の経文解釈において因縁釈の中で多出する四悉檀については、「帖文為四」に明示されていない。そのため、因縁釈をどう規定するかにより、『文疏』にも因縁釈を認め得るかどうかの判断基準が異なる点が問題を複雑にしている。よって、『文疏』に見られる四悉檀の解釈については、前後の文脈を通じて慎重に検討する必要がある。ここでは因縁釈がもともと仏と衆生との因縁、感応の意義として「因縁釈」と名付けられたという前提に立ち返り、『文疏』の解釈を検討してみたい。

此即是四衆感教得道之時。此亦助成如是之可信也。故大智論云、論時方皆為生信。今釈一時、亦為三意。一総解、二約教別解、三約観心。（続蔵二七・四四〇右下、新纂一八・四七四上）

引用文は『文疏』巻二の「一時」釈の冒頭である。「今釈一時」以降がいわゆる三種釈となるが、その前に加えられた部分には、経文の「一時」を衆生との関係から意義付けており、その点において因縁釈の本来の意味に近い記述と考えられる。またここで引用される『大智度論』の所説は、『法華文句』では「如是」の解釈の中で、為人悉檀の教証に挙げられていることも注目される。[54] さらに続く「仏在」釈の冒頭にも、能説の仏と所化の衆生との関係から経文の意義を説いた一文が、三種釈に先行して加えられている。[55]

では、『法華文句』において因縁釈が実質的には四悉檀によって解釈されている根拠は、どこに求めることができるであろうか。それに関しては、『玄疏』巻三の次の一文に着目したい。

所以前明四悉檀義者、正是述一家通教説法、与古今説法、運用不同也。前明三観、豎破諸法、略為数十番。次此下明四教所詮、約諸教立義。其尋覧者則知、与諸禅師及三論師破義及立義、意不同也。（大正三八・五二四上）

ここでは、三観と四教に先立って四悉檀を説く意義が述べられるが、これと類似の表現として、『法華玄義』や『摩訶止観』にも四悉檀から四教や観心が起こることが説示される。[56] 引用文は、四悉檀に基づくからこそ、その他の禅師が説く断惑論と天台の三観、また三論師の教学と天台の四教が異なるのだとする。四悉檀を三観と四教の前提にすることをみずからの教学の特徴と位置付けるこのような態度が、四悉檀を多用する因縁釈という形を『法華文句』の中で顕在化させたものと推測されよう。

最後に本迹釈について検討するが、これについては、『法華経』ならば同聞の徳を歎ずる所を解釈するが、『維摩経』では用いないとする『文疏』の記述が、諸先学により着目されている。

若講法華経、必須約本迹明義、解釈同聞歎徳。今経既未発本顕迹、但釈因縁事解観行而已。（続蔵二七・四四四右下、新纂一八・四七七下）

また、『文疏』でのこのような釈を裏付けるものとして、『法華文句』の「如是」釈の最後に付された次の一文がある。

若釈他経、但用三意。為未発本顕迹故。当知今経三釈与他同、一釈与彼異。（大正三四・三下）

『法華文句』の中でいう「三意」ないし「三釈」は因縁釈・約教釈・観心釈だと考えられるため、本迹釈の「一釈」は『法華経』のみに用いられることが分かる。これらの記述に基づけば、『維摩経』の註釈には本迹釈が説かれないということが基本的な認識として理解され、そのことが翻って『法華文句』における本迹釈の存在意義に繋がっている。ところが、実際には『文疏』には本迹に関係させて解釈する部分もあり、これをどう理解するかが問題となる。

菅野氏は『文疏』巻二に二箇所見られる「対法門」の中に本迹にかけた解釈があることを指摘し、これが本迹釈となる可能性があるとする[57]。これに対し花野充道氏は、『法華玄義』巻七上に説かれる本門十妙の中に挙げられる本迹の六義のうち、『玄疏』巻四の本釈義では已今本迹を欠いていることに着目し、『法華文句』本迹釈の本迹とは已今本迹であると規定した上で、『法華文句』に説かれる四種釈は、『文疏』の三種釈から展開したのではなく、初めから智顗の法華経観に基づいて、『法華経』の講釈に用いられたものであると主張する。[58]

筆者も別の観点から花野氏が着目する『玄疏』の本迹義の存在に注目する。さきに示した通り、『玄疏』の構成では四悉檀、三観義、四教義と続くが、これに続いて本迹義が記される。その冒頭には、四教義と本迹義の関係、および四教義に本迹義が続く意義を次のように述べている。

通論本迹之名、乃遍在四教。今正明不思議本迹者、正就円教以弁也。（大正三八・五四五中）

本迹義では四教のうちの円教を中心に述べていくとするこのような意義付けは、『玄疏』において四教義から派生して本迹義が説かれたことを意図するものと言えよう。この意味において四教義と本迹義は一具である。その上で『文疏』において、経文解釈では三観義と四教義が入れ替わることが述べられる点を加味すると、四悉檀から、四教義、本迹義、そして観心釈へと帰結する、『法華文句』四種釈の順序と対照しうる教理展開が看取されるのである。

ただし、『法華文句』における本迹釈とは、本来『法華経』の本迹二門に由来し、約教釈を迹、本迹釈を本と位置付ける解釈であるとすれば、『玄疏』に説く四教義と本迹義の関係性とは意を異にする。この点からも、『法華経』以外では本迹による釈を用いないとする『法華文句』や『文疏』の記述は、やはりさきに指摘される已今本迹の有無によるものだと理解されよう。

四　小結

本節では、『法華文句』の四種釈の成立を検討する上で、『文疏』の釈と対比するとともに、『玄疏』の五重玄義の構成にも着目しつつ考察を加えた。このように経文解釈に展開される四種釈を、玄談の構成との関連において理解すべきだという見解は、かつて安藤俊雄氏が四種釈とは五重玄義を把握せしめた方法だと意義付けたほか[59]、瀧英寛氏によって『法華玄義』における「妙法」解釈と四種釈との関連性を指摘するというより具体的な形で示されている[60]。指摘される四種釈と五重玄義の間に存する密接な思想的関係性は疑うべくもないが、成立という観点からみれば、両者の因果関係は相当に複雑であり慎重な議論を要する。

安藤氏は明らかに四種釈を前提に五重玄義が確立したとするが、これは講説の順序としては、『法華文句』が禎明元年（五八七）であり『法華玄義』の開皇十三年（五九三）に先行することを意図してのことと推測される。しかし、智顗の『法華経』の講説には、それより遡ること二十年近い太建元年（五六九）頃になされた経題の開講があり[61]、その講義の前提となった知識は大蘇山における南岳慧思（五一五～五七七）の下での修学期に得られたものであったことは想像に難くない。智顗の『法華経』研鑽の履歴は、このように幾重にも積み重ねられている。したがって、五重玄義のような玄談の構想は、経文の深い理解に基づいて得られるはずであるが、それが今日我々の知る『法華文句』に展開される四種釈によるものであるか否かは、ただちには決し難い。また、先行研究に指摘されるような『摩訶止観』と観心釈との関係に関連して、そして華頂降魔と称される智顗の証悟体験を、これら教義の成立にどう実証的に結びつけるのかも課題である[62]。

このような智顗の事跡のどの段階に、今日我々が知る四種釈と五重玄義の確立を見るかは、『法華文句』と『法華玄義』だけの関係で読み解く限りは非常に困難である。そこで『玄疏』や『文疏』という視座を加えることにより、現時点で筆者が考える天台四種釈の成立を仮説的に述べるとすれば、次のような段階が設定されよう。

第一段階としては、『法華文句』や『法華玄義』の講説を経て、四種釈の原型となる四悉檀・四教・本迹・三観による解釈法という着想が意識されつつあった。それが第二段階の『玄疏』の著述により、直截的に五重玄義のうちの名玄義の構成に表れる。第三段階の『文疏』の撰述では、『玄疏』の構成を反映して、『法華経』解釈でもっとも意義を発揮する本迹釈を基本的には用いないという形で適用された。そして恐らくは第四段階として、智顗の示寂後に灌頂により『法華文句』が編集されていく中で、因縁釈・約教釈・本迹釈・観心釈という名称とその定義付けが改めて整備されたと考えられる。

平井氏により指摘された吉蔵の四種釈を依用した可能性が完全に排除されるわけではないが、『法華文句』における四種釈成立の思想的背景は、以上のような『玄疏』から『文疏』へという解釈の流れの中に認めることができる。よって、四種釈成立は、他師説の依用というよりは、智顗が三大部講説や天台維摩経疏の撰述の中で示した経典解釈の基調の中にその起源を見出すべきだと言えよう。

おわりに

本章では、天台教学の形成において経典解釈の方法が模索された過程に着目し、諸文献の比較からその様相を考察した。

第一節における別行本と『玄疏』『文疏』の比較からは、単に「十巻玄義」を縮小化して『玄疏』が作られたわけではなく、全体を再構成しつつ『玄疏』が成立し、またその過程で『玄疏』には採用されなかった釈が『文疏』で用いられている例があることが明らかとなった。

第二節での通相三観説の考察からは、『玄疏』においてはいまだ明確な定義がなされないまま、『維摩経』の各品を解釈するにあたり三観説が適用されていたが、『文疏』では問疾品の疾を中心に据える解釈とともに、通相三観を新たに導入することで、『維摩経』の室内六品の有機的な関係や個々の意義をより明示できるようになった、その過程を検討した。

第三節では、『法華文句』の解釈の基調となる四種釈について、その成立過程を『文疏』より考察した。その結果、『文疏』で一貫して見られた四教から三観へという解釈のベクトルが、『玄疏』の五重玄義、とくに名玄義の構造と関係するものである可能性を示した。これにより、漠然ながらも智顗により四種釈の構成が意識されていたものと考えられ、先行研究で指摘されるような単なる吉蔵四種釈の依用というものには当たらないことを指摘した。

このように『玄疏』から『文疏』という天台維摩経疏の撰述の過程において、智顗の『維摩経』解釈はより具体的なものとなっていった。また、このような過程を通じて再確認された教学の骨子が、智顗の示寂後にも編集が続けられた三大部の内容にも反映されたと考えられるのである。

註

（1）佐藤哲英『天台大師の研究』（百華苑、一九六一）参照。

（2）佐藤哲英（一九六一）の他、野本覚成「『三観義』所説の法門」（『天台学報』二一号、一九七九）、大島啓禎「『維摩経玄疏』をめぐる二、三の問題」（『印度学仏教学研究』二八巻一号、一九七九）、宇衛康弘「『三観義』と『維摩経玄疏』巻二「三観解釈」の比較対照」（『駒澤大学大学院仏教学研究会年報』一七号、一九八四）、菅野博史「『維摩経玄疏』の組織と梗概」（多田厚隆先生頌寿記念論集刊行会編『多田厚隆先生頌寿記念論文集　天台教学の研究』山喜房佛書林、一九九〇）など参照。

（3）『国清百録』巻三「弟子総持和南。逮旨送初巻義疏、跪承法宝、粗覧綱宗。悉檀内外、耳未曽聞」（大正四六・八〇八上）。

（4）『法華文句記』巻一中「又浄名前玄、総有十巻。因為晋王、著浄名疏。別製略玄、乃離前玄、分為三部、別立題目。

謂四教六巻、四悉両巻、三観両巻」（大正三四・一五九中）。

（5）『涅槃玄義発源機要』巻三「開浄前名玄、以為三部。謂四悉四巻、四教四巻、三観両巻」（大正三八・三四中）。

（6）佐藤哲英（一九六一、四三三頁）参照。

（7）佐藤哲英（一九六一、四三四～四三五頁）参照。

（8）『玄疏』巻一「一対五義者、即為五。一対経名者、名即維摩羅詰。維摩羅詰、即是世界悉檀也。二対体者、体即真性解脱。真性解脱、即是第一義悉檀也。三対宗者、宗是仏国因果、勧修種種浄土之行、即為人悉檀也。四対用者、弾訶折伏、此即対治悉檀也。五総対教相者、以四悉檀、起諸経教。与此経教、有同有異。即是判教相、知同異也」（大正三八・五二〇中）。

（9）『四教義』巻一「所以前明四悉檀義者、正是述一家通経説法、与古今所説、通用不同也。故前明三観、竪破諸法、略為数十番。其尋覧者則知、与諸禅師及三論師所説、意有殊也」（大正四六・七二五上）。

（10）佐藤哲英（一九六一、四三一頁）参照。

（11）宇衛康弘（一九八四、六五頁）参照。

（12）『三観義』巻下「若思議因縁生滅次第具十法界、……三徳涅槃、如世伊字、一切法亦如是。是為不思議之観境也」（続蔵二―四・四五左下～四六左上、新纂五五・六七七上～六七八上）。

（13）『玄疏』巻五「三類通三種仏性者、一正因仏性、二了因仏性、三縁因仏性。大涅槃経云。言仏性者、亦一、亦非一、非一非非一。亦一者、正因真正解脱也。非一者、縁因仏性方便解脱也。非一非非一者、了因仏性即是実慧解脱也」（大正三八・五五三中）。

（14）『文疏』巻二十五「問曰、諸師多云、此経未明仏性……三徳涅槃道、如世伊字、一切法亦如是」（続蔵二八・一五二右下～左下、新纂一八・六六二下～六六三中）。

（15）智顗の『維摩経』各品の位置付けと通相三観説の関係については、本書第三部第一章第二節を参照されたい。

(16) 新田雅章『天台実相論の研究』（平楽寺書店、一九八一）に展開される。

(17) 佐藤哲英「三観思想の起源及び発達」（関口真大編『止観の研究』岩波書店、一九七五）にも、「更に一歩進んで維摩経文疏には別相三観と通相三観と一心三観との三種三観説が示されている」（二四八頁）と三観が発達したと捉えるごとくである。

(18) 濱田智純「通相三観について」（『天台学報』一七号、一九七五）、同「天台維摩疏の三観について」（『天台学報』一八号、一九七六）では、円接通との関連を指摘する。野本覚成「二つの三種三観」（『印度学仏教学研究』二五巻一号、一九七六）、同「三種三観の成立」（『印度学仏教学研究』二六巻二号、一九七八）のうち、後者の論文には、三種三観はもっとも進んだ三観としてではなく、煩悩対治断惑の詳説という経文註釈の特殊性に基づいて述べられたものと見るべきことを主張し、『摩訶止観』破法遍や『法華玄義』巻二の五種三諦説のうち「円入通」が通相三観に相当したと考え、三種三諦説の義は『法華玄義』の講説時から成立していたと見る。五種三諦と被接説および通相三観との関連については多田孝文「五種三観について」（『天台学報』一九号、一九七七）も同様に指摘する。

(19) 野本覚成（一九七八）を参照。

(20) 叡山文庫所蔵の『文疏』写本については、本書第二部第一章第二節を参照されたい。

(21) 『宗鏡録』巻三十五（大正四八・六二二上）。

(22) 『略疏』巻七（大正三八・六六一下～六六二上）。

(23) 『文疏』巻二十一（続蔵二八・一二〇右上、新纂一八・六三〇中）。

(24) 『摩訶止観』巻五上（大正四六・五五中）。野本、濱田、多田諸氏もそれぞれこの問題を取り上げている。

(25) 『止観輔行伝弘決』巻五之三（大正四六・二九八下～二九九上）。

(26) 先行研究におけるこの一文に対する見解を確認しておこう。野本覚成（一九七六）は、これを引用して、あくまで観法の違いであることを強調する。一方、新田雅章（一九八一）は、通相三観は実相の開示という観点からいえば、麁を帯しているという点で、一心三観のように実相の極処それ自体を集約的に表示する観法ではないとし（五八六〜五八七頁）、また通相三観の方が一心三観より内容的にいささか低い観法だとの見解を示す（六一〇頁）。このような所説に対して、呉汝鈞『天台智顗的心霊哲学』（台北：台湾商務印書館、一九九四、一三八頁）は、通相三観が内容的に一心三観よりも低い理由に関して踏み込んだ解釈がなされていない、との否定的意見が示されている。筆者も呉氏と同様の見解に立ち、方便を麁と単純に断ずることは、『文疏』において繰り返し述べられる方便や哢胤の意味を看過したものであり、通相三観は二乗の機根が『維摩経』から『法華経』へ熟する過程において導入されたものであるため、その意義は決して軽視されるべきではないと考える。

(27) 「帯方便」については、本書第四部第一章第三節を参照されたい。

(28) その他、池田晃隆「天台維摩疏における異時平等と一時平等」（『天台学報』四九号、二〇〇七）は、『三観義』と『玄疏』のみに現れる異時と一時の二種の平等観に着目しつつ、『文疏』所説の通相三観における平等空を検討する。

(29) 『三観義』（続蔵二―四・五二右上、新纂五五・六八三中）には、【引用D】前後にある内容がほぼ一致する形で確認できるが、その中に【引用D】の問答を見出すことができない。

(30) 佐藤哲英（一九六一）第四篇第二章「維摩経疏」に詳しい。

(31) 続蔵は「権」字を欠くが、『略疏』によりこれを補う。

(32) 「三由六源二始両因」以外の智顗が用いた分科については、菅野博史「維摩経分科に関する智顗と吉蔵の比較」（『印度学仏教学研究』三三巻一号、一九八四）において、主に吉蔵釈と対比させつつ詳しい考察がなされている。

(33) 『文疏』巻十九「今明此一部……故云両因也」（続蔵二八・一〇一左上〜下、新纂一八・六一二上〜中）。

(34) 「五源八始」について、湛然『維摩経疏記』巻下には「五源等者、古人意云、問疾一品、因於文殊至浄名室。除去所有、為下五品之源本也。八始者、至法供養、猶是正経。故問疾初、為下正経八品之始」（続蔵二八・四〇八右上）という解釈を付し、智円『維摩経略疏垂裕記』にもこれが引用されている（大正三八・八一二上）。しかし、誰の説であるかについては言及しないため、湛然もその説に関する直接的な知識があったわけではないようである。

(35) 問疾品釈の構成については、濱田智純「維摩文疏における「疾」について」（『大正大学大学院研究論集』二号、一九七八）に図示されており詳しい。

(36) 果中権疾と因中実疾に対する定義は、『文疏』巻十九「権是諸仏法身。菩薩無疾現疾。故名為権。実是九道衆生。実有因果患累。故名為実」（続蔵二八・九九右上、新纂一八・六〇九中）に端的に示されている。またこの二疾は『摩訶止観』病患境に病の二義として現れる語である。濱田智純（一九七八）参照。

(37) 続蔵は「明初」に作るが、『略疏』により「初明」に改める。

(38) 『維摩経』巻中（大正一四・五四五上）。なお、青木隆「地論宗」（大久保良峻編『新・八宗綱要』法藏館、二〇〇一）は、敦煌本『維摩経疏』の解釈の中には、この一句に対して地論北道派と南道派とで学説が相違していたことを示す文章があることを指摘する。

(39) 宮部亮侑「通相三観と中道との関連について」（『天台学報』四九号、二〇〇七）はこの点に着目し、中道を空で捉える立場が通相三観だと指摘する。

(40) 『玄疏』巻二「此三通名観者、観以観穿為義。亦是観達為能。観穿者、穿見思恒沙無明之惑、故名観穿也。観達者、達三諦之理也」（大正三八・五二五下）と通じた解釈であることが知られる。

(41) 続蔵は「源」に作るが、『法華経』により「原」に改める。

(42) 続蔵は「工」に作るが、『法華経』により「功」に改める。

(43) 三種衆生に関しては、木村周誠「天台大師における「衆生」について」（『印度学仏教学研究』五四巻二号、二〇〇六）に詳しい考察がある。

(44) 『法華経』巻四（大正九・三一下）。

(45) 『法華文句』巻八上（大正三四・一一〇下～一一一上）。

(46) 成立に関する思想的な検討は、本書第四部第二章を参照されたい。
(47) 青木隆「『維摩経文疏』における智顗の四土説について」(『早稲田大学大学院文学研究科紀要』別冊一一集、哲学・史学編、一九八五)、同「中国地論宗における縁集説の展開」(『PHILOSOPHIA』七五号、一九八八)参照。
(48) 平井俊榮『法華文句の成立に関する研究』(春秋社、一九八五、二三九〜二五〇頁)参照。
(49) 菅野博史「『法華文句』における四種釈について」(『南北朝・隋代の中国仏教思想研究』大蔵出版、二〇一二)参照。
(50) その他、四種釈に関する先行研究における議論の詳細については、拙稿「天台四種釈の成立に関する基礎的考察」(『駒澤大学仏教学部論集』四五号、二〇一四)を参照されたい。
(51) 菅野博史(二〇一二、二一五〜二一六頁)では、「如是」から「菴羅樹園」までの解釈に三釈を確認する。
(52) 『文疏』は全二八巻のうち、巻八までが『維摩経』仏国品第一の釈であるとともに、佐藤哲英(一九六一)の三回献上説によれば、第二回目の献上本はこの巻八までだったと考えられているほか、巻二十六以降は灌頂の補遺であることは諸資料により明らかである。このような文献成立史との関係を感じずにはいられないが、今回この点について詳細な検討を加えることができなかったため、今はその可能性を指摘するに留め、今後の課題としたい。
(53) 菅野博史(二〇一二)は、『文疏』の中に因縁釈が見られず、因縁釈の具体的な内容である四悉檀による解釈もないが、『文疏』の「約事解釈」「約事翻釈」には因縁釈に発展する可能性があるとする。それに対して、四悉檀による解釈は一部見られるのだから、『文疏』にも因縁釈を認めてよいとする見解が、藤井教公「『維摩経文疏』における四悉檀の依用について」(福原隆善先生古稀記念会事務局編『福原隆善先生古稀記念論集 佛法僧論集』山喜房佛書林、二〇一三)に示されている。このような指摘に対し、菅野博史(二〇一二)に加えられた註(7)は、因縁釈の意味を再検討し、『文疏』に見られる四悉檀を用いた解釈は因縁釈とは異なることを改めて主張する。
(54) 『文句』巻一上「大論云、挙時方、令人生信者、為人悉檀也」(大正三四・三上)。
(55) 『文疏』巻二「仏即能説如是之化主。亦為助成伝聞之可信也。……今明無師大覚朗然頓悟、所言誠諦、従是聞経、物情欣愜也」（続蔵二七・四四一右上、新纂一八・四七四下）。

(56) 花野充道「智顗の法華経観と四重興廃思想」（『法華仏教研究』第九号、二〇一一、三七～三八頁）参照。

(57) 菅野博史（二〇一二、二一八～二一九頁）参照。

(58) 花野充道（二〇一一、三〇～三一頁）参照。

(59) 安藤俊雄『天台学――根本思想とその展開』（平楽寺書店、一九六八、四四頁）参照。

(60) 瀧英寛「三大部における『法華文句』四種釈」（『仏教文化学会紀要』一五号、二〇〇七）参照。

(61) この『法華経』経題の開講については、道宣『続高僧伝』の智顗伝に記載がないこと、灌頂『別伝』にも時期が明記されておらず、志磐『仏祖統紀』巻六に初めて「大建元年」（＝太建元年、五六九）と唱えられたことなどから、正確な時期は確定されていない。佐藤哲英（一九六一、三八～三九頁）参照。

(62) 華頂降魔に『維摩経』との関連が窺われることついては、本書第一部第一章第二節を参照されたい。

第二章　『玄疏』にみる『維摩経』の体・宗・用

はじめに

天台智顗（五三八～五九七）の『玄疏』六巻は、『法華玄義』十巻と同様に五重玄義により経典を解釈する。五重玄義とは、経題を解釈する「釈名」、経典の根本真理を見出す「出体」、経典における修行とさとりの関係を明らかにする「明宗」、経典の教えの働きを述べる「弁力用」、経典の教えの種別を分析する「判教相」、という五つの項目により、経文の解釈に先立ち註釈対象となる経典の特質を論じるものである。『玄疏』巻一では、これら五重玄義の相関関係を次のように述べる。

雖理絶名言、非名言無以設教。故於無名之道、仮名相説。而名以召法、法以応名。是以経之指帰、蘊在名内。故先標名。夫尋名得理、理即真性解脱。真性解脱即経之体也。故次出体。体不孤致、求之有方。渉行修因、然後致果。故用仏国因果、為入理綱宗。提綱目動、故次明宗也。行因趣果、得果即能巧用権実、折伏摂受、利益衆生。故次明用也。聖人設教、随逗機縁。機縁不一、是以教有異同。故次明教相也。（大正三八・五一九上）

ここでは、まず経題に示された教えの指帰を解釈することで（釈名）、その経典における真理を見出し（出体）、真理に至るための修行とその修行によって得られるさとりを明示し（明宗）、そのようにして得たさとりによって権実を巧みに用いて衆生を導くという働きがもたらされることを述べ（弁力用）、機縁に応じて説かれた教えの特質を明らかにする（判教相）という流れが示される。

　この五重玄義のうちとくに出体・明宗・弁力用の三玄義は、釈名で明らかにされた経典の重要なポイントを三つの側面から個別に論じたものとして意義付けられる。[1] 本章では、これら体・宗・用についての所説を考察し、『玄疏』の思想的特質を探ることとしたい。

第一節　体玄義における三獣渡河の依用

一　問題の所在

『玄疏』体玄義には、天台教学において独自の行位論ともいうべき被接説を「三獣渡河」の譬喩を用いつつ、論じている。
「三獣渡河」とは三乗の相違を兎・馬・象という三種類の動物が河を渡る様子になぞらえたもので、中国では僧肇（三八四?～四一四）が『肇論』の「涅槃無明論」の中にそれを挙げ、[2] また光宅寺法雲（四六七～五二九）も『法華経義記』において『法華経』の三車火宅と共に用いるなど、[3] 古くから人口に膾炙する仏教譬喩である。智顗もまた晩年の教説においてこの譬喩を用いている。三大部や天台維摩経疏に示された智顗の解釈は後に、明代の仏教用語辞典とも言うべき『大明三蔵法数』の三獣渡河の項目で「『天台四教儀』ならびに『法華玄義』に出る」[4] として採用されたように、この譬喩に対する代表的解釈として、現代に至るまで参照されている。[5]
　このように、『玄疏』に説かれた「三獣渡河」は、『法華玄義』にも類似の内容が見られるが、両書における譬喩の依用には、被接説の展開およびその構造を検討する上で重要な問題が示されている。そこで以下に、三獣渡河の譬喩が経論において本来どのような意味を持ち、またそれを智顗がどのように解釈して用いたのかという観点から考察を加え、智顗の教学形成との関連を検討してゆくこととする。

二　経論所説の「三獣渡河」

ここではまず、考察対象を智顗在世時までに訳出され、かつ智顗が目にした可能性のある経論という条件より限定した。その結果、『普曜経』『優婆塞戒経』『阿毘曇毘婆沙論』『大般涅槃経』に三獣渡河の譬喩を見出すことができたので、以下に引用箇所を挙げ検討を加えてゆく。

（一）竺法護訳『普曜経』所現象品第三

本縁部に属する『普曜経』は永嘉二年（三〇八）に訳出されている。この経では釈尊の出生を、摩耶夫人の夢の中において菩薩、つまり成道前の釈尊が白象の姿をとって夫人の母胎に入るという神話的文脈において語る。[6]その中には三獣渡河の譬喩による次のような説明がある。

世有三獣。一兎、二馬、三白象。兎之渡水、趣自渡耳。馬雖差猛、猶不知水之深浅也。白象之渡、尽其源底。声聞縁覚其猶兎馬、雖度生死、不達法本。菩薩大乗譬若白象。解暢三界十二縁起了之本無、救護一切、莫不蒙済。（大正三・四八八中）

常盤大定氏は、『普曜経』のこの例が後述の『優婆塞戒経』や『大般涅槃経』の三獣渡河に対して、仏典成立史の上からも先行したものであることを指摘する。[7]

(二) 曇無讖訳『優婆塞戒経』[8] 三種菩提品第五

出家と在家の菩薩戒の相違を説く『優婆塞戒経』は、三種菩提品において、菩提に赴くために三乗それぞれが用いる方法を三慧によって区別し、如来すなわち仏としての菩薩の修行による無師独悟の立場を最勝と位置付ける[9]。また三乗共通の法性にも総相と別相があり、両方を覚り尽くす如来だけを仏と名付けるともいう。そして、如来、つまり菩薩の修行による断惑、習気の滅尽がもっとも勝れていることを示すために、三獣渡河の譬喩を用いる。

善男子。如恒河水三獣倶渡。兎馬香象。兎不至底、浮水而過。馬或至底、或不至底。象則尽底。恒河水者即是十二因縁河也。声聞渡時猶如彼兎。縁覚渡時猶如彼馬。如来渡時猶如香象。是故如来得名為仏。声聞縁覚雖断煩悩、不断習気。如来能抜一切煩悩習気根原。故名為仏。(大正二四・一〇三八中)

三獣つまり三乗は、十二因縁をその存立原理とする生死・輪廻の世界の象徴である恒河水を、渡るという行為そのものにおいては共通している。しかし、声聞は浮くだけの兎であり、縁覚はその脚をつねに底に届かせることのできない馬のごとくであって、彼ら二乗は煩悩を断じてもその根底に残存する習気を断ずることができない。それに対して、象に譬えられた如来だけが、根源的な習気を完全に抜くことができるという。三乗の断惑における質的相違をこの譬喩では暗示するのである。

(三) 浮陀跋摩訳『阿毘曇毘婆沙論』使犍度十門品第四之一

『阿毘曇毘婆沙論』(以下『毘婆沙論』)では、二十二根中の三無漏の一つ、無学道の段階である知已根を説く部分で、三獣渡河の譬喩が用いられている[10]。

復次、於甚深十二因縁河、能尽其底者、是名為仏。声聞辟支仏不爾。如三獣度河、謂兎馬象。兎騰蹶乃度。馬或尽其底、或不尽底而度。香象於一切時、足蹈其底而度。如兎度河、声聞度因縁河、亦復如是。如馬度河、辟支仏度因縁河、亦復如是。如香象度河、仏度因縁河、亦復如是。（大正二八・二七七上）

つねに脚を底につけて河を渡る象のように、十二因縁という原理を体得し着実に渡るものを仏と名付けるが、声聞と縁覚とはその真理の根底に完全には到達していないので仏ではないという。『優婆塞戒経』からの引用例で前提となる総相、別相や習気については、本引用の直前に二乗と仏、要するに菩薩の違いを論じる中にも説かれている。ともに、習気を完全に滅した菩薩だけが仏と称されるのだ、というのが最終的な結論であることから、これらは同旨の譬喩と見なすことができよう。

（四）慧観等編『大般涅槃経』光明遍照高貴徳王菩薩品第二十二之三

大乗の『大般涅槃経』（以下『涅槃経』）には二箇所に三獣渡河の譬喩が現れる。まず高貴徳王菩薩品では、小乗の声聞、縁覚、および大乗の十住（通常の意味での十地に対応するものであろう）菩薩が入る涅槃とは別の大涅槃があることを説き、それを次のような三獣渡河に譬えている。なお、周知のごとく『涅槃経』には上述の『優婆塞戒経』の訳者である曇無讖訳四〇巻本（北本）があるが、智顗の文献との比較考察上、本節では慧観らの編集による三六巻本（南本）から引用した。

善男子。譬如有河、第一香象不能得底、則名為大。声聞縁覚至十住菩薩不見仏性、名為涅槃、非大涅槃。若能了了見於仏性、則得名為大涅槃也。是大涅槃、唯大象王能尽其底。大象王者謂諸仏也。(11)（大正一二・七四六中）

この譬えは仏性を河底に、また涅槃を彼岸とした場面設定であるが、三獣のうちの最勝たる香象でさえも脚を届かせることができないほどの深い河底を大涅槃として強調する。そのために、十住の菩薩ですら仏性を見ないものとして二乗と同一視され、これらは一般に定義される意味での涅槃に達するのみとする。そして諸仏こそが仏性の河底に脚を下ろして大涅槃の彼岸に到達することのできる大象王である、と峻別するのである。これまでの用例でつねに最上位であった象にも優劣が設定されるのであるが、象以外の獣を立てずに菩薩と仏との関係を明らかにしたことは、三獣渡河の譬喩を『涅槃経』が依用した意味を考える上で重要なポイントとなろう。また、前の『優婆塞戒経』と『毘婆沙論』では三乗における断惑の優劣が譬喩の主題であったのに対し、この『涅槃経』では、「大涅槃」や「仏性」といったこの経の中心概念に論点が置き換えられていることも注意を要する。

（五）同『大般涅槃経』師子吼菩薩品第二十三之一

『涅槃経』にはもう一箇所、三獣渡河に関連する記述が仏性を主題的に論じる師子吼菩薩品に登場する。譬喩は、重要な概念である中道仏性を明かす部分において、十二因縁を観ずる智を仏性とする、という文脈に現れる。

復次善男子。衆生起見、凡有二種。一者常見、二者断見。如是二見、不名中道。無常無断、乃名中道。無常無断、即是観照十二縁智、如是観智、是名仏性。二乗之人雖観因縁、猶亦不得名為仏性。仏性雖常、以諸衆生無明覆故、不能得見。又未能渡十二縁河、猶如兎馬。何以故、不見仏性故。善男子。是観十二因縁智慧。即是阿耨多羅三藐三菩提種子。以是義故、十二因縁名為仏性。善男子。譬如胡苽名為熱病。何以故。能為熱病作因縁故。十二因縁亦復如是。[12]（大正一二・七六八中）

上述の一段は、仏性の本質を「十二因縁を観照する智」と捉え、三乗の差別を説く代表的な譬喩であるところの三獣渡河に仮託して、声聞、縁覚の観照智がいまだ中道仏性たりえないことを説示する。ここでは二乗をいまだ岸に至っていない者として菩薩および仏と区別するが、その思想的な根拠は観十二縁智を下・中・上・上上の四種に分類する、次の経文中に求めることができる。

善男子。観十二縁智、凡有四種。一者下。二者中。三者上。四者上上。下智観者不見仏性、以不見故得声聞道。中智観者不見仏性、以不見故得縁覚道。上智観者見不了了、不了了故住十住地。上上智観者見了了、故得阿耨多羅三藐三菩提道。（大正一二・七六八下）

この観十二縁智を四種に分ける構造は、前に論じた高貴徳王菩薩品の三獣渡河の例において、香象に加えて大象王が出現したこととの思想的な連関を予測させる。つまり、二種類の象が登場する高貴徳王菩薩品の三獣渡河と、この四種の観十二縁智の分類を比較すると、香象は上智観であるところのいまだ完全に仏性を見ていない十住の菩薩であり、大象王は上上智観、すなわち仏性を完全に見た諸仏である、という対応が看取されるのである。高貴徳王菩薩品の三獣渡河の譬喩は、大涅槃に結実される仏の見仏性が菩薩のそれに対して超越的であることの強調、宣揚をその目的とするのであるから、二乗の仏性不見は自明のこととして詳説を省いたのであろう。一方の師子吼菩薩品の譬喩では、象への言及がなく二乗と菩薩の対比を主眼とするが、『涅槃経』の全体的な構想からすれば、この背景には二種類の象が想定されたはずである。よってここに高貴徳王菩薩品から師子吼菩薩品への展開が改めて確認されるのである。四種の観智[13]という『涅槃経』の全体的な主旨に基づき、二乗の無認識から仏の中道仏性の認識に至るまでの仏性理解の浅深を、両品で二局面から論じ分けたものとして内容を補完し合えば、『涅槃経』の三獣渡河の譬喩に共通する二乗・菩薩・仏の区別の全体像が一層鮮明となるのである。

その他の経論にも類似した表現が説かれている可能性もあるが、とくに中国仏教ないし智顗の教説への影響の有無を考慮すれば、おおよそ以上をもって問題の所在を把握しえたと言ってよいであろう。そこで次に、智顗の依用例に対する検討へと移ることとする。

三　化法四教の構造と三獣渡河

管見によれば、智顗が三獣渡河の譬喩を使用した例は、智顗の前半生の著作には見出されない。よって、この譬喩の受容は天台山での修養期を経て晩年の再伝導期に入ってからのものと考えられるが、以後、示寂の直前まで撰述に傾注した天台維摩経疏に至るまで、その形跡が残されている。中でも特徴的な用例は、『玄疏』の体玄義の二箇所と『法華玄義』の体玄義において見出されるものである。そこで、以下ではこれら三箇所の用例を中心に、三獣渡河の譬喩が智顗の教判思想の展開を示すものとして、化法四教のうちとくに通教から円教に亘って用いられる例を個々に検討してゆきたい。

（一）通教

『玄疏』巻六に説かれる体玄義では、共通の法性に通達する上での声聞、縁覚、菩薩の浅深の差別を明らかにするために、三獣渡河の譬喩が用いられる。通教では偏真の空観によって法性に入るという点において三乗は共通するが、声聞はその法性に浅く入って現に表れている煩悩を断じ、縁覚はやや深く入ってその煩悩の根底に隠れている習気の一部を断ずるのに対し、菩薩はその智によって法性を根底にまで窮めることで習気を尽滅することができるとして、次に三獣渡河の譬喩が用いられる。

①譬如三獣渡河。水雖是一、兎馬象脚有短長。故入水、不無浅深之別。水雖是一、而深浅有異也。（大正三八・五五五下）

この用例は、三乗が空観の対象として同一、共通の法性という真理に智慧によって趣入するという通教の実践の局面において説かれており、河の水に等しく入ってゆく三獣それぞれの脚の長短によって、三乗それぞれの智慧力の差異によって生じる断惑の徹底性の優劣を譬えたものである。前項に考察した『普曜経』ないし『毘婆沙論』に共通する象の「尽底」の強調はここにおいて見られないが、直前に「菩薩能窮法性之底、習気都尽也」（五五五下）という表現があることから、この通教の菩薩がその到達点において仏と同様のものと見なされていることは明らかである。ただし、通教の仏位は果頭無人と称されるように別教または円教への接続点となるため、事実上ここに留まることはなく、行位として仮に設定されたものに過ぎない。(14)

さて、この一節における三乗の区別については「如前通教分別」（五五五下）と前置きがなされている。それは『玄疏』巻三の、次の箇所のことであろう。

②十仏地者。大功徳力資智慧、得一念相応慧。照窮真俗、一切界内習気究竟尽也。故智度論云。声聞智慧力弱、如小火焼木、雖然猶有炭在。縁覚智慧力勝、如大火焼木、木然炭尽、余有灰在。諸仏智慧力大、如劫焼火、炭灰俱尽。亦如兎馬象三獣渡河之諭也。（大正三八・五三三七下）

引用された『大智度論』の所説とする譬喩は、薪を煩悩、炭を煩悩のみを断った状態、そして灰を習気として、三乗それぞれの智慧の力を火力の強弱によって表したものであり、表現および内容のもっとも近い文は巻二十七に見出すことができる。ただし『大智度論』では声聞、縁覚、仏という区別ではなく、「二乗」と「仏」との二者について、功徳による智慧を得てからの経験の長短を叙述するのみである。(15) したがって、ここでの薪の譬喩は、智顗自身の『大智度論』に対する実践論的な理解に基づき、声聞・縁覚・菩薩を対象として、後の三獣渡河の譬喩に登場する三者に符合するよう形式を変えて引用されたものと言えよう。なお、同様の薪の譬喩と三獣渡河の譬喩による通教仏地の解釈は、『法華玄義』迹門十妙の第四明位妙にも説かれている。(16)

（二）別教

『玄疏』体玄義は通教に続いて共の別教を説くにあたり、三獣渡河の譬喩をふたたび用いる。智顗はまず『涅槃経』師子吼菩薩品に説示される「第一義空名為智慧」および「智者見空及与不空」[17]という二句に言及し、空を見るという点においては三乗の法性の理は同じであるが、二乗は空を見るも不空を見ず、それに対し菩薩は空と不空を共に見るという。そして見仏性と名付けられた意味における二乗と菩薩の分際を明示するために、三獣渡河の譬喩が用いられる。

③譬如三獣渡河。二獣浮渡、但知水軟。若象浮渡、出没到底。浮知水軟、到底著地知非軟也。

（大正三八・五五五下）

ここでは三乗共通である空の認識が水の柔軟さに、菩薩のみに可能な不空の認識は河底の堅さに、さらに別教の菩薩は象に譬えられる。これまでと同様に兎と馬に象徴された二乗は空のみを見ているが、別教の菩薩は空と不空の両面を自覚するのだという。つまり、三乗それぞれの個性よりも別教菩薩と二乗との区別に主眼を置き、不空を強調するのである。そのこと自体は「別教」という名称が「二乗とは別の教え」という意味に由来することを考えれば、なんら不思議はない。むしろ注意を要するのは、「尽底」という表現がない点である。これは次に円教を控えた別教の段階において、この譬喩でつねに事態認識の究極を表す「尽底」という語句の使用が保留されたためであろう。いずれにしても、この譬喩が挙げられる直前に『涅槃経』師子吼菩薩品の文が引用され、また空のみを見て不空の局面を見ないという理由において二獣すなわち二乗を同一視していることから、この三獣渡河の譬喩は『涅槃経』師子吼菩薩品の思想的要素を摂取した上での依用と考えられる。

（三）円教

『玄疏』では、通教と別教において連続して三獣渡河の譬喩を用いたが、次の円教では三獣渡河とは異なる譬喩、すなわち黄土中金を依用する。他方、『法華玄義』の体玄義においては、真偽を識別して真実の諸法実相を示すために三種の譬喩（三獣渡河、頗梨如意、黄石中金）が用いられ、その第一として三獣渡河の譬喩が登場する。『法華玄義』は註釈の対象である『法華経』が純然たる円教の経典であるから、『玄疏』のような通教から別教、そして円教へという展開を必要としない。よって、三獣渡河の譬喩も『法華経』の主題としての諸法実相に対する智顗自身の円教解釈を示すものとして、ここに用いられるのである。

④一譬三獣渡河。同入於水、三獣有強弱、河水有底岸。兎馬力弱、雖済彼岸、浮浅不深、又不到底。大象力強、俱得底岸。三獣喩三人、水喩即空、底喩不空。二乗智少、不能深求、喩如兎馬。菩薩智深、喩如大象。水軟喩空。同見於空、不見不空。底喩実相、菩薩独到。智者見空及与不空。到又二種。小象但到底泥。大象深到実土。別智雖見不空、歴別非実。円見不空、窮顗真実。如是喩者、非但簡破兎馬二乗非実、亦簡小象不空非実。乃取大象不空、為此経体也。此約空中、共為真諦、作如此簡也。（大正三三・七八一下）

『法華玄義』の三獣渡河の譬喩は、その冒頭で二獣を排斥するという点において、前の『玄疏』別教の場合と同じである。しかし「到又二種」以降では、諸法実相という根底の上に沈殿する泥土の層までしかその脚を下ろすことのできない小象を別教の菩薩に譬え、不空を見ても歴別次第であり真実の認識に至り得ていないとする。つまり二乗である兎と馬のみならず別教の菩薩の小象をも退け、円教の菩薩である大象のみが『法華経』の経体である諸法実相の根底に到達しうるとするのである。諸法実相という事態認識を河底とするのは、これまで考察してきた経論のいずれの三獣渡河の譬喩にも見られなかった設定である[18]。なお、『文疏』巻十四も『維摩経』弟子品の「我観小乗智慧微浅」（大正一四・五四一上）を解釈する中で、『法華玄義』と同様に実相の底という場面を設定する。

⑤如兎度河、不能窮実相底、即是浅。（続蔵二八・五六右下、新纂一八・五六六下）

これは小乗、つまり声聞の智慧では大乗そして円教において説かれる実相に至ることができないことを、「三獣渡河」に仮託した表現である。

そこでふたたび④について考えてみたい。智顗は『法華経』の原理を説き示す『法華玄義』において、『涅槃経』高貴徳王菩薩品で宣揚された大涅槃の概念を『法華経』の経体である諸法実相に置き換えて、この譬喩を依用したのであろう。事実、象をさらに大象と小象とに分別する設定は、『涅槃経』高貴徳王菩薩品での譬喩に説かれた第一香象と大象王による仏と菩薩との区別と、明らかな対応を示している。このように、『法華玄義』における三獣渡河は智顗によって脚色が加えられて、円教の優越性、さらにはその絶対性を強調するために、天台義の譬喩として機能するところとなった。それだけに留まらず、先の『玄疏』での依用と併せて見てゆくと、四教と行位説との融合とその展開の過程が看取されよう。

（四）譬喩と被接義

次に三獣渡河の譬喩が天台教学の中で果たした役割を具体的に把握するために、荊渓湛然（七一一～七八二）が『妙法蓮華経玄義釈籤』においてなした円教の譬喩の依用箇所に対する註釈を参照し、その要点を確認してゆきたい。

初三獣之譬、本譬於通。通真諦中、有空有中。取象不空、為今経体。次従到又二種去、亦約教道、重簡但中仍為小象。円教不空、方名大象。次如是下、示於円中、異於通別。正顕今経不思議体。三従此約下、結譬本意。本借三獣、以譬通教。故重結云、約共真諦。真諦既含一真二中。是故須簡偏真但中、非今経体。此約円別入通、以簡

経体。（大正三三・九三四中～下）

ここでは、第一にこの譬喩は通教を譬えたものであるという前提を明示し、第二に『法華玄義』④の「到又二種」以下では、教道の面から円教と別教を選別し、第三にこの三獣渡河の譬喩が通教の意であることは、三諦における空諦（真諦）と中諦の共真諦への要約、つまり二諦が基盤であるからだという解釈を立てる。つまり湛然は三獣渡河の譬喩を通教所説として定義した上で、『法華経』の経体として円教の立場を顕揚する例示としてのみならず、二諦の真理を観ずる通教からさらに高次の中諦を観ずる別教、円教に入るという実践論の段階を示すものとして理解したのである。そしてこの湛然の立場を承けて、江戸時代末期の天台宗の学僧、痴空慧澄（一七八〇～一八六二）は『法華玄義釈籤講義』において「意就別円入通、単俗複真。対所接空真、顕能接中真為体」（『註解合編天台大師全集　法華玄義』第五巻一〇頁）として、ここに被接義が展開されていることをより明確に示唆する。[19]

これら④に対する註釈をふまえ、智顗の文献に立ち返るならば、湛然に代表される三獣渡河の譬喩を通教所説とする傾向は、『摩訶止観』や『法華文句』においても確認される。よって次にこれらの記述を見てゆきたい。

まず、『摩訶止観』の大意を述べる巻一下では、『中論』の三諦偈、つまり観四諦品第二十四の第十八偈「因縁所生法、我説即是空、亦名為仮名、亦名中道義」の四句を空観でのみ理解するならば、という文脈において、三獣渡河が通教を象徴するものとして言及される。

⑥退非二乗析法。進非別非円。乃是三獣渡河、共空之意耳。（大正四六・七中）

それは二乗の析空観ではないが、別教や円教の三観には至ってはおらず、三獣渡河の譬喩が意味するような三乗共通の空理解であるという。

また巻六上には、通教四門の観意の諸説の一つとして、『涅槃経』の三獣渡河の名が挙げられているのである。

⑦涅槃名為三獣渡河。皆是通教四門観意。（大正四六・七四下）

さらに、『法華文句』巻五上の釈譬喩品は、『涅槃経』に登場する兎や馬は通教の中での譬喩であるとし、発心の浅い三乗が通惑を断ずる様が「不能尽辺到底」であるのに比して、菩薩は久遠の昔に発心をしておりその理も深く智慧も強いので、別惑を断じた「窮源尽性」であると説く。

⑧涅槃云兎馬、此通教中譬喩也。又三乗発心近。縁理浅智慧弱。断通惑、不能尽辺到底。非波羅蜜。菩薩発心久遠。理深智彊。断別惑、窮源尽性。（大正三四・六三下）

このように、通教の性質を示す譬喩として三獣渡河に言及する例が散見される。そこで、これら通教を基本とする三獣渡河の受容と湛然が指摘する被接義の展開を考えてみたい。被接義は日本天台では時代が下るに従ってその解釈が異様なまでに複雑化したが、智顗の段階では極めて簡略であったともされている[20]。また、『法華玄義』には別接通、円接通、円接別の三被接が説かれているが、『摩訶止観』では別接通のみであることが知られており[21]、この相違は重要な問題を含んでいる。

本節で考察してきた三獣渡河の譬喩の用例からは、通教からの展開に被接説への直接的影響を見出すことはできなかった。しかし、これまで考察した智顗の用例を総合的に見ると、これらはいずれも三獣が渡る一つの河を共通基盤とした修行階梯の全貌の中で、断片的な局面を例示したものと理解されるのである。そして通教を起点としたことは、いまだ空のみを真理としていた通教菩薩が、果頭無人の仏位を通過し、天台教学における究極的な真理である諸法実相を体得するために、別教や円教へ転入する、その可能性を提示するためのものであったと考えられよう。

四　小結

これまでに考察してきた八箇所に亘る三獣渡河の譬喩の用例は、一見するに三喩三様であったが、この結果を智顗の独創的改変と早急に判断することはできない。この譬喩そのものに、『普曜経』に登場した神話的三獣渡河から、『優婆塞戒経』や『毘婆沙論』における阿毘達磨的な断惑を主題とする修道論を示す三獣渡河となり、それが『涅槃経』に至って極めて大乗的な仏性・大涅槃の宣揚を担う三獣渡河として摂取された、と要約しうる展開があったからである。その上で智顗におけるこの譬喩の依用を検討すれば、教判論を確立する過程で、このような三獣渡河の譬喩の仏教史的な変遷の背景は、彼によって了知されていたと見るのが自然であろう。

しかしながら、前述のごとく『摩訶止観』や『法華文句』は、通教の内容を説くものとして用いる三獣渡河を『涅槃経』所説と断定する。別教、円教での解釈が『涅槃経』所説の三獣渡河の譬喩に基づくことは、本節の比較考察においてすでに明らかになったところである。『涅槃経』が南北朝時代にもっとも重んじられた経典であったこと、そして『法華経』を宣揚せんと独自の教学を展開した智顗でさえ思想的には依然として『涅槃経』に依拠していた事実[22]とを考慮すれば、『涅槃経』と限定されたことはこのような思想的影響の一端と理解することもできよう。しかし、通教における三獣渡河の譬喩の依用も一義的に『涅槃経』所説と片付けることは、『涅槃経』の経文と照らし合わせた時にやはり違和感を覚えざるを得ない。化法四教、とくに蔵教、通教の行位論には毘曇学派の説が取り入れられたことが知られ[23]、『菩薩戒義疏』巻上の「優婆塞戒経偏受在家」（大正四〇・五六八上）との言及は、智顗が『優婆塞戒経』を知る環境にあったことの証左でもある。そうであれば、通教での三獣渡河をあえて『涅槃経』と結びつける必然性はないように思われるのである[24]。

では、この三獣渡河の譬喩と『涅槃経』との安易な結合をどう捉えればよいか。これについては、章安灌頂（五六一～六三二）の存在が注意されよう。彼は『涅槃経』を学ばんとして智顗の門に加わったが、智顗が『涅槃経』の註釈書を著すことなく示寂したため、みずから『涅槃経疏』を著述した。そのような経緯を鑑みれば、智顗自身はその講義の際に三獣渡河の譬喩の典拠を限定しなかったにもかかわらず、灌頂がそれを文章化する際に自らの関心に惹かれて『涅槃経』所説とした、という仮説は具体性を帯びてくるからである。

なお、嘉祥大師吉蔵（五四九～六二三）には『涅槃経』に基づいた「二河説」なるものがあるため[25]、吉蔵の説と智顗の三獣渡河の諸説との比較も興味深い問題である。しかし、本節ではそれを今後に残された課題として付記しておくに留める。

第二節　宗玄義としての仏国因果の意義

一　問題の所在

本節で取り上げる仏国因果とは、天台維摩経疏において、五重玄義のうちの宗玄義として「不思議仏国因果」が挙げられるように、『維摩経』の宗として規定されたものに他ならない[26]。『維摩経』に対して仏国因果が立てられること自体は、『維摩経』の第一の品が仏国品であることに起因するのは間違いないであろう。しかしそれ以上に、この仏国因果は智顗の解釈において『維摩経』に通底する重要な思想として位置付けられているため、彼の『維摩経』理解を知る上で重要な概念となっている。

この仏国因果については、近年、『維摩経』仏国品と『玄疏』の宗玄義を解読する試みがなされているが、[27]ここでは智顗の解釈の特色を他師の『維摩経』註釈書との比較考察を交えつつ、改めて検討を加えてゆきたい。

二　宗玄義としての仏国因果

『法華玄義』において『法華経』の宗を仏自行の因果と定義されたことと比較して明らかなように、宗玄義とは基本的に因果の義において規定される。智顗が仏国の因果を『維摩経』の宗として規定したことにはどのような意図があるのか、その考察のためにまず智顗の因果の定義を確認する。

五重玄義における宗玄義の因果は、単独にこれを考えるよりも、体・宗・用の関係性によって見ることでその意味がより明らかとなる。それは因果の面からそれぞれを明確に位置付ける『法華玄義』巻一上の文に端的に示されている。

釈名通説因果。顕体非因非果。宗自因果。用教他因果。教相分別上法耳。釈名通論自行化他。体非自非他。宗是自行。用是化他。教相分別自他。（大正三三・六八五上）

これによれば、宗は体の次にあって因果の義によって非因非果である経体を明確にするという重要な役割を担い、そして自行の因果である宗を経て化他の因果である用が説かれるという。この連関性が、天台義における基調となっているのである。この一文から知られるように、宗玄義における因果の具体的意味とは修行と証果の関係性に他ならない。[28]

体用論は仏教のみならず中国思想史において重要な概念であるが、五重玄義ではこの体と用の間に因果という極めて影響力の強い思想を宗として介在させる。これにより、一層有機的に互いの意義を高め合うという効果をもたらしている。智顗が因果の説を導入した事実は、因果を多く用いた光宅寺法雲の影響が考えられるが、しかしその受容は教学的再構築を経たものである。つまり初期の著作では修証であったものが三大部ではより広義の因果に置き換えられていったことからも、智顗が実践的な局面で因果を捉えていたことが知られよう。またこのような因果の義は四諦について世間因果、出世間因果で説き示すような伝統説に基づくものだとされる。[29]そして、四教に対応する四種四諦（生滅四諦・無生滅四諦・無量四諦・無作四諦）として展開されてゆく。

さて、天台維摩経疏においても同様に因果の義を示すものとして『玄疏』の宗玄義の中に四種四諦を挙げる。しかし詳細な解説を『法華玄義』に委ね、[30]続けて四種四諦と四土説（凡聖同居土・方便有余土・実報無障礙土・常寂光土）との対応を簡略に述べている。『文疏』で四土説を展開するための布石のようなものであるが、それを次のように正報・依報の関係において要約する。

故知、四種四諦因果即是正報。以正報故、説於依報国土也。（大正三八・五六〇中）

ここに明示されているように、智顗は『維摩経』の宗として依報である仏国に着目するのである。仏国について、『文疏』巻一では八項目により定義する。[31]この八重の仏国義の中では先の四種四諦説に対応した四土説の概要が説かれる。天台の四土説は古くから浄影寺慧遠（五二三～五九二）の三土説との類似点が指摘されていたが、近年、青木隆氏の研究によって、慧遠よりも後の地論宗の四種縁集説を智顗がいち早く摂取し体系化したことが明らかにされている。[32]よってこの四土説が考察する上で重要な点となることは言うまでもないが、ここでは智顗の捉える仏国観をもっとも端的に表明している箇所として、『玄疏』巻六に宗玄義を説く中で観心の面から述べた次の一文に着目したい。

第四約観心者。下文云。随其心浄即仏国浄。観心性本浄、猶如虚空。即是性浄之境。境即国也。観智覚悟此心。

名之為仏。（大正三八・五六〇中）

ここで引用されている経文は、鳩摩羅什訳では「随其心浄則仏土浄」（大正一四・五三八下）となっている。智顗の解釈によれば、国とは観察対象である性浄の境であり、仏とは観察する智慧が心を覚悟することというのであるから、智顗は経文を観心釈の大いなる発揮として意識的に「則」から「即」へ、また「土」から「国」へと読み替えたと見るべきであろう。

三　智顗の解釈の特質

次にこの仏国因果の思想が、智顗の『維摩経』解釈においてどのような役割を果たしているかを知るために、その具体的な例を三点挙げて考察をする。

（一）科段の分岐点としての仏国因果

智顗は仏国因果が仏国品に留まるものではなく、『維摩経』全体にわたった思想として重視し、『維摩経』を序分・正説分・流通分に三分するための重要な役割を与えている。『文疏』巻一では、智顗以前に行われた科段を紹介し、そのいちいちの不備を指摘するが[33]、自らの解釈によれば仏国品の讃仏偈に続く長行で仏国因果について宝積と仏との間で問答が交わされることを根拠に、以降を正説分の始まりとする。また正説分に含まれることとなる仏国品の後半と十一品は、経の場面設定の移行に応じ、室外三品半、室内六品、出室二品と三分され、また流通説に配当される法供養品と嘱累品も不思議解脱や仏国因果を流通させるものだとする。

(二) 正報の因果を説く「普集経」との対比

さて先の科段に関係して問題となるのは、智顗が仏国品の前半部分とともに「普集経」なる語を挙げ序と位置付けている点である。この「普集経」は『玄疏』の中にはまったく用いられず、筆者の確認する限り『文疏』にのみ十一箇所の場面で依用されるものであるが、ここではその代表的な用例として巻五の仏国品「彼の時、仏は無量百千の衆の与に恭敬し囲繞せられて説法を為す」(大正一四・五三七中)に対する釈の中の次の文言を考察する。

　而為説法者、昔尚統師問長身耳三蔵*。師云。仏時与無量大衆説何等法。答曰説普集経。普集者即方等教摂。所以得為今経作序者、彼説正報因果。今説依報仏国因果。正得有依、故得為序也。例如先説無量義、次説法華。無量義即為序也。(続蔵二七・四六二右下、新纂一八・四九六上)　＊「長身耳」は『略疏』では「長耳」に作る。

これによると『維摩経』仏国品で「彼の時に仏が無量の衆に囲まれ説法した」というのは、長耳三蔵によれば「普集経」を説いていたのだという。そしてこの「普集経」が『維摩経』の序であり正報の因果を説いたものであるとし、その関係を『法華経』と『無量義経』との関係に比して説いているのである。法華三部経として『無量義経』を開経、『普賢観経』を結経とすることは周知のごとくであるが、『維摩経』にもこのような関連する経があるとする説は、あまり知られておらず、かつ「普集」というものがはたして経の固有名詞であるのかも明らかではない。嘉祥大師吉蔵も『維摩経略疏』巻一において上述の『維摩経』仏国品の「彼時」を解釈する中で、『法華経』と『無量義経』との関係に比して「普集経」に言及することから、固有の経典名であると推測されるが、吉蔵自身はその文を実際には見ていないと付記している(35)。

さらに『注維摩詰経』や智顗と同時代である浄影寺慧遠の『維摩経義記』ではまったく言及されず、吉蔵の註釈書にも前述の用例よりも具体的な記述を見出すことはできない。よって、先の引用文のように「普集経」との対比によって『維摩経』の仏国因果の特質を盛んに論じる手法は、智顗の『維摩経』解釈に独自な一面と言えよう。[36]

(三) 他師の宗解釈

智顗が『維摩経』の宗として仏国因果を立てたことはこれまで論じてきた通りであるが、次に他師の宗解釈と比較して、智顗の仏国因果の思想の意義をふたたび検討してみたい。

まず智顗が直接的に批判を加えているのは、『玄疏』巻六で宗と体との違いを説明するために挙げられた、権実が『維摩経』の宗であるとして宗と体とを同一視する有師の説である。この有師が誰であるかは示されていないが、吉蔵『維摩経義疏』巻一にはそれに相応する権智と実智の二智を宗とする説が述べられている。[37]この前後に直接的に宗と体を同一視する説は見られないが、同じく吉蔵の『浄名玄論』巻四では、限定的ではあるが宗である二智が解脱の体であることを説いている。[38]

吉蔵の宗理解については智顗と同様に宗と体とを弁別する場合と、宗と体とを不二とする場合とがあることが指摘されているが、[39]後者の立場は智顗が『玄疏』で批判を加える有師の説と一致する。成立の順序から考えて『玄疏』が直接吉蔵の説を引用したとは考えられないので、[40]吉蔵の著作に継承されたいわゆる三論師の説を伝え聞いて批判したのであろう。

智顗が有師を批判するのは、この説では智顗の規定する体・宗・用が混同されているからである。有師が宗とする権実は、智顗によれば用玄義に対応する概念である。また本節の冒頭でも確認したように、智顗にとって体は非因非果、宗は因果によって規定されるものであり、また体・宗・用は三軌に配当されることからみても、これを単純に同一視することはしない。このように智顗は、体・宗・用を存立させることによって、有師、すなわち三論師の解釈に比べ、多角的に『維摩経』の特質を論じようとしたことが知られよう。

一方、吉蔵が有人の言として挙げる説の中には、一見するに智顗のそれと近い解釈がある。

有人言、此経以因果為宗。但因果有二。一者浄土因果。二法身因果。如仏国品、明浄土因果。如方便品等、弁法身因果。一致始終、盛談斯法。故以因果為宗。(41)（大正三八・九一六下）

この有人説のポイントは宗として因果を立て、この因果を仏国品に解き明かされる浄土の因果と方便品以降の法身の因果とに分類する点にある。しかし詳細を検討してゆくと、次の点において有人の説は智顗のそれと異なっている。すでに考察したごとくに、智顗は正報の因果は序経である「普集経」に説かれたものであり、『維摩経』には依報の因果としての仏国因果が宗として展開されていることを主張する。「有人」説の「浄土因果」を智顗のいう仏国因果として理解することは可能であろう。しかし有人説において二番目に挙げられた「法身因果」という語は天台維摩経疏において積極的に説かれるものではなく、またこれを正報の因果と考えても、有人の説のように並列的に扱うことはない。実際にはこの有人説は浄影寺慧遠の解釈に近い内容が見られるため、慧遠ないし地論宗関係の人物の説だと考えられる。(42)

これらの相違点の比較から、依報の仏国因果を宗として掲げたことが、智顗の『維摩経』理解の特色を示すものとして重要な意義を有していることは明らかである。

四　小結

智顗が仏国の因果を宗としての規定した事実は、依報すなわち我々の実践の場としての国土を重視するためであったと考えられる。また『維摩経』が仏国を説いた経であることをより強調するために「普集経」との関係に着目し、柔軟に取り入れたことは、智顗に独自の説として注意されよう。
智顗はそれぞれの経典に対して個別に因果を立てる。そして、『維摩経』については依報である仏国の因果をもって宗とする。しかしこの因果は、代表的な大乗経典にあっても因と果の両者ともに等しく備わっているわけではないという。

宗則不定。或単用因為宗。或単用果為宗。或因果合為宗。如涅槃明涅槃常住四徳之果。文内非不明五行十功徳之因果。果正因傍。但以果当宗。若是大品明般若智照之因。文中非無種智涅槃之果。因正果傍。但以因為宗。

（大正三八・五五九中）

智顗にとって代表的な大乗経典の中でも因と果とが過不足なくそろっている『維摩経』は、自身の教理を展開するための格好の題材であったに違いない。このことは事実、智顗が晋王からの依頼を断りきれず着手し始めたにもかかわらず、三観、四教という思想的骨格を完備した計三一巻に上る註釈書の撰述に、死の間際まで従事することとなった一因とも言えよう。

第三節　用玄義としての折伏摂受の思想

一　問題の所在

「折伏摂受」とは化導の方法として、衆生の悪を挫き破る「折伏」と、衆生の善を受け入れおさめてゆく「摂受」との役割が与えられる語である。仏教学一般には、日蓮教学におけるそれが有名であり、それはまた、智顗の文献に散説されることから、いくつかの先行研究において日蓮教学から遡及する形で三大部の考察を中心として智顗の「折伏摂受」義に対する検討がなされている[43]。ただしここでは、智顗が『維摩経』の用玄義として規定した意味においてこの語に着目するのであり、後世における思想の展開は論じない。

ここに考察の対象を限定するのは、智顗の現存文献において、「折伏摂受」の語をもっとも積極的に依用しているのが天台維摩経疏であるという事実に基づく。智顗はこの「折伏摂受」の語をもって『維摩経』の性質を象徴的に示したが、実際には、その註釈の対象となった鳩摩羅什訳『維摩経』には、「折伏」と「摂受」のいずれも使用されていない。後に検討するように、これは求那跋陀羅訳『勝鬘師子吼一乗大方便方広経』（以下『勝鬘経』）を典拠とする語なのである。となると、なぜ『維摩経』の語に依らず、他の経典に説かれる語を援用したのか、その意図が問題となろう[44]。このような問題意識のもと、本節は天台維摩経疏で展開される「折伏摂受」の解明を目指してゆく。

二　折伏摂受の典拠

智顗が用いる「折伏摂受」の成句が、『維摩経』ではなく『勝鬘経』の経文に基づいていることは、『玄疏』および『文疏』の中ではっきりと言及されている。そこで、智顗の用例については後に検討することとし、ここでは典拠とされる『勝鬘経』の経文から考察を加えてゆきたい。次に引用する十受章第二一節は、勝鬘夫人が述べる十大受の誓願の第九番目にあたる部分である。

世尊。我従今日乃至菩提、若見捕養衆悪律儀及諸犯戒、終不棄捨。我得力時、於彼彼処、見此衆生、応折伏者、而折伏之、応摂受者、而摂受之。何以故。以折伏摂受、故令法久住。法久住者、天人充満、悪道減少。能於如来所転法輪、而得随転。見是利故、救摂不捨。（大正一二・二一七下）

この第九受において勝鬘夫人は、自らが菩薩として教化する力を得たならば、さまざまな悪を犯す衆生を「折伏」と「摂受」とによって、もらすことなく救い摂めてゆくという誓いを立てている。ここに見える「折伏」や「摂受」は、『勝鬘経』だけが宣揚するものではなく、[45]たとえば『瑜伽師地論』に教化の方法を五種挙げる中の第一と第二として採用されるなど、[46]広く仏、菩薩の教化方法として説示されていたものである。しかし、上述の引用文に鮮やかに開陳されるように、「折伏」と「摂受」を対の概念として結合させたのは、まさに『勝鬘経』であった。

ただし、注意しなければならないのは、『勝鬘経』においても、「折伏」の語はこの箇所にしか説かれないということである。一方の、「摂受」については、引用文に続く第十受に摂受正法を掲げ、次いで三願章第三ではその摂受正法が三つの願によって開示され、さらに摂受章第四において摂受正法に集約されてゆく。よって、経においては「摂受」の面により重点が置かれていることが理解されよう。

『勝鬘経』はわずか一巻と小部の経典ながら、如来蔵思想や一乗思想を中心に、その内容は極めて難解な議論に富みさまざまな概念を提示する。ここに挙げた十大受も『勝鬘経』の主要な術語の一つに数えられるものであり、註釈家たちによって解釈が分かれる部分でもある。[47]そこで、智顗の十大受に対する理解をまず参照したいところであるが、智顗には『勝鬘経』の註釈はなく、また管見の限り、現存する文献の中にも、それを示した記述を見出すことはできない。

智顗とほぼ同時代に活動した浄影寺慧遠には『勝鬘経義記』が、また嘉祥大師吉蔵も『勝鬘宝窟』を撰述している。そこで、慧遠と吉蔵の註釈書の中で示される十大受と第九願の解釈を検討し、まずは当時の「折伏摂受」理解の一端を確認することとしたい。

（一）慧遠の『勝鬘経義記』における折伏摂受の解釈

十大受章第二の釈の冒頭では、次のように章の名の意義を解釈する。

此章名為不思議大受。菩薩戒広釈、精深難測、名不思議。非余能加、目之為大。為心領納、称之為受。
（続蔵三〇・二八四左上、新纂一九・八七一上）

ここで慧遠が「不思議大受」と言及しているのは、『勝鬘経』の流通分に、仏が十五章に相当する語を列挙する中、「仏言わく、この経をば……不思議大受という、かくの如く受持せよ」との文言に基づくものと考えられる[48]。そして、十の個々の解釈として、まず十受全体を二つに分け、はじめの九受を受世教戒、第十受を受正法戒とする。その上で、『菩薩地持経』所説の三聚浄戒を適用し、第一を摂律儀戒、第二から五までを摂善法戒、第六から九を摂衆生戒に配当する。さらに摂衆生戒については第六、七を「摂取の行」、第八、九を「救抜の行」と区別するが、解釈の中心は「不捨」の義によって第九受を三分して詳説するうちに置かれている。これらは第九受の最後に見える「救摂不捨」の一句より導かれた解釈であろう。

さて、「折伏」と「摂受」については次のように説く。

応折伏下、正明化益不捨義也。剛強応伏、伏令離悪。等漏[49]応摂、摂令住善。第三釈中、初問、次釈、後総結之。何故問也。菩薩正応随順物心。何故求力、折伏衆生、強摂取乎。釈有二。一為法住。二為衆生成就善利。
（続蔵三〇・二八五右下、新纂一九・八七一下）

ここでは「折伏」を悪に対するもの、「摂受」を善に対するものという基本的な解釈がまず提示され、その上で、経の「何以故」を「折伏」がなされることの意味を問うたものと捉える。この点は「折伏」に重点を置いた理解とも取れるが、続く第十受が全面的に「摂受正法」の立場によって説かれることから、第九受の段階での「折伏」に相い対する「摂受」の強調を控えた解釈と言えよう。

(二) 吉蔵『勝鬘宝窟』における折伏摂受の解釈

吉蔵は、十大受に対する五師の説を列挙する。

第二明正受戒、釈此不同、凡有五師。曇林云。自此章為十大願、然下別有三願一願。故不同此釈。馥師云。前五為止悪、後五為生善。不分三戒。第三師云。初戒是総、謂総要心発戒、総出所防。従第二已去、謂別要心発戒、別出所防。第四師云。前九受世教戒、後一得正法戒。随事防禁、名受世教戒。証実離過、名得正法戒。前九中、初一受律儀、中四受摂善法、後四受摂衆生。第五師云。初五摂律儀、中四摂衆生、後一摂善法。此五随人取捨。但今用第五師釈也。(大正三七・二二下)

ここにいう第四師とは、その説がすでに考察した『勝鬘経義記』の釈と一致するので、慧遠であることは明白である。吉蔵自らは、慧遠と同様に三聚浄戒を基軸としながら分類の範囲の異なる第五番目の説を用いると明かす。第九受に関して言えば、吉蔵も慧遠と同様に摂衆生戒に配当する。この点で大きな違いはない。「折伏」と「摂受」に関しても、基本的には慧遠と同じく善悪の関係で解釈をする。

剛強応伏、伏令離悪。柔軟応摂、摂令住善。故名折伏摂受也。何以故下、第三釈折伏摂受之意。何以故者、即是問也。問意云、菩薩但応摂受。何故復行折伏。又問意者、菩薩何故行折伏摂受二種事耶。以折伏摂受令法久住者、此下即是答也。凡有二益。一令衆生得世間益、二令衆生得出世益。(大正三七・二四上)

ただし、ここで慧遠と若干異なるのは、「令法久住」の利益を世間と出世間とに開いた点である。この吉蔵の釈は、文脈としては慧遠釈を基礎としつつ[50]、より詳しく述べて整理したものとの印象を与える。摂衆生戒の第六受から第九受を与楽と抜苦の関係で規定し、この第九受を「未来の苦因を抜く」と定義したことは、慧遠よりも論旨が明確である。[51] なお吉蔵釈は、十大受の総論において『地持経』だけでなく『菩薩瓔珞本業経』も積極的に引用すること、また続く第十受を摂善法戒に配当することが特色である。とくに後者については、慧遠を「有人」としつつ彼が第十受を摂善法戒としないことを挙げ、「摂善の外に別の正法無し」[52] と自説の正統性を主張している。

三　中国における『勝鬘経』の受容と智顗の依用

『勝鬘経』の中国における受容について、その思想的影響として指摘されることの一つに教判の問題がある。『勝鬘経』の伝来は、すでに決着をみつつあった頓漸五時説の枠外に出るものとして波紋を投じたが、結果的には不定教に収められることとなった。また一方で、その一乗章は『法華経』所説の一乗説の正統性を後押しすることとなり、分段生死、五住地の煩悩説は二乗作仏説の教証として、法師たちの注目を集めることとなった。[53]

また、地理的な問題として、とくに北地で活発に研究されたことも特筆すべき点である。先行研究によれば、事実上の第一訳とされる求那跋陀羅訳は、始め南地にもたらされたが、敦煌出土の註釈書の検討から、あるいはそれ以前から北地には別本が流通していた可能性があるという。[54] さらに隋代には、『勝鬘経』の研究は主として北地の学者によってなされていたとの指摘もある。[55]

このような中国における『勝鬘経』の受容の流れに対して、智顗はどのような態度をとったのであろうか。まず、智顗の伝記には、『勝鬘経』を講説したという記録は確認されず註釈書もない。しかしながら、当然その思想に通達していたことは、他の主要な大乗経典ほど数は多くはないものの、各所に引用があることからも明らかである。[56] 天台教学に与えた影響として、四種四諦説が『涅槃経』の所説を基礎にしつつ、『勝鬘経』によって補説され確立したことは、その証左の第一に挙げられよう。ただし、その思想の全体像を智顗がどのように理解したかについては、もう少し慎重に検討しなければならない[57]。

インドにおける『勝鬘経』の成立は、明らかに『法華経』および『涅槃経』の後に位置付けられるものである。思想的にも両経の延長線上に『勝鬘経』のより発展した一乗義、および如来蔵思想がある。智顗は五時の説によって釈尊一代の説法の次第を確定し、方等時に『勝鬘経』を置いたが、利用価値を見出しつつも、やはり『法華経』や『涅槃経』とは区別しなければならなかった[58]。そのため、積極的に解釈する必要性を見出すには至らなかったのであろう。このことを暗示するかのごとく、事実、天台宗では中国、日本を通じて『勝鬘経』の註釈書は皆無に等しい[59]のである。

本節に考察する「折伏摂受」の依用については、智顗の『勝鬘経』の積極的受容の代表例であると言える。しかし智顗と『勝鬘経』については、如上の問題が背景に存することも考慮しなければならない。

四　智顗の「折伏摂受」解釈

「折伏摂受」は、『法華文句』に一箇所、『法華玄義』に二箇所、『摩訶止観』に一箇所の依用が確認されるが[60]、これらは主に、『法華経』や『涅槃経』との対応において説かれる点が特徴である[61]。しかしながら、後に日蓮教学で重視される「折伏摂受」の起源として一般に着目されるこれらの用例は、膨大な文献群の中にわずかな部分を占めるのみである。

（一）『玄疏』用玄義における規定

以上のような散説に過ぎないほどの三大部での依用例に比し、天台維摩経疏ではより体系的に「折伏摂受」を説く。

そこで以下に、その様相を『玄疏』と『文疏』の所説に基づき検証する。

『玄疏』巻六は、体玄義において真性解脱を、宗玄義において仏国の因果を、そして続く用玄義において、化他、自行化他、自行の三種に対応する二智、つまり権智と実智とを規定し「折伏摂受」を説示する。この権実の釈は、光宅寺法雲が体系的にこれを論じたように、智顗以前にも経典解釈、とくに『法華経』の開会思想に広く用いられたものである。[62] その権実二智を基調とする用玄義では、その冒頭において、権実とは不思議の体（真理）、宗（因果、つまり修行とさとり）が成立した上に、その果によってなされる利益の功能であるとされる。そして、五つの項目から権実を詳説する。

「第一簡権実用」では、『維摩経』がとくに化他に基づく権実であると前置きする。[63] 続く「第二明諸教権実不同」では、『華厳経』では別教を権、円教を実とし、三蔵教では権のみとし、方等では四教を具え、蔵通別の三を権、円の一を実とする。『般若経』は蔵教を廃し、通別を権、円を実とする。『法華経』はただ一実のみがあるとし、『涅槃経』にはふたたび四教を具えるが、因においては三権一実であり、果より見れば一実のみであるとする。「第三釈権実義」には、方便品と弟子品で化他の二智を、菩薩品で自行化他の二智を、入不二法門品は自行の二智であるとも説く。[64] ここにおいて一応、三種の二智を『維摩経』の中に見出しつつも、前に示したように化他の二智により価値を置く点は重要である。

次の「第四折伏摂受」は、前に検討した経文を冒頭に引用することで、二智の具体的な働きを説く。

一略明折伏摂受者。如勝鬘云。応折伏者、而折伏之。応摂受者、而摂受之。以折伏摂受故、為令正法得久住故。

今浄名為令不思議法得久住故、是以以方便折伏実智摂受類。（大正三八・五六一上）

この引用の中でも、「折伏」と「摂受」を用いることの目的は、「正法をして久しく住するを得しむ」ためであるとする。

正法の久住という目的は、次の文によっても知られよう。

二明正通此経者。今浄名欲令釈迦正法久住。是故室外弾訶、室内摂受。（大正三八・五六一中）

ここに「浄名欲令釈迦……」というのは、これ以外でも繰り返されるフレーズで、『維摩経』では維摩が主体的に法を説くが、維摩はあくまで仏の教えを補助する立場にあるとする、智顗の見解を示したものである。室外とは、仏国品第一から菩薩品第四までをいい、室内とは問疾品第五から香積品第十までを指す。この他、菩薩行品以下四品を出室とし、三処によって経文全体を分類する。ここで着目すべきは、十大弟子や四人の菩薩までもが破折される室内を「弾訶」と位置付け、室内の「摂受」と対比させていることである。直前の記述から、この「弾訶」は「折伏」と同義に用いられることが分かる。「弾訶」とは『法華経』の信解品に説かれる長者窮子の譬えの解釈として、方等教の教化を象徴する語である。ここにおいて「弾訶」とするものを、他の箇所で「折伏」に比定するのであるから、やはり『勝鬘経』の文脈から意図的に「折伏」を採用したことが窺われる。

「第五約観心明権実」は三観との関係において権実を明かす段であるが、ここでも最後に「即ち是れ観心の折伏摂受にして、正法住するを得るなり」と総括するように、『維摩経』の意義を「折伏摂受」による正法の護持に見出していることが、改めて確認される。

（二）『文疏』随文解釈における適用

随文解釈である『文疏』における「折伏摂受」の依用は、『玄疏』の中ですでに述べられているように、室外での「折伏」と室内での「摂受」という大別に立脚点を置く。巻十、方便品之二「其れ方便を以て身に疾有るを現ず」の釈では、次のように「折伏」と「摂受」の関係が説かれる。

室外説法明弾呵折伏。……室内説法明引接摂受。以折伏摂受、故令正法得久住。……折伏中非無摂受。摂受之中不無折伏。但以従多、為論義有傍正也。（続蔵二八・一七左下～一八右上、新纂一八・五二八中）

このように「折伏」と「摂受」の両者は厳然と区別されるものではなく、どちらにより比重があるかによって区別されるとする説は、『法華文句』のうちにも見出される。このような理解に基づくためか、主な用例は室外の方便品の釈に見られるが、以下にその代表的な例を挙げ、さらに検討を加えてゆきたい。

第一には、仏国品の釈の中にも「折伏摂受」の意味について述べる箇所がある(65)。

浄名既能折伏摂受有縁之類。若浄名成仏之時、如此被折伏摂受衆生、皆来生其国。即是浄名具足方便。能調伏衆生則仏土浄也。弟子菩薩方便示受折伏、即是調伏衆生。衆生既因弟子菩薩、断悪生善。弟子菩薩後成仏時、所調伏有縁衆生、皆来生其国。故言随所調伏衆生則仏土浄也。（続蔵二七・四七〇左下～四七一右上、新纂一八・五〇四下）

この『文疏』巻七、釈仏国品の「其の時、長者子宝積は……」の釈では、依報の仏土への来生という目的から「折伏摂受」がなされることが説かれる。

第二に、四悉檀との関係について見てゆきたい。これは、『文疏』巻十九、問疾品の釈の冒頭に次のように示される。

前両品半是、浄名室外説法、今此品是室内説法。室外弾呵折伏、多用対治悉檀、入第一義。室内引接摂受、多用為人悉檀、入第一義。故勝鬘経云。以折伏摂受故、令正法得久住。法得久住者、即是入第一義。（続蔵二八・九八右上、新纂一八・六〇八中）

「折伏」を対治悉檀に、「摂受」を為人悉檀に配し、「令正法得久住」とは第一義悉檀に入ることだとする。もともと対治悉檀は悪に対するもの、為人悉檀は善に対するものとして定義される。これを「折伏」と「摂受」に配当することは、「折伏摂受」の基本的な解釈に照らしたものと言えよう。

第三は、三観説との関係である。前述のごとく、すでに『玄疏』には「約観心」の項目を設けているが、より具体的な解釈は『文疏』巻九の方便品の釈に見ることができる。ここでは、『瓔珞経』所説とする三種方便と、『中論』観四諦品第二十四の三諦偈との対応を軸にして解釈する。[66]

但瓔珞経明方便有二種。一者破諸法方便、二者教化衆生方便。今約此経、遠論室外折伏、即是破他執諸法之方便。室内摂受、即是為引他立法方便。以折伏摂受故、令正法得久住。前二方便、亦是化衆生之方便也。若約此経、近論者。此品呵諸人者、即破法折伏。勧求仏身、即是立法摂受。以折伏摂受、令正法得久住。……是以中論品破義、即是立法方便。後四諦品、明三宝四諦沙門果、即是立法方便。又偈結云。因縁所生法、我説即是空、破法折伏義也。亦名為仮名、立法摂受義也。亦名中道義、教化衆生、方便令正法久住。

（続蔵二八・九左上、新纂一八・五一九下～五二〇上）

若別相三観、前二観為方便、若入第三中道正観、即是実慧。初従仮入空観、是破法方便、即折伏義。次従空入仮観、是立法方便、即是摂受義。三中道正観、即是教化衆生、方便入実慧也。入実慧者、即是正法得久住者、法身常存也。若約一心三観、方便実慧、不一不異也。（続蔵二八・一〇右上、新纂一八・五二〇中）

この二つの引用文からは、折伏を空観に、摂受を仮観に基づくものとして理解していることが看取される。前者はとくに方便としての「折伏摂受」の功能を三種方便から三諦偈への展開において示し、後者の引用文では、初めに別相三観における前の二観としての「折伏摂受」と、それによって得られる中道正観としての「正法久住」の次第の関係性を説く。その後、円教の一心三観においては、権実が不一不異となるというのであるが、この一文は、より高次のあり方を示唆するに留まっている。その文脈から考えれば、ここでの主眼は、利他行の具体的方法論として別相三観的な「折伏摂受」による「正法久住」への過程を提示することにあると言えよう。

第四に『文疏』における依用例として注意を惹くのは、「折伏」と縁集説との対応である。まず、巻九、釈方便品之初の冒頭では、仏国品の次に方便品が説かれる理由について明かす中、次のような文が見られる。

今浄名大士、住不思議解脱之権謀。故能輔助釈尊、折伏摂受有機之徒。令離諸衆生縁集、各成不思議解脱道。（続蔵二八・八右下、新纂一八・五一八下）

また、巻十、釈方便品之二では、さらにこれを方便品と弟子品と菩薩品の折伏を三種縁集にかけて解釈する。

今就室外折伏文為三。一此半品、明折伏界内有為縁集衆生。二弟子一品、即是折伏無為縁集衆生。三菩薩一品、即是折伏自体法界縁集也。（続蔵二八・一八右上、新纂一八・五二八中）

ここに展開される有為縁集、無為縁集、自体法界縁集の三種縁集説とは、もとは地論宗の説である。『文疏』の中では積極的にこれが用いられ、四土説の確立に大きな影響を与えた(67)。智顗は、地論宗または摂論宗の説を批判的に統合しようとしたとの指摘があるように(68)、北地に受容された『勝鬘経』を典拠とする「折伏」の義を、やはり同様に北地で展開した教学によって解釈している点は重要である。

さて、以上にみたように、『文疏』ではより具体的な天台教学への適用として、三観説や四悉檀説との関係において、「折伏摂受」の教化を定義する。このような有機的な解釈は前に確認した慧遠や吉蔵の『勝鬘経』解釈の範囲には、まったく見られないものである。では、この独自の「折伏摂受」の思想とは、天台教学の中でどのような役割を果たしているのであろうか。巻十一、釈弟子品初には、方便品の次に弟子品が説かれる理由を解釈するため五つの項目を立てるが、第四番目の「四に二乗を折し生蘇の教を成ぜんが為なり」の中にその具体的ヒントを見出すことができる。

第四為欲顕成生蘇教者、至如頓教……譬之如乳。三蔵次……転乳成酪之義也。次聞往昔大士、折挫弾呵、今皆具述。乃至入室、悔歎之声、遍満三千。是則鄙小敬大。氷滞稍融、信心漸転、事等生蘇也。……若至大品、即変成熟蘇。入法華涅槃即得成醍醐也。是則重述所弾入室、有成生蘇之由。（続蔵二八・二七左上、新纂一八・五三八上）

『維摩経』、つまり方等教において「折伏」されることは、五味のうちの生蘇の教を生じさせるためであり、問疾品以降の入室において「摂受」されることによって、次の『般若経』の熟蘇、および『法華経』の醍醐への展望が開かれる重要な手立てとなるという。釈問疾品の由来を説く来意には「大品、法華の啓胤」という表現が見られるが[69]、まさにこのような五味説との関係性において、方等教における「折伏摂受」には大きな意味が付与されたことが知られよう。

五　小結

『勝鬘経』を典拠とする「折伏摂受」は、『勝鬘経』の註釈書を残した慧遠や吉蔵においては、『維摩経』註釈の中で言及されるところがない。それに対して智顗が『維摩経』の用玄義として「折伏摂受」の語句を積極的に依用したことは、智顗の『維摩経』理解の特徴とも言えよう。そこで改めて、『維摩経』の五重玄義において『勝鬘経』の語句をあえて用いた意図について検討してみたい。

智顗は体玄義の「不思議真性解脱」についても、『維摩経』からではなく、その序経であるとする実態不明の「普集経」なる経を典拠とする。なぜ他の経の体を用いるのかという設問に対し、「真性解脱は諸大乗経の体となす。豈、近くこの経の体となすことを得ざらんや[70]」と回答する。このように、単なる『維摩経』の語句解釈に留まらない、広く諸経の思想を包括するという姿勢が、天台維摩経疏の撰述には看取される。

また、智顗の五時教判においては、『勝鬘経』は『維摩経』とともに、釈尊一代の説時において第三の方等教の所説として位置付けられている。「折伏」と「摂受」が説かれる十大受とは、正しく勝鬘夫人の誓願である。したがって、折伏摂受の主体が仏ではなく夫人であるという点において、『維摩経』との接点を見出すことが可能となろう。同じく方等教に位置する両経の主人公は、共に在家に身を置く勝鬘夫人と維摩居士である。その点だけをとっても大きな共通項を有していることになる。したがって、『勝鬘経』所説の「折伏摂受」の依用は『維摩経』に限定されるだけでなく、方等教一般に適用できるものとして捉えられていたと理解することができよう。

さらに、『勝鬘経』の依用については、智顗の内的要因のみならず、外的影響、つまり献上する相手の晋王広に配慮した可能性も検討されるべきであろう。智顗の疏を手に取ったのは、晋王をはじめとする当時の名だたる官僚であった。彼らが共有する仏教理解とは、都のある北地で隆盛していた教学に基づいたものであったと想像される。これは、南地を中心に活動をした智顗のそれとは、当然隔たりもあったであろう[71]。智顗も彼らの要求に応じた以上、彼らの理解を促すように、なじみのある概念を織り交ぜつつ註釈を構成するよう配慮がなされた結果、「折伏摂受」もより重層的な解釈になっていったものと考えられる。

おわりに

以上に『玄疏』巻六に説かれた出体・明宗・弁力用の三玄義に関連する諸問題を論じた。各節で明らかにした点はそれぞれの結語に示した通りであるが、ここで改めて要点を述べておきたい。

第一節では、『玄疏』で『維摩経』の体（根本真理）として掲げられた真性解脱に関連する問題として、三獣渡河の譬喩に着目し、その依用について考察した。三獣渡河は、兎・馬・象と大きさの異なる動物を三乗になぞらえ、その三獣が河を渡る姿の違いから三乗の相違を表現する譬喩である。そのモチーフは部派仏教以来、仏典においてしばしば用いられているものであるが、代表的な用例を比較したところ、設定や主題に変化が見られることが明らかとなった。智顗がこの譬喩に着目したのは、引用例の有無より判断して、後半生に入ってからと考えられる。『玄疏』では、四教のうち通教と別教を説く中で用いられるが、通教では、通教菩薩の空観による断惑が二乗より優れていることを示すための譬喩として用いられているのに対し、別教では、別教菩薩が空だけでなく不空を観ることを表すために譬喩が使われるという違いが見られた。また、『玄疏』では続く円教の説明で用いられなかったが、『法華玄義』では円教を説明する譬喩として、三乗に加えて仏を登場させるほか、空・不空に加えて『法華経』の体と規定される諸法実相の体得を主題とする例が確認された。『法華玄義』の円教の用例を『玄疏』における通教と別教の用例に重ねると、四教と行位説との融合や、その過程を看取することができた。

第二節では、『玄疏』で『維摩経』の宗（修行とさとりの関係）として掲げられた仏国因果について、それが規定された意味を考察した。体玄義と用玄義の間に置かれた宗玄義は、自行の因果を明らかにすることで、前に説かれた非因非果の体と後に示される化他の因果である用を明確にするという働きが与えられていることを確認した。また、他師と比較して智顗に特徴的な解釈として、三科（序分・正説分・流通分）を分けるにあたって仏国因果の有無を重視していたこと、『維摩経』において依報の仏国が説かれるのに先行して「普集経」では正報の因果が説かれたとする説の紹介、などがあることを指摘した。また、『維摩経』が因果を等しく具えていることを評価する釈に着目し、このような智顗の『維摩経』観が註釈撰述に最晩年を費やした一因となった可能性に言及した。

第三節では、『玄疏』で『維摩経』の用（教えの働き）として掲げられた折伏摂受について、なぜ『維摩経』には直接説かれない語を援用したのかという観点から考察を加えた。そこでまず、折伏摂受の直接的な典拠となる『勝鬘経』の検討、および中国における解釈を確認した。その上で、智顗の折伏摂受に対する解釈の特質として、第一に、『維摩経』が折伏摂受を説く目的は正法久住のためであり、その正法とは真性解脱だと明記されていること、第二に、室外四品では折伏、室内六品では摂受がなされるという『玄疏』で示された理解に基づき、『文疏』ではさらに四悉檀、三観説、縁集説といった教理と関連付けて解釈する例があること、第三に、折伏は生蘇の教、摂受が熟蘇の教えを成ずるという五味説との関連から重視されること、などがあることを指摘した。

本章では、三節にわたり五重玄義の中から体・宗・用を取り上げ、その特質を考察したが、以上の結果から体・宗・用が密接な関係をもって説かれたことが知られよう。天台維摩経疏は『維摩経』を解釈するものでありながら、第二節に考察した「普集経」との関係や、第三節に検討した『勝鬘経』の依用など、諸経の教説を柔軟に取り入れている。この点が、智顗釈の特色である。このような智顗の経典観が背景となり、天台維摩経疏は『維摩経』の註釈という本来の目的を超えて、『維摩経』を介した仏教概説書としての性格が付与されることとなったのであろう。

註

（1）『玄疏』巻一「就前五條、束為三意。初但標人法、此即是総。次開体宗用、此即是別。後明教相、義兼総別」（大正三八・五一九中）。

（2）『肇論』「明漸第十三　無明曰。……経曰、三箭中的、三獣渡河。中渡無異、而有浅深之異者、為力不同故也。三乗衆生、倶済縁起之津、同鑑四諦之的」（大正四五・一六〇中）。

（3）『法華経義記』巻二「復言種種譬喩者、譬三乗行因時、声聞如兎、縁覚如馬、菩薩如象。譬三乗得果時、声聞以譬羊車、縁覚以譬鹿車、菩薩以譬牛車」（大正三三・五九五中）。

（4）卍正蔵経第六十九冊七十九丁右。明の永楽十七年（一四一九）に天台系の僧とされる一如によって編纂された全五〇巻。また、Abel Rémusat の『法顕伝』のフランス語訳は、三乗について註釈する中で、この『大明三蔵法数』を参照し三獣 trois animaux の譬喩を紹介している。Abel Rémusat, 仏国記 *FOE KOUE KI ou Relation des Royaumes Boudhiques: Voyage dans la Tartarie, dans l'Afghanistan et dans l'Inde*, Paris, 1836, p.11 を参照。当時の西洋の学者は、この解説によって仏教に小乗と大乗があることを認識し、結果としてヨーロッパ仏教学の黎明期に大きな進展をもたらした。

（5）主なところでは、『望月仏教大辞典』『岩波仏教辞典』が『法華玄義』の説を引用する。また、中村元『広説 仏教語大辞典』の「三獣」は参照として『摩訶止観』を挙げる。

（6）白象入胎説について部派仏教の時代に解釈が分かれていたことは、『異部宗輪論』にも記載されるところである。それによれば、説一切有部では仏身を有漏とする立場から、あくまで摩耶夫人の夢として解釈したのに対し、大衆部では仏身無漏説によって、白象といえども太子の化身であって畜生ではないとし、事実として認めていた。西村実則「「白象入胎」をめぐる有部と大衆部」（『日本仏教学会年報』六六号、二〇〇〇、三八頁）参照。

（7）『国訳一切経 本縁部九』の常盤大定による『方広大荘厳経』解題では、本経と大乗経典との関連を示す中で、「本経には見出されないから」（八頁下段）として『普曜経』の三獣渡河の引用を挙げている。また、「三獣渡河の譬は、北涼曇無讖訳の優婆塞戒経に出で、又同訳の涅槃経に説かれてゐることによつて、極めて有名な譬喩となつて居るが、本経が涅槃経より成立年代の早いことは、諸種の点より動かし難い所である。優婆塞戒経との前後に関しても、恐らく本経の方が先んずるのではないかと思ふ」（九頁下段）との見解を示している。また、『普曜経』について、J. W. de

Jong, "Notes on Lalitavistara, chapters1-4"（『国際仏教学大学院大学研究紀要』一号、一九九八、二四六頁）は、竺法護の訳語に難点があるとしつつも、この漢訳が Lalitavistara の成立史においてもっとも古い事例であり、無視できない、と指摘する。ただし、三獣渡河の譬喩は、異訳とされる唐代の地婆伽羅訳『方広大荘厳経』や現存する梵本の Lalitavistara の対応する箇所には見出されない。その点に関連して、岡野潔「普曜経の研究（下）」（『文化』五十三―三・四号、一九九〇）では、『普曜経』の巻一から巻七までを Lalitavistara や『方広大荘厳経』が分岐する前の統一的な原形とするが、『普曜経』独自の付加として、三獣渡河を含めた三例を指摘する。しかしこれらに対して、「数パーセントほど伝承の過程で加わった部分であり、あまり意図的な付加とはいえないであろう」（六八頁）として、さほど問題視していないようである。

（8）『優婆塞戒経』の原型は『長阿含経』巻十一、『中阿含経』第三十三所収の『善生経』などに見られ、思想的には『瑜伽師地論』菩薩地戸羅品との関連が指摘されている。土橋秀高『戒律の研究』（永田文昌堂、一九八〇、二五三～二六四頁）参照。また諸研究によって『瑜伽師地論』より成立年代が遡ると考えられており、西暦三五〇年以前の成立との見方もある。北塔光昇『優婆塞戒経の研究』（永田文昌堂、一九九七、五五頁）参照。なお、『善生経』や『瑜伽師地論』には三獣渡河の譬喩は見られない。

（9）『優婆塞戒経』巻一「如来世尊総相別相一切覚了。不依聞思無師独悟。従修而得故名為仏」（大正二四・一〇三八中）。

（10）玄奘訳『阿毘達磨大毘婆沙論』巻一百四十三、根蘊第六中根納息第一之二（大正二七・七三五中）に相当箇所がある。また『鞞婆沙論』巻四（大正二八・四四五下）にも同様の引用がある。

（11）曇無讖訳北本『大般涅槃経』巻二十三、光明遍照高貴徳王菩薩品第十之三（大正一二・五〇二中）に対応し、まったく一致する。

（12）曇無讖訳北本『大般涅槃経』巻二十七、師子吼菩薩品第十一之一（大正一二・五二三下～五二四上）に対応し、南本での「十二縁河」は「十二因縁河」とする。

(13)　声聞・縁覚・菩薩・諸仏の四者を涅槃の相違で区別する立場は、すでに月喩品の中で示されている。
(14)　安藤俊雄『天台学――根本思想とその展開』（平楽寺書店、一九六八、一〇〇～一〇一頁）参照。
(15)　『大智度論』巻二十七、釈初品大慈大悲義「如是等諸聖人、雖漏尽而有煩悩習。如火焚薪、已灰炭猶在。火力薄故、不能令尽。若劫尽時、火焼三千大千世界、無復遺余、火力大故。仏一切智火亦如是。焼諸煩悩、無復残習。……問曰。諸阿羅漢辟支仏、同用無漏智、断諸煩悩習。何以有尽不尽。答曰。先已説智慧力薄、如世間火。諸仏力大、如劫尽火。今当更答。声聞辟支仏集諸功徳智慧、不久。或一世、二世、三世。仏智慧功徳、於無量阿僧祇劫、広修広習。善法久薫故、於煩悩習、無復余気」（大正二五・二六〇下～二六一中）。
(16)　『法華玄義』巻四下「十仏地者、大功徳力資智慧、一念相応慧、観真諦究竟、習亦究竟。如劫火焼木、無復炭灰。如象渡河、到於辺底」（大正三三・七三〇上）。『法華玄義』明位妙は、灌頂によって智顗の滅後に『四教義』を参照して著されたことが明らかだとされる。佐藤哲英『天台大師の研究』（百華苑、一九六一、三二八頁）参照。また、『菩薩戒義疏』巻上（大正四〇・五六四中）にも『法華玄義』とほぼ同文が見られる。
(17)　『涅槃経』巻二十五「十二因縁名為仏性。仏性者即第一義空。第一義空名為中道。中道者即名為仏。仏者名為涅槃」（大正一二・七六七下）。
(18)　『大智度論』巻十八には、いまだ煩悩を滅し尽しておらず智慧の眼も浄らかでない菩薩が、どうして諸法実相を得ることができるのか、との問いが出される。それに対し、「如人入海。有始入者、有尽其源底者、深浅雖異、倶名為入。仏菩薩亦如是。仏則窮尽其底。菩薩未断諸煩悩習、勢力少故、不能深入。如後品中説」（大正二五・一九〇上～中）と答え、菩薩は浅いながらも実相の海に入ることができる、と譬えている。
(19)　『望月仏教大辞典』「三獣渡河」の項目も⑤を引用し、「象を大小の二種に分ち、小象を別接通の菩薩に、大象を円接通の菩薩に比せり」（一五五四頁下段）と解釈を加えているが、恐らくは湛然ないし痴空の釈に倣ったものであろう。
(20)　若杉見龍「被接について」（『棲神』五〇号、一九七八）、大久保良峻『天台教学と本覚思想』（法藏館、一九九四）所収「日本天台における被接説の展開」を参照。若杉見龍は『摩訶止観』や『法華玄義』の「被接」の語は灌頂の付加であるとする。

(21) 池田魯参『詳解 摩訶止観』研究註釈篇（大蔵出版、一九九七、九〇頁）参照。

(22) 藤井教公「天台智顗における『涅槃経』の受容」（『大倉山論集』二九号、一九九一）は、智顗は『涅槃経』仏性説の受容においても、十二因縁を根底とし空との結びつきを示した仏性を重視していたことを強調している。また同じく藤井教公「天台智顗の実体論批判」（江島惠教博士追悼論集刊行会編『江島惠教博士追悼論集 空と実在』春秋社、二〇〇一）では、智顗のこのような立場から、地論、摂論の二宗の一切法の依持説に対し批判を加えていたと論究する。

(23) 塩入良道「天台行位説形成に関する諸問題一」（『大正大学研究紀要』五四号、一九六八）参照。

(24) 江戸時代の安楽律派、守篤本純（一七〇二〜一七六九）も『維摩詰経玄疏籤録』巻三において、この三獣渡河が『涅槃経』に出ているとするが、詳しいのは『優婆塞戒経』の方であるとして経文を引用する（十二丁左）。また巻六には、『摩訶止観』第六之二十五に『涅槃経』に出るというが、愚見であるとする（十四丁右）。これは⑦に対する批判である。

(25) 大西龍峯「吉蔵の二河義」（平井俊榮博士古稀記念論文集刊行会編『平井俊榮博士古稀記念論集 三論教学と仏教諸思想』春秋社、二〇〇〇）では、二河義の項目を立てる続蔵二—二套所収の『三論略章』は吉蔵の編著とは認めがたいものであるが、真撰とされる『中観論疏』や『十二門論疏』の中にも、十二因縁と仏性の二河の相関関係について論じている箇所を挙げ考察を加えている。この中で、『三論略章』二河義に五種を挙げ、うち生死河と涅槃河を対比させているが、このような認識は吉蔵ないし三論宗の独自の解釈であるとし、灌頂が『涅槃経疏』で生死と涅槃の河を対比して捉えていることについて、「本書は明らかに三論の文献を参照して書かれている」（一一八頁）と断定する。

(26) 『玄疏』巻一「此経以不思議人法為名。不思議真性解脱為体。不思議仏国因果為宗。不思議権実折伏摂受為用。不思議帯偏顕円為教相。故今明此経、始従如是我聞、終乎歓喜奉行、皆明不思議也」（大正三八・五一九上）。

(27) 田村完爾「天台智顗撰『維摩経疏』における「仏国因果」の一考察」（佐々木孝憲博士古稀記念論文集刊行会編『佐々木孝

憲博士古稀記念論集　仏教学仏教史論集』山喜房佛書林、二〇〇二）参照。

(28) 池田魯参「天台学の修証の構造――宗玄義と観心釈について」（『駒澤大学仏教学部研究紀要』三五号、一九七七）参照。なお、一部『観音経』『請観音経』『阿弥陀経』に対しては因果に代えて感応を宗とする註釈もあるが、『法華文句』には「因縁は亦た感応と名づく」と規定されることより、その趣旨は大きく変わらないことを池田氏は指摘している。

(29) 池田魯参「中国天台学の修証論」（『日本仏教学会年報』四五号、一九七九）、秋田光兆「天台教学における因果」（『天台大師研究』天台学会、一九九七）参照。

(30) 『玄疏』巻六「小乗明有作四聖諦。大乗明無作四聖諦。於是二門、更立二種四諦。謂無生四真諦、無量四諦。合為四種四諦。並是明因果之義。具出涅槃。解釈顕在法華疏也」（大正三八・五六〇上）。なお、ここにいう「法華疏」という用語は『法華玄義』と『法華文句』の両者を指す場合と、『法華文句』のみを指す場合とがあるが、佐藤哲英（一九六一、三三五頁）は、この引用文における「法華疏」を『法華玄義』と認定する。

(31) 安藤俊雄『天台思想史』（法藏館、一九五九）「天台智顗の浄土教」の章参照。

(32) 青木隆「『維摩経文疏』における智顗の四土説について」（『早稲田大学大学院文学研究科紀要』別冊一一集、哲学・史学編、一九八五）、同「中国地論宗における縁集説の展開」（『PHILOSOPHIA』七五号、一九八八）参照。

(33) 菅野博史「維摩経分科に関する智顗と吉蔵の比較」（『印度学仏教学研究』三三巻一号、一九八四）では、『文疏』で引用された諸師の説を検討し、吉蔵の分科が最終的には智顗と同じ内容になった過程を考察する。

(34) 『維摩経』巻上、仏国品第一「爾時長者子宝積、説此偈已、白仏言」（大正一四・五三八上）。

(35) 『維摩経略疏』巻一「説何物法者、此似法華。法華前説無量義経、論無量義。通此中亦爾。従来云、説普集経。未見其文、不知明何物事也」（続蔵二九・一〇三左下、新纂一九・一六二上）。

(36) 「普集経」については、本書第三部第三章第三節を参照されたい。

(37) 『維摩経義疏』巻一「用権実二智。為此経宗。……照実相名為実慧。観神通謂方便慧。故用二慧、為此経宗」（大正三八・九一六下）。

(38)　『浄名玄論』巻四「正以二智、為解脱体。不以解脱、為二智体。何以知之。経云。慧有方便解、方便有慧解。不言解脱有方便。解脱有於慧。故知二智為解脱体。不以解脱為二智体」（大正三八・八七六中）。

(39)　真野正順『仏教における宗観念の成立』（理想社、一九六四、二八四～二八五頁）参照。

(40)　平井俊榮『中国般若思想史研究』（春秋社、一九七六、三七四～三七五頁）は、吉蔵の維摩経註釈書類の成立を、『浄名玄論』が開皇の末（五九九または六〇〇）、『維摩経略疏』が仁寿の終（六〇四）、『維摩経義疏』は大業年中（六〇五～六一七）と推定する。

(41)　当該の引用文は『維摩経義疏』巻一の「玄義」とされる部分に存在する。この「玄義」については『維摩経遊意』一巻と全同であることが指摘されている。その文献学的問題と本文の書き下しならびに註釈は大西龍峯・奥野光賢「吉蔵撰『維摩経遊意』の注釈的研究」（『駒澤短期大学研究紀要』二九号、二〇〇一）において発表されている。『維摩経義疏』引用箇所に相当する文句の書き下しは二九三頁に対応する。

(42)　品の設定が吉蔵の引用文と異なるが、たとえば『維摩義記』巻一では「初之二会、偏明如来浄土因果。第三会中、偏明如来法身因果」（大正三八・四二二下）と、浄土因果と法身因果によって『維摩経』の三会の思想的特質を述べている。

(43)　筆者が参照したものとして、望月歓厚「日蓮聖人と法華思想との連関——特に妙法蓮華経に見る折伏摂受について」（坂本幸男編『法華経の思想と文化』平楽寺書店、一九六五）は、法華三大部における用例について裨益されるところが多い。また、近時の日蓮教学研究では、今成元昭「日蓮の摂受・折伏観をめぐる一問題——『法華経』の折伏について」（『日蓮教学研究所紀要』三〇号、二〇〇三）では、やはり三大部の検討も含めた考察がなされている。これらの研究では、智顗の文献の中でも、「折伏摂受」がもっとも積極的に受容されている天台維摩経疏への関心はまったく見られない。ただし、このような傾向は、日蓮の教学が『法華経』に依って確立され、また日蓮の「折伏摂受」の思想、いわゆる摂折論も三大部に散説される文言に基づき展開されることからして、当然の流れではある。一方、田村完爾「天台智顗の折伏義に関する一考察」（『宗教研究』七三巻四輯、二〇〇〇）では、三大部以外にも『玄疏』や『文疏』に対象を広げ、主な「折伏摂受」の用例を列挙する。

(44) 鳩摩羅什訳『維摩経』および『法華経』には、「折伏」も「摂受」も直接的には説かれない。ただし、玄奘訳『説無垢称経』には、二三箇所にわたって「摂受」の語が使用されている。羅什訳の法供養品の「守護正法」が玄奘訳では「摂受正法」とある点は、『勝鬘経』における「摂受正法」と比較して興味深い。また「折伏」については、『維摩経』の現存三訳いずれにも見られないが、それに相当する語としては「調伏」がある。

(45) 高田仁覚「仏教における「折伏」について」（『密教文化』四三・四四合併号、一九五九）は、インド仏教における折伏の意味を「要は、衆生の煩悩、悪業、破戒的行為、正法に対する誹謗、菩薩自らの種々なる煩悩、及び心の散乱その他を、種々なる方便で抑制することである。そして、ほとんどの場合、仏・菩薩の慈悲の心に支えられたものであることから、また、如来蔵経典及び密教経典に多くの用例が見出されることから、折伏は如来蔵教学及び密教教学に密接に結びついたものと考えられる」（二二頁）と指摘する。これとは対照的に、中国の受容においては、教判論との関係に着目し、折伏の意義を分析する。

(46) 『瑜伽師地論』巻八十六「復次大師、於諸声聞、略有五種師所作事。一者正折伏。二者正摂受。三者正訶責。四者正説雑染。五者正説清浄」（大正三〇・七八三下～七八四上）。

(47) 水尾現誠「勝鬘経十大受の解釈」（『宗教研究』五〇巻三輯、一九七六）参照。吉蔵の引用する五師の十大受の解釈を、これを願と理解するものと行と理解するものとに大別する。ただし、これらはそもそも「利他の願が自己の行となって成就していくのである。このように願と行という解釈が出てきたのは、第二訳の経文「恭敬して立って**十大受を受く**」、第三訳「如来の前に於いて合掌して立ち、**十弘誓を発して**、是の如き言を作す」という二種の訳文からも察せられると思われる」と訳文の上でも解釈が分かれたことを指摘する。

(48)「仏言、此経……不思議大受如是受持」(大正一二・二二三上)。なお、漢訳『勝鬘経』にはこの箇所に列挙される文言と対応する十五の章が立てられている。これは中国の註釈者たちによってなされたものとされ、また註釈書によってはその分節が異なるごとく、解釈が分かれる点である。雲井昭善『勝鬘経』(仏典講座一〇、大蔵出版、一九七六)の序論に詳しい。高崎直道訳『如来蔵系経典』(大乗仏典一二、中公文庫、二〇〇四)は、チベット語訳からの現代語訳にあたって、「漢訳第一訳(=求那跋陀羅訳)の章別は、必ずしも内容にそぐわないので、代わりに五章二十八節に分けた」(六七頁、( )内は筆者の補筆)と凡例に記すごとくである。

(49)ここにいう「等漏」は前の「剛強」の対として使用される語であるが、語義不明である。吉蔵にほぼ同文が引かれる中では「柔軟」とあり、それを参照してか、続蔵の校異には「等漏疑柔軟」として、「柔軟」の誤りである可能性を指摘する。

(50)『勝鬘宝窟』については、すでに多くの研究によって慧遠の『勝鬘経義記』との密接な関係性が指摘されている。とくに有人釈の多くが慧遠の説であることは、桜部文鏡の『国訳一切経』解題においてすでに指摘されるところである。その後、散逸とされていた慧遠の『勝鬘経義記』の下巻が敦煌写本の中から確認されたことによって、一層その説は有力なものとなった。藤井教公「Pelliot Ch. 2091『勝鬘義記』巻下残巻写本について」(『聖徳太子研究』一三号、一九七九)に詳しい。このように、文献学的な類似性が指摘される一方で、藤井教公「『勝鬘経』の世界——中国如来蔵思想史研究の手がかり」(『横浜市立大学論叢』人文科学系列三四号、一九八二)は、吉蔵と慧遠は如来蔵の受容が大きく相違すると思想的差異を指摘する。

(51)『勝鬘宝窟』巻上末「第四抜苦因。或亦前是抜現苦。今是抜当苦也。今総釈四戒、雖有四戒、不出慈悲。前両戒大慈与楽。後両戒大悲抜苦」(大正三七・二三中)。

(52)『勝鬘宝窟』巻上末「今明摂善法戒。然摂善即是正法。摂善之外、無別正法」(大正三七・二四中)。

(53)横超慧日「中国仏教学界における勝鬘経の定着」(奥田慈應先生喜寿記念論文集刊行会編『奥田慈應先生喜寿記念 仏教思想論

集』平楽寺書店、一九七六）参照。

(54) 藤枝晃「北朝における『勝鬘経』の伝承」（田村円澄、川岸宏教編『聖徳太子と飛鳥仏教』日本仏教宗史論集第一巻、吉川弘文館、一九八五）参照。

(55) 佐藤心岳「隋代における「勝鬘経」の流布の実情」（『印度学仏教学研究』一六巻二号、一九六八）では、隋代における『勝鬘経』研究者として彦琮、曇延、慧遠、霊裕、曇遷の五人を取り上げる。彼らが隋代に北地の長安で政治の中枢と密接な関係をもって活動していたことは、『続高僧伝』の記述に明らかであるという。

(56) 筆者が調査した限り、智顗の文献において『勝鬘経』が引用される主な例は、一乗章第五所説の五住地の煩悩、一乗章の分段と変易の二種生死に関説するもの、または顚倒真実章第十二「三乗初業、不愚於法」（大正一二・二二二上）がある。

(57) 智顗の『勝鬘経』理解の具体例としては、自性清浄心を『勝鬘経』の体と見なしていたことが『法華玄義』巻九上（大正三三・七九三上）や『玄疏』巻五（大正三八・五五二中）において確認される。

(58) 『法華文句』巻九下「問……法華一乗与勝鬘一乗、何異〔云云〕。若分別答者、法華略明常、涅槃広明常。勝鬘為一明一。法華会三明一〔云云〕」（大正三四・一二七中）。なお、横超慧日（一九七六）の「彼の教学にとって勝鬘経の影響、延いては法雲を通しての勝鬘経の活用が顕著に認められることを否定できぬ。或いはまた、論理的な勝鬘一乗を暗に念頭におきつつ、教説としての方便に重点をおく法華一乗を専心究明したところに天台智顗思想の発揮があったと見ることができるかもしれない」（六八二頁）という指摘は、この問題を考える上で、重要な指摘といえよう。ただし、後に述べるように智顗の『勝鬘経』依用には、横超氏の指摘する法雲の影響のみならず、地論教学との関係も視野に入れなければならないと考える。

(59) 天台宗の文献を網羅的に収める渋谷亮泰編『昭和現存天台書籍綜合目録』増補版上巻（法藏館、一九七八、七四頁）には『勝鬘経』の項目を立てるが、そこに記録されているのは『勝鬘経』そのものと、聖徳太子『勝鬘経義疏』と明空

『勝鬘経疏義私鈔』の三文献のみである。

(60) 三大部における用例は次の四箇所である。①『摩訶止観』巻十下、観諸見境「夫仏法両説、一摂二折。如安楽行、不称長短、是摂義。大経執持刀仗、乃至斬首、是折義。雖与奪殊途、倶令利益。若諸見流転、須断令尽。若助練神明、迴心入正、皆可摂受」（大正四六・一三七下）。②『法華玄義』巻六上、神通妙「若応同依報者、有両意。若国土苦楽由於衆生、非仏所作。仏但応同而已。若作折伏摂受者、仏鑑機縁、或作苦国、或作楽国。苦楽由仏、不関衆生。……若作伏摂義者。国由於仏、不関衆生。……（以下、四悪趣、人天、蔵、通、別、円の衆生に対する折伏摂受が説かれる）」（大正三三・七五一中）。③『法華玄義』巻九上、顕体章「法華折伏、破権門理。如金沙大河、無復廻曲。涅槃摂受、更許権門。各為因縁、存廃有異。然金沙百川、帰海不別」（同・七九二中）。④『法華文句』巻八下、釈安楽行品「大経偏論折伏住一子地。何曽無摂受。此経偏明摂受。頭破七分、非無折伏。各挙一端、適時而已。理必具四。何者適時称宜、即世界意。摂受即為人意。折伏即対治意。悟道即第一義意也」（大正三四・一一八下）。田村完爾（二〇〇〇）では、④を依用の内容から二つに分けるが、両者は連続する文脈にあるので、本書では一箇所と見なすこととする。

(61) 三大部における「折伏摂受」の用例は少ないが、湛然はこれらに基づきより積極的な解釈を付与する。望月歓厚（一九六五）に「湛然の末代折伏義は、智顗に比べて日蓮の折伏思想に数段の進捗を示したといえるであろう」（六二七頁）と指摘されるように、湛然の解釈を経由せずして日蓮の摂折義は成立しえなかったとも言うべき、後世への影響が見られる。このように湛然が智顗よりも積極的に「折伏摂受」に着目したという事実は極めて重要な研究課題であるが、本節ではまず智顗の『維摩経』解釈の範囲において問題を整理することを主たる目的とするので、湛然の解釈についての検討は保留する。

(62) 坂本幸男「中国仏教と法華思想の連関」（坂本幸男編『法華経の思想と文化』平楽寺書店、一九六五）、福島光哉「智顗の権実二智論」（『仏教学セミナー』二七号、一九七八）参照。

(63) 『玄疏』巻六「今経正就化他明権実」（大正三八・五六〇下）。

(64)『玄疏』巻六「今経所明、備有三種二智。為国王長者諸声聞、用化他二智。為諸菩薩、用自行化他二智。杜口無言、是自行二智也」(大正三八・五六一上)。

(65)この釈は、「折伏摂受」と依報の関係を示すものとして、前掲註(60)の②に展開される折伏摂受と浄国、穢国が四趣悪、人天、四教の六種にわたって展開される釈との関連が窺われる。

(66)『文疏』巻九では「二種方便」とあるが、先行する巻八では「復有四教各三方便。一破法方便。二立法方便。三教他方便」(続蔵二八・三右下、新纂一八・五一三下)と三種を挙げる。巻九の箇所に対応する『略疏』巻三において、湛然は「但有瓔珞有三。一破法。二立法。三教化衆生」(大正三八・五九七上)と三種に開く。なお、この『瓔珞経』所説とされる三種方便は『法華玄義』巻一下(大正三三・六八六中)にも説かれるが、『菩薩瓔珞本業経』の中にはこのような明確な方便の分類は見られず、痴空慧澄『法華玄義講義』も「文未検」としている。

(67)縁集説については、青木隆「『維摩経文疏』における智顗の四土説について」(『早稲田大学大学院文学研究科紀要』別冊一一集、哲学・史学編、一九八五)に詳しい。

(68)池田魯参「天台教学と地論摂論宗」(『仏教学』一三号、一九八二)参照。

(69)『文疏』巻十九「四為入大品法華之啐胤者。……今文殊入室、更聞六品之説。即得転酪、成生蘇也」(続蔵二八・九八右下〜左上、新纂一八・六〇九上)。ここに見える「啐胤」は、『法華文句』巻一上の冒頭に序品の序の語義を挙げる中にいう「啐引」と同義であろう。湛然『法華文句記』巻一上には「言啐引者。以譬顕也。講啐家之引、故名啐引」(大正三四・一五二上)という。

(70)『文疏』巻九「問曰。説普集経明真性解脱者。此是彼経之体。何得用為此経体也。答曰。真性解脱、通為諸大乗経体。豈不得近為此経体也」(続蔵二八・八左上、新纂一八・五一八下)。「普集経」については、本書第三部第三章第三節を参照されたい。

(71)これに関連して『国清百録』巻四に収録する柳顧言「天台国清寺智者禅師碑文」には興味深い記述がみられる。智顗が菩薩戒を授けた時の様子について「経所謂摂律儀戒。摂善法戒、摂衆生戒。顕発三願、真正十受。如一切色、悉入空界者。其斯之謂歟」（大正四六・八一七下）と述べる。これは明らかに『勝鬘経』の十大受と三願のことを述べており、「如一切色、悉入空界」は正しく三願章の文である（大正一二・二一八上）。池田魯参『国清百録の研究』（大蔵出版、一九八二、四八七頁）はこの十受を十重禁戒と解釈しているが、ここでは『勝鬘経』に基づいて理解すべきであろう。また十受と三聚戒とを関連付けた解釈が慧遠や吉蔵の釈で用いられることは、すでに確認した通りである。しかし、智顗の梵網戒にこのような三聚戒と『勝鬘経』とが関連して説かれることはない。ここに、智顗と柳顧言との若干の乖離が見出される。前田崇「天台大師における三聚浄戒」（『天台学報』第三七号、一九九五）ではこの一文を「この時の受戒作法時において少なくとも三聚浄戒の言及を大師がしていたことが窺われる」（一九頁）とするが、この文脈は受戒作法の素晴らしさを勝鬘夫人の十受や三願の様子に擬して讃えたものである。なお、柳顧言は『国清百録』に収録された書状により維摩経疏の献上本を繰り返し閲覧した人物であることが知られる。

第三章　智顗の『維摩経』解釈とその特色

はじめに

近年、中国における『維摩経』信仰をもっとも網羅的に研究した何剣平氏は、『玄疏』における金粟如来の本迹説による解釈や、『文疏』に見られる科段および実社会に即した解釈表現などが、後の註釈や俗講・変文などに引き継がれた点を重視し、天台智顗（五三八～五九七）の『維摩経』解釈が中国社会の幅広い階層に影響を与えたと評価する。(1)また、唐代、荊渓湛然（七一一～七八二）とほぼ同時代に長安で訳経に従事したとされる道液（生没年未詳）の『浄名経関中釈抄』や『浄名経集解関中疏』は、敦煌写本が多く残るほか、広く学ばれた文献であることが諸目録より知られる文献であるが、その中には『注維摩詰経』の諸師の解釈に加え、智顗の釈が多く採用されている。(2)これらの例から、天台維摩経疏は、文献そのものの流伝としては断絶などの危機にも見舞われたが、その思想は早い段階からさまざまな形で伝えられ、諸方面に影響を与えていたことが知られよう。このように参照され続けた最大の要因、それは他師の説には見られない智顗の『維摩経』解釈の独自性にあると思われる。

そこで本章では、三節にわたりその特色を検討してゆく。まず第一節において、経題であり経の実質的な主人公でもある「維摩詰」の名に対する解釈を『注維摩詰経』の諸解釈や智顗と同時代の法師たちの解釈との比較から考察する。第二節では、やはり諸師の科文と智顗のそれとを比較し、一般的な序・正・流通以外にも別の分類を用いた、その独自性を指摘する。最後に第三節では、『維摩経』の序として位置付けられる「普集経」なるものに焦点を当てる。

第一節　「維摩詰」の語義解釈

一　問題の所在

鳩摩羅什訳『維摩詰所説経』の経題にある「維摩詰」とは、この経の主人公の名を音写したものである。その語に相当する梵語のvimalakīrtiは「汚れなく名声の高い者」という意味である[3]。漢訳では玄奘訳以外、これをすべて音写語によって表しており、とくに「維摩詰」はすでに支謙訳において採用されているため、中国においてその歴史は長い。鳩摩羅什は、『大智度論』の中で「毘摩羅詰」を用いる例が確認されることから、最初から「維摩詰」を採用していたわけではない。しかし、今日我々が知る経題に明らかなように、最終的には支謙の訳語を継承したようである。その語義について、まず唐の建中年間（七八〇～七八三）末から元和二年（八〇七）までに成立したとされる慧琳『一切経音義』巻二十八の釈を見ておきたい。その内容は、七世紀に成立したとされる玄応の音義がそのまま収録されているため、実際には玄応の釈ということになる。

維摩詰〔或言毘摩羅詰、亦言鼻摩羅雞利帝。此訳云無垢称。称者名称也。或為浄名者、其義一也〕

（大正五四・四九六中）

ここでは、とくに典拠を挙げず、簡単に音義と語義を示している。また、南宋の紹興十三年（一一四三）に成立した法雲『翻訳名義集』の「維摩羅詰」の項目には、次のようにある。

維摩羅詰、什曰、秦言浄名。垂裕記云、浄即真身、名即応身、真即所証之理、応即所現之身。生曰、此云無垢称。其晦迹五欲、超然無染、清名遐布、故致斯号。大経云。威徳無垢称王優婆塞。[4] 西域記、毘摩羅詰、唐言無垢称。旧曰浄名。然浄則無垢、名則是称。義雖取同、名乃有異。旧曰維摩詰者訛也。[5]（大正五四・一〇六二上）

まず見出しに用いられる「維摩羅詰」については、天台文献を除くと用例はほとんどない。数多くの註釈がある中、宋代の天台学僧である孤山智円（九七六〜一〇二二）の『維摩経略疏垂裕記』が引用されている点から、編者の法雲はこれに倣って「維摩羅詰」を用いたと考えられる。この中では、代表的な解釈として、訳経を行った鳩摩羅什に続き、智円、竺道生（三五五〜四三四）、『涅槃経』、玄奘（『大唐西域記』）からの引用が列挙されている。

音写語については、この他に隋代に訳出された達摩笈多訳『菩提資糧論』に「毘摩羅吉利帝」の語が用いられているが、割註には『大唐西域記』と同様に「維摩詰」が訛りに基づいた音写だとの指摘が見える。[6]

これらの説を総合すると、vimalakīrti に対する音写語は、「vi」を「維」とするか「毘（鼻）」[7]とするか、「mala」を「摩」のみとするか「摩羅」とするか、「kīrti」を「詰」の一語とするか「吉利帝」や「雞利帝」などより細かく音を表現するかの系統におおむね分類することができ、いずれの語もそれらを組み合わせた範囲に収めることができる。

また、これに対応する意訳語としては「浄名」と「無垢称」の二種がある。ところが、智顗は『玄疏』において「浄無垢称」という訳語を挙げて、解釈を展開する。「浄」と「無垢」は同じ意味であるため二語をともに用いることは意訳としては正しくない。しかし教学的解釈の都合上、あえてこれを用いているようである。

以上の点をふまえ、本節では『維摩経』の代表的な註釈書を取り上げ、経題に含まれる「維摩詰」に対する中国における理解を把握した上で、智顗の解釈の独自性とその意味を考えてゆきたい。

二　諸師の「維摩詰」解釈

以下にまず智顗と同時代までに成立した代表的な註釈書から、「維摩詰」に対する解釈を見ていきたい。

(一)『注維摩経』の「維摩詰」解釈

『注維摩詰経』十巻は『維摩詰所説経』の訳者である鳩摩羅什の他、その門弟の僧肇（三八四～四一四?）や竺道生の釈を中心に、一箇所にのみ道融（生没年未詳）の釈を織り交ぜる形で編纂された註釈書である。この文献については、註釈の前に僧肇の序が置かれることから僧肇の編著と理解されてきたが、僧肇単独の註釈が発見され、後代に編纂されたことが定説となっている[8]。しかし、いつ誰が今日ある形に編集したかについては学者間で見解が分かれ、いまだ結論には至っていない[9]。

さて、この『注維摩詰経』の中には、「維摩詰」に対して三者の解釈が記載されている。

什曰。維摩詰、秦言浄名。即五百童子之一也。……肇曰。維摩詰、秦言浄名。法身大士也。……竺道生曰。維摩詰者、此云無垢称也。其晦跡五欲、超然無染、清名遐布、故致斯号。……。（大正三八・三二七中～下）[10]

三者の説を比較すると、鳩摩羅什と僧肇が共通して意訳を「浄名」としているのに対し、竺道生は一人「無垢称」を唱える。『翻訳名義集』が指摘するように、『涅槃経』に「無垢称」の語が用いられていることと、竺道生が「無垢称」の語を採用したこととの因果関係を示す記述はここには見られない。しかし、竺道生はいまだ曇無讖訳が出されていないうちに、後の『大般涅槃経』に明言される闡提成仏説をいち早く見抜いたほど『涅槃経』に造詣が深い人物であったので、『翻訳名義集』の示唆もそれなりの説得力を持つものと言えよう。また、後世に多く用いられる訳は

「浄名」であるが、竺道生の説は鳩摩羅什訳が意訳に過ぎることを批判し原語に忠実な訳を目指した玄奘によって経題に採用されたことから、権威ある釈として周知されていたことが知られる。

また『注維摩経』の中で重要なのは、僧肇が維摩詰を法身の菩薩であると明言したことである。鳩摩羅什が維摩詰を単に五百童子の一人であるというのに比して、僧肇の説は維摩詰の地位をかなり高めた感がある。僧肇は『維摩経』を読んで仏教に転向したことが伝記によって知られ、『維摩経』に対する信仰がかなり強かったことが窺える。しかし、それ以前の中国における『維摩経』の隆盛を鑑みれば、法身の菩薩とする見解を一概に僧肇による新説と判断するには早計である。いずれにしてもこのような理解が元となり、後に見る智顗の註釈では、語義解釈に仏身論や行位論と関連付けて独自の教義を展開している。よって、その意義は極めて大きいものであったと言えよう。

(二) 慧遠の「維摩詰」解釈

地論宗を代表する学僧の一人である浄影寺慧遠（五二三〜五九二）は、『維摩経義記』八巻を著している。『続高僧伝』巻八の慧遠の伝によれば、この『維摩経』の註釈書の他、『地持経』『十地経』『涅槃経』をはじめとした多くの註釈を残し、四〇年間病気一つせず教化に努めたという[11]。その生涯の中で、いつ頃『維摩経義記』が著されたかは明らかでないが、智顗、吉蔵の註釈はいずれも慧遠の示寂後のものであることから、隋代を代表する三者の中で先行して慧遠が『維摩経』の註釈を手がけたことは確実である。

さて、その慧遠の「維摩詰」に対する語釈は、『注維摩詰経』等と同様に、註釈書の冒頭部分に見ることができる。

維摩詰者、是外国語。此方正翻、名曰浄名。随義傍翻、名無垢称。良以其人、法身体浄、妙出塵染、内徳既盈美響、外彰寄名顕徳、名無垢称、亦曰浄名。又復其人内懐真道、能権化無方。雖示[12]同塵俗、而心栖累表、即染無汚。

故名為浄、亦曰無垢。無垢浄徳、妙出言頑。仮以名顕、令人帰趣。顕徳之名、謂無垢称。（大正三八・四二一下）

慧遠の釈では語釈を重視したものが多いと指摘されるが[13]、ここでも旧説の二種類の意訳「浄名」と「無垢称」を、正翻と意味に従った傍翻とに区別することで両説の位置付けを簡明に示しており、その発揮が見られる。また維摩を法身と定義することや「権化無方」といった表現は、僧肇の釈を踏襲した印象を抱かせる。このように、「維摩詰」に対する慧遠の語義解釈には、とくに目新しい説は見られない。慧遠の釈が重要なのは、後の解釈に影響を与えた点である。たとえば、吉蔵の釈には「示同塵俗、而心栖累表」という表現が見られるほか、浄徳を強調する説が展開されるなど、明らかに慧遠の釈を参照したと思われる例が認められる。これらの一致は、両者の影響関係を示すものとして、注意すべきものであろう。

（三）吉蔵の「維摩詰」解釈

三論宗の大成者である嘉祥大師吉蔵（五四九～六二三）は、その生涯に四本の『維摩経』註釈書を残したとされる。このうち、『浄名玄論』巻二において経題を説明する中で、以下のように諸師の語義解釈を紹介している。

外国称毘摩羅詰。羅什、僧肇、翻為浄名。道生、曇詵、云無垢称。真諦三蔵云、具存梵本、応言毘摩羅詰利帝。毘為滅、摩羅云垢、吉利帝為鳴。合而言之、謂滅垢鳴。初従所得為名、次従所離為目。滅猶是所離、以声聞天下、故称為鳴。鳴猶名義耳。言雖広略。而意無異也。（大正三八・八六五上～中）

同様の説は、『維摩経義疏』巻一にも見られる[14]。吉蔵が紹介する説は、鳩摩羅什と僧肇による「浄名」とする説、竺道生と曇詵（三六二～四四〇）による「無垢称」とする説、真諦三蔵（四九九～五六九）による「滅垢鳴」の説の三種である。そして、これらはどれも意味の上で違いはないとする。この中で、これまで確認した引用文に見られない説として注目されるのが、曇詵と真諦に関する記述である。曇詵は廬山慧遠（三三四〜四一六）の弟子で、慧遠の白蓮社に加わった東林十八大賢にも数えられる人物であるが、『維摩経』の註釈も著したとされる[15]。竺道生も同様に廬山に住したことがあるため、何らかの交流があり同じ説を唱えた可能性がある。また、真諦は『摂大乗論』や『倶舎論』をはじめとして多くの訳経を手がけた南北朝時代を代表する訳経僧の一人であるが、吉蔵にとっては法名の名付け親であり、その因縁は深い。よって、吉蔵は真諦の説を引用する場合には、「真諦三蔵」として敬意を表しつつ示すのが常であり、その例に漏れず他の説に比して詳しい記述が見られる。ただし、結果的に見ると吉蔵は真諦の説を紹介するのみであって、その説を受けて解釈を展開することはない。

ここでは、自らがどの解釈に基づくかを明言していないが、『浄名玄論』の題に明らかなとおり、吉蔵はもっぱら「浄名」、または「維摩」を用い解釈を展開する。引用部に続く「二因無因門」という項目では、因縁のない絶対的真理の法身としての維摩は仮に名付けられたものとする見方と、因縁により維摩として名付けられたとする見方の二方面によりその名称を意義付ける。前者の釈においては「強立名字」といい、本来無所得の立場から言えば空であるものに対して無理に名称をつけるとすれば、という三論宗の定型句により「維摩」の名を解釈するところに教学の発揮が見られる。前者では法身の面からの解釈であるのに対し、後者では本迹論を適用するが、これは僧肇の『注維摩詰経序』に示された概念を継承したものと考えられる[16]。迹として現れた維摩はその浄徳により父母と如来と世人の三義より「浄名」と名付けられたのだとする。また、浄徳は菩薩ならば誰にでも備わっているものであり、どうして維摩のみに用いられるのかという問いに対しては、維摩が在家菩薩であるが故に特別なのだと答える。さらに父母に対しても凡聖の二種があり、世俗における父母に関する具体的な情報を記すが、その典拠を『維摩子経』なる経に求めている。さきに言及した曇詵には『維摩詰子注経』なる著作があったとされることから、曇詵の註釈に依拠した可能性が高い。

また続く「三論徳位門」では、経文に無生法忍を得たと明記される維摩の行位を論ずる。この中での焦点は無生法忍を行位論の中でどの位置に認めるかという問題であるが、旧説でも見解が大きく異なっているとして、吉蔵は①初地以上が無生である（仁王経・瓔珞経・摂大乗論）、②七地に至って無生となる（大智度論）、③七地で無生を得るといっても功用心は八地になって働く、④八地に功用心が働くといっても究竟するのは仏地である、という四つの意味が経文には備わっているという折中的な案を提出して、諸師が一つの見解に固執することを批判する。とくに④の説に関しては、維摩が前世において金粟如来であったという伝承に基づき維摩が仏地であることの正当性を付言するが、この伝承は南北朝時代に中国において作られたものであろう。吉蔵は『発迹経』なる経を金粟如来の典拠とするが、どうやら当人も未見のようで、経録等にも見られない。そのため、疑経であるか、または経そのものが存在しなかった可能性もあろう。このように南北朝時代には『維摩経』の隆盛に伴い、さまざまな流言とも言うべき伝承がまことしやかに広まり、吉蔵ほどの義解の学僧も必要に応じてそれらの説を取り入れたことが知られる。

三　智顗の「維摩詰」解釈とその特質

天台文献で用いられる訳語やその解釈については、智顗自らが『摩訶止観』の中で正しい仏教理解の方法を十種に亘って示しながらも、九番目の翻訳の理解については唯一自身が及ばなかった点だと告白しているところから窺い知られるように[17]、その問題点は少なくない。たとえば、四悉檀の語義解釈は現代の言語学的解釈から見れば、完全な誤訳であることが指摘されているように[18]、維摩詰の語義解釈にも同種の問題が存している。そこで、以下に智顗の解釈について検討していきたい。

『玄疏』巻一には、五重玄義の通釈を述べる中に、体（経の本質）・宗（経の主な目的）・用（経の働き）の関係を論じるが、この中では維摩詰の名を「浄無垢称」とし、三玄義に対応させる説が見られる。

人名浄無垢称。浄即真性。真性清浄即是体也。無垢即実慧。実慧因果即是経宗。称即方便。巧能即是経用。（大正三八・五一九中）

ここにいう「浄無垢称」がどういった由来のものであるかについてはその前後にとくに説明されていない。『玄疏』では巻二の「翻訳名義」に入って、初めてそれに関する説明がなされる。その中で智顗は、「維摩詰」に関する三種の音写語とそれぞれに対応する訳語を挙げている。

一云毘摩羅詰帝隷。此土翻為浄名無垢称。称或云歎。〔什師翻也〕

次家云毘摩羅詰。此土翻為浄名。〔肇師翻也〕

後家云毘摩羅詰栗致。此土翻為浄無垢称。〔光師所承三蔵翻也〕（大正三八・五二四下）

第一説には「浄名無垢称」、第二説には「浄名」、そして第三説として「浄無垢称」を紹介する。割註の情報に基づくと、第一説は鳩摩羅什の説、第二説は僧肇の説、そして第三説は光師が承けた三蔵の説ということになる。第二説については、「毘摩羅詰」という語を僧肇が用いた例は確認されないものの、「浄名」については『注維摩詰経』の僧肇釈に見られた解釈と一致し、音写語と訳語の対応に何ら問題はない。『注維摩詰経』の記述に基づくならば、羅什も第二説を提唱したはずであるが、割註の記述において第一説の「浄名無垢称」の提唱者とされている点は疑問である。第三説は具体的には北魏時代に活動した仏陀三蔵（生没年未詳）の説を継承して地論宗南道派の祖、光統律師慧光（四六八～五三七）が提唱した説という意味であろう。

そこで、一見して明らかに問題のある第一説と第三説の意訳について、梵語と対照して確認しておきたい。第一説の「浄名無垢称」は、これを梵語に還元すると、vimalakīrti-vimalakīrti と二重に訳していることになる。智顗が「浄名」と「無垢称」という二つの説を列挙したわけではないことは、後の解釈において、第一説は煩雑であるので釈を付けることは難しい、と述べていることから明らかである。[19] よって、智顗の理解によれば「浄名無垢称」を一語と見なし紹介したことから知られる。また第三説の翻訳は同義であるはずの「浄」と「無垢」が重複しているため、これを梵語に復元すれば vimala-vimala-kīrti となる。やはりこれも文法的には不適切な訳語と言わざるを得ない。

割註の情報を総合すると、これらは鳩摩羅什や仏陀三蔵の説だということになるが、両者ほどの名僧がこのような誤訳を行ったとはにわかには信じ難い。さきに『注維摩詰経』を確認したように、鳩摩羅什の説は「浄名」であることは間違いがないことから、少なくとも第一説を鳩摩羅什のものとするのには矛盾がある。また、慧光の弟子にあたる法上（四九五～五八〇）の高弟である慧遠の釈にも、智顗が挙げる第三説のような解釈は見られなかった。問題は、これがはたして撰述の段階から挿入されていたものなのかどうかである。あるいは後世の付加である可能性もあるが、今はこの問題は伏せておくことにしたい。そこで改めて本文の内容に限って見ても、その文脈より当時の代表的な説として挙げられていることには間違いない。よって、これらの説は智顗が『維摩経』の註釈書を執筆した当時、それなりに権威のある説として智顗に理解され紹介されたものと考えるより他ないであろう。

このように、智顗が紹介した三説のうち第一説と第三説が文法的に問題の多い訳であることは明らかである。しかし、梵語をまったく参照しない智顗は、前述の引用文にもすでに示したとおり、これらの中で第三説の「浄無垢称」を大いに援用する。

語義を挙げた後、解釈の部分ではこれを仏身論と関係付けて述べる。[20] まず、第二説の「浄名」を依用し、「浄」を真身、「名」を応身とする二身説を提示する。ただし、それはあくまで「浄名」という語に対応させて述べただけであり、智顗の主眼は「浄無垢称」による三身説（法身・報身・応身）の展開にある。このように維摩詰の仏身論を論ずる例はすでに慧遠に見られ、その中でも三身説を用いて解釈している。[21] ただし、さきに確認したように、この三身説に対応させるために、意図的に意訳を用いることはない。それ故に、智顗の解釈は独特である。

さらに「浄無垢称」の義は、『玄疏』巻三の「四教分別」において行位論との関係で用いられている。そこでは、四教それぞれにおいて菩薩としての維摩大士の行位を示し、「浄無垢称」義を解釈する。

蔵教では、正しく中忍の補処の位にあり、六度行成を浄義とし、無六蔽垢であるので無垢といい、内に生滅四諦の理に称い、外に根縁に称うことで釈迦如来が三乗の教えを顕すのを助けるので、浄無垢称という。[22]

通教では、補処の位にあり、真諦の理性がおのずから皎然としているので浄と名づけ、三界内の二障は尽き、習気が僅かであるのを無垢と名づけ、智慧が内に真諦と相応し、外に三乗の機根に称うことができ、神通によって説法する。これが通教の浄無垢称の意味であるという。[23] また、羅什や僧肇、道生の『注維摩詰経』での理解や梁代陳代の諸大法師の講義も大同小異、通教的解釈であるという。

別教では、一生補処の位であり、等覚であるという。仏性の理が顕わであるので浄となし、無明（惑）の習気も僅かに残ると言ってもなきに均しいほどであるので無垢と名づけ、内に深い理に称い、外に無方の働きをもたらし、法界平等にして縁に赴いて教化するので称と名付けるという。[24]

円教では、法身の補処であり円教の等覚であるという。その智慧は十四日の月のように（ほぼ円満であり）、無明は二十九日の月のごとく（ほとんど消えている）である。法性の理が顕わなので浄となし、無明惑の垢はまさに尽きるところであるので無垢と称し、等覚の智慧は理に称い、円明なるは機に称うので浄無垢称であるという。[25]

これらの解釈の中で注目すべきは、鳩摩羅什や僧肇、竺道生および梁代陳代の諸大法師の説を通教的解釈と見なしていることである。また、語釈として興味深いのは、四教に共通して kīrti に相当する「称」を動詞として用いる点である。日本語ではこれを「かなう」と読み、「相応する」または「適応する」といった意味がある。本来、ここでの「称」は「名声」などの意を示す名詞であるため、やはりこれも誤読もはなはだしい解釈と言わざるを得ない。このような誤解は漢字の語義だけを頼りに理解しようとしたために生じたものであろう。しかしながら、四教それぞれの段階で「機にかなう」と繰り返し解釈されるところに、智顗がこの語に菩薩の教化の意義を見出し積極的に用いた意図が窺われる。さらに、法身補処としての維摩は限りなく仏に近い位であることも強調されている。つまり、完全に習気を失わない、通教的扶習潤生の菩薩としての維摩を円教の分証即における徐々に無明を断ずる最後の位、等覚菩薩とみなして、智顗はその無垢を讃えているのである。このように「浄無垢称」の語は、『維摩経』の菩薩道を規定する上で重要な役割が与えられているのである。

智顗が『維摩経』註釈に従事する初期段階より「浄無垢称」を三分して解釈する着想を持っていたことは、『玄疏』に先行して著された『三観義』の中にも、三智や三諦に「浄」「無垢」「称」を配当した解釈がなされていることに明らかである。[26] このように、「維摩詰」の訳語として「浄無垢称」を採用することにより、三方面から重層的に意義を織り込み、自らの教学体系に密接な関係性を持たせたところに、智顗釈の特質が看取されよう。

四　小結

『大智度論』では「毘摩羅詰」が用いられているが、鳩摩羅什たちは最終的に正確な新しい音写語を経題に用いず、支謙訳以来の伝統を重視してか、「維摩詰」の語を採用した。このことは、鳩摩羅什といえども刷新することができなかったほどに、すでに「維摩詰」の音は人口に膾炙していたことを意味していると言えよう。隋代以降には、その音が適切ではないとの理由から、新たに訳出された仏典では維摩を示す場合に「毘摩羅詰」など、より梵音に近い音写語に改められることが多くなり、唐代には玄奘によって再訳されたが、それでも「維摩詰」、そしてその意訳である「浄名」のなめらかな響きは他の語に取って代わられることはなかった。

「維摩詰」の語義解釈を中心に諸註釈を比較すると、鳩摩羅什よりも僧肇の解釈が慧遠、吉蔵らにより強い影響を与えていたことが確認された。これらに比し、智顗の説では旧説を継承する面を持ちながらも、その中心は誤読を積極的に用いた独創的な解釈にあった点が特徴的であった。後の『翻訳名義集』にはその法統を嗣ぐ智円の説を用いつつも、その元となる智顗の説が紹介されなかったことに明らかな通り、智顗の語義解釈は天台教学の範囲では他の概念との有機的な関係を構築する上で意義が高かったが、あまりに飛躍した内容であったため、それが一般的な解釈として受容されるには至らなかったようである。ただし、それ自体には意味を持たない語を、教学体系の中に組み込むことで積極的に意味を付加した結果、宗教的な意義に昇華させるほどの解釈を残したという意味において、智顗の説は非常に興味深い。

鳩摩羅什から慧遠、智顗、吉蔵までは約二〇〇年の時を隔てているが、「維摩詰」に対するこのような解釈の比較からは、その間に確立した教学を背景として客観的な語義解釈からの脱却、そして主体的な解釈への試みを看取するのである。

第二節　分科よりみる智顗の『維摩経』理解の特質

一　問題の所在

分科、または科文は中国において発展した仏典解釈法である[27]。吉蔵によれば、序・正・流通の三段に経を分かつことは釈道安（三一二～三八五）を嚆矢とするというが[28]、現存する道安の註釈書『人本欲生経注』にはその形跡が見られないことから、実際に道安が創始者であるかは定かではない。現在知られるもののうちもっとも早い三分の解釈法は、竺道生の『法華経疏』に確認されている。ただし、これも因・果・人による分科であり、後に基準となる序・正・流通とは観点が異なっている。部分的に序や流通につながる解釈が見られるため、三分科の萌芽的な段階のものとして認めることができるが、その道生も鳩摩羅什とともに『維摩経』の科文を分けなかったとされることから、分科の成立は道生による採用と時期を同じくする頃に求められるであろう[29]。これが光宅寺法雲（四六七～五二九）になると『法華義記』に展開されるように精緻を極めることとなるが、『法華文句』では「過ぎるがごとく及ばざるがごとし」と評するように[30]、批判の対象となるほどであった。しかしながら、経論解釈における分科そのものの有用性は隋代を代表する高僧である慧遠、智顗、吉蔵のいずれもが認めるところであり、それぞれに分科を用いていたことは諸文献より明らかである[31]。

智顗は『文疏』巻一において、経文を解釈にするにあたり自らの態度を次のように明らかにしている。

二明今家判釈者。若不開科段、則不識経文起尽、仏教承躡。若開科段、執諍紛然、於解脱法、横生繫累。今正述一家、尋経意趣、傍経開科、而非固執。夫如来説法、雖復殊源、初中後善、文必備矣。今約此三善、用対序正流通。（続蔵二七・四三二右上、新纂一八・四六四下）

ここでは、分科を用いなくても用いても弊害はそれぞれにあるという。そして、みずからは科を開くことに固執せずに如来の説法を三分するという。智顗は暗に諸法師が自説に固執することを批判するのである。このように『維摩経』の解釈にあたっても、諸法師が競って分科を用いたことは、当時代表的な説であったと思われる七師の解釈を『文疏』巻一に引用していることによって知られるところである。智顗はこれらの問題点を一つ一つ列挙し、自らの見立てを披瀝する。これに加え、天台維摩経疏の中には三種の範疇を用い、『維摩経』経文の十四品を分類する。以下にそれぞれの特徴を述べておきたい。

二　序分・正説分・流通分の三分科

その第一は序分・正説分・流通分の三分科である。これは『文疏』巻一において二箇所に示される。仏国品釈では「第一明経度不尽」「第二略分文」「第三弁仏国義」「第四釈品」「第五正入経文」の五段より解釈されるが、このうち「第二略分文」が『維摩経』の分科に関して述べる部分である。この中では、七師の分科を列挙し、次いで自説を説明するという流れとなっている。他師説についてはその概要を次頁の表六によって示すことに譲り、ここでは智顗の解釈を中心に確認する。

今開此経、文為三分者、一始従如是我聞、訖宝積説七言偈文、具通別両序。此於正説、由藉義足。名為序分也。二従宝積請問、仏国因果已去、訖見阿閦仏品、有十一品半経文。皆明不思議解脱、仏国因果、皆是赴機之教、現在沾益、並為正説也。従法供養品、訖嘱累品、明天帝発誓弘経、如来印可、勧発嘱累、宣通未来、使流伝不絶、

表六　『維摩経』の分科に関する諸説

A　智顗

『維摩経』	仏国品第一	方便品第二	弟子品第三	菩薩品第四	問疾品第五	不思議品第六	観衆生品第七	仏道品第八	入不二法門品第九	香積品第十	菩薩行品第十一	見阿閦仏品第十二	法供養品第十三	嘱累品第十四
分科 『文疏』巻一	序分＊ 正説分												流通分	
会処 複数箇所	室外				室内						出室			
推疾之一字 『文疏』巻一九	大聖法王自説	因浄名託疾興教												
		三由			六源						二始		両因	

B　諸法師

『維摩経』	仏国品第一	方便品第二	弟子品第三	菩薩品第四	問疾品第五	不思議品第六	観衆生品第七	仏道品第八	入不二法門品第九	香積品第十	菩薩行品第十一	見阿閦仏品第十二	法供養品第十三	嘱累品第十四
羅什 道生	不開科段													
僧肇	序説＊＊ 正説													流通
霊味法師	序説	正説												
智蔵	序説				正説						証成		流通	
僧旻・法雲 晩三論法師	序説				正説						流通			
北方地論師	序説	正説											流通	

＊智顗の分科によれば序分は宝積の七言偈（大正一四・五三八上一四）まで

＊＊僧肇の分科によれば序分は宝積の発問（大正一四・五三八上一九）まで

此並属流通也。（続蔵二七・四三二右下、新纂一八・四六四下〜四六五上）

この釈のポイントは、正説分をいまだ維摩居士が登場しない仏国品の途中から設定している点である。みずからの説を提示した後、ただちに想定されうる疑問に答えるべく補足しているが、その表現は独特である。国王が家臣に命じて政治を行い、功があれば家臣が褒美を受けても、その政治の主は国王であるように、仏国品で仏の印定を得るからこそ「維摩詰所説」となるのだという。(32) このように教主としての釈尊を重視する智顗の姿勢が、分科に反映したものと言えよう。

その他の説との違いについて、「簡異衆家」という項目を後に設け、それぞれの説の問題点を指摘する。他師の説と比較すると、一番近いのは北方地論師のそれであるとしつつも、仏国品全体を序分と位置付ける点が異なるとし、それが自説に比べると妨げとなるので採用しないという。(33)

『文疏』巻一にはもう一箇所、「第三弁仏国義」の中にも三分科が見られる。「第三弁仏国義」はさらに八項目にわたり『維摩経』の第一の章に掲げられる仏国を説明していくが、その第八番目に「用仏国義通釈此経」という項目を設け、仏国というキーワードから各品を意義付けている。(34) この中では、基本的な序分・正説分・流通分の区分は先の「第二略分文」と同様であるが、とくに正説を次に考察する室外・室内・出室に三分している点でさらに詳しくなっている。

三　室外、室内、出室の会処

経の構成を明示するために会処により分類する方法は、『華厳経』の七処八会、『法華経』の二処三会などが有名である。これに類するものとして前の分科の中にも見えるように、十四品を室外、室内、出室と、説法の場によって三分する分類が、『玄疏』『文疏』を通じてたびたび説かれている。[35] ここでいう「室」とは維摩居士の方丈を指したもので、問疾品第五から香積品第十までの六品が病身の維摩居士の方丈に人々が集まるという場面設定であることを中心に据え、それ以前の菩薩品第四までの四品を「室外」、菩薩行品第十一以降の四品を「出室」と位置付ける。

その先蹤は、荘厳寺僧旻（四六七〜五二七）や光宅寺法雲の説に求められるようである。『文疏』第一には古今の代表的な説として、次のように紹介する。

若荘厳、光宅、同用初四品、為序説。入室六品、為正説。後四品、為流通。
（続蔵二七・四三二右上、新纂一八・四六四中）

ここに見られる四品・六品・四品を序・正・流通に適用することは智顗の認めるところではないが、吉蔵も江南に流布した説として言及しているように、[36] 維摩居士の方丈に展開される六品を中心とした分類は、当時主流の説であったことが知られる。したがって、智顗も基本的な解釈法として大いに依用したと考えられる。『玄疏』において、室外・入室・出室による解釈しか見られないことは、『玄疏』を撰述している段階では、江南で主流だった入室六品を中心とする説をそのまま受け入れていた可能性がある。また『文疏』巻一で序・正・流通が導入されたのは、『維摩経』の分科についての諸説をより広く検討することで、自らの説の特色を説明する必要に迫られた結果と言えよう。

四　三由六源二始両因

『文疏』巻十九の問疾品釈では、経文の解釈に入る前に「来意」という項目を設け、問疾品が説かれる意義を説いている。この中で特徴的なのは、問疾品に説かれる疾を起点とし、仏国品第一を除いた残りの十三品を位置付ける「三由六源二始両因」という説を紹介する点である。この一段は、管見の限り、先行研究においてあまり着目されていないが、その内容は智顗の『維摩経』理解の特質を知る上で極めて重要である。

まず、『文疏』では自説を開陳する前に、先行して説かれていた「五源八始」説の問題点を指摘する。

　問曰。有師云。此品是五源八始、此云何。答曰。此有似而疎、有如不甚主対。所以然者、浄名本託疾興教、但約疾之一字、出室内六品。何待空室等為五源也。（続蔵二八・一〇一左上、新纂一八・六一二上）

ここで挙げられる「五源八始」説について、湛然『維摩経疏記』巻下にも説明がなされている。しかし、有師を特定していないなど、その内容は具体的な情報に乏しい[37]。明らかなのは、このような先行する説に対し、「有似而疎」と一見よさそうだが粗末であること、また「何待空室等為五源也」では、問疾品第五で病身の維摩居士がその部屋を空っぽにする場面、つまりは問疾品をもって後の五品の源とすることに対して疑問を呈していることである。智顗は、問疾品そのものではなく、問疾品の主題である「疾」から、問疾品第五から香積品第十までの室内六品が派生するという点を「約疾之一字」と説いて強調する。そこで自身の説として「三由六源二始両因」を開陳するのである。

　今明此一部、凡有十四品経文。唯初仏国一品的是大聖法王自説。余十三品皆因浄名、無非託疾而興。細推疾之一字、即是三由六源二始両因也。①所言三由者、由浄名託疾、故有諸王士庶参問。如来命弟子諸菩薩問疾。即是由疾得有室外三品也。②六源者、以現疾故、文殊奉命入室、問権実両疾。浄名略答広説。是則室内六品、従疾而起。疾即六品所従出之源本也。③二始者、即是菩薩行見阿閦二品。此二品亦因浄名託疾而始。所以然者、聞説六品有縁疾愈。浄名得無復疾故、掌擎大衆、還菴羅林。起発如来復宗、明仏国因果義。二品従疾愈而始。故言二始也。④両因者、法供養嘱累両品。亦因託疾而有。所以然者、両品既是流通。浄名因託疾而有正説。流通即是流通託疾之正説。是則因疾而有流通両品。故云両因。（続蔵二八・一〇一左上〜下、新纂一八・六一二上〜中）※丸数字筆者

まず、仏国品は釈尊の説法であるのに対し、残りの十三品はすべて維摩居士の疾に託して説かれた内容だと区別し

た上で、①方便品から菩薩品までの三品は疾に由来する（三由）、②室内六品は疾が源本である（六源）、③菩薩行・見阿閦仏品は疾が癒えたところより始まる（二始）、④法供養・嘱累品は疾に託して起こった室内六品を因としこれを広めるためにある（両因）、とそれぞれを意義付ける。問疾品に説かれる疾を中心に据え、前後の品を位置付ける「三由六源二始両因」の解釈には、疾を観心の対象として捉える天台の断惑論の展開において付与された大きな意味を読み取ることができよう[38]。

以上の『文疏』の記述を見る限り、「三由六源二始両因」による『維摩経』解釈は有師の説を抜本的に改めて考え出された智顗の説、ということになる。ここに示される疾を基調にした解釈は、『文疏』巻二十一以降に説かれる通相三観説にも大きく関連することから、『文疏』の特色を示す重要な思想だと言える。しかしその由来については、「五源八始」説との関連も含め、いまだ不明な点が多い[39]。

五　小結

以上に、智顗の『維摩経』解釈の重要なポイントとなる、分科による釈、会処による釈、「三由六源二始両因」を考察した。分科については、『玄疏』においていまだ示されることがなかったが、『文疏』巻一には序・正・流通の三段が説かれるようになる。その分け方は北地の説に比較的近いが、正説の始まりを仏国品の途中からとして、それにより釈尊の説法をより強く意味付けるという点に特色が見られた。一方、会処による解釈は、『玄疏』『文疏』ともに説かれている。これは南朝で流行した序・正・流通を、維摩の方丈で展開される室内六品を中心とした会処に読み替えたものである。さらにより細かい分類として、問疾品の疾を中心に仏国品を除いた十三品を位置付ける「三由六源二始両因」が、『文疏』巻十九に導入されている。

以上の展開を見ると、最初に智顗に意識されたのは、『玄疏』に見られる室外・室内・出室の会処の分類であったことは明らかである。その後、『文疏』に入り序・正・流通の三段の分科を北地の説に準拠しながらも、仏国品を序分と正説とに二分することで独自性を見せている。これは主たる読者である晋王広が親しんだ教理を意識した可能性も考えられよう。さらに解釈を進める中で、「三由六源二始両因」というより詳しい分類を導入するが、仏国品については序・正・流通で独自性を発揮した二分化を改めてふたたび一括りにされた上で、十三品とは切り離されている。このような変遷からは、註釈を書き進める中で新たな説を導入していった様子が窺える。智顗の『維摩経』理解は、天台山での講義においてその基礎が作られたはずであるが、そこで把握された註釈の全体像は、執筆の過程において具象化されたことで、改変せざるを得なかった所も少なからずあったものと思われる。献上が複数回に亘ったことは、このような解釈の変遷も原因の一つであったと考えられよう。

第三節　「普集経」の依用について

一　問題の所

『文疏』には、『法華経』と『無量義経』の関係に比して、『維摩経』の序に該当するものとして「普集経」なる経が挙げられている。しかし、この経については『文疏』に先行して成立した『維摩経』の註釈書である『注維摩詰経』や慧遠の『維摩義記』にはまったく触れられておらず、実態が明らかではない。智顗を除くと、わずかに吉蔵が『維摩経略疏』巻一において次のようにこの経について言及している。

今即第二、衆彼時仏与大衆而為説法。此句難解、見作両問。一者問云、既云維摩経、応云維摩為説。既云仏説、名仏経。二者問云、而為説法、説何物法。解前問応名仏経者、有二義。不得名仏経。一者維摩説多、如来説少。二者両人相鑑、居士知仏心、仏知居士心。故如来為居士集衆、為顕不思議之漸。大衆宜聞居士不思議之法得悟。故名居士説也。説何物法者、此似法華。法華前説無量義経、論無量義。経此中亦爾。従来云、説普集経。未見其文、不知明何物事也。（続蔵二九・一〇三左上～下、新纂一九・一六二上）

これによれば、「普集経」を『維摩経』の序経として位置付けながらも、自身は実際にこの経を見ていないとも記している。このような曖昧な言及から、吉蔵は「普集経」に対する直接的な知識をほとんど持っていなかったと考えられる。

一方、智顗は『維摩経』の思想を説明するための比較の対象として、この「普集経」を多用する。しかし、『文疏』に先行して著された『玄疏』の中にはまったく言及されていない。つまり、智顗は『文疏』に入ってこの「普集経」を教証に、みずからが『維摩経』の宗と定義する仏国因果の特質を論じるのである。

二　智顗の「普集経」理解の特質

そこで次に、『文疏』の中で「普集経」が論じられる部分を検討してゆく。管見によればその箇所は十一にも及ぶ。まず智顗の「普集経」理解を把握するためそのすべてを引用する。なお便宜上、「普集経」を示す語には傍線を付しこれを示した。

①『文疏』巻一　仏国品釈

第一総明仏国者。大聖前説普集経及諸方等、多明法身正報。今因宝積献蓋、如来合蓋現土、即表欲説依報也。所

以者何、正報既顕故、須広明依報。（続蔵二七・四三一左下～四三二右上、新纂一八・四六五中）

②『文疏』巻五　仏国品「彼時仏与無量百千之衆恭敬囲繞而為説法」（大正一四・五三七中）釈

此経言、如其心浄則仏土浄。表説実相真心。豈非表説常寂光土也。但表身義通、通前説普集経。表土義別、正表将説仏国也。（続蔵二七・四六二右上、新纂一八・四九五下）

③『文疏』巻五　同②の釈

而為説法者、昔尚統師、問長身耳三蔵。師云、仏時与無量大衆説何等法。答曰、説普集経。普集者即方等教摂。所以得為今経作序者、彼説正報因果、今説依報仏国因果。正得有依、故得為序也。例如先説無量義、次説法華。無量義、即為序也。

（続蔵二七・四六二右下、新纂一八・四九六上）※「長身耳」は『略疏』（大正三八・五八三中）では「長耳」に作る。

④『文疏』巻五　仏国品「仏之威神令諸宝蓋合成一蓋遍覆三千大千世界」（大正一四・五三七中）釈

而言遍覆三千者、表一果之体。即是無縁大慈、普覆法界也。若論正報、仏於普集経已説。今所現相、正表欲説依報国土、普覆法界也。（続蔵二七・四六三右上～下、新纂一八・四九六下）

⑤『文疏』巻六　仏国品「目浄修広如青蓮」（大正一四・五三七下）釈

問曰、何故勝応為近由。劣応為遠由。答曰、勝応是即座説普集経。由此現瑞故是近由也。劣応是昔説三蔵教。身

遠籍為由是遠由也。（続蔵二七・四六四右上、新纂一八・四九七下）

⑥『文疏』巻六　同⑤の釈

今此略広歎形声両益。並是述前仏在四衆説普集経、明中道正報因果。何以得知。下偈歎云、説法不有亦不無、以因縁故諸法生。（続蔵二七・四六四右上、新纂一八・四九七下）

⑦『文疏』巻六　仏国品「其中諸仏演説法於是一切悉見聞」（大正一四・五三七下）釈

亦有師謬取謂此是合蓋現土。今細尋偈文不爾。此是歎説普集経現相、非是合蓋現瑞。如下偈云、今奉世尊此微蓋。於中現我三千界。此始是歎正表発也。（続蔵二七・四六五左下、新纂一八・四九九中～下）

⑧『文疏』巻七　仏国品「爾時長者子宝積説此偈已白仏言世尊是五百長者子皆已発阿耨多羅三藐三菩提心願聞得仏国土清浄唯願世尊説諸菩薩浄土之行」（大正一四・五三八上）釈

所以如来赴機、酬宝積請、正明説依報仏国因果者、為成前普集経、説法身正報因果也。所以浄名居士助仏宣揚。符成仏説不思議解脱法門、仏国因果、啓悟有縁。（続蔵二七・四七〇右下～左上、新纂一八・五〇四上）

⑨『文疏』巻七　仏国品　同⑦の釈

宝積又聞説普集経、明善悪之業不敗亡、正因得正果。前経以顕、今更願聞、依因不敗亡、感得依果、請説浄土因也。（続蔵二七・四七一左上、新纂一八・五〇五上）

⑩『文疏』巻九　方便品釈

第一明此品次仏国者。大聖前於普集説真性解脱之体。次於此経闡揚仏国因果之宗。……問曰。説普集経明真性解脱者、此是彼経之体。何得用為此経体也。答曰。真性解脱通為諸大乗経体。豈不得近為此経体也。但説仏国品、此文未顕。至下処処顕説。並与前説之理不異。故得為此経体也。（続蔵二八・八右下～左上、新纂一八・五一八下）

⑪『文疏』巻九　方便品釈

今言恐是、如来正説普集経及仏国品。意在於浄名、欲令助起発宣揚。浄名玄知仏意。故方便託疾、以来諸人参問、因得興教。（続蔵二八・一〇右上～下、新纂一八・五二〇中）

以上に抜粋した文から、「普集経」に関する記述はおおよそ次の六つの内容にまとめることができる。

第一に、「普集経」は『維摩経』仏国品に「彼の時、仏は無量百千の衆のために恭敬し囲繞せられ、為に説法す」という中に言及される、「彼の時」に説かれた教えである。これは③に指摘されている。『維摩経』には直後に長者子宝積が登場するが、その場面は「爾の時……」と始まる。この違いに着目し、智顗は序分と正説とを分けるポイントとしている。また「彼の時」と始まることについては、本節冒頭に掲げた吉蔵の『維摩経略疏』の引用文にあるように、吉蔵も同じ見解であったことが知られる。また、「普集経」について言及しない慧遠も、「彼の時」の説法については、何が説かれたかは経文中に述べられていないのでわからないとするが[40]、仏が何らかの教えを説いていたことに対して関心を示している点が注意される。同箇所は、羅什訳に先行する支謙訳ではやはり「彼時」とあり[41]、羅什訳の後となる玄奘訳では「爾時」となっている[42]。大鹿実秋氏は、羅什訳が使い分ける「彼時」と「爾時」とは原語（チベット語）と一致しているとし、ここで科段を分ける天台釈に一定の評価を与えている[43]。

第二に、第一については尚統師の質問に答える形で長耳三蔵も言及しているという説である。これも③で説かれる。ここでは、尚統師と長耳三蔵が誰であるかが鍵となる。統師というからには、北朝で昭玄統などの職に就いた僧侶であったということになるが、『文疏』の内容を継承して著されたとされる、敦煌出土の唐・道液『浄名経関中釈抄』や、『略疏』の註釈書である孤山智円『維摩経略疏垂裕記』（以下『垂裕記』）では、より具体的に「昔高斉尚統師問」（大正八五・五一四中）と北斉（五五〇～五七七）の統師であるとする。また僧伝等に長耳三蔵という呼称を見出すことができないが、後に詳細を検討するように、守篤本純『維摩詰経疏籤録』では、長耳三蔵を那連提黎耶舎（Narendrayaśas, 四九〇～五八九）と認定し、[44]『垂裕記』の説を引用して、ここに出る質問者が、浄影寺慧遠の師である法上（四九五～五八〇）、またはその法上の師とも言われ四分律宗の祖に数えられる慧光（四六八～五三七）のことではないかと指摘する。

第三は、「普集経」は『維摩経』の序であり、その関係は『無量義経』が『法華経』の序であることと同様だとする説である。これも③および吉蔵説の中に言及される。ここで指摘される曇摩伽陀耶舎訳『無量義経』については、中国撰述説がある。[45]『無量義経』と『法華経』の前後関係については、『法華経』序品に仏が無量義処三昧に入ったという記述があることなどを根拠とする。一方、『維摩経』の経文中には「普集」の語がなく、直接的に「普集経」と関連付けることのできる要素がない。しかし、第一に挙げたように「彼時」とする過去の一場面についての言及があることから、それを『法華経』序品の無量義処の一段に重ねて考え、何らかの特定の教えが説かれたと見なしたのであろう。吉蔵は、前掲の『維摩経略疏』の他に、『維摩経義疏』にも同様の説を挙げ、さらには『法華義疏』でもこの説に触れている。[46]

第四に、「普集経」の宗は正報の因果であり、それに対して『維摩経』は依報の因果を説くのが特徴とする説である。これは①③④⑥⑧⑨と繰り返し言及される説である。智顗はこれによって『維摩経』の仏国土の意義を主張する。

智顗の理解を知る上で重要な概念規定であるが、このことから特定の経典を抽出することは困難である。「普集経」が正報の因果を説くということは、⑩に説かれる「真性解脱の体」の問題や、②や⑤の仏身論的解釈、⑪の文言に通底していく。『玄疏』の体玄義において、すでに不思議真性解脱が『維摩経』の体として認定されているが、これも『維摩経』自体に説かれていない語であることから、この真性解脱が「普集経」を教証としている点は、体玄義を考える上でも重要な解釈と言えよう。

第五に、「普集経」は方等教であるという説である。これは①と③に見える。『維摩経』は智顗の教判説において、大乗一般の経典群の一つとして方等教に位置付けられている。第三の指摘とも合わせて考えれば、その序である「普集経」も大乗経典の一つとして方等教に包摂されるとすることには何ら問題がない。この記述によって、「普集経」が、教判説の中で方等教以外に位置付けられる『華厳経』、阿含経典、『般若経』、『法華経』、『涅槃経』以外であることは、少なくとも明らかである。

第六に、「普集経」と讃仏偈との関係を指摘する説である。これは⑥⑦⑨に言及される。

三　「普集経」に関連するその他の情報

『文疏』において十一箇所確認された「普集経」に関連する記述は、何らかの具体的な経典を念頭に置いたかのようである。しかし、依然としてこれらの記述に依るのみでは、その実体は明らかでない。たとえば『仏書解説大辞典』の中には『普集経』という項目は見られず、また大正蔵五五巻所収の各種経録類にもその名を見出すことはできなかった。「普集経」とははたして、『普集経』という名の現存しない経典であるのか、それともなにか別の経の異称であるのかが問題となる。

そこで次に『文疏』の末註書類の解釈によって、手がかりを見出してゆきたいのであるが、もっとも重要な資料である荊渓湛然の『維摩経疏記』三巻をはじめ、智円の『垂裕記』十巻、また日本では宝地房証真（生没年未詳）『維摩経私記』などには、この問題に関係した直接的言及を読み取ることはできなかった。

（二）守篤本純の指摘する『大集経』との関連

古い末註書には「普集経」に対する態度があまり明らかにされていなかったが、管見のかぎり、もっとも具体的にこの問題に言及しているのが、江戸時代の天台宗安楽律派の学僧、守篤本純（一七〇二～一七六九）である。本純は『維摩詰経疏籤録』[47]巻二の中で引用箇所に対し、この長耳三蔵が那連提黎耶舎であるとし、また『大集経』虚空蔵菩薩所問品に「大普集経」という語があることから、ここでの「普集経」が『大集経』である可能性を示唆する。

①昔尚統師〔垂裕、尚字広本同。即伝中作上是也。旧本云光統師。僧伝別有慧光僧統、恐是所引也。光嘗為経製疏也〕（十八丁右～左）

②問長耳三蔵〔那連提黎耶舎。斉言尊勝。耳高且長。見於隋録〕（十八丁左）

③答説普集経〔純曰、嘗読大集経第十二巻六号、虚空蔵菩薩所問品、称彼経曰大普集経。三蔵所指、即是大集経、而略大字耳。準此常途呼大集経者、亦是略普字也。彼経今家所判、同方等摂。所説之法、不出法身因果。故知、三蔵所答、亦遥合今家意也〕（十八丁左）

「尚統師」について本純は、正しくは「上統師」または「慧光僧統」のことではないかとしている。「上」については、具体的には浄影寺慧遠の師として知られる法上を想定しているものと考えられる。「慧光」とは、法上の師であり四分律宗の祖に数えられる慧光に他ならない。両者はともに地論宗における重要人物であるが、本純がこの二人の名を導きだした理由は、智円の『垂裕記』を参照しつつまず長耳三蔵を那連提黎耶舎と認定し、彼の僧伝から関係のあった昭玄統を確認してとのことと思われる。(49)

また、ここで本純が言及する「大集経第十二巻」とは、大正蔵では巻数こそ若干異なるものの、曇無識訳『大方等大集経』巻十四、虚空蔵品にある次の文を指したものであろう。

亦為此大普集経、分別少法門分故。（大正一三・九四中）(50)

本純が指摘する通り、実際に『大集経』のみならずその他の大正蔵所収のすべての経文の中にわたり「普集経」の語を求めても、上掲の箇所以外に智顗が用いたと思われる用例を見出すことができなかった。(51)当然この虚空蔵品の一文のみによって断定することはできないが、「普集経」に言及したとされる那連提黎耶舎は『大集経』の日蔵分と月蔵分を翻訳していることから、先の虚空蔵品は彼の翻訳部分ではないものの、その思想に精通していたと考えることは、さほど無理のないことであろう。

この説によって、しばらく「普集経」が『大集経』であるとする説の妥当性を考えてみると、教判説における方等教の代表的経典として、『大集経』が智顗の文献に散見されることは、先の③において「普集者即方等教摂」としていることと、この限りにおいて合致している。

さらにこれが智顗の文献の中でも『文疏』によって初めて引用された語であることを考えると、地論教学との関係も想起される。また、本純が那連提黎耶舎に質問をした人物を法上ないし慧光と想定したことは、なんらかの因果関係を密かに感じとっていたから、とも言えよう。つまり、智顗が最晩年に撰述した天台維摩経疏には地論宗の説が多く取り込まれていることが、この文献の特色として先学によって指摘されている。さらに言えば、事実、地論宗には『大集経』をもっとも重んじる一派がいたことが明らかにされていることも留意すべき点である。[52]

次に考慮すべきは、思想的に『大集経』が『維摩経』と関係があるのか、という問題である。『大集経』はその名のごとく、あらゆる要素が包含されているため、その思想全体を特徴付けることは難しい。ただし、橋本芳契氏は、『大集経』の中に維摩居士ないし維摩菩薩が登場する場面を四箇所指摘していることから、[53]両経の間に関連性を見出すことは可能である。

このように、「普集経」を『大集経』の異名と見なすための要素はいくつかあるが、いずれも間接的なものであり、断定するまでには至らない。智顗の著述において「大集経云」として経文を引く例は決して少なくはなく、吉蔵にしても『大集経』を見たことがないということは到底あり得ない。したがって、「普集経」がそのまま現在の『大集経』であると判定するには、まだ多くの課題が残されていると言えよう。

(二)『維摩経』と関連する散逸経典の存在

さて、「普集経」を探る手がかりとして、もう一つ重要であるのが「金粟如来」説との関連である。『玄疏』巻四では「金粟如来」、または「金粟法身」なる語が相次いで現れる。これらは維摩が何地の菩薩であるかの議論の中で三論師の説を引用した箇所に出てくるものであるが、この「金粟」の典拠は、毘耶離の長者である維摩が前生において金粟如来としてすでに成仏していたという説に基づくという。しかし、このような前生説もやはり『維摩経』自体にはまったく記されていない。しかも「金粟」という語は、支謙訳、鳩摩羅什訳、玄奘訳のいずれにも見出すことができないのである。[54]

さて、「普集経」の問題と「金粟如来」説の接点は、どちらもその典拠を『維摩経』の中に求めることができないという点にある。つまり、智顗や吉蔵は行位を論じるにあたって、維摩居士は過去世においてすでに「金粟如来」という名の如来であったという説を挙げる。しかし、この「金粟如来」も『維摩経』の経文中にはまったく現れない語なのである。その典拠について、智顗は言及するところがなく、吉蔵は『発迹経』や『思惟三昧経』の名を挙げるのみで、直接には経文を確認していないという。

この例からは、『維摩経』に附属する経典、あるいは疑経が存在していたことが確認されるため、「普集経」もそのような経典の一つであった可能性も視野に入れるべきであろう。また、前にも触れたように『無量義経』が『法華経』の顕揚のために中国で成立したという経緯を加味すれば、このことは一層、現実味を帯びてくる。「普集経」の実態を考える上で、これら疑経の成立と智顗の依用は、さらに重要な要素となろう。

四　小結

以上の考察を経て、「普集経」がいかなるものか、一応の見解を示すこととしたい。まず、その実態を比定するにあたり、次の三つの選択肢が可能性として浮上するであろう。

①「普く経を集めた」という意味合いで、固有の経名ではない

②実在する大乗経典の異名

③『維摩経』の附属的性格を持つ散逸経典

筆者はこのうち①については、智顗や吉蔵の釈が何かしらの特定の経典を想定したような記述であるため、その可能性は限りなく排除されるべきものと考える。[55]よって②か③として検討するのであるが、現段階ではその実態を確定

することは困難である。ただし、「彼時」に対する諸師の解釈を中心にみていくと、『注維摩詰経』での無関心さから、慧遠による若干の注意を経て、智顗に至って『普集経』という経典を想定した説が確立し、吉蔵もそれを受容した、という変遷が明らかとなった。よって、このような解釈の発展とともに、六世紀後半に「普集経」依用が急速に伝播した過程は確認されるものと言えよう。また、長耳三蔵の回答にあるように、その説がとくに北地において知られていたことは、『文疏』の地論教学の受容という問題につながることから興味深い。後世に影響を及ぼすことがなかったものの、他の学僧の解釈に比較して、このように智顗がより積極的に「普集経」を用いたことは、注目されるべき『維摩経』解釈の特色の一つと言えよう。

おわりに

本章では、後世に影響を及ぼしたとされる智顗の『維摩経』解釈の独自性が奈辺にあるのかを探るべく、とくに他師の説と比較して特色のある三点を取り上げ考察した。

第一節に検討した「維摩詰」解釈では経題にも含まれる音写語に対して、他師には見られない「浄無垢称」という意訳語を用いて展開した解釈を検討した。その結果、「浄無垢称」は浄と無垢という同義語が重複していることから完全な誤訳であること、しかしながら三身説に対応させるために浄・無垢・称と三分しうるこの訳語をあえて用いたこと、また称については「名声」という本来の意味を採用せず「かなう」と読むことで化他の意義を見いだしたこと、などの解釈にあたっての要点が確認された。「浄無垢称」の依用は、語義解釈の範囲を超えて思想的意義を見出そうとする智顗の釈風が、顕著に表れた例と言えよう。

第二節では、智顗の『維摩経』十四品に対する全体像の把握がどのようなものであったのかを知るために、経典解釈法の一つである分科に着目して考察した。智顗は他師の説を挙げ、それらの問題点を指摘しながら、自らは三種の説を提示している。その第一が『文疏』巻一に説かれる序分・正説分・流通分という三科である。ここでは、北地の説に近似しながらも、仏国品全体を序分とする解釈を退け、序分は讃仏偈までとする独自の見解を打ち出している。第二の会処により分類する説では、仏国品第一から菩薩品第四までの室外四品、問疾品第五から香積品第十までを入室六品、菩薩行品第十一から嘱累品第十四までを出室四品と位置付ける。これは南地で主流であった三科を会処に置き換えたものであり、『玄疏』では序分・正説分・流通分の三科が説かれずこの会処の説だけに言及していることから、智顗にとってはこれがもっとも基本的な理解であったことが知られる。第三の『文疏』巻十九にのみ言及される「三由六源二始両因」という説は、先行研究においてほとんど注意されてこなかったものであるが、『文疏』だけに説示される通相三観説との関連も見られることから、本節ではその重要性を喚起した。

第三節では、天台維摩経疏の中で『維摩経』の序に相当する教えとしてたびたび言及される「普集経」について考察を加えた。「普集経」について触れるのは、智顗のほかには吉蔵だけであり、その吉蔵も間接的にその説を知るだけだと述べている。一方、智顗は『文疏』の中で十一箇所にわたり関説する。それらの記述を要約すると、長耳三蔵が「普集経」について述べているなど、六点の情報が知られるが、湛然や智円、そして証真もそれ以上のことは記しておらず、単独の経典であるかさえも明らかではない。唯一、本純が『維摩詰経籤録』の中で、長耳三蔵を那連提黎耶舎だと認定し、「普集経」は『大集経』の異称であるとの見解を示している。ただし、今日知られていない『維摩経』関連の経典が存在していたことを窺わせる例もあり、「普集経」もそのような経典の一つであった可能性も否定できない。

以上、本章の三節にわたり智顗の『維摩経』解釈の特質を考察した。これらを改めて振り返ると、智顗が『維摩経』を解釈するにあたり、今日その情報源が明らかではない説に基づいているという共通点が浮上する。このような点が智顗の註釈の独自性につながっていることは、天台維摩経疏の特質を考える上で極めて興味深い事実と言えよう。特に、『玄疏』には言及されず『文疏』だけに説かれるものが多いが、このことからは、智顗が『玄疏』から『文疏』へと撰述を進めていく中で、以前より見聞していた説だけでなく、当時流布していた諸説も新たに取り入れるよう情報収集に努めていた様子が窺える。献上が繰り返された背景には、如上の理由もあったと推測されよう。

註

(1) 何剣平『中国中古維摩詰信仰研究』（四川：巴蜀書社、二〇〇九、二九一～二九六頁）参照。

(2) 松森秀幸「『浄名経関中釈抄』と『天台分門図』」（『印度学仏教学研究』六三巻一号、二〇一四）、同「資聖寺道液による天台文献の依用について」（『印度学仏教学研究』六四巻一号、二〇一五）参照。

(3) 長尾雅人『改版 維摩経』（中央公論社、一九八三、二〇四頁）参照。

(4) 法顕訳『仏説大般泥洹経』巻一「復有二恒河沙五戒優婆塞。……如是無量功徳具足、等観衆生、如視一子。其名曰光無垢称王優婆塞、善徳優婆塞」（大正一二・八五三下）。および曇無讖訳『大般涅槃経』巻一「爾時復有二恒河沙諸優婆塞、受持五戒威儀具足。其名曰威徳無垢称王優婆塞、善徳優婆塞等」（大正一二・三六六中）にも同旨の箇所に「無垢称」の語が見える。なお、この文言は南本も全同である（大正一二・六〇五下）。

(5) 『大唐西域記』巻七「伽藍東北三里、有窣堵波。是毘摩羅詰（唐言無垢称。旧曰浄名。然浄則無垢。名則是称。義雖取同、名乃有異。旧曰維摩詰訛略也）。故宅基趾」（大正五一・九〇八中）。

（6）『菩提資糧論』巻一「又以修多羅中誦故。所謂於諸経中作母名誦。彼等経中有名称遍諸仏国菩薩。名毘摩羅吉利帝。説伽他言。〔旧云維摩詰者不正〕」（大正三二・五一九上）。

（7）『広韻』（一〇〇六年成立）によれば、維は「以追切、平脂、以。」、毘は「房脂切、平脂、並。」、鼻は「毘至切、去寘、並。」とあり、毘と鼻は声調が異なるがほぼ同じ音であったことが分かる。現代中国語の音は維がwei2、毘がpi2、鼻がbi2である。

（8）臼田淳三「維摩経僧肇単注本」（『聖徳太子研究』一一号、一九七七）は、トルファン出土の写本より発見された僧肇単註について検討を加え、合註本は七世紀中頃から後半にかけて編集されたと推定する。また池麗梅「敦煌写本『維摩詰経解』」（『印度学仏教学研究』五〇巻一号、二〇〇一）は、羅振玉旧蔵の僧肇単註の敦煌写本の断片の分析を通じ、合註の問題点を指摘する。

（9）江戸時代の華厳宗の学僧である鳳潭は唐の道液が編纂したとの説を批判的に述べる。花塚久義（大西龍峯）「注維摩詰経の編纂者をめぐって」（『駒澤大学仏教学部論集』一三号、一九八二）は諸説を挙げ、八巻本を梁武帝、十巻本を道液が編纂したとの説を提出するが、いまだ定説はない状況である。

（10）なお、この箇所とほぼ同文は、唐代の中京資聖寺沙門道液『浄名経集解関中疏』巻上にも見られる。道液の疏は敦煌写本の中にも多く、敦煌仏教学において影響力のあった文献であったことが知られている。この中で重要なのは、鳩摩羅什の釈の前に「叡曰。夫経或以人為名。或以法名者。自非仏所説。多随人為名。仏之所説非唯一経。故随所説法以為名。此経総人法二名者。以人為名則明法之所由。以法為名則略経之大体。所以両存耳」（大正八五・四四〇下）と僧叡の釈を引用する点である。僧叡の釈は現行の『注維摩経』には採用されておらず、このような記述は関中の諸師の解釈を知る上で重要である。

（11）『続高僧伝』巻八「地持疏五巻。十地疏七巻。華厳疏七巻。涅槃疏十巻。維摩、勝鬘、寿観、温室等、並勒為巻部。四字成句、綱目備挙。文旨允当、罕用擬倫。又撰大乗義章十四巻。合二百四十九科分為五聚。謂教法義法染浄雑也。

……所流章疏五十余巻。二千三百余紙。紙別九百四十五言。四十年間曽無痾疹。伝持教導所在弘宣」（大正五〇・四九一下）。

（12）大正蔵は「雖不同塵俗、而心栖累表、即染無汚」に作るが、これでは意味が通らない。吉蔵『維摩経義疏』には「示同塵俗。而心栖累表」の語があり、慧遠の釈を援用した表現と考えられる。よって、ここでは吉蔵疏を参照して「不」字を「示」に改める。

（13）菅野博史「浄影寺慧遠『維摩経義記』の研究――注釈の一特徴と分科」（『東洋学術研究』二三巻二号、一九八四）参照。

（14）『維摩経義疏』巻一「外国称毘摩羅詰。羅什、僧肇、翻為浄名也。道生、曇詵、云無垢称。真諦三蔵云、具存梵本、応言毘摩羅詰利帝。毘称為滅、摩羅為垢、吉帝為鳴。合而言之、謂滅垢鳴。初従所得為名。次従所離為目。滅垢猶是所離、以声聞天下、故称為鳴。鳴亦名義耳。言雖闊略、而意無異也」（大正三八・九一四中～下）。

（15）曇詵に関する記録は、『歴代三宝記』巻七「維摩詰子注経五巻　窮通論一巻　右二部合六巻。廬山東林寺沙門釈曇詵撰。詵即慧遠弟子。甚有才学」（大正四九・七三上）、『高僧伝』巻六、釈道祖伝「曇順曇詵。並義学致誉。順本黄龍人。少受業什公。後還師遠。蔬食有徳行。南蛮校尉劉遵。於江陵立竹林寺請経始。遠遣徙焉。詵亦清雅有風則。注維摩、及著窮通論等」（大正五〇・三六三上）、『廬山記』巻三、釈曇詵法師「以元嘉十七年（四四〇）庚辰最後終。春秋七十九」（大正五一・一〇四二中）などがある。

（16）『注維摩詰経』序「聖応不同、非本無以垂跡。非跡無以顕本。本跡雖殊而不思議一也」（大正三八・三二七中）に基づくものであろう。なお、この一文は『玄疏』にも本迹による解釈を展開する中で引用される（大正三八・五四五下）。

（17）『摩訶止観』巻七下「九翻訳梵漢。名数兼通使方言不壅。……唯翻訳名数、未暇広尋」（大正四六・九八上）。

（18）中村元『シナ人の思惟方法』（中村元選集決定版、春秋社、一九八八、一一～一四頁）によれば、本来「悉檀」とはサンスクリットのSiddhānta の音写で「教のたてかた」「宗義」「定説」といった意味であるが、智顗は慧思の解釈を踏襲して「今言う悉檀とは、悉は是れ隋音。檀は是れ胡語。悉之れ遍を言い、檀は施と言うを翻ず」（大正三八・五二〇中）といい、「悉」は「悉く、遍く」、「檀」をサンスクリットのdānaの音写と考え「施す」という意味を持たせていることに着目し、このような誤解は天台教義の中で少なからず見られると指摘する。

(19)『玄疏』巻二「二解釈者、初翻似覚為繁、難為申釈」（大正三八・五二四下）。

(20)『玄疏』巻二「次翻為浄名。今用此解、以対真応二身。浄者即是真身。真智無惑故云為浄。名者即是応身。垂形済物、名称普聞也。後家翻為浄無垢称。今用此翻釈以対三身即為二意。一就事解、二約観心。一就事解三身者。一法身、二報身、三応身。一浄義者即是法身。自性清浄皎然無点。即是性浄法身也。二無垢者即是報身。報智円明無有垢染。即是円浄報身也。三称者即是応身。大慈化世名称普洽。即是応身也」（大正三八・五二四下）。

(21)『維摩経義記』巻四「今維摩詰備此三身。彼維摩詰、真徳之体、即是真身。毘耶所受、即是応身。所化菩薩即是化身」（大正三八・五〇〇中）。

(22)『玄疏』巻三「第三約三蔵教位釈浄無垢称義者、正在中忍補処之位也。六度之道即是浄義。所以者何。三種薬中、無三種病。六度是道諦是浄義。……維摩大士六度行成。即是浄義無六蔽垢。故言無垢。以相似解、内称生滅四諦之理、外称根縁。助釈迦如来顕三乗之教。故云浄無垢称也」（大正三八・五三七上）。

(23)『玄疏』巻三「第三約通教明位釈浄無垢称義者、大士位在補処。真諦之理性自皎然、名之為浄。界内二障正惑已尽、習気微薄。故名無垢。智慧内与真諦相応、外能称三乗根性、神通説法。故云称也。是則略弁通教大士、受浄無垢称之名。所以須示現此菩薩之像者、用此形声託疾。為国王長者、説如夢幻之法、勧求菩提。又破三蔵教、三蔵封守拙度之迷僻也。若尋什師生肇注維摩経、同用此意。梁陳諸大法師、講此経文、判菩薩位。厝意高下、雖小不同、今家往望、皆併是用通教意、釈此経耳」（大正三八・五三八中）。

(24)『玄疏』巻三「第三約別教位釈浄無垢称名者、維摩既是一生補処大士。即是法身、居等覚金剛心、無垢菩薩之位也。仏性理顕、故名為浄。別惑正習倶尽、無明余習譬若微煙。雖有如無、故名無垢。辺際智満、内称深理、外用無方。法界平等、赴縁行化、故名為称。故云浄無垢称也」（大正三八・五四〇上～中）。

(25)『玄疏』巻四「第三約円教位釈浄無垢称義者、維摩大士、若是位在法身補処、即是等覚金剛無垢之位。智慧将円如十四日月。無明将尽如二十九日月。故智度論云、普賢文殊、亦有十力四無所畏、如十四日月。仏亦具足十力四無所畏、如十五日月也。法性理顕、故名為浄。無明惑垢将尽、故称無垢。等覚智慧称理。円明称機而照、故言浄無垢称也」(大正三八・五四二上)。

(26)『三観義』巻下「三正用三観、釈毘摩羅詰果致、浄無垢称義者。浄名居士、因縁所生之心、三諦之理、性常皎然。目之為浄。不断三諦惑障、能起一心三観三智之智明解脱。智明解脱、雖処三惑之内、不為三惑所染。故称無垢。一心三智、会三諦之理。大用無方、称機而化。故名為称。故云浄無垢称義也」(続蔵二―四、五一左上〜下、新纂五五・六八三上)。

(27)青木孝彰「六朝における経疏分科法についての一考察」(『印度学仏教学研究』二一巻二号、一九七三)、同「経典解釈法における科文の成立について」(『天台学報』一五号、一九七三)、坂本広博「『涅槃経集解』所立の科文について」(『天台学報』一二号、一九七〇)参照。

(28)『仁王般若経疏』巻上之一「始自道安法師分経以為三段。第一序説、第二正説、第三流通説」(大正三三・三一五下)。

(29)横超慧日『中国仏教の研究』三(法藏館、一九七九)に収録された「釈経史考」には、「おそらくは毘曇成実等の如き小乗論部の叙述体裁がかかる内容的分科の発案に有力な示唆を与えたのではなかろうか」(一七二頁)との興味深い見解が示されている。

(30)『法華文句』巻一上「末代尤煩、光宅転細。重雰翳於太清。三光為之戢耀。問津者所不貴。曇鸞云、細科煙颺、雑礪塵飛。蓋若過若不及也」(大正三四・一下)。

(31)菅野博史「維摩経分科に関する智顗と吉蔵の比較」(『印度学仏教学研究』三三巻一号、一九八四)は、吉蔵の『維摩経』諸註釈書が成立した過程の中で分科が変化し、後のものほど智顗の解釈に近づいていることを指摘する。

(32)このような譬喩の特徴については、田村完爾「天台智顗における釈尊観の一考察――釈尊を王に比する説示を中心に」(『印度学仏教学研究』六〇巻二号、二〇一二)参照。

(33)『文疏』巻一「問。何不依北地大乗師。答。用仏国為序、今家為妨、義同前也」（続蔵二七・四三一左下、新纂一八・四六五中）。

(34) 安藤俊雄『天台思想史』（法藏館、一九五九、三九〇～三九一頁）は、仏国に基づく各品の解釈を智顗の浄土思想の特色として着目する。

(35) これが主に用いられるのは『玄疏』巻一「悉檀起此経」（大正三八・五二四上）、巻二「三観通此経文」（同・五三二上）、巻四「四教釈此経文」（同・五四四下～五四五上）である。

(36)『浄名玄論』巻七「江南旧釈、以室内外、分経為三。初有四品、在室外説、名為序分。中間六品、室内説之、名為正経。後之四品、還帰室外、名為流通」（大正三八・八九七下）。

(37)『維摩経疏記』巻下「五源等者、古人意云、問疾一品、因於文殊至浄名除去所有、為下五品之源本也。八始者、至法供養、猶是正経。故問疾初、為下正経八品之始」（続蔵二八・四〇八右上、新纂一八・九二〇中）。この解説の限りでは、五源とは、問疾品で維摩が文殊を迎えるにあたり室内のものを除くことにより、後の五つの品が起こるという説のようである。また八始については、問疾品を不思議品第六から法供養品第十三までの八品の始めに位置付ける説と理解される。『文疏』巻一に挙げられる他師の説と比較すると、五源は智蔵や僧旻、法雲などの南地の説、八始は法供養品までを正説とする僧肇の説に近い。これらの点を総合すると、湛然によれば五源と八始はそれぞれ別人の説として捉えられているようであるが、智顗がここでそのように五源八始を理解しているかは判然としない。

(38) 濱田智純「維摩文疏における「疾」について」（『大正大学大学院研究論集』二号、一九七八）は、『摩訶止観』の病患境を参照しつつ問疾品の疾を考察する。

(39) 敦煌文献P.2128vに書写された「釈文殊品四重五問広略如抄」と題する一文は、わずか三〇〇字ほどの文章であるが、その中に「三由六源二始両因」が説かれている。管見の限り、『文疏』および『略疏』、またその末註書以外でこの「三由六源二始両因」に言及する文献は他にないため、その存在は注目に値するものと言えよう。写本に記された内容は、『文疏』と同様に疾を中心に各品を位置付けるもので、その配当は『文疏』と一致しているため、一見して『文疏』を抜粋したもののようにも思われるが、両文を比較すると単なる要約とは見なし難い文脈の違いがある。さらなる検討を要するが、この点は今後の課題としたい。なお、考察にあたっては、国際敦煌プロジェクトホームページの画像を参照した。参考までに、以下に本文の翻刻を示しおく。

釈文殊品四重五門広略如抄

三由六源二始両因　三由者、一方便品中示疾、即前明文殊問疾、是為一由。二釈声聞弟子問疾、辞而不堪、即前文殊堪任、是為二由。三釈弥勒持世等問疾、謂漸未円、又不堪任、頓悟正円、必知命問、是為三由。六源者、文殊品為下六品之根源、由此品現疾、即現不思議権用之能。二始者、為阿閦仏品、菩薩行品、此二品之始、将是諸仏印定説。此文殊品時、必有阿閦仏来。故令取主、而印経方表人者尊而法勝是因是、故有見阿閦仏品。大衆来詣菴園、復浄三之宗、宣菩薩之行。故有菩薩行品焉。両因者、与法供養嘱累両品為因。何以得前同文殊問疾、然有供養・嘱累具有経文。成前四品者、由此品中、有無疾現疾即成仏国品。由此仏国非穢現穢。由此中有空観即生前方便、如芭蕉等悟、此品有仮観即成弟子品、此品中有中観即成菩薩品生。復四品与六源相似。

(40)『維摩義記』巻一「彼時下第三大段、明其徒衆雲集所為、於中初明仏与諸衆囲繞説法。説何等法、文中不弁、不知説何」（大正三八・四三二中）。

(41)支謙訳『仏説維摩詰経』巻上「彼時、仏与若干百千之衆、眷属囲遶、而為説経」（大正一四・五一九中）。

(42)玄奘訳『説無垢称経』巻一「爾時、世尊無量百千諸来大衆、恭敬囲繞、而為説法」（大正一四・五五八中）。

(43)大鹿実秋『維摩経の研究』（平楽寺書店、一九八八、一七六頁）所収「維摩経撮要」参照。

(44)船山徹「眞諦の活動と著作の基本的特徴」（船山徹編『眞諦三蔵研究論集』京都大学人文科学研究所、二〇一二、六〇頁）には、長耳三蔵はナレーンドラヤシャスと同定しうるとした上で、長耳三蔵が中国人の理解に合わせた解釈をしていたことを指摘する。

(45) 横超慧日『法華思想の研究』(平楽寺書店、一九七一)所収「無量義経について」、荻原雲来『荻原雲来文集』(荻原博士記念会、一九三八)所収「無量義とは何か」参照。

(46)『法華義疏』巻二「一会多説者、如説浄名、前説普集経。又即如此経将説法華、前説無量義経也」(大正三四・四六八中)。

(47) 駒澤大学図書館蔵、天明八年(一七八八)版本を使用させていただいた。

(48) 長耳三蔵の説として、その他に「如是我聞……」の「如是」を三宝によって解釈する説や「一時」を三種の時に分類する説、また習種性の三想発心などの説が、慈恩大師基や円測などの法相宗や、法蔵・澄観・李通玄などの華厳宗に属する人物によって引かれている。彼らはすべて唐代に活躍した人物であるから、現在把握している範囲では智顗のこの引用がもっとも早い用例となる。

(49)『続高僧伝』巻二「又勅昭玄大統沙門法上等二十余人、監掌翻訳」(大正五〇・四三二下)。

(50) 大正蔵の校異によれば、引用箇所と同じ段にある「大宝集経」(大正一三・九四中)の語は、宋・元・明の三本、宮内庁本、聖語蔵本では「大普集経」であるとする。ただし、『国訳一切経』大集部一の『大方等大集経』解題において蓮澤成淳氏は、ここにおいてのみ『大普集経』と自称することの異質性に注意し、この訳者が曇無讖ではなかったことに起因するとの可能性を示唆している(八頁)。

(51) CBETA電子仏典の検索による。厳密には密教部の唐菩提流支訳『大乗金剛髻珠菩薩修行分経』に「大普集経」の語が見えるほか(大正二〇・五六八下)、密教部には「普集会」の用語が多く用いられるが、これらは考察の対象としない。なお、阿含部や本縁部には、毘耶離城近郊の精舎である大林精舎(Mahāvana)を普集講堂とする用例が見られる。『維摩経』で維摩居士の住む場所が毘耶離城であることを考えると興味深い共通点であるが、智顗の解釈によれば『普集経』を方等所説と限定しているので、これらのうちのどれかが『普集経』である可能性は極めて低い。

（52）石井公成『華厳思想の研究』（春秋社、一九九六）所収「『大集経』尊重派の地論師」に論じられているように地論教学との影響も予想される。その意味でも興味深い指摘と言えよう。

（53）橋本芳契「大集経の世界と維摩経――毘摩羅詰の密教的存在」（『密教文化』一四三号、一九八三）に指摘されるのは、①巻十一、海慧菩薩品第五之四（大正一三・七一上）、②巻三十一、日密分中四方菩薩集品第二之一（同・二一七上）、③巻三十五、日蔵分陀羅尼品第二之一（同・二四〇頁下）、④巻四十八、月蔵分第十四本事品第四（同・三一二中～三一三中）の四箇所で、このうち①と②は曇無讖訳、③と④は那連提舎訳とされる。

（54）この前生譚について、もっとも詳細な情報は吉蔵の著述に記されるものである。『浄名玄論』巻二には、『発迹経』なる経典を典拠とするほか、『維摩経義疏』には維摩の素性を旧伝によって『仏喩経』説として挙げつつも、「吉蔵未だ彼の経文を得ざるなり」（大正三八・九一五上）として、経文を目にしていないことを明かしている。また『浄名玄論』の上掲の箇所とほぼ同様の文を挙げているが、こちらは『思惟三昧経』に説かれたものとする（大正三八・九一五上）。望月仏教辞典の「金粟如来」の項によれば、これら『発迹経』『思惟三昧経』なるものは現蔵中には見られないといい、また吉蔵自身が「今未だ本を見ず」と記しているように、典拠の経文は見ていないということからも、今となってはどのような過程で維摩の前生譚が確立されたかを探ることは困難であろう。しかし、智顗や吉蔵が用いていることから、六世紀末には中国において「金粟如来」の前世譚は定説となっていたことは明らかである。他方、日本ではこの「金粟如来」信仰は『今昔物語集』によって知られるところとなった。『今昔物語集』巻六、「震旦会稽山陰県書生書写維摩経生浄土語第三十八」と題されるには説話の筋書きは、以下の通りである。ある書生が維摩経の写経をしていたところ、題を書いた夜に天女が身を撫でた夢を見て病が治り、父母の供養のためにまた写経し問疾品に至った時には夢に父母が現れ、写経の功徳によって天上に生じたことを伝えた。また書生自身も長寿を得て「金粟世界」に往生したとの逸話が、震旦篇、つまり中国の説話を集めた巻に収録されている。これと同様の話は非濁集『三宝感応要略録』巻中に見出すことができるが（大正五一・八四〇中）、その出典を示す部分に「新録」とあることから、

『三宝感応要略録』が編纂された宋代に近い時代に伝えられた説話であると考えられる。これと関連して興味深い説話に、本朝篇巻十二の「於山階寺行維摩会語第三」がある。これは山階寺（興福寺）での維摩会において問疾品を講じたときに病が治ったというのが話の大筋であるが、先の震旦篇の説話に比してこれら二話が共通する点は、問疾品が転機となって功徳が現れることである。以上のような日本における金粟信仰は聖徳太子撰『維摩経義疏』巻上の方便品を解釈する中にも、「浄名は既にこれ過去に金粟如来なり」（大正五六・二九下）とあることから、この前生譚は日本にも伝えられ、後の民間信仰にも影響したと思われる。『維摩経』では見阿閦仏品第十二に「若有読誦解釈其義如説修行。即為諸仏之所護念。……其有書持此経巻者。当知其室即有如来」（大正一四・五五五下）として、『維摩経』の写経の功徳を述べている。ここに述べられた如来が「金粟如来」として後代信仰を集めたものと思われる。里道徳雄「維摩信仰の形成」（塩入良道先生追悼論文集刊行会編『塩入良道先生追悼論文集　天台思想と東アジア文化の研究』一九九一、三八五～三八七頁）参照。

（55）『法華文句』巻六下「次説方等十二部経。次説摩訶般若、華厳海空。此則普集諸経」（大正三四・八七下）とあるが、この場合は「普く諸経を集める」という副詞＋動詞の用例であり、本節が考察する名詞としての用例とは異なるものである。

第四部　天台維摩経疏をめぐる諸問題

第一章　法華思想の展開とその特質

はじめに

天台智顗（五三八～五九七）の思想を考える上でもっとも重要な経典、それは『法華経』に他ならない。七歳の時に普門品を一度聞いただけで諳んじたことに始まり、『法華経』薬王菩薩本事品の「諸仏は同じく讃ず、是れ真の精進なり、是れを真の法もて如来を供養すと名づく」の一文により体得された大蘇山の開悟が諸伝に語られるように、智顗の生涯のさまざまな場面において『法華経』は非常に大きな影響を与えている。[1] これらの契機を経て形成された思想の体系は、『法華玄義』や『法華文句』を通じて今日の我々にも示されているとおりである。

さて、本章にいう法華思想とは、『法華経』に説示された思想・概念を意味する語として用いられるものであるが、前述のような智顗の『法華経』研鑽により確立した天台教学も、広義には法華思想の一端に含まれることになる。このように広義の法華思想である天台教学において『維摩経』が果たした役割や影響については、天台浄土教の確立における仏国品の役割や、[2] 入不二法門品の不二の思想から天台教学への影響の有無などが指摘されている。[3] これらは『維摩経』から天台教学へという影響の流れに着目した研究成果である。

一方で、安藤俊雄氏は、「維摩経や金光明経の研究にも努力したが、それは法華学を傍証せんがためであった[4]」と、智顗の『維摩経』講究の意義を法華教学のもとに位置付けている。[5]「傍証」という表現から一般に想像されるほど、

『維摩経』や『金光明経』が智顗によって傍らにされていたのかという疑問が残るが、たしかに天台維摩経疏には『法華経』との関係に基づいて解釈されることが少なくない。いわば、このような法華思想の介在こそが、他師の『維摩経』註釈に比して天台維摩経疏が特色とする点である。そこで、以下にはその具体的な例を挙げ、考察を加えることとしたい。

第一節　『維摩経』解釈における『法華経』の依用

一　仏国品の珠髻菩薩と安楽行品の髻中明珠

『維摩経』の経文に対し『法華経』をふまえた解釈を加える例は、随文解釈である『文疏』の中に数多く確認される。

その一つとして『文疏』巻四には、仏国品に列挙される五十二菩薩の一人、珠髻菩薩という名の菩薩について、極めて短い文脈ながら『法華経』に関連付けた解釈が見られる。

一心三観、即是実相智慧。如法華経明転輪聖王髻中明珠也。（続蔵二七・四五七左下、新纂一八・四九一中）

ここにいう「髻中明珠」とは、『法華経』安楽行品に説かれる譬喩で、法華七喩の一つに数えられる有名なものである。[6]『注維摩詰経』では珠髻菩薩について、髻の中の如意宝珠と解釈する鳩摩羅什[7]（三四四～四一三または三五〇～四〇九）の説しか挙げていない。この限りにおいて『法華経』の髻中明珠の譬喩が意識されているかがはっきりしないが、智顗はこれを『法華経』の髻中明珠だと明示する。髻中明珠の譬喩の意味をこの『維摩経』の珠髻菩薩にどこまで深く重ねているかは判然としないが、五十二菩薩の釈に入る冒頭に、四教に約して説くのは繁雑であるので、今は簡略に三観に基づき名を釈し、おおよそのところを理解するのだと断っているように、[8]一貫して一心三観の諸相として各菩薩の名に意味を見出している中で、珠髻菩薩に対してはより自らの関心に近づけた解釈を提示している。依用の例としては簡潔に過ぎるが、それだけに『法華経』への依拠を示したものとして興味深い。

二　方便品の大長者と信解品の大長者

『維摩経』において仏国品第一に、維摩はまだ登場しない。次の方便品に至って、仏は維摩の徳を讃え、次第にその存在感を増してゆく。その冒頭の文は「爾の時、毘耶離の大城の中、大長者有り。維摩詰と名づく」である。ここでは『文疏』に挿入された経文に基づき「大長者」と引用したが、この部分を『維摩経』の諸本と比較すると、「大」を付すのは管見の限り『文疏』だけであった。[9]では、これは単なる『文疏』の誤入であるかというと、そうではない。これに続く釈を見れば、智顗が明らかに「大長者」として経文を理解したことが判明する。

釈長者義、今当略解。原其本地、旧云金粟如来、即是法身長者。故法華経云。大富長者、即是如来。語其迹也。……今明長者義、略為四意。一外具十徳名世間大長者。二内合法身具十徳、即是世間長者。三約観心明具十徳。四帖経文。（続蔵二八・一〇左上、新纂一八・五二〇下～五二一上）

この中で引用される『法華経』の「大富長者は、即ち是れ如来なり」とは、信解品の文言である。[10]つまりここでは、信解品の長者窮子の譬喩に登場する父たる大長者と、『維摩経』方便品に維摩の身分を明かす中で挙げられる長者とを関連付けていることが分かる。実際、長者窮子の譬喩は「大長者有り」と始まることから、[11]ここに智顗が「大長者」として経文を提示したことの真意が知られよう。

十徳とは、①姓貴、②位高、③大富、④威勢、⑤智深、⑥年耆、⑦行無失、⑧礼儀備足、⑨上人所歎、⑩下人帰敬の十である。[12]『文疏』では、この十を基本として法身の長者の義と長者の観心釈が説かれるが、観心釈の中にはまた『法華経』からの引用が見られる。まず、②位高の中では『法華経』法師品の「如来の衣とは柔和忍辱の心是れなり」を引用し、位が無生忍であることを説明する。[13]⑨上人所歎では、十方の諸仏に讃歎されることを『法華経』如来神力品の偈文に求めている。[14]さらに⑩下人帰敬も、『法華経』には経を持する行人に対し、天龍四部がみな恭敬すると述べ、[15]次のように総括をする。

当知、観行之人、即具浄名十徳。同於大士、真是仏子。故法華経云。仏子住是地、即是仏受用。常在於其中、経行及坐臥。豈不得名長者子也。（続蔵二八・一一右下、新纂一八・五二二下）

ここに引用されたのは、『法華経』分別功徳品の偈文である。[16]これに続いて「四に経文に帖す」として、具体的に方便品の経文に十徳を読み込んでゆく。

以上に見た大長者の解釈は、諸文献に「長者」とのみあるところにあえて「大」を加え、『法華経』の長者窮子の長者に関連付けを図った点、および観心釈において『法華経』の諸文を教証とした点などが重要である。これも『注維摩詰経』には、まったく見られない解釈である。

三　弟子品の十大弟子と三周説法における声聞授記

『維摩経』弟子品は、釈尊の十大弟子が維摩の見舞いに行くよう命じられるも、それぞれに過去の因縁を語り、固辞するという章である。

智顗はこの弟子品を解釈するにあたり、十人の声聞が登場する順番に着目する。なぜならば、『法華経』迹門の三周説法（法説、譬説、因縁説）において授記される声聞の順番との比較から、意義付けを試みるからである。参考までに、『維摩経』の十大弟子の登場順と『法華経』において授記される声聞の順番を整理すると以下の通りとなる。

『維摩経』	『法華経』	
①舎利弗	舎利弗	上根（法説）譬喩品第三
②大目犍連	迦　葉	中根（譬説）授記品第六
③大迦葉	須菩提	中根（譬説）授記品第六
④須菩提	迦旃延	中根（譬説）授記品第六
⑤富楼那	目犍連	中根（譬説）授記品第六
⑥迦旃延	富楼那	下根（因縁説）五百弟子受記品第八
⑦阿那律	憍陳如（五百弟子）	下根（因縁説）五百弟子受記品第八
⑧優波離	阿　難	下根（因縁説）授学無学人記品第九
⑨羅睺羅	羅睺羅（二千人）	下根（因縁説）授学無学人記品第九
⑩阿　難		

『維摩経』の弟子品と『法華経』での声聞授記の関係を、『文疏』巻十一では、次のように言及する。

第二別釈十弟子。経明十大弟子次第、多有不同。今弁十弟子、還約此経為次第、一往与法華明三根、意亦似同。唯迦旃延、在富楼那後異耳。（続蔵二八・二八右上、新纂一八・五三八下）

『維摩経』に登場する十大弟子の次第は、『法華経』の三根の意と「一往」に「似同」で、『維摩経』では『法華経』において中根とされる迦旃延が下根の富楼那よりも後にあることが異なるだけであるという。また、舎利弗がともに第一に登場することの一致については、『般若経』における役割も含め、これを重視する解釈が見られる。[17]

より詳細に比較すれば、『法華経』には中根の四人のうち授記される順番は、迦葉、須菩提、迦旃延、目犍連であり、『維摩経』で言えば、③④⑥②となるので必ずしも順番が一致しているわけではない。また、『維摩経』に登場する⑦阿那律と⑧優波離は『法華経』には登場せず、『法華経』において五百弟子授記品に五百人の弟子の代表として授記を得る憍陳如は『維摩経』には登場しない。以上の不整合については触れず、また先の引用文以上に釈を展開していない。そのため「一往」と前置きしていたのであろう。

智顗はここで、『法華経』の三周説法における上根、中根、下根の三根の授記という大枠において、『維摩経』との会通を図る。[18]完全な対応とは言い難いが、あえてこのような不完全な解釈を提示したところに、智顗の関心の所在が看取される例である。

第二節　釈菩薩品における四仏知見

一　四菩薩と四仏知見

仏知見とは、『法華経』方便品において、仏が一大事因縁によって出世したその理由とは衆生に仏知見を開・示・悟・入させるためである、と説示されるところの重要な概念である。この仏知見、または同義とされる如来知見の語が用いられるのは『法華経』に限ったことではないが、一般に鳩摩羅什訳『妙法蓮華経』の、しかも先述した方便品に説示された四仏知見として理解されることがほとんどである。ただし、梵語と漢訳とでは darśana とそれに相当すべき「見」とに完全な対応がみられず、また竺法護訳『正法華経』では仏慧、如来慧などと訳されていることなどから、注意を要する語であることも指摘されている。(19)

さて、現存する『維摩経』三訳のいずれにもこの仏知見の語は見出されない。しかし智顗は、『文疏』巻十六において『維摩経』菩薩品を解釈するにあたり、この四仏知見に基づいた解釈を導入する。菩薩品とは、仏の十大弟子が過去の苦い因縁から次々と維摩の見舞いを固辞するという内容の弟子品の後に設けられた第四番目の章であり、四人の菩薩が登場し、やはりそれぞれの理由を語って仏の命を辞退するという筋書きとなっている。つまり、この四菩薩を四仏知見に重ねて解釈するのであるが、まずは『文疏』巻十六よりその概要を確認しておきたい。

問曰。上十弟子、対十心数、共輔法王、顕成半満両教。五百之流成道、各説身因。浄名弾斥、皆有所以。今四大菩薩、復表何等。（続蔵二八・七三左下～七四右上、新纂一八・五八四中）

ここでは、「維摩に問いただされるのには、みな理由があるはずだ。菩薩品に登場する四人の菩薩は何を表しているのか」という問いを設定する。以下に続くその答えが次の文であるが、便宜上、内容に応じて改行を加えて示すこととする。

答曰。此四菩薩、恐如法華経中、天雨四華、表於開示悟入。又法華経明、下方踊出有四大導師、亦表開示悟入。三万二千之中、止取四人。当是擬此四法門也。又華厳経、明盧舎那仏、加四大菩薩、説四十位。初法慧説十住、功徳琳説十行、金剛幢説十迴向、金剛蔵説十地。若尋此品経文、亦似有其意。何以知然。

如弾弥勒、一向就真如寂滅之理、以顕菩提。恐擬開仏知見。云一切衆生即菩提相。当知即開仏知見、円教明十住之相也。

次弾光厳、説種種道場。恐擬示仏知見。浄名説諸道場義。一一切諸行無非道場。即示仏知見、十行之相也。

次呵持世、覚悟令知魔界如与仏界如、一如無二如。魔家眷属、皆楽仏法、修無尽灯。即是於事理無礙。不相障隔。能迴魔事為仏事、以仏事入魔事。善悪融通、倶得自在。恐擬悟仏知見、十迴向之相也。

次呵善得、行檀能於前境、高下不二。財施即具法施。能於財施中、具足一切財。具足一切法、上奉難勝如来、下済乞人。悲敬二田等無差別。即是法施之会。恐擬入仏知見、十地之相也。

浄名呵意、多含一音異解。何必一向皆対円教四位。但一往尋文、大意恐当如此也。

（続蔵二八・七四右上～下、新纂一八・五八四中～下）


ここでは『維摩経』菩薩品の四人の菩薩が登場する意味を、「『法華経』序品の四華や踊出品の四大導師が開示悟入を示しているように、この四人の菩薩を選び取り、開示悟入の四法門にたとえているのだろう」という。また、その説明の中には、『華厳経』の十住・十行・十迴向・十地の四十位との関連も示唆する。

まず、ここに示される菩薩品の四人の菩薩と行位の関係は、菩薩品で最初に登場する弥勒菩薩を開仏知見ならびに十住に、二番目に登場する光厳菩薩を示仏知見ならびに十行に、三番目に登場する持世菩薩を悟仏知見ならびに十迴向に配当させ、最後の善得長者は入仏知見、十地の性質を示すものであるとする。引用文の最後に「大意はこのようなところ（円教）に該当するのであろう」というように、円教の意味において四人の菩薩を解釈しているのである。

二　四仏知見と四十位

四仏知見と行位説とを対応させる解釈は、『文疏』に先行して著された『玄疏』においてすでに示されている。『玄疏』巻二は別行の『三観義』に相当する内容であるが、このうち円教の一心三観において六即すべてに大乗の義が備わっていることを説く中、四仏知見と分証真実即、つまり十住・十行・十廻向・十地・等覚の四十一位との関係を次のように表している。

法華経云。乗此宝乗、遊於四方。嬉戯快楽、直至道場。若得分証真実即、住於十住開仏知見。乗此宝乗、遊東方。若住十行、即是示仏知見。乗此宝乗、遊於南方。若住十廻向、即是悟仏知見。乗是宝乗、遊於西方。若住十地等覚、即是入仏知見道。乗是宝乗、遊於北方。若住妙覚、即是乗是宝乗、直至道場。名到薩婆若中住。理即大乗性如虚空。故云是乗不動不出也。略明一心三観成一仏乗竟。（大正三八・五三二中～下）

この中で引用される『法華経』の経文は、譬喩品三車火宅の喩の偈文から抄出した語である[20]。

これに関連してまず注目すべきは、『玄疏』巻四において、南岳慧思（五一五～五七七）に四仏知見を円教の行位に配当する釈があったことを明かしている点である。

又法華経明開示悟入。南岳師解云、即是円教四十心也。（大正三八・五四一下～五四二上）

簡単な記述であるため、この一文だけでは巻二の一心三観の釈において分証真実即の中で十地とともに入仏知見に配当されていた等覚の扱いが明らかではない。そこで、この『玄疏』の記述に対応する別行の『四教義』の箇所を確認すると、先に撰述された『四教義』では慧思の説がより詳しく記されていたことが判明する。

法華経云。諸仏為一大事因縁、故出現於世、為令衆生開仏知見、示仏知見、悟仏知見、入仏知見道故。此之四義、南岳師解云。開仏知見即是十住。示仏知見即是十行。悟仏知見即是十廻向。入仏知見即是十地及等覚地。皆言仏知見者、悉得一切種智也。皆言仏知見者、悉得仏眼也。（大正四六・七六四中～下）

これにより、『玄疏』巻二によって示された分証真実即内の四十一位と四仏知見との対応は、南岳慧思の説を継承したものであることが知られる。なお、この『四教義』の文とほぼ一致する内容は、『法華玄義』巻五上にも見られる。[21]

さて、『法華経』方便品の四仏知見に対する直接的な解釈は、『法華文句』巻四上に示されている。ここでは、世親の『法華経論』に基づきつつ、四項目を挙げて独自の解釈を展開する。[22] その第一が四位の釈で、十住・十行・十迴向・十地の四位に配当する。それに続き、道慧・道種慧・一切智・一切種智の四智、次に空門・有門・亦有亦空門・非有非空門の四門、最後に観心釈によって説き、またこれらに教一・行一・人一・理一の四一を重ねてゆく。これが『法華文句』における四仏知見釈の基調である。ただし、この中では四位の釈において、南岳慧思の説には言及していない。この点は『文疏』の態度と異なり興味深い問題であるが、本節の目的より逸脱するので、今はその指摘に留めたい。一方、『文疏』の引用文では、四位との対応のみが示されており、四智、四門などとの関係が述べられてない。しかし、これが『法華文句』における四仏知見の釈と軌を一にするものであることは、おおむね確認できよう。

三　『文疏』における四仏知見の依用とその意図

では、『維摩経』菩薩品に登場する四菩薩を、『法華経』所説の仏知見の開・示・悟・入に配当した意図はどこにあると見るべきであろうか。この問題については、さきに挙げた『文疏』引用文の中に「踊出に四大導師有り、亦た開示悟入を表す」と述べられているように、直接的には『法華経』涌出品の四大導師と四仏知見との対応から発想を得たものと考えられる。涌出品は天台の二経六段と称される分科において本門の序分に位置する、『法華経』の転換点ともいうべき章であるが、その冒頭に登場するのが、上行・無辺行・浄行・安立行の四導師である。[23]『法華経』においてはそれほど大きな役割を与えられていない四導師であるが、[24]『法華文句』巻九上ではその登場の理由を、開示悟入の四十の位に擬するためであるといい、またそれは、『華厳経』の四菩薩が四十位を説くようなものであるとする。[25]ここでいう『華厳経』の四菩薩とは、仏駄跋陀羅訳『華厳経』巻八の菩薩十住品では法慧菩薩が、巻十一から十二の十行品では功徳林菩薩が、巻十四から二十二までの金剛幢菩薩十迴向品では金剛幢菩薩が、巻二十三から二十七までの十地品では金剛蔵菩薩がそれぞれ中心となって法を説くことを指している。このことは『文疏』の先の引用文にも触れられていた通りである。

したがって、ここに『華厳経』の四菩薩を介した『法華経』涌出品の四導師と『維摩経』菩薩品の四菩薩との対応関係が成立するのであるが、『文疏』における解釈の主眼は、『華厳経』に基づく行位の次第階梯にあるのではない。なぜなら、『維摩経』の四菩薩を菩薩品の登場順で四位に配当させる時、その最初に登場する弥勒菩薩が十住の位というのは、あまりに低い位置付けだという疑問が生じることになるからである。それに対し、智顗は本項の冒頭に引用した文に続いてみずから設問し、ここでは円教の義であるから、本来的には四菩薩に行位の浅深はなく、仏知見の開・示・悟・入を顕すのだという答えを用意している。[26]

この菩薩品解釈における四仏知見の導入もまた、『維摩経』自体にはまったく考慮されていないはずの『法華経』の教説を、いささか強引ながらも解釈に重ねていくという智顗の経典解釈の特質が、顕著に示された例と言えよう。

第三節　智顗より見た『維摩経』と『法華経』の位相

一　帯方便としての『維摩経』解釈

天台維摩経疏における『法華経』の影響を考える上で看過できないのは、五味の教判説を厳然とふまえた上で、『維摩経』の教説をあくまでも方便を帯びたものとして保留する態度である。これは、『玄疏』の五重玄義の通釈で「不思議帯偏顕円を教相と為す」の中に「偏を帯ぶ」と表明されていることから[27]、天台維摩経疏撰述の早い時期から明確に意識された理解であることが知られる。このような『玄疏』に示された理解と同様の表現が、『文疏』では随所に見られる。

その例としてまず、巻七の釈仏国品から見ていきたい。ここでは仏国品に説示される菩提心の直心、深心、大乗心の三心に対し、釈では直心を四諦を観ずる心、深心を十二因縁を観ずる心、大乗心は四弘誓願を発する心と意味付ける[28]。その中では、直心や深心を四諦や十二因縁といった二乗の行として位置付けることについて、次のような説明がなされている。

問。此経但云直心深心。何俟強対二乗観心也。答、此経帯方便、有所避就、故不盲的準[29]。望大品法華。恐是約二乗観心、修浄土行。為引二乗来生其国也。（続蔵二七・四七五左上～下、新纂一八・五〇九中）

その答えの冒頭では、『維摩経』は方便を帯びていて、「避就」するところがあるという。この「避就」という語は、方便によって避けたり、執着したりする面があることを表現したものと思われる[30]。そしてこのような面があるので、のだと言えよう。

『維摩経』は『大品』や『法華』とは異なるのだという。ただし、この三心に対しては、後に三種の心を一心と規定し[31]、観心釈においてより重層的な展開を図っている。そのためここでは、その前提としての基本的な解釈を示した

『維摩経』の所説が『法華経』の義とは異なるという見解は、巻十六の釈菩薩品の中にも示されている。菩薩品が弟子品の後に説かれる意義を説明する中で、『法華経』との対応において菩薩品の教が方便の利益を得るものだと答えるうちに、そのことが明示されている。

問曰。方便菩薩定一向須呵也。答曰。此教既未与法華経斉。其有於方便得益。恐未得全廃也。但是顕大乗正意分明故、如前判耳。或可前方便教菩薩、但呵病不呵法。此須分別。若約修行之人、是則法之与病二種倶呵。若是方便之法、此法是如来方便之法。擬接後人。但使前人捨病、未必須捨法也。

（続蔵二八・七二右上、新纂一八・五八二中〜下）

ここに問われる一向に訶すべき菩薩とは、通教と別教の菩薩のことである。答えにおいて、「恐らく未だ全廃を得ず」というのは、『玄疏』巻四に説かれる教の興廃を前提としている[32]。また、後続の文にもこの議論の延長として、『維摩経』において方便の利益を得ると説くが、その利益はただちに『法華経』のそれと同等とすることはできないと、以下のように付言する。

問曰。大士呵諸菩薩。定皆得一円教之益不。答曰。一往尋呵四大菩薩、文似如皆是円益。但諸菩薩各述、文既不度、豈可定判。且諸方等経、猶帯方便明義、未得頓同法華。何容全不得随機方便益也。

（続蔵二八・七二左下、新纂一八・五八三中）

このように釈を保留する態度は、『文疏』巻十七に「世尊、維摩詰是の法を説きし時、二百天子は無生法忍を得

たり」[33]という弥勒章の最後の一文に対してもなされている。

此是第五諸天蒙益。希望既息、水清珠現。即得円教初発心、住無生法忍。或一音異解、得通教無生法忍。此経既未斉法華。豈可定判也。（続蔵二八・八四右下、新纂一八・五四九下）

この文は二百天子が得た無生法忍の利益を論じている。『文疏』巻十六からの引用文に見られたように、これが『法華経』の会座であるならば、円教のみで解釈するところであるが、『維摩経』の場合にはそうではないとし、純粋に円教の初発心に規定されるだけでなく、通教としての意味合いも含んでいることを示唆することで、それ以上の厳密な四教による位置付けを避けている。ここにおいても、『維摩経』は『法華経』と同じではないとする。

また『維摩経』が方便を帯びるということは、断惑の議論においても同様に言及されている。巻二十四の不思議品釈では、天から降ってきた花びらが体に付着しあわてふためく仏弟子たちに、天女が「結習未だ尽きず、華は身に著するのみ」と述べる部分に対する釈において、この経文には別の見思惑があり、界内の通の見思の習気もあるのだとする。その解釈を次のように総括する。

今此経既明不思議解脱。豈不用別円二教断也。但経文不的明者、此是方等教、猶帯方便明義。不得類法華経大涅槃経也。（続蔵二八・一四三左下、新纂一八・六五四中）

不思議解脱を説く『維摩経』であるからこそ、別教や円教の断惑を用いることは言うまでもないとしつつも、経文にそれを明示しないのは、方便を帯びて意味を明かしているからだとする。そして、その点が『法華経』や『涅槃経』とは異なるのだという。

二　通相三観説の導入

『文疏』巻二十一には、通相三観という他の文献には見られない説が開陳される。(34) この通相三観は一心三観とともに円教所説であるが、方便を帯びたものとして区別されている。

問。此両観、既並是円教。何意以為両。答曰。通相三観、約通論円。此恐是方等教、帯方便之円、非如法華所明也。

（続蔵二八・一一七右上、新纂一八・六二七中）

ここでは、通相三観が一心三観と同じく円教の教説であるならば、あえてこれを一心三観と区別する意味は何かという問いに対して、通相三観とは通教に約して円教を論じたものであり、方等教であり方便を帯びた円教であるので、『法華経』に明かされたもの、つまり一心三観とは異なるのだと答えている。

前項に考察したように、『維摩経』の教えの中に円教を認めつつも、繰り返し方便を帯びると補足されたことと同様に、通相三観についても円教ではあるが方便を帯びたものだと注意が促されている。このように、すでに『法華経』解釈を通じて確立していた別相三観と一心三観の二種をもとに、『維摩経』における観心のより適したあり方として通相三観が模索されたことが知られよう。

これらの文では、『維摩経』は『法華経』の教えと同等ではないので、ここでの釈は一応なものだと判断を保留する態度が共通する。つまり、『維摩経』における解釈に制限を設けているのである。このような限定化の背景には、『維摩経』を五味のうちの生蘇である方等教に位置付け、その後に『般若経』『法華経』『涅槃経』において釈尊の説法がさらに開示されるとする教判論があることは、引用文からも明らかである。『維摩経』が位置するこの方等教は、天台の化法四教からみれば、蔵・通・別・円の四教すべてが説示されているという特性を与えられている。経そのものを円教によって構成する『法華経』と比較すれば一部か全体かの違いはあるが、基本的には『維摩経』にも円教が認められているのである。その点は、菩薩品の仏知見釈においても最終的に円教として行位の浅深の差別を解消する例にみられた通りである。しかしながら、そこには方便を帯びたものとして、究極的な理解の提示をつねに保留する態度が随所に示されている。そして、『法華経』の開会の立場から、『維摩経』は爾前の方便として位置付けられる。『維摩経』の読者はこの点に留意してその所説を理解しなければならないと、智顗は注意を促しているのである。

三　折伏摂受と哢胤

『維摩経』と『法華経』の関係が述べられる文脈では、「哢胤」という表現が散見される。『文疏』巻十では方便品の「其れ方便を以て身に疾有るを現ず」に対して四項目により解釈する。このうち、「第二に弟子品の起発と為す」では、ここにおいて維摩が病であることの意味を次のように述べる。

近為入室聞不思議、成生蘇之由籍。遠為大品法華、成熟蘇醍醐之哢胤。（続蔵二八・一七左下、新纂一八・五二八上）

『維摩経』という卑近の範囲から見れば、室内六品とされる問疾品以降に不可思議の教えを聞き生蘇の教えを成立するためのきっかけとなり、またより広い仏の化導全体から見た場合には、『大品経』や『法華経』への哢胤となるのだという。このように近と遠との二重の意味において維摩の疾を規定する点がまず着目されよう。[35] 関連して後出する『文疏』巻十九にも同様の解釈が見られる。

四為入大品法華之哢胤者、……今文殊入室、更聞六品之説。即得転酪成生蘇也。（続蔵二八・九八右下～左上、新纂一八・六〇九上）

ここに明らかなように、問疾品に「大品、法華に入る哢胤」としての役割が付与されていることから、智顗には方便品から問疾品以降の室内六品を経由し、『般若経』、そして『法華経』までの視野が持たれていたのである。

ここに見える「哶胤」の意味はにわかには見出し難いが、『法華文句』巻一上の冒頭に序品の序の語義として挙げられる「弄引」と同義であろうと推測される[36]。

『文疏』ではより具体的な天台教学の適用として、三観説や四悉檀説との関係において、「折伏摂受」の教化を定義する。巻十一釈弟子品初には、方便品の次に弟子品が説かれる理由を解釈するため五つの項目を立てる。その第四番目の「四為折二乗成生蘇之教」の中で、『維摩経』が包摂される方等教を、五味の義において生蘇教と位置付け、前後の教との次第の関係を説く。


第四為欲顕成生蘇教者、至如頓教……譬之如乳。三蔵次……転乳成酪之義也。次聞往昔大士、折挫弾呵、今皆具述。乃至入室、悔歎之声、遍満三千。是則鄙小敬大。氷滞稍融、信心漸転、事等生蘇也。……若至大品、即変成熟蘇。入法華涅槃、即得成醍醐也。是則重述所弾。入室有成生蘇之由。（続蔵二八・二七左上、新纂一八・五三八上）

『維摩経』という方等教の経典における「折伏」は、五味のうちの生蘇の教を生じさせるためであり、問疾品以降の室内において「摂受」されることによって、次の『般若経』の熟蘇、そして『法華経』の醍醐への展望が開かれる重要な手立てとなるという。その他、さきに検討した巻十六の釈菩薩品の来意にも、「大品、法華の哶胤」を解釈する中で生蘇を成ずることが説かれている[37]。

以上の例からは、智顗が仏の化導の全体の中で、五味説との関係性において、『維摩経』の位置する方等教における「折伏摂受」に大きな意味を付与したことが確認される。またその性質として「哶胤」の語が使用されたことは、方便を「哶」とし、教を転ずる「胤」（＝種）として、その役割を見出したことの証左と言えよう。

四　『法華経』の二乗作仏における『維摩経』の意義

前項に考察した問題は基本的に五味説が前提となり、『維摩経』と『法華経』との他にも『般若経』や『涅槃経』も含めた位置付けであるので、直接的に両経の関係性を示したものではない。一方、以下にみる弟子品釈の一段は、『法華経』によって規定される『維摩経』の役割を、より明確に示したものとして注目されよう。

第七明浄仏国土者、此十弟子用十法門、荘厳双樹。即是成就衆生、浄仏国土、至法華経仏為授記。此十弟子未来成仏時、所化衆生、皆住在十種法門、来生其国。是諸所化衆生所修、四枯四栄之因。復用調伏衆生、浄仏国土。成仏之時、如是衆生、皆亦来生其国也。若一往斉此経教而明、只是呵責声聞、讃諸菩薩、住不思議解脱、遊戯神通、浄仏国土、二乗永絶。斯根敗之士、其於五欲、無所復堪。是故迦葉悔歎、声振三千。今取法華経意望、為身子迦葉満願等授記而言、汝等所行是菩薩道。又言、少欲厭生死、実自浄仏土。是則理而推之。浄名呵折十大弟子五百羅漢、皆是槌砧、成就声聞縁覚、展転皆成浄仏国之因也。是則弟子重述扶成仏国品。意宛然。自古及今、誰知之也。（続蔵二八・三〇右下～左上、新纂一八・五四一上）

ここには、『維摩経』の浄仏国土と『法華経』における仏弟子たちへの授記との関係が直接的に説明されている。もしも、『維摩経』の範囲だけでこの弟子品を解釈するならば、彼ら十大弟子は仏道品にいう「根敗の士」に過ぎない。[38] しかしこれを『法華経』との関連において考えるならば、声聞たちが『維摩経』で呵責されることには意味がある、と解釈するのである。智顗が弟子品に登場する十大弟子を、『法華経』の三周説法において授記される菩薩の順番に重ねて解釈を試みたことは、さきに指摘した通りである。ここに「今は法華経の意を取りて望むに、身子、迦葉、満願等の為に授記して」というのは、法説周で授記を得る身子（舎利弗）、譬説周で最初に得る迦葉、因縁説周で最初に得る満願（富楼那）に代表させて述べたものに他ならない。[39] 維摩が声聞を呵責することは、いわば「槌砧」、つまり器を作るために金づちなどでたたくようなものであるという。

このような釈は、『法華経』では次々と記別を与えられる声聞の十大弟子が『維摩経』において徹底的に破折されることを、智顗が『法華経』に至って実現する二乗作仏の過渡的場面として理解したことの表明であり、同時に、『法華経』の優れた救済力を示すためのものと考えられる。引用文最後に付された「古より今に及んで、誰か之れを知るや」という句には、これまでの『維摩経』解釈において、このような『法華経』との関連性がまったく気が付かれず、真意が理解されてこなかったという意味が込められている。ここに、智顗の自説に対する絶対的な自信のほどが窺えよう。

以上に確認したように、教判の上では帯方便として解釈を保留する場面が見られたものの、それがただちに智顗の経典観において『維摩経』を低く位置付けていたことの証左になるものでは決してないことが知られよう。『維摩経』における声聞や菩薩への弾訶折伏は、問疾品以降の摂受を経て、これを契機として『般若経』の説時、そして遠くは『法華経』の開会にまで繋がっているのである。このように智顗は、『維摩経』の説示を『維摩経』そのものの範囲だけで捉えるのでなく、釈尊の教化の全体の中に位置付けることでその役割や意義を与えるとともに、『法華経』への経路としての大いなる価値を見出したのである。

おわりに

『文疏』の随文解釈は、『注維摩詰経』などに見られる語義註釈を中心とした釈風の範疇を超えた内容であり、またその中には『法華経』をふまえた独自の見解が随所に示されている。このことは智顗の経典観が如実に反映された結果であり、また智顗の『維摩経』観の一大特色と見なすべきものである。このような智顗の解釈は、一見するに『法華経』重視に対する『維摩経』軽視の表明のようにも映るが、仏の教化における方等教、およびその所説である『維摩経』の役割は智顗によって決して軽視されてはいなかったはずである。『維摩経』によって『法華経』の意義が支えられるとともに、『法華経』によって『維摩経』をより深く意義付ける試みが天台維摩経疏の中に少なからず確認されたことによって、そのことは知られよう。

では、天台維摩経疏という文献をどういった性格のものとして、智顗の文献群の中で位置付けるのが適切であろうか。この点について新田雅章氏は、佐藤哲英氏が智顗の最晩年に三大部に匹敵する分量をもって成立した文献としての天台維摩経疏に価値を与えたことを承け、その中に「一実諦の表白」と実践性を認め、その思想をさらに高く評価する[40]。ただし、新田氏の理解は三観に対するものをはじめとして智顗の思想を発展的に捉える傾向が強い。このような見解に対しては書評などで直接批判が加えられているほか[41]、間接的な批判としては、野本覚成氏により天台維摩経疏は教相門の書として「初学者向き」に著されたとする見解も示されている[42]。

これらの諸説を見る限り、天台維摩経疏に対する評価は、三大部のそれとの対比によってどちらがより智顗の思想の核心に迫りうる文献かという二者択一の視点からなされてきたところがある。しかし、仮に天台維摩経疏を智顗の最晩年に成立したという理由のみによって、最終的な思索が示された文献であると理解するならば、天台山における頭陀行の末に獲得された華頂降魔と称される智顗のさとりとその宗教的な契機が有する意義を失することになる、と筆者は危惧する。大悟を経てふたたび講説期に入り、さとりの体験を経て確固たるものとなった思想的枠組みが『玄疏』を構成し、それを随文解釈に適用したのが『文疏』である。このような成立経緯を鑑みれば、先行研究で指摘される教説の変化は、智顗の内面に生じた思想の変遷によるのではなく、むしろ外的要因を考慮すべきである。その第一の要因として考えられるのは地論師をはじめとした他師説の影響であろう。このような新学説の摂取とともに説示が変化したのであって、本質的な部分においては、三大部講説から『維摩経』註釈の撰述の流れの中に、思想的な発展としての変化を見出す必要はないように考えるのである。

以上の点をふまえると、「『維摩経』という代表的な大乗経典に依拠しながら編纂された仏教概論的書物」という理解が天台維摩経疏に対するもっとも適切な評価だと言えよう。そして、その枠組みを構成しているのは『法華経』の体得的理解に基づき確立した智顗の思想、つまり天台教学なのである。『法華玄義』や『法華文句』に展開される法華思想の基盤として、『維摩経』を題材にその基礎構造を開示したのが天台維摩経疏であるという理解において両文献群の役割を明確にすれば、智顗が晩年に精力を傾けて大部を著述したという歴史的事実とその意義はおのずと首肯されることになろう。

註

（1）　智顗と『法華経』の関係については、佐藤哲英「智顗の法華玄義・法華文句の研究」（坂本幸男編『法華経の中国的展開』平楽寺書店、一九七二）に、伝記に基づき『法華経』との交流の場面がまとめられている。

（2）　安藤俊雄『天台思想史』（法藏館、一九五九）所収「天台智顗の浄土教」では、「智顗は心浄即土浄の立場で、仏国の本質を明にする維摩経の思想世界に、法華浄土学の基盤を求めた」（三九一頁）と天台浄土教研究における意義を示唆する。

（3）　新田雅章「智顗における「維摩経疏」撰述の思想的意味」（『印度学仏教学研究』二二巻二号、一九七四）、同「不二法門を通じて捉えられた「絶対」の構造——智顗の場合を中心として」（玉城康四郎博士還暦記念会編『玉城康四郎博士還暦記念論集　仏の研究』春秋社、一九七七）、同『天台実相論の研究』（平楽寺書店、一九八一）所収「晩年の実相論——「維摩経疏」を中心として」参照。筆者の理解する限り、これら一連の論攷における新田氏の関心は、実相論を規定するための不二法門の不可説性にほぼ限定されている。一方、菅野博史「中国における『維摩経』入不二法門品の諸解釈」（『大倉山論集』二三輯、一九八七）では、『玄疏』において入不二法門品に対する注意は希薄であるとし、『文疏』においては文殊の聖説法に評価を与えている点に着目する。このような指摘をふまえ、天台教学における不二の意義を再考する必要があろう。

（4）安藤俊雄『天台学——根本思想とその展開』（平楽寺書店、一九六八、三二一頁）参照。

（5）このような見解の背景には、智顗は法華至上主義であったとの評価が存している。安藤俊雄（一九六八）に見られる「完全なる法華至上主義の教判体系の整備完成は智顗の努力に俟たねばならなかった」（五八頁）、「智顗は北地における地論系の華厳至上説、及び南地における涅槃系の涅槃至上説をしりぞけて、新たに法華至上説を学問的に基礎づけたのである。江北の慧思教学に胚胎していた法華至上主義は、天台教判の完成によっていまや江南に見事な花を開くことができたのである」（六〇頁）という記述は、安藤氏の主張の代表として菅野博史「智顗と吉蔵の法華経観の比較——智顗は果たして法華経至上主義者か？」（『平井俊榮博士古稀記念論集　三論教学と仏教諸思想』春秋社、二〇〇〇）に引用される。同論文においては、吉蔵や慧遠が基本的に大乗経典に優劣をつけていないことと比較して、安藤説に代表される法華至上主義としての智顗の評価は、適切なものであるかが検討され、「むしろ円教至上主義と呼ぶ方が適当である」（一六五頁）との見解が示されている。

（6）『法華経』巻五「文殊師利。譬如強力転輪聖王。……王見兵衆戦有功者、即大歓喜、随功賞賜。……唯髻中明珠、不以与之。所以者何。独王頂上、有此一珠。若以与之、王諸眷属、必大驚怪」（大正九・三八下）。転輪聖王が髻の中の明珠を妄りに人に与えないことを、如来が『法華経』を説くことに譬える。

（7）『注維摩詰経』巻一「什曰。如意宝珠、在其髻中。悉見十方世界、及衆生行業果報因縁也」（大正三八・三三一中）と

あり、吉蔵『維摩経義疏』巻一「珠髻菩薩。如意宝珠、在其髻内。悉見十方世界、及衆生行業果報因縁也」（大正三八・九二三上）にもその説が参照されている。

（8）『文疏』巻一「若約四教、解釈事転繁多。今略就三観釈名、足知大況」（続蔵二七・四五六右上、新纂一八・四八九下）。

（9）『文疏』に引用される『維摩経』の経文をめぐる問題については、本書第二部第二章を参照されたい。

（10）『法華経』巻二「世尊。大富長者、則是如来。我等皆似仏子。如来常説、我等為子」（大正九・一七中）。

（11）『法華経』巻二「舎利弗。若国邑聚落、有大長者」（大正九・一二中）。

（12）十徳については、『法華文句』巻五上にも「一姓貴、二位高、三大富、四威猛、五智深、六年耆、七行浄、八礼備、九上歎、十下帰」（大正三四・六六中）とあり、若干の表現の相違はあるものの、『文疏』と同じ内容が列挙される。なお、『略疏』巻三「一性貴、二位高、三大富、四威勢、五智深、六年耆、七無失、八礼備、九上歎、十下帰」（大正三八・五九八上）とし、すべてを二文字でまとめている。このように『法華文句』巻五上における「大長者」の釈と『文疏』の長者釈には明らかな対応が見られるが、両者の十徳の定義は、『維摩経』に対する場合、「有大長者。名維摩詰」の後に続く経文に十徳の一つ一つを配当させていく一方、『法華経』では、「但欠上人所敬一文」（大正三四・六六下）という九番目の意義が欠けているという。比較すると『文疏』の釈の方が詳しく整然としているため、『法華文句』のそれは『文疏』から抄出されたもののようにも思われる。したがって、『法華文句』の長者の十徳の義は『文疏』から着想を得て挿入されたとも考えられるが、今はその可能性を指摘するに留める。

（13）『文疏』巻九「法華云、若説是経、当著如来衣。如来衣者、柔和忍辱心是。如来忍者、即寂滅忍。豈不得称為無生忍」（続蔵二八・一一右上、新纂一八・五二一中）という。この典拠は『法華経』巻四「若有善男子善女人、如来滅後、欲為四衆、説是法華経者、云何応説。是善男子善女人、入如来室、著如来衣、坐如来座。爾乃応為四衆、広説斯経。如来室者、一切衆生中、大慈悲心是。如来衣者、柔和忍辱心是。如来座者、一切法空是安住是中」（大正九・三一下）である。

（14）『文疏』巻九「観行之人、常為十方諸仏之所讃歎。故法華経云、能持是経者、諸仏皆歓喜、現無量神力、歎美持経

者」（続蔵二八・一一右下、新纂一八・五二一中〜下）といい、その典拠は『法華経』巻六「以仏滅度後　能持是経故　諸仏皆歓喜　現無量神力　嘱累是経故　讃美受持者　於無量劫中　猶故不能尽」（大正九・五二中）である。

(15)『文疏』巻九「法華明持経行人、天龍四部、皆来恭敬、供養帰依是人也」（続蔵二八・一一右下、新纂一八・五二一下）。これに一致する経文は不明。恐らく取意であろう。

(16)『法華経』巻五「仏子住此地　則是仏受用　常在於其中　経行及坐臥」（大正九・四六中）。

(17)『文疏』巻十一「今為維摩所呵黙然、不知何対者、欲令一切学四枯之徒、内心鄙折、敬仰四栄智慧之教也。至説摩訶般若、仏前対身子説大品経者、令諸声聞悉信解満字四栄之智慧也。至法華先対身子、開仏知見、為受華光之記者、一切声聞八部四衆、皆悉開仏知見、歓喜称歎、各共同声。而説偈曰、大智舎利弗、今得受尊記。我等亦如是。必当得作仏、於一切世間、最尊無有上。是則悉悟、四栄真解」（続蔵二八・三一左下〜三二右上、新纂一八・五四二中）。

(18)菩薩行品にも三周説法に関連付けた釈がなされる。『文疏』巻二十七「二復宗明因。則是諸菩薩、請菩薩行。就果中、為二。……今此果門、亦備四義。成上当宗仏国之説。宛然是同、但不次第、前後為異耳。良由言不畳出、語不重安。所以互説、欲令行者、不定執前後、類如法華三周説法、名異義同」（続蔵二八・一七六左上、新纂一八・六八七中）。

(19)藤井教公「仏知見の解釈をめぐって」（『印度学仏教学研究』三一巻二号、一九八三）参照。

(20)『法華経』巻二「乗此宝乗、直至道場」（大正九・一五上）、および「遊於四方、嬉戯快楽」（大正九・一四頁下）。

(21)『法華玄義』巻五上「方便品云。諸仏為一大事因縁故、出現於世。為令衆生開仏知見四句。南岳師解云、開仏知見是十住位、示仏知見是十行位、悟仏知見是十迴向位、入仏知見是十地等覚位。皆言仏知者、得一切種智也。皆言仏見者、悉得仏眼也」（大正三三・七三五上〜中）。なお、この釈は迹門十妙の行妙の一部であるが、現行の『法華玄義』行妙は、その内容が近似しているが故に、『四教義』との関連が指摘されている。佐藤哲英『天台大師の研究』（百華苑、一九六一、三二六〜三三〇頁）参照。

(22)『法華文句』巻四上「今師作四解不乖論。論句句釈、今一句作四釈。論明証不退転地、今作四位釈。論知如来能証

実、今作四智釈。論明同義、今作観心釈。論明不知究竟処、今作四門釈云云」（大正三四・五〇下）。『法華経論』に基づいて四仏知見を解釈するのは吉蔵も同様である。吉蔵釈の特質については、奥野光賢『仏性思想の展開――吉蔵を中心とした『法華論』受容史』（大蔵出版、二〇〇二）所収「吉蔵の「仏知見」解釈について」に詳しい。

(23) 『法華経』巻五「是菩薩衆中、有四導師。一名上行。二名無辺行。三名浄行。四名安立行。是四菩薩於其衆中。最為上首唱導之師」（大正九・四〇上）。

(24) 横超慧日「法華経総説」（横超慧日編『法華思想』平楽寺書店、一九六九）は、「涌出した菩薩の中で上行等の四導師の名が挙げられている、それは主として話をできるだけ具体性を帯ばせて印象深からしめようとしたためであったと考えられ、一面には、問訊するとすれば大衆の中から代表者の出ることが必要となるためもあるが、いずれにしてもさして重要な意味はなかったといってよい。上行らの四導師の個性的な特色は何も示されておらず、後に神力品で上行らに対する付嘱が説かれるまで何ら彼らによる動きが見られないのはこのことを裏書する」（一一六頁）と指摘する。

(25) 『法華文句』巻九上「初標四導師。次陳問辞。問又二。長行偈頌。長行有二。一問如来安楽。二問衆生易度云云。但挙四人者、欲擬開示悟入四十位耳。如華厳但挙法慧・徳林・金幢・金蔵、説四十位云云」（大正三四・一二五中）。

(26) 『文疏』巻十六「問曰。若爾弥勒、正是補処応須顕深。何得顕浅也。答曰。大人勝者、故須前命。法応従浅至深。故対弥勒須開仏知見也。復次雖一往対人顕四位、正意不在浅深。所以然者、円教明従初一地、具足一切諸地功徳。是則初開仏知見。即是示悟入也。対弥勒顕初開義。光厳顕初示義。持世顕初悟義。善得顕初入義。此無深浅前後之別。只是一切円位之四義耳」（続蔵二八・七四右下、新纂一八・五八四下）。

(27) 『玄疏』巻一「第一通標五義名者。……不思議帯偏顕円為教相」（大正三八・五一九上）。

(28) 『文疏』巻七「一別明三心者、即是三種菩提心也。一観四諦心、名為直心。二観十二因縁心、名深心。三発四弘誓願心、名大乗心」（続蔵二七・四七五右下～左上、新纂一八・五〇九上）。

(29) 『文疏』の校異は、「盲」は「妄」の誤りである可能性を指摘している（続蔵二七・四七五左上、新纂一八・五〇九中）。

(30)「避就」の語は、弟子品迦葉章の釈として『略疏』巻四「若能如是観塵、則無貧富麁好、以生愛憎。而有避就、論其損益」（大正三八・六一七上～中）に用例が見られるが、対応するのは『文疏』巻十二「若能観六塵皆空、則無富家好塵恐生心著之、可避貧家麁塵於行無損之」（続蔵二八・四三右上、新纂一八・五五三中）で、湛然がこの文脈を書き改めた中に用いられたことが知られる。智円は『垂裕記』巻五「而有避就者、愛貧而就、憎富而避」（大正三八・七八〇下）と語釈を付す。

(31)『文疏』巻七「今此三心、只是一心、不与二乗三蔵通教菩薩共。無三差別、不縦不横。即是三徳異名。仏為向道之人、説令易解、故作三分」（続蔵二七・四七六右上、新纂一八・五〇九下）。

(32)『玄疏』巻四「第三明興廃者、即為二意。一権教有興有廃。二実教有興無廃」（大正三八・五四三中）。

(33)『維摩経』巻上「世尊、維摩詰説是法時、二百天子得無生法忍」（大正一四・五四二下）。

(34) 通相三観説の詳細については、本書第三部第一章第二節を参照されたい。

(35) 遠近での位置付けは他にも見られ、『法華経』化城喩品の解釈との影響関係を想起させるが、今はその指摘に留める。

(36)『法華文句』巻一上「序者、……問答釈疑、正説弄引。叙述也」（大正三四・一中）、『法華文句』巻三上「方便権略、皆是哢引、為真実作門」（大正三四・三六中）といい、菅野博史『法華文句（Ⅰ）』（第三文明社、二〇〇七、三頁）には、正説にたとえられる弄（歌曲の意）を引き出すものの意と説明する。湛然『法華文句記』巻一上「言哢引者、以譬顕也。講哢家之引、故名哢引。亦可正哢亦得名、引如歌引舞。序義可知。故正説如哢、二序如引。故引亦歌也。謂譚述也。亦引発義。古人章疏、以胤音之、便作胤釈。又迷章草、以哢為呼、以胤為徹」（大正三四・一五二頁上～中）と語釈を付す。

(37)『文疏』巻十六「第四為入大品法華涅槃之哢胤者」（続蔵二八・七二左下～七三右上、新纂一八・五八三中）以下では、『法界性論』に対する反論が展開される。『法界性論』は散逸文献であるが、『法華玄義』や湛然撰『法華玄義釈籤』『止観輔行伝弘決』、および道邃撰『天台法華玄義釈籤要決』『天台法華疏記義決』『摩訶止観論弘決纂義』に引用があることから、断片的ながらその概要が知られている。青木隆「天台行位説形成の問題――五十二位説をめぐって」（『早稲田大学大学院文学研究科紀要』別冊一二集、哲学・史学編、一九八六）では、『法界性論』が天台行位へ及ぼした影響を指摘し、また同「『法界性論』について」（『印度学仏教学研究』三六巻二号、一九八八）では、『法界性論』の教判論、四十二位、五仏性説、法応相即説の特色をまとめ、その撰述者については「六世紀前半に中国の学僧によって著述されたものが、後に菩提流支に仮託されたと考える方が妥当であろう」（二五七頁）との見解を示す。他方、大竹晋「菩提留支の失われた三著作」（『東方学』一〇二号、二〇〇一）は、撰述者について「青木氏は『大智度論』、『菩薩瓔珞本業経』の利用を理由に『法界性論』を偽撰とするが、『金剛仙論』を見る限りそれは根拠とし難いようである。半満教については謎が残るものの『法界性論』は菩提流支と関わる著作と見るのが妥当であると考える」（四二頁）と、菩提流支撰述説を支持する。

(38)　『維摩経』巻中「我等今者不復堪任。……譬如根敗之士、其於五欲、不能復利」（大正一四・五四九中）をふまえている。これに対して、『文疏』巻二十五「問曰。若此経明如来種、与涅槃仏性同者、何故言、見無為入正位者、不能復発菩提心也。猶如根敗之士。種義可断、仏性之義、則不可断。何得同也。答曰。此経帯方便、明如来種性義。於利根菩薩、即是究竟。二乗不了。故須呵折。呵折声聞、即密有発心之理。故法華経云。而昔於菩薩前、毀呰声聞楽小法者、然仏実以大乗教化。即其義也」（続蔵二八・一五二左上、新纂一八・六六三上）では、仏性と『維摩経』菩薩品に説く如来種につ いても、方便を帯びた如来種性の義であるとしつつ、これが『法華経』信解品にいう「昔、菩薩の前に於いて、声聞の小法を楽う者を毀呰したまえども、然も仏は実には大乗を以て教化したまえり」（大正九・一七下）の義であるといい、仏性と如来種は同じであることを説く。

(39)　『法華経』巻三「汝等所行　是菩薩道」（大正九・二〇中）、および巻四「少欲厭生死、実自浄仏土」（大正九・二八上）を引用する。

(40)　新田雅章（一九八一）の中でもとくに、維摩経疏が「最終的に到達した、実践性豊かなこうした実相観の智顗における確立を宣明しているのである」（六二五頁）といった表現に顕著である。

(41)　木村清孝「《書評》新田雅章著「天台実相論の研究」」(『東洋学術研究』二〇巻二号、一九八一)、および池田魯参「書評と紹介　新田雅章著『天台実相論の研究』」(『宗教研究』五六巻一輯、一九八二)参照。

(42)　野本覚成「二つの三種三観」(『印度学仏教学研究』二五巻一号、一九七六)、同「三種三観の成立」(『印度学仏教学研究』二六巻二号、一九七八)、同「『三観義』所説の法門」(『天台学報』二一号、一九七八)参照。これらは主に『文疏』にのみ現れる通相三観の成立背景を解明しようとするものであり、とくに破法遍との関係を指摘した点は重要である。ただし、発表された順に論調を追ってゆくと、三大部を宣揚するあまり、天台維摩経疏を過小評価する度合いが次第に強くなっていることが分かる。その点はいささか偏った解釈と言わざるを得ない。

第二章　思想的側面よりみる成立の諸問題

はじめに

天台維摩経疏とは、現行の『玄疏』六巻と『文疏』二八巻とを一部の文献と見なした呼称として筆者が用いるものである。[1] 天台智顗（五三八～五九七）は後に隋の煬帝となる晋王広（五六九～六一八）の懇請により、その晩年に『維摩経』十四品の註釈執筆に従事する。しかし、玄談にあたる『玄疏』六巻に続き、随文解釈にあたる『文疏』を撰述するさなか、智顗は示寂する。そのため完成を見ないまま、三一巻よりなる智顗の釈は遺書とともに晋王に献上された。このように、智顗在世中に完成したのは『玄疏』と『文疏』巻二十五までであったが、後に弟子の章安灌頂（五六一～六三二）が残りの釈を補って三巻を加え完成させる。こうして『文疏』は『維摩経』十四品のすべての釈を備えた二八巻の文献として、今日にまで伝えられているのである。[2]

さて、『文疏』巻二十五は『維摩経』仏道品第八の釈にあたる。したがって、次に位置する入不二法門品第九の釈は、示寂という不可抗力により智顗によって直接開示されることなく終わっている。この点に関して、『文疏』に先行して撰述された『玄疏』では、三諦説を入不二法門品の釈の中で説くことが予告されていたこともあり、[3] とくに学者の惜しむところとなっていた。[4] 周知のごとく、三諦説とは天台学における実践論理の中核を占める三観説に対応する重要な教義である。さらに『文疏』には三大部などにはまったくみられない通相三観の説が導入されていることから、入不二法門品の釈までが智顗により示され、予告された通りに三諦説が詳しく説かれていれば、との期待は当然のことであろう。また、入不二法門品といえば、後世「維摩の一黙、響き雷の如し」と人口に膾炙するように、『維摩経』の中でももっともよく知られた章の一つである。さらには不二の概念が天台教学に与えた影響に着目する研究もなされている。[5]これらの点から見れば、入不二法門品にまで釈が及ぶことなく智顗が示寂したことは、確かに惜しむべき事態と言えよう。

しかしながら、未完であるということについては、荊渓湛然（七一一～七八二）が興味深い見解を示している。『法華玄義釈籤』では、智顗の釈が最後まで及ばなかったものとして、『摩訶止観』『次第禅門』とともに天台維摩経疏の三文献を列挙するのである。[6]実践の体系を述べた『摩訶止観』や『次第禅門』の場合と経の註釈書である天台維摩経疏では、そもそも文献としての性質が異なっている。したがって、いずれも事前に全体の構成が明らかにされていながら釈が最後まで及ばなかった例としてこれらを共通のものとするのは、いささか無理のある解釈のように思われる。それでも湛然のこの言及は、天台維摩経疏の成立の問題を検討するための一つの可能性を示唆している。つまり、『摩訶止観』や『次第禅門』に不説の部分が残されたことは、単に講説していた安居の期間が終わったというだけではなく、現に実践する我々に本当に必要な部分だけが説示されたと理解されるように、天台維摩経疏においても、智顗の構想上、仏道品までの釈に何らかの区切りが設けられていたと仮定し、その意義を積極的に理解する余地があるのではなかろうか。また、このようにして遺された文献に、智顗が込めたものとは何だったのであろうか。

そこで本章では、如上の問題が存する天台維摩経疏の成立に対して、その思想内容の面から考察を加え、智顗がその最晩年にこの文献の撰述に傾注したことの意味を問うてゆきたい。

第一節　第三回の献上に至るまでの経緯

一　成立の段階とその内容

天台維摩経疏の成立においてまず問題とされるのは、『国清百録』などの記載からある程度の詳細が知られる複数回にわたった献上の時期と、それぞれの段階において成立していたとされる内容構成である。佐藤哲英氏の研究により三回の献上がなされたと考えられているが、厳密に言えば成立は五段階を経ていることになる。(7)

第一段階は、現行の『玄疏』巻一に相当するものと想定される「初巻義疏」である。ここには、『維摩経』全体を概観した主旨が示されるが、中でも重要なのは四悉檀義が説かれている点である。これについては『国清百録』に収録される晋王の書状の中で、いまだかつて聞いたことのないものだと讃歎されている。(8)

第二段階は、十巻よりなるいわゆる第一回献上本である。これは後の別行本の巻数からみて、おおむね『四悉檀義』『三観義』『四教義』を中心とした内容であったと考えられている。

第三段階は、「新治六巻」と称される現行の『玄疏』六巻に近い形態に整えられたものと、新たに書き下ろされた「入文八軸」と表された現行の『文疏』巻八まで、つまり仏国品の釈であったと考えられる第二回献上本である。仏国品には四土説が展開されることから、天台浄土思想への影響を考える上で重要視される部分である。

第四段階は、智顗の死後、弟子たちの手によって晋王のもとに届けられた第三回献上本である。『玄疏』六巻と『文疏』二五巻にあたる計三一巻であったことは、智顗の遺書およびそれに対する晋王の書状から明らかである。これについては、後により詳しく検討を加えることとする。

第五段階は、灌頂によって加えられた『文疏』巻二十六から二十八までの完成である。これらが加えられた時期については、三回の献上のような確定は困難であるが、灌頂が智顗の威徳を記した『別伝』には補遺も含めたと思しき巻数が見られるため、『別伝』が成立した下限と考えられている大業元年（六〇五）には、『文疏』はすでに現行の形式を整えていたと考えられる。そこで、これを成立段階の第五とし、現行の『文疏』二八巻が整った時点とする。

以上のように完成を待たず次々に提出された背景には、撰述の依頼者である晋王の意向があったと考えられるが、成立の第一から第三段階までは、内容的に見てもそれぞれにある程度のまとまりが感じられ、頷ける区切りである。それに対し、第四段階、つまり第三回献上本は、一見するにそこで終わることの必然性を見出し難い。そこで以下に、第三回献上本の提出の経緯について、より詳細な検討を加えてゆきたい。

二　智顗の遺書と第三回献上本

智顗には臨終に際し、みずからの想いを晋王に伝えるべくしたためた遺書があり、その内容は『国清百録』に収録されている。その中では「六恨」と称される六つの後悔を連ねることに始まり、後のさまざまな願いを付託する文章が続く。このうち第六恨とそれ続く文章の中に、維摩経疏に関する以下のような言及が見られる。

①在山両夏、専治玄義、進解経文、至仏道品、為三十一巻。②将身不慎、遂動熱渇。一百余日、競疾治改。③際此夏末、慮有追呼。束装待期。去月十七日、使人至山。止留一宿、遽比螢光。早希進路、行過剡嶺。次至石城、気疾兼篤、不能復前。④此之義疏、口授出本、一遍自治、皆未捜簡経論、僻謬尚多、不堪流布。既為王造、寧羞其拙。⑤囑弟子抄写後本。⑥仰簡前所送玄義及入文者、請付弟子焚之。⑦天挺睿智、願一遍開読、覧其大意、余

無可観。貧道灰壊雖謝、願留心仏法。詢訪勝徳。使義門無廃、深窮仏教、治道益明。遍行遍学、是菩薩行。如来滅度、法付国王。貧道、何人慧門憑委。欣然就尽、没有余栄。但著述延歳、文義不同、悵然自慚。⑧生来所以周章者、皆為仏法、為国土、為衆生。今得法門仰寄。三為具足。六根釈矣。命尽之後、若有神力、誓当影護。王之土境、使願法流衍、以答王恩。以副本志。（大正四六・八〇九下～八一〇上）※丸数字筆者

まず、①によって智顗の臨終の間際までに仏道品までの釈が終わり、「三十一巻」、つまり『玄疏』六巻に加えて『文疏』二五巻ができていることが確認される。②において、「一百余日」つまり三カ月以上前からかなり病が進んでいたことが明かされる。『小止観』や『摩訶止観』に説示される通り、修行者の身に降りかかるさまざまな病について熟知した智顗である。自身の体調が軽視できる状況ではないことを客観的に理解していたものと思われる。したがって、智顗にとって自身が迎えることとなる死とは、突然身に降りかかった予想もできないようなものではなかったはずである。[9] ③によれば、晋王からの揚州への呼び出しが近いうちにかかることを予期していた様子である。とすれば、病の中で進めていた維摩経疏の口授の作業も、区切りのよいところまで進め、あとは提出に備えていたと考えるのが自然ではなかろうか。闘病生活の最中にあって、智顗は完成できずに終わることをすでに覚悟していたはずである。

次に⑤の「後本」をどう解釈するかが第三回の献上を理解するにあたって重要となる。先行研究には見解の相違が見られるが、[10] ここでは第三回献上本のことを示したものと理解したい。直前の④の「此の義疏」とは第二回献上本のことで、満足のゆくものではなかったために、改めて弟子に抄写させたものを用意していたのである。そこで⑥では、「前所送」の第二回献上本を弟子に焼却させるよう言い付けている。これが佐藤説以前の二回献上説では、第一回本を元とする別行本が流布するという矛盾となっていた。また、⑦の冒頭は、「一通りお読みいただき、その大意をご

覧いただければ、他に観るべきものもありません」といった主旨である。謙遜も半分あるとはいえ、完全ではないことに対する忸怩たる想いも感じられる。なお、⑧の「みな仏法の為、国土の為、衆生の為」とのフレーズは、この遺書の最後にも述べられている。[11] これらの表現は、智顗の護法、護国の強い意志が込められたものと言えよう。[12]

このようにして、第四段階の第三回献上本では、釈仏道品までが提出されたのである。一般に重視されているのと同様に、智顗がもし、入不二法門品に最大の関心を寄せていたのであれば、その品の直前、仏道品までで釈が終わったことは、死というやむを得ない原因によって余儀なくされたことだと、我々も理解するより他ない。しかしながら、それが期せずして突然起こったのではないことは、ここに考察した遺書に病と闘いながら修治の作業を進めたとする記述によって明らかである。

第二節　仏道品解釈の基調

一　分科における各品の位置付け

そこで次に、智顗が示寂前に解釈を手がけた仏道品、そして残された入不二法門品の両品が、経文全体の中でどのような位置付けとされているのかを、まずは分科から確認しておきたい。[13] 天台維摩経疏において、智顗は三種の範疇を用い『維摩経』の一四品を分類する。

その第一は三科で、『文疏』巻一に示されている。維摩経疏では、他師の分科にも言及しているが、[14] ここでは智顗の理解を中心に確認する。全体を三分するうち、まず序分は仏国品第一の初めから讃仏偈の終わりまでとする。次に正説は仏国品第一の残りから見阿閦仏品第十二までで、さらにこの中を三分割する。第一に室外は三品半、つまり仏国品第一から菩薩品第四、第二に室内は六品、つまり問疾品第五から香積品第十、第三出室は二品、つまり菩薩行品第十一と見阿閦仏品第十二である。ここでいう室は維摩の方丈に他ならない。そして最後の流通分は出室四品のうちの残りの二品、法供養品第十三と嘱累品第十四である。

第二に、経の構成を特徴付けるものとして会処による分類を用いる。『華厳経』が七処八会、『法華経』が二処三会とされるように『維摩経』は会処の回数を数えないが、前の分科の中にも見られたように、説法の場によって十四品を室外、室内、出室の三分とする。『玄疏』と『文疏』はいずれも各品の特徴を語る時、分科よりもこの会処による分類を多く用いる。

第三には、『文疏』巻十九の釈問疾品の中に説かれる「三由六源二始両因」説がある。これは問疾品の疾を起点とし、仏国品第一を除いた残りの十三の各品の役割を位置付けたもので、智顗独自の説のようである。方便品から菩薩品までの三品は疾に由来する（三由）、室内六品は疾が源本となって起こる（六源）、菩薩行・見阿閦仏品は疾が癒えたところより始まる（二始）、法供養・嘱累品は疾に因って流通する（両因）と意味付けられる。

以上の三種の分類においては、仏道品、入不二法門品はいずれも共通して、三分科においては正説、会処においては入室六品の一つ、「三由六源二始両因」説においては六源の中に含まれていた。よって、大きな枠組みから見る限りでは、両品の間に分岐点が設けられていないことが確認される。

二　室内六品における両品の位置付け

前項に見た三種の範疇の区分より明らかなように、分科において問疾品以下の六品は『維摩経』の中核に位置する重要な部分と見なされている。室内六品は前に位置する室外四品や後の出室四品のように小乗の教えを交えず、すべて大乗の教えだけを説示したものだという理解がその根本にある。これは『玄疏』巻一の四悉檀義の中で、すでに明かされている。

問曰。室内明六品。何故但以三番悉檀起。未入室四品出室四品、何故皆以四番悉檀起。答曰。室内但明摩訶衍義。室外兼明三蔵義也。（大正三八・五二四上）

室外や出室には四悉檀のすべてが用いられているのに、室内六品には為人悉檀、対治悉檀、第一義悉檀の三番の悉檀しかないのはなぜかという問いに対し、室内は大乗の義のみを明かすからだと答えているのである。仏道品と入不二法門品はいずれもこの室内に含められている。そこで、室内六品に焦点をあて、六品に付与された役割をより詳しく検討してゆきたい。

室内六品は前項に挙げた第三の「三由六源二始両因」説に見られるように、「疾」が起点となって各品が説かれるという理解の下、それぞれの役割が与えられている。これは『文疏』巻十九、釈問疾品の次の文に端的に示されている。

第四明因疾出六品経文者、浄名託疾、意在興教。因文殊問疾、浄名答権疾、出此品上半経文。因文殊問実疾、浄名答実疾、出此品下半経文。是則此一品経文、従疾之一字、有権有実、故有也。又因権疾、広説不思議解脱品。因実疾、広説観衆生品、仏道品、入不二法門品、香積品。以是義故、室内六品、皆従疾之一字出。（続蔵二八・一〇一左上、新纂一八・六一二上）

ここでは、六品の中の具体的な関係が示されている。まず問疾品第五を起点として、権疾に基づき不思議品第六が、実疾に基づき残りの四品が派生するという大きな流れが設定されていることが知られるのである。

これらの疾は、三観という実践において破されるが、具体的に各品の疾に対して用いられる観法については、『玄疏』巻三にその記述を見ることができる。

二明入室六品。若問疾品浄名空室以疾而臥。即表中道第一義諦観、相応修智之果。依常寂国現空室相也。慰喩有疾菩薩、自調伏其心者、即是用三観慰喩有疾菩薩。有疾菩薩亦用三観已、調三諦之惑疾也。不思議解脱品、即是第三観修智之果、住於正道、双照二諦、種種示現。次釈観衆生品者、即是正用初観釈也。次釈仏道品者、即是第二観釈也。次釈入不二法門者、即是用第三観釈也。次釈香積品者、還用第三観双照二諦、垢浄倶遊釈也。（大正三八・五三二上）

まず問疾品において三観を用い、不思議品では第三観（中観）、観衆生品は初観（空観）、仏道品は第二観（仮観）、入不二法門品は第三観、香積品ではふたたび第三観として配される。[15] またこれらは四教の観点からは、次のように説かれる。

第二明室内用四教釈六品教文者。大士無三教之疾。而以方便現同三疾。約此弁問疾品也。不思議品正明住円教不思議果、示現四教之事也。観衆生品即是弁不思議通円両教。従空入仮、行於非道通達仏道也。不二法門品正明円教不思議中道正観、入不二法門品也。香積品即是不思議円教所明、双照二諦法界円融也。（大正三八・五四五上）

問疾品は通・別・円の三教から、不思議品は円教から、観衆生品は通・円の二教から、仏道品は別・円の二教から、入不二法門品は円教から、香積品も円教から説かれるという。

このように維摩経疏の中に三観や四教が説かれる理由は、『文疏』巻二十の釈問疾品の中にも示されている。文殊が維摩に慰喩を問う部分に対する釈では、次のような説明がなされる。

文殊問慰喩意、在請出三教。問調伏意、在請出三観。若将三教、成上室外経文者、即用通教慰喩、従仮入空観調伏、即是成上為国王長者説法、弾呵有為縁集衆生【方便品】。若別教慰喩、従空入仮観調伏、即是成上呵十弟子無為縁集也【弟子品】。若円教慰喩、空仮一心三観調伏、即是成上弾呵菩薩自体縁集也【菩薩品】。若将此成下文者、上已明問権疾。為不思議品作本。今問実疾。若通教慰喩、従仮入空調伏、即為観衆生品作本。若別教慰喩、従空入仮調伏、為仏道品作本。若円教慰喩、中道正観調伏、為入不二法門、香積二品作本。而不取三蔵教者、此摩訶衍義也。未入室明四教者、為折伏弾呵凡夫著楽也。今入室明三教三観、正為摂受。是義已如前分別也。故此経一部、明四教三観、其文分明。望前望後、文句相当、与一家用四教三観義孱同。故前於玄義、具明四教三観、意在此也。（続蔵二八・一一四左上～下、新纂一八・六二五上～中）※【 】および傍線筆者

ここでは、室外の方便品から菩薩品までの通別円の三教、および三観、有為・無為・自体の三種縁集説との対応を説くが、経の展開に呼応するように、これらの説は段階的に示されている。傍線の「若し将に此れ下の文を成ぜんとすとは」以降は室内六品についてであるが、ここでも大乗の義であることが説かれる。また室外四品は折伏、室内六品が摂受と規定されることは、用玄義で折伏摂受を説く中に見られる。[16] この文に強調されるように、『文疏』の随文解釈では、四教と三観の有機的な関係によって、各品の内容を意味付ける。このような四教と三観の活用は、前後の品との関係とその意義を顕在化する働きをもたらし、重層的な解釈を可能とする。先行して撰述された別行本は、後に展開されることとなる『文疏』での縦横無尽な解釈が十分に理解されるように、詳細なものとなったことが知られよう。また、この引用文に明らかなように、問疾品を基軸とした解釈は、前に触れた智顗が用いる三種の範疇論のうちの第三の「三由六源二始両因」説の具体例というべきものである。

これらを総合すると、問疾品を起点として、不思議品で円教、中道の立場から説かれた後、観衆生品、仏道品、不

二法門品では通・別・円教の三教が次第して示され、香積品においてふたたび円教に基づき二諦が双照されるという流れにあることが分かる。その中からは、一見するに仏道品で終わることの意味を見出し難い。しかしながら、より詳しく解釈を繙いてゆくと、別教、および従空入仮観の所説として位置付けられる仏道品が『文疏』に特有の術語である通相三観の従空入仮観であるとも規定されているのである。この点に着目して、改めて考えてゆきたい。

三　通相三観説の開示と仏道品の役割

三観説と言えば、先行して成立した『三観義』や『玄疏』の中に説かれるのはもっぱら別相三観と一心三観とであった。ところが、『文疏』巻二十一にはこれらに加え、通相三観なる説を新たに導入する[17]。通相三観の語は『文疏』以前に成立した文献や三大部には確認されていない。しかし、その事実をもってして通相三観を『文疏』の撰述に至って初めて着想を得た三観思想の発展型とするのは早計である。先行研究によれば、『摩訶止観』に説かれる横の破法遍[18]、被接説との関係[19]が指摘されるように、維摩経疏を撰述する以前から智顗によって着想されたものと考えるべきであろう。ここでは、問疾品釈の『文疏』巻二十一に三種三観説が初めて提示される文脈の検討から始めたい。

浄名答文殊、既正明三観調伏有疾菩薩。三観義具如前明。今須更略分別三観之相。三蔵教菩薩既不見真、不須論也。若通教菩薩、但約二諦作三観覈実、只成二観、無第三観。亦非浄名今答之正意也。今但約別教円教二種、以簡別三観之相不同、則有三種。一者別相三観。二者通相三観。三者一心三観。

（続蔵二八・一六一左上〜下、新纂一八・六二七上〜中）

この引用文に見られる三観についての説示は、『玄疏』において「三諦義は入不二法門品に説く」と予告されていた問題との関係を考慮する必要があろう。安易にこの三観の相を三諦と同一視することはできない。しかしながら三諦義は三観の適用において論じられなければ、その意義は発揮されない。このように考えれば、予告されていた三諦義の内容は、入不二法門品を俟たずして、実際にはこの問疾品の釈において三観の相として提示されたことが看取されよう。

さて、ふたたび通相三観に着目したい。これは後出する文脈において、室内六品はこの通相三観と一心三観とを用いたものであることが説かれる。そしてこの通相三観は基本的には円教の説であるが、一心三観との相違点を以下のように述べている。

通相三観、約通論円。此恐是方等教帯方便之円。非如法華所明也。(続蔵二八・一一七右上、新纂一八・六二七中)

ここでは、通相三観が通教に立脚しており、方等教における方便を帯びた円教として、『法華経』には適用できないことを強調する。[20] そして続く文では、通相三観のうち、観衆生品において従仮入空観が、仏道品において従空入仮観が明らかにされるという。この事実は、起点となる問疾品の経文釈と、該当する両品の冒頭でも言及される。当然の流れとして、続く入不二法門品は通相の中道観を示すものと位置付けられそうであるが、それに相当する解釈を見出すことはできない。

また観衆生品と仏道品の関係がとくに密接なものとして考えられていることは、仏道品の「智度は菩薩の母、方便を以て父と為す」[21] の偈文の解釈で、両品を父母の関係に見立てる説からも看取される。

若就此経文弁父母者、如観衆生品、徹照三諦、契当真如。名為実智、即是母義。仏道品明行於非道通達仏道、遍入塵労、成就仏法。即是権智父義也。(続蔵二八・一五八左下、新纂一八・六六九中)

このように観衆生品は実智、仏道品は権智によるとする権実の二智の釈によって区別するが、続く釈には、父母が交わり託胎するように、権実二智の両者が備わらなければ菩薩の智慧は生じないと説き、二智の不離の面を強調する。以上に確認したように、室内六品のうち、観衆生品第七と仏道品第八は、通相三観の次第を示す連続した密接な関係にある品として智顗に意識されていたことが分かる。

さて、『文疏』巻二十一では、問疾品の経文と不思議品以下の品との具体的な対応関係が示される。便宜上、釈の内容を経文とともに示すと、以下の通りとなる。(22)

【経】維摩詰言。有疾菩薩応作是念。今我此病皆従前世妄想顛倒諸煩悩生。無有実法、誰受病者。……得是平等無有余病。唯有空病空病亦空。

↓【釈】此一段経文、正為観衆生品作本也。（続蔵二八・一一七右上、新纂一八・六二七下）

【経】是有疾菩薩、以無所受、而受諸受……如是兼除老病死者、菩薩之謂也。

↓【釈】此正為仏道品作本也。（続蔵二八・一一八左下、新纂一八・六二九中）

【経】彼有疾菩薩応作是念、如我此病非真非有。衆生病亦非真非有。……設身有疾而不永滅、是名方便。

↓【釈】此即是為入不二法門品作本也。（続蔵二八・一二一左上～下、新纂一八・六三二上）

【経】文殊師利。有疾菩薩応如是調伏其心。不住其中、亦復不住不調伏心。……而不捨於菩薩之道、是菩薩行。

↓【釈】此正為香積品作本。（続蔵二八・一二四右下、新纂一八・六三四下）

これによれば、問疾品の「是の有疾菩薩、無所受を以て、諸受を受く」以下の経文が、後の仏道品の本となるという。そして釈には続いて、本来別教円教において立てられる入仮観がここでは通教に基づくことの意味を述べる。

今取通教断分段尽時、正是別教明出仮之位。故借通教来顕、非是用通教也。（続蔵二八・一一九右上、新纂一八・六二九下）

今は通教に基づくとはいってもそれが正意なのではなく、通教において分段生死を断じ尽くした時に、別教の出仮の位が明らかになることを前提にしたものであるという。ここにおいて、前項で確認した仏道品が円・別二教の所説と規定されることの背景として、通相三観が介在していることが知られる。

菩薩道において入仮観が重要であるのは、菩薩は利他行を実践するために仮象の世界を対象として観じる必要があるからである。(23) 智顗が仏道品を一つの区切りとしたと仮定するならば、その理由は『維摩経』解釈のために新たに導入した通相三観説の積極的な活用にあると考えられよう。

以上に見た智顗の重層的な解釈は、三観説を前提とした実践論に基づく読解の所産に他ならず、少なくとも『注維摩詰経』における語義を中心とした解釈とは一線を画している。管見の限り、智顗に先行する浄影寺慧遠（五二三〜五九二）にも、室内六品を位置付ける試みが見られるが、智顗のように周到なものではない。(24) このような点も、天台維摩経疏が他疏に比して独自性を有するとされる所以である。

四　「仏道」品解釈の主眼

『文疏』巻二十五にある仏道品の釈では、冒頭に品題である「仏道」を定義する「来意」を説く。このうち前項に指摘した、仏道品そのものが通相三観における従空入仮観に位置付けられていることと合わせて、この品の主題を「非道を行じて仏道に通達す」という句に求めている。

此品所以称仏道品者、仏以覚為義、自覚覚佗、名為仏。道以通達為義、所覚之理、能通観智、従因達果、名之為道。此以智理標名、故云仏道品也。正如此品明義、因非道之理即仏道。是以浄名菩薩、答文殊師利云、菩薩行於非道通達仏道。名為仏道也。（続蔵二八・一五一左上〜下、新纂一八・六六二上〜中）

この中に引用されるのは、仏道品の冒頭に位置する次の一文である。

爾時文殊師利、問維摩詰言、菩薩云何通達仏道。維摩詰言、若菩薩行於非道、是為通達仏道。（大正一四・五四八下～五四九上）

文殊が維摩に菩薩はどうやって仏道に通達するのかと問い、それに対して維摩は菩薩とは非道を行じて仏道に通達するのだと説く。経ではこの維摩の回答から、さらに文殊が非道とは何かを問い、議論が展開される。さて、『文疏』に述べられる通相三観との関係については、仏道品釈の中で観衆生品の従仮入空観に続いて、仏道品が説示される意義を次のように述べる。

今此仏道品、次明通相従空入仮観。故此品明非道之道、非種之種、非眷属之眷属。(25) 此即従空入仮、不有而有義也。正成問疾品、明別教通相従空入仮観、調伏恒沙実疾菩薩。上文云、以無所受、而受諸受、未具仏法、不応滅受而取証。（続蔵二八・一五一左上、新纂一八・六六二上）

問疾品の経文との関連で仏道品が解釈されることが前提となるのは、前にも確認した通りである。また「故に此の品に明かす」(26) 以下に挙げる、非道、如来種、眷属とは、後の随文解釈において仏道品全体を三分するキーワードとなるものである。

次に、「非道を行じて仏道に通達す」とは、仏道品の冒頭で文殊が維摩に質問した内容に対して維摩が答えた文句である。『玄疏』巻五の不思議解脱義には、すでにこの文言に対する智顗の理解が示されている。

所以此経明、行於非道、通達仏道。非道者、即是十二因縁之三道也。通達仏道者、即是不思議三種解脱也。（大正三八・五五二下）

釈の中ではこの句が頻出するが、「非道」の定義を明確に示すことで、安易な解釈に陥らないよう注意を払う。『玄疏』の解釈と同じく、「非道」とは十二因縁の三種の道（煩悩道、業道、苦道）であると規定する。

此之三道、皆非仏道。故言非道。此三種非道之理、即是諸仏実相智慧、功徳之理。理即是道、故説非道、即是仏道也。（続蔵二八・一五一左下、新纂一八・六六二中）

そして、『涅槃経』師子吼菩薩品の「十二因縁を名づけて仏性と為す[27]」の経文に基づき、この三種の道から三因仏性説を導き出す。また経文では「是に於いて維摩詰は文殊師利に問う。何等を如来種と為すや[28]」と文殊が「如来種」について維摩に問う。この中の釈では如来は六根が具足して欠減することがないという『央掘摩羅経』の説を引用するが、これも如来性悪思想との関係において極めて重要な文脈となる[29]。さらに眷属については、経文の「爾時会中に菩薩有り、普現色身と名づく[30]」以下がその一段にあたるが、基本的には前の非道や如来種の義を改めて成立させるための文脈と解釈される。

なお「非道を行じて仏道に通達す」は、『法華文句』の安楽行品の釈において、絶待の安楽行の教証として引用されている[31]。これは智顗の『法華経』解釈における着目すべき『維摩経』の依用例と言えよう。

また、仏道品に関連して重要なのは、さきに挙げた三道の解釈に関連して、智顗が仏性を読み込む点である。『維摩経』に説かれる「非道」が具体的に意味するとされる十二因縁の三道（煩悩道・業道・苦道）を三種仏性（正因・縁因・了因）に当てはめ解釈するほか、仏性の語そのものが説かれない『維摩経』の中にも積極的に仏性の意義を見出そうとする[32]。

第三節　撰述の動機をめぐる諸問題

一　智顗の『維摩経』研鑽と天台維摩経疏撰述

智顗の『維摩経』の研鑽は、天台山での修養期における講義が霊験を伴ったものであったという史伝の記録によって知られるように[33]、晋王からの要請を受けて初めて取り組まれたものではない。たとえば佐藤哲英氏は、智顗の初期の文献に比べ、天台山入山以後の後期に成立する三大部では、『維摩経』の引用が飛躍的に増えていることに注目し、「それがよしや晋王の懇請という外面的な直接動機があったとしても、むしろその根本的動機は智顗自身の内面的な維摩経への関心によるものといわねばなるまい[34]」と指摘し、そこに天台維摩経疏の撰述の動機を探っている。引用数が増加していることについては、安藤俊雄氏も、「中間期以後、智顗の本経に対する関心が絶大となったと推定される[35]」と同様に着目する。また、新田雅章氏は「『維摩経疏』の作製が企画されたのは、この経も「不二法門・一実諦」を闡明する経ゆえに、この経の註疏の作製が、自らの到達した実相の内的理解、すなわち概念的理解を拒否する実相の内的性格の表白にもっとも相応しいと考えられたからにほかならない[36]」と、智顗の最晩年に成立した文献として、三大部よりもさらに発展した思想が説かれたとの見解を示している。

このように先学に指摘される天台維摩経疏撰述の動機は、いずれも『維摩経』に対する関心を積極的に捉えたものとなっているが、成立過程に照らし合わせると、そのような理解はいささか短絡的にも感じられる。確かに智顗の『維摩経』に対する関心は天台山の講義以降では相当なものとなっていたであろうが、疏の撰述そのものについては極めて慎重な態度が取られていたことにも、我々は注意を向けなければならない。晋王からの撰述依頼をただちに承諾しなかったこと、また献上が繰り返されたことは、その具体的な態度の表れとも言い得る事項である。完成させることを前提に撰述に着手したものと思われるが、結果的には病の影響もあって遅々として進まず、死という不可抗力をもってして随文解釈は未完に終わった。この点は、さきに見た遺書に綴られた第六恨の中にも明らかである。

智顗は自ら筆をとることが少なかった。そのことは、『別伝』に「智者の弘法、三十余年、章疏を畜えず」と記される通りである。[37]したがって、最晩年に註釈書の撰述の依頼を受けたことは、関心を抱いていた『維摩経』のそれとは言え、大きな決意を要する選択であったに相違ない。

二　正法久住と護国の理念

では、そのように慎重を期した智顗が天台維摩経疏の撰述にかけた思いとは何であったのか。それは「正法久住」の理想であったと考えられる。この句は、『維摩経』の用玄義とされた折伏摂受とともに『勝鬘経』十受章の中に現れる。[38]『維摩経』における維摩居士とは、経典内で主人公として登場し仏弟子たちを次々に論破する華々しい印象によって一般に知られるが、智顗はその維摩居士に「助仏闡揚」[39]、つまり仏を補佐しつつ仏の教えを闡明し宣揚する役割を与えている。そして、その目的を示すのが、『玄疏』巻六の次の一文である。

今浄名欲令釈迦正法久住。是故室外弾訶、室内摂受。通論弾訶摂受、処処皆得。（大正三八・五六一中）

維摩居士は釈尊の正しい教えを久しくとどめるために、『維摩経』の中で折伏摂受を展開するという。その他、『文疏』巻十で「正法得久住」とは、不思議解脱にとどまることだとも述べられる。[40]管見の限り、他の『維摩経』註釈においては、「正法久住」が折伏摂受とともに『維摩経』の特質を表すものとして重視されることはない。そもそも、折伏摂受や正法久住は『維摩経』自体には説かれない文句である。これを重視する意図はどこにあるのであろうか。

天台維摩経疏はその名が示す通り、『維摩経』を註釈するために撰述されているが、その内容はこれまで考察してきた中にも明らかなように、単なる語義解釈に留まらない。むしろ『維摩経』を題材にした天台教学の概論としての体裁を整えた書と捉える方が正鵠を射ている。より踏み込んだ形でこれを評するならば、智顗がこの書において開示した教学とは、今日でこそ我々は仏教史の中で生み出された数多の思想体系の一つとしてそれを天台教学と規定するが、智顗その人にとっては、自らが体得した仏教の正しいあり方として提示したものに他ならないのである(41)。

智顗が天台維摩経疏を若き日の煬帝である晋王に献じた背景には、北周の廃仏の危機(42)、また師の南岳慧思にあったとされる強い末法思想の自覚、そして煬帝の父である文帝から寄せられた仏法興隆や正法のために意を同じくして協力してほしいとの要請など(43)、さまざまな要因があったと想定される。このようにして、智顗には強い護法の意識が働いたのであり、その表れがインドの外道や中国の伝統思想などに始まり、同時代の他学派にまで及んだ批判である(44)。一方で、批判対象である地論師の説を受容するという、柔軟な姿勢も垣間見られることが指摘されるように(45)、新たな学説を提出しつづける地論師、摂論師、三論師の動向は撰述の間にも否応なしに意識されたことであろう。このような環境の中で、晋王から課せられた『維摩経』註釈を撰述するという以上に、自らが構築した正しい仏の教えのあり方を提示する必要に迫られたのではなかろうか。

王法と仏法というテーマが語られる際に、東アジアのもっとも典型的な例として挙げられるように(46)、智顗の生涯において晋王との関係は、菩薩戒を授け智者という大師号を受けるほど密接なものであった(47)。しかしながら、智顗は晋王にのみ迎合的な態度を示したというわけではない。智顗には早くから護国に関する理想があったと考えられ、また実際にその行動が見られるのである。陳朝の口勅に応じて行った護国経典として知られる『仁王般若経』の講説は、その代表的な例である。[48]また、智顗が晋王に宛てた遺書の中には、国政に関わる事項をかなり具体的に付託している。第一は言論を統制する政策に対する批判、第二には運輸行政と食糧問題、第三には出家希望者の擁護である。[49]智顗が最後に見せたこのような姿勢は、みずから菩薩戒を授けた篤信の青年王に、真の菩薩道を邁進し、正しい法によってこの地を仏土ならしめてほしいとの願いをもって、撰述過程において自然と育まれていったものと考えられる。その表明とは、遺書の「仏法の為、国土の為、衆生の為」の句に他ならない。智顗にとって仏法は国家を護る思想となり、それによって国家の安泰が図られれば国民、つまり衆生も安寧を得て、国土の安定が保たれれば仏法も正しく護持され、国家を護るという連鎖が想定されたのであろう。この意味において、「正法久住」という護法と護国は不可分の関係に置かれるのである。

近時、河上麻由子氏は、智顗および門下たちが梁の武帝の仏教信仰を理想像とし、晋王が「皇帝菩薩」になることを期待し、また政治的な要因から晋王も智顗の期待を積極的に受け入れたと、両者の関係を指摘する。[50]たとえそれが自らの血縁に近い陳朝を滅ぼした為政者であったとしても、「正法久住」のための護国であるならば構わないという姿勢は、このような共通認識のもとで貫かれたと言えよう。

以上のように、智顗が晩年に時間を費やした天台維摩経疏の撰述動機とは、一つに「正法久住」という標語に表された護法とそれを実現する依法としての護国に対する強い信念に支えられたものであったと考えられるのである。

三　**「在家仏教の妙諦」**の是非

先行研究では、智顗の最晩年の動向として天台維摩経疏が言及される際に、「在家仏教の妙諦」という表現により説明されることが少なくない。たとえば、佐藤哲英氏は「晋王は在家仏教の妙諦を説く維摩経疏の述作を依頼した[51]」

といい、また布目潮渢氏は「智顗は『浄名経』の疏（注釈）を自書して広に与え、在家仏教の妙諦を説いた[52]」という。これらはいずれも註記の中に山崎宏氏の論文を挙げている点が共通する。両論文に先行して書かれた山崎氏の論文では、智顗が晋王との信頼関係を述べる中で「晋王広に在家仏教の妙諦を説く「浄名経」の疏を贈っている[53]」と述べられている。つまり、この表現が継承されていることが確認されるが、では当の山崎氏は何かに基づいて「在家仏教の妙諦」と表現しているのかというと、論文の中でこの一文に対しては何ら註記がなく、典拠らしきものも示されてはいない。現時点において、「在家仏教の妙諦」という名文句は山崎氏以前にさかのぼることができないが、確かに維摩居士という在家者を主人公とした『維摩経』を形容するには巧妙な表現であり、諸研究が用いるのも頷かれよう。

ただ、仔細に諸氏の文を読むと、「在家仏教の妙諦」とされる対象はそれぞれに異なっている。山崎氏の表現は『維摩経』そのものが「在家仏教の妙諦」を説いた経との意に読める。一方、佐藤氏は「在家仏教の妙諦」を説くことを晋王が智顗に依頼したと理解できる文脈である。中国における『維摩経』の受容において、在俗の知識人たちが果たした役割は甚大であった[54]。彼らは在家の身である維摩居士にみずからを重ね、自在に法を説く彼の境界に思いをはせ崇拝した。晋王もそのような『維摩経』信奉者の一人であったとすれば、彼が要求したのは「在家仏教の妙諦」の説示であったことは、確かに想像に難くない。さらに布目氏の文に基づけば、智顗自身が「在家仏教の妙諦」を説いたということになる。このように同じ「在家仏教の妙諦」という表現を用いつつも、執筆者の主観に基づき異なった文脈となっている。

しかし、実際に智顗の解釈がこのような「在家仏教の妙諦」の要素を意識していたとは考え難い[55]。たとえば教理の上より見れば、維摩居士は過去世において金粟という名の如来であったという伝承に基づきつつ、『玄疏』巻四には本迹義の段を設けて以下のように説明する。

第五正弁浄名本迹者、旧云、本是金粟如来、迹居妙喜、為無動補処。或云、本是八地、迹現毘耶、位居長者。若執此意、定判其本迹者、金粟為是何位之仏。……大聖以無方之化、豈是凡夫測量、判於深浅。凡夫尚不自識己之業行果報、何況知其本迹類。若無目指月、判其方円。今但仰信、本迹雖殊不思議一也。[56]（大正三八・五四六下）

この中ではまず旧説を紹介するが、本地の如来が垂迹し補処の菩薩となるとする説や、本地の八地菩薩が垂迹して長者となったなどの諸説を挙げ、みずからは「本迹殊なりといえども不思議の一なり」と『注維摩詰経』の僧肇の序を引用して[57]、本地と垂迹とでどちらの行位が高いかという判断を凡夫が安易に下すことはできないとしている。このように、智顗以前から維摩の本迹については諸説あり、一在家者という扱いでは論じられていなかったことが知られよう。

また、当時の中国仏教界に、在家仏教に対して楽観的な見方を容認する余地はなかったことも考慮すべき要素の一つである。三武一宗の法難の一つ、北周武帝の廃仏が断行されたのは建徳三年（五七四）であったが、それは国家即菩薩仏教という論理に基づくものであった[58]。また、廃仏後には北周で大象元年（五七九）四月から翌年七月以前の約一年三カ月の間、仏教復興の足がかりとして「菩薩僧」の制度が設置されるが、この例なども含め[59]、当時、菩薩の定義は相当にゆがめられていた[60]。このような情勢において、『維摩経』仏道品の「非道を行じて仏道に通達す」といったフレーズは、悪用されかねない危険を孕んでいる。当時の出家者にとって、出家と在家の区別や菩薩の定義は、かなり慎重に扱わざるを得ない問題として認識されていたはずである。

以上に考察した智顗の解釈と社会背景から、天台維摩経疏の撰述にあたって智顗は、政治において安易に利用されがちな菩薩主義に対し、正しい菩薩道を示すことに意識を注いだと考えられるのである。智顗には自身が構築した思想体系を基盤とした明確な国家仏教への構想があったとされる[61]。その実現を願いつつ、手ずから菩薩戒を授けた晋王に、菩薩道を歩む者としての自覚を促す目的があったのであり、その想いは、遺書に繰り返し用いられる「仏法の為、国土の為、衆生の為」という句に託されている。智顗が天台維摩経疏の中に「在家仏教の妙諦」を説いたという理解は、この事実に照らして改めなければならない。

おわりに

天台維摩経疏の第三回献上本が仏道品までの釈で終わったことは、必然的とは言い難い。しかし、残された三一巻の中に智顗の思想体系の基礎が示されたと理解する蓋然性を見出すことは可能である。ここにいう体系の基礎とは、『法華経』よりもむしろ、五味教判において第三の方等教に位置付けられる『維摩経』においてこそ、効率よく具現化されるからである。観衆生品、仏道品釈に重要な意義を与える通相三観説は、被接説を背景として、通、別、円の三教の展開を示す。これは方便を帯びるものと限定されつつも、『維摩経』解釈の重層性の上に大いに機能したことは、前に検討した通りである。続く入不二法門品、香積品を一心三観のあり方とするならば、一心三観とは純粋な円教においてなされるものであり、むしろ『法華経』の解釈において、その意義が最大限に発揮されることになる。

口授の作業がそう長くは続けられないと判断した時、智顗にとってこれら両品に釈を進めるか否かは、一つの岐路となったはずである。観心釈の意義からすれば、両品の解釈は決して省略すべきものではない。しかしながら、それはすでに三大部の講説において示された部分であり、必ずしも『維摩経』のみにおいて体現化される境地ではない。それよりも智顗にとっては、通相三観の介在する観衆生品や仏道品の釈をもって一つの区切りをつけその内容を充実させることの方が、『維摩経』の意義をより明確にする上で重要であったのではなかろうか。その選択の結果が、三一巻よりなる献上本の提出であったと考えられよう。

また、このように智顗が晩年を費やした維摩経疏の撰述動機を考える場合には、彼の護法、護国への強い信念に支えられたものであったことも合わせて考慮しなければならない。智顗が直面した北斉の破仏の危機、また師の南岳慧思より与えられた「最後の断種の人となることなかれ(62)」という言葉の重みは、つねに意識されていたことであろう。みずから菩薩戒を授けた篤信の青年王に、真の菩薩道を邁進し、正しい法によってこの地を仏土ならしめてほしいとの願いは、撰述過程において自然と育まれていったものと考えられる。その表明とは、遺書の「皆仏法の為、国土の為、衆生の為」の句に他ならない。この意味において、智顗の使命は、最後に安易な現実肯定論に堕落する危険を孕んだ仏道品の釈をみずから口授したことによって、一応ながらも全うされたと言い得るのである。

註

(1) 天台維摩経疏の定義については、本書序論を参照されたい。
(2) 天台維摩経疏の成立については、本書第一部第一章を参照されたい。
(3) 『玄疏』巻三「三諦義、至釈入不二法門品、当略明也」(大正三八・五三四下)。
(4) 佐藤哲英『天台大師の研究』(百華苑、一九六一)には、「文疏は智顗の親説口授が仏道品までの二十五巻で終り、入不二法門品以下の三巻の釈は灌頂の補遺である。従って遺憾に思うことは玄疏の第三巻に「三諦義は入不二法門品に釈するに至り、当に略明すべし」とありつつ、智顗の口授が入不二法門品に及ばなかったために、その晩年における三諦説を見ることができなくなったことである」(四四二頁)と述べる。
(5) 新田雅章「不二法門を通じて捉えられた「絶対」の構造――智顗の場合を中心として」(玉城康四郎博士還暦記念会編『玉城

康四郎博士還暦記念論集 仏の研究』春秋社、一九七七）、および同『天台実相論の研究』（平楽寺書店、一九八一）所収「晩年の実相論――「維摩経疏」を中心として」などの一連の論攷を見る限り、新田氏の関心は実相論における不二法門の不可説性にほぼ限定されている。一方、菅野博史「中国における『維摩経』入不二法門品の諸解釈」（『大倉山論集』二二輯、一九八七）では、『玄疏』においては入不二法門品に対する注意は希薄であるとし、『文疏』に対しても文殊の聖説法に評価を与えている点に着目する。このような指摘をふまえ、天台教学における不二義を再考する必要があろう。

（6）『法華玄義釈籤』巻一「如止観、禅門、浄名疏等、各有余分、説未終者、名為不聞」（大正三三・八一六上）。

（7）成立の五段階についての全体像は、本書第一部第一章の図「天台維摩経疏の成立段階図」を参照されたい。

（8）『国清百録』巻三「悉檀内外、耳未曽聞」（大正四六・八〇八上）。

（9）中国の研究では、智顗の死が政治的な圧力が影響し心労が重なったもので、単なる病死ではないという見方が、智顗の遺書に述べられた第五恨や、王に菩薩戒を与えるにあたって出された四願を論拠として提出されている。主な論攷に、談壮飛「智顗」（『中国古代著名哲学家評伝』二巻、北京：斉魯書社、一九八〇、五〇三～五〇八頁）、同「名僧智顗死之疑」（『中国哲学史研究集刊』二輯、上海：上海人民出版社、一九八二）、張哲永「智顗的生与死因」（上海：『華東師範大学学報』一九八五年四期、一九八五）があり、近時では李四龍『天台智者研究――兼論宗派仏教的興起』（北京：北京大学出版社、二〇〇三、三七頁）にも、これらの説が紹介されている。このように中国の学者が関心を寄せる智顗の死因に対する疑問は、日本の学界においてほとんど考慮されることはないが、比較的近い議論としては、山内舜雄『禅と天台止観』（大蔵出版、一九八六）所収「天台大師と煬帝――煬帝へのレジスタンスを中心として」が、同様に第五恨や四願に着目し、智顗が最後まで宗教者として晋王に迎合することがなかったとの見解を示している。

（10）池田魯参『国清百録の研究』（大蔵出版、一九八二、三七四頁）は、この部分に対し「【後本】仏道品以後の本」と註記するが、「前所送」を第二回献上本とし、その対応において「後本」というものと理解するので、今はその説を採らない。一方、平井俊榮『法華文句の成立に関する研究』（春秋社、一九八五）はこの箇所に着目し、「不堪流布」の対象を第三回献上本のことであるとし、さらに「ここで「後本」というのは、この時献上された「維摩経疏」三十一巻のことであるから、これが後に弟子によってその不備を補うために抄写される可能性のあることをこの遺書は示唆している」（五一頁）といい、灌頂による加筆を正当化するための文脈と読む。なお佐藤哲英（一九六一）は「弟子に嘱して後本を抄写せしめよ」（四二三頁）と読むが、この限りにおいて「後本」をどう理解しているかは判然としない。

(11) 『国清百録』巻三「王秉国法、兼匡仏教、有罪者治之、無罪者敬之、起平等不可思議心、則功徳無量。此等之事、本欲面諮、未逢機会、奄成遺嘱。亦是為仏法、為国土、為衆生」（大正四六・八一〇下）。

(12) 山崎宏『隋唐仏教史の研究』（法藏館、一九六七、一一九頁）所収「隋の煬帝と天台大師」は、智顗が自己の宗教活動の目的を明示する部分としてこの一文に着目する。

(13) 智顗の『維摩経』分科に関する詳細については、本書第三部第三章第二節を参照されたい。

(14) 菅野博史「維摩経分科に関する智顗と吉蔵の比較」（『印度学仏教学研究』三三巻一号、一九八四）には『文疏』のこの部分と、吉蔵の維摩経疏の分科を比較し、吉蔵の諸文献が成立する過程において変遷が見られ、最終的に智顗と同じ理解になっていることを指摘する。

(15) 各品と三観との対応については、本書第三部第一章第二節の表四「『維摩経』十四品と三観説の対応」を参照されたい。

(16) 室外四品、室内六品と折伏摂受の対応は、本書第三部第二章第二節の四（一）を参照されたい。

(17) 通相三観説については、本書第三部第一章第二節を参照されたい。

(18) 野本覚成「『摩訶止観』破法遍の特徴」（『天台学報』一八号、一九七六）、同「二つの三種三観」（『印度学仏教学研究』二五巻一号、一九七六）、「三種三観の成立」（『印度学仏教学研究』二六巻二号、一九七八）などの一連の論文に詳しい。

(19) 濱田智純「通相三観について」（『天台学報』一七号、一九七五）、同「天台維摩疏の三観について」（『天台学報』一八号、一九七六）は、通相三観が円接通の立場にあり、三種三観が方等教の所説であることを強調する。多田孝文「五種三観について」（『天台学報』一九号、一九七七）は、五種三諦が被接に関わる点に着目し、『四念処』にそれが明示されており、通相三観に通底してゆくものであること、また『摩訶止観』巻五上に一心三観を『中論』の四句偈より解釈したものが、実際には通相三観の説相であることを指摘する。これに関連する『玄疏』と『法華玄義』の両書の体玄義に引用される譬喩と被接説の展開については、本書第三部第二章第一節を参照されたい。

(20)『維摩経』を帯方便の円教と位置付けることについては、本書第四部第一章第三節を参照されたい。

(21)『維摩経』巻中「智度菩薩母　方便以為父」（大正一四・五四九下）。

(22)問疾品の経文と室内その他五品との対応関係については、本書第三部第一章第二節の表五「問疾品と室内五品の対応」を参照されたい。

(23)塩入良道「三諦思想の基調としての仮」（『印度学仏教学研究』五巻二号、一九五七）には「三諦思想は論理的には二諦説によって解明できるのであるが、仮という思想を取り上げた意味は、法華開会の主旨を背景として、仮という表現によって考えられた現象面、即ち事の世界に仏教的意義を与えたことにあろう」（一一八頁）と明解にその意義を提示する。

(24)『維摩経義記』巻二末「上来広挙維摩所説、顕其智勝。下彰維摩神変自在、明其通勝。通中随義、分為四対。従初尽於不思議品、以為初対。観衆生品、為第二対。下仏道品、為第三対。不二門尽香積品、為第四対。四中皆初、明其所行、後顕所成。第一対中、初問疾品、明其所行。不思品中、借坐灯王。小室広容、明其所成。第二対中、観生品、初明其所行。時維摩室有天女。下彰維摩室、具八未有、還明所成。第三対中、仏道品初明其所行。並現問下、広顕維摩一切種徳、還彰所成。第四対中、入不二門、明其所行。香積品中、取飯香種。小室広容、復明所成」（大正三八・四七〇上）には、問疾品・不思議品・観衆生品・仏道品・入不二法門品・香積品の室内六品における展開が示されるが、問疾品からの有機的な関係としては位置付けられていないようである。菅野博史「浄影寺慧遠『維摩経義記』の研究――注釈の一特徴と分科」（『東洋学術研究』二三巻二号、一九八四）には慧遠の分科を紹介する。

(25)「之眷属」の三字は、『文疏』の校異による指摘、および『略疏』巻九の該当部分（大正三八・六三八上）を参考に補った。

（26）吉蔵も『文疏』と同様に仏道品を三分する。『維摩経義疏』巻五「品開三別。一明仏道。二明仏種。三弁眷属」（大正三八・九七〇下）。

（27）『大般涅槃経』巻二十五「善男子。是観十二因縁智慧。即是阿耨多羅三藐三菩提種子。以是義故、十二因縁名為仏性」（大正一二・七六八中）、および「善男子。観十二縁智、凡有四種。一者下、二者中、三者上、四者上上。……上上智観者見了了。故得阿耨多羅三藐三菩提道。以是義故、十二因縁、名為仏性。仏性者即第一義空。第一義空、名為中道。中道者即名為仏、仏者名為涅槃」（同・七六八下）。

（28）『維摩経』巻中「於是維摩詰、問文殊師利。何等為如来種」（大正一四・五四九上）。

（29）『文疏』巻二十五「如鴦掘経云、此六根於諸如来、常具足無減修、了了分明見」（続蔵二八・一五六左下、新纂一八・六六七中）に『央掘摩羅経』巻三「云何名為五　所謂彼五根　是則声聞乗　斯非摩訶衍　所謂彼眼根　於諸如来常　決定分別見　具足無減損……所謂彼身根　於諸如来常　決定分明触　具足無減損」（大正二・五三一下）の取意として引用されるが、ここには五根をいうのであり、意根が含まれていない。『文疏』および『玄疏』巻五（大正三八・五五二上）には、『央掘摩羅経』に次いで『法華経』に説かれる「六根清浄」を同じく引用するので、その対応から『央掘摩羅経』も六根に読み替えられたものと考えられる。なお、この部分は安藤俊雄『天台学――根本思想とその展開』（平楽寺書店、一九六八）所収「如来性悪思想の創説者」に智顗が如来性悪思想を有していたとする教証として着目される（四一二～四一三頁）。

（30）『維摩経』巻中「爾時会中有菩薩、名普現色身」（大正一四・五四九中）。

（31）『法華文句』巻八下「一切諸法中、悉有安楽性。一切衆生大涅槃不可復滅。行於非道通達仏道。即是絶待明安楽行」（大正三四・一一八下）。

（32）藤井教公「天台智顗と『維摩経』」（『印度学仏教学研究』四六巻二号、一九九八）は、『文疏』の仏道品釈において『涅槃経』に基づく正因・縁因・了因の三仏性に対応させる釈に着目し、経の理解に『涅槃経』の仏性説が大きく与っていることを指摘する。

(33)『別伝』「有陳郡袁子雄、奔林百里。又新野庾崇、斂民三課、両人登山、値講浄名。……梵僧数十、皆手擎香爐、従山而出」(大正五〇・一九三中)とあり、道宣『続高僧伝』も同様の記事を掲載する(大正五〇・五六五中)。また、後にこの場面は慈雲遵式『天台智者大師斎忌礼文』にも讃えられた(大正四六・九六七上)。詳細については、本書第一部第一章第二節を参照されたい。

(34) 佐藤哲英(一九六一、四一八～四二〇頁)参照。

(35) 安藤俊雄『天台思想史』(法藏館、一九五九、三八九頁)参照。

(36) 新田雅章「智顗における「維摩経疏」撰述の思想的意味」(『印度学仏教学研究』二二巻二号、一九七四)参照。

(37)『別伝』「智者弘法、三十余年、不畜章疏」(大正五〇・一九七中)。佐藤哲英(一九六一、七三～七六頁)はこの記述をふまえ、智顗の著作を親撰・真説・仮託に分ける。

(38)『勝鬘経』「応折伏者、而折伏之。応摂受者、而摂受之。何以故。以折伏摂受、故令法久住。法久住者、天人充満、悪道減少、能於如来、所転法輪、而得随転。見是利故、救摂不捨。世尊。我従今日、乃至菩提、摂受正法、終不忘失」(大正一二・二一七下)。折伏摂受については、本書第三部第二章第三節を参照されたい。

(39)『文疏』巻一「浄名助仏闡揚、正是奨成仏教」(続蔵二七・四三一左上、新纂一八・四六五上)、巻九「当知歎浄名方便者、正是為助仏闡揚不思議解脱仏国之教也」(続蔵二八・九左下、新纂一八・五二〇上)など散見される。

(40)『文疏』巻十「室内説法、明引接摂受。以折伏摂受故、令正法得久住。正法得久住者、即是住不思議解脱也」(続蔵二八・一七左下、新纂一八・五二八中)。

(41) この点に関連して木村宣彰「天台智顗と北朝仏教学」(荒牧典俊編『北朝隋唐中国仏教思想史』法藏館、二〇〇〇、三二〇～三二三頁)は、『摩訶止観』巻七下(大正四六・九七下～九八上)に智顗自らが仏教を融通する上での心得を示したともいうべき十カ条があることに着目する。第一に道理を明かすことが必要である。第二に教門の綱格が複雑に錯綜していることを知らねばならない。第三に経と論とに矛盾が見られる場合に論争がなされるが、四悉檀の意をもって理解しなければならない。第四に自説に執着することを避けなければならない。第五に自らの実践においてつねに位置を正しく知らなければならない。第六に一つの法門でも縦横無礙に考えてみることが必要である。第七に経典は科文で解釈せよ。第八に上に述べた方法で経文を正しく理解せよ。第九に梵語の翻訳にあたっては教理の上からも言語の上からも精通しなければならない。第十に観心と教説が一致しなければならない、という。これらのうち、智顗は第九番目について自身は十分ではなかったと告白するが、以上の十の項目に智顗の基本的な姿勢が示されていると言えよう。

(42) 常盤大定『支那仏教の研究』第一（名著普及会、一九七九）所収「隋の天台大師の教学、及び天台山の古今」にも、智顗に及んだ廃仏の影響が着目されている。

(43) 『国清百録』巻二、隋高祖文皇帝勅書第二十二「皇帝敬問光宅寺智顗禅師。朕於仏教、敬信情重。往者周武之時、毀壊仏法。発心立願、必許護持。及受命於天、仍即興復、仰憑神力、法輪重転。十方衆生、倶獲利益。……宜相勧励、以同朕心」（大正四六・八〇二下）。

(44) 木村宣彰（二〇〇〇）は、論題の通り考察の対象の中心は北地の地論宗、摂論宗への批判であるが、同時に「南北朝時代の「論宗」に対する批判」、「インドの論師に対する智顗の態度」など網羅的に批判の対象を見出している点において、裨益されるところが多い。近時、吉村誠「天台文献に見られる地論・摂論学派の心識説――智顗と湛然の著作を中心に」（『印度学仏教学研究』五七巻二号、二〇〇九）のほか、花野充道「智顗の地論師・摂論師批判について」（『天台学報』五六号、二〇一三）など心識説に関連した議論についての考察がある。その他、地論宗の教判に対する批判については、拙稿「天台智顗の地論四宗義批判について」（『印度学仏教学研究』五六巻二号、二〇〇八）を参照されたい。

(45) 池田魯参「天台教学と地論摂論宗」（『仏教学』一三号、一九八二）は、智顗の生涯と真諦三蔵の動向を重ね、智顗が具足戒を受けた師である慧曠や瓦官寺に智顗を訪ねた警韶が真諦三蔵から摂論学を学んでいる点に着目し、摂論学の情報源を探る。また同「智顗の地論摂論学について」（『印度学仏教学研究』三〇巻二号、一九八二、四五頁）は、地論、摂論に関説する引用例を、問題の性質上、重複する場合があるとしつつも、〔一〕語釈や教義解釈の資料として引用される例、〔二〕心識説について引用する例、〔三〕教判に関する例、〔四〕修行論に関する例、〔五〕行位説に関して引用する例、の五種の観点より整理する。青木隆「『維摩経文疏』における智顗の四土説について」（『早稲田大学大学院文学研究科紀要』別冊一一集、哲学・史学編、一九八五）は、四土説に対し、『文疏』巻一で述べられる智顗自身の思想内で構成されたものを第一相とし、巻十九を中心に展開される地論・摂論学派の縁集説や四種生死が導入されたものを第二相として区別する。

(46) 新田雅章「智顗の思想と生涯」（『人物中国の仏教　智顗』大蔵出版、一九八二）は、「彼においては仏教と俗的権力との間に介在する緊張関係の存在などは、意識されていなかったように思われる。智顗の関心事は仏法の興隆というところにあり、それに手をさしのべる俗的権力の質を問うというところまでには、彼の関心は向けられていなかった」（四七頁）と指摘する。

(47) 西脇常記『中国古典社会における仏教の諸相』（知泉書館、二〇〇九、一〇八～一一四頁）は、智顗の滅後に父親を殺し即位した煬帝との関係が、そのような煬帝の人となりを見抜くことができなかった智顗への批判と後世なったこと、またその批判に対して弁明する姿勢が志磐『仏祖統紀』に見られることを指摘する。

(48) 『別伝』「又講仁王般若百座。居左五等。在右陳主、親筵聴法」（大正五〇・一九四中）。

(49) 出家希望者の擁護については、『国清百録』巻三「昔聞斉高氏。見負炭兵、形容憔悴。愍其辛苦、放令出家。唯一人楽去。斉主歎曰。人皆有妻子之愛。誰肯孤房独宿。瞪視四壁。自儐山林。以此観之。出家難得。今天下曠大、賦斂寛平、出家者少。老僧零落日就減、前貫帳時、或随縁聴学、或山林修道、不及帳名。雖復用心、常懐憂懼。此例不多、悉有行業。願許其首貫則是度人。出家増益、僧衆熾然、仏法得無量功徳」（大正四六・八一〇中）に、北斉の文宣帝が出家者をつのったところ、結局一人しか希望しなかったという話を引き、出家者の得難いこと、志のある者には出家をさせて僧侶を増やし仏法を盛んにすることが無量の功徳に繋がると記されている。
(50) 河上麻由子『古代アジア世界の対外交渉と仏教』(山川出版社、二〇一一、一一九頁)参照。
(51) 佐藤哲英(一九六一、一二頁)参照。
(52) 布目潮渢『つくられた暴君と明君 隋の煬帝と唐の太宗』(清水書院、一九八四、九七頁)参照。
(53) 山崎宏(一九六七、一二〇頁)参照。初出は「隋の煬帝と天台大師智顗」(東京教育大学文学部東洋史学研究室編『東洋史学論集』清水書院、一九五三、一五〇頁)。
(54) 中国における『維摩経』の受容と在家者との関わりについては、本書第一部第一章一節を参照されたい。
(55) 「金粟」の語を維摩の象徴とする用例は、もっとも古いものに『続高僧伝』巻五の開善寺智蔵の伝や、『全梁文』巻五十四、王巾の「頭陀寺碑文」があり、梁代にまで遡ることができる。智顗はその典拠について言及するところがなく、吉蔵は有人説として『発迹経』『思惟三昧経』の名を挙げるが、自身も直接見たわけではないという。その他詳細については、本書第三部第三章第三節を参照されたい。
(56) 「仰」は大正蔵では「抑」に作るが、校異により改める。
(57) 『注維摩詰経』序「本跡雖殊、而不思議一也」(大正三八・三二七中)。
(58) 塚本善隆「シナにおける仏法と王法」(宮本正尊編『仏教の根本真理』三省堂、一九五六)参照。
(59) 鎌田茂雄『中国仏教史』第五巻(東京大学出版会、一九九四、八～一一頁)によれば、「菩薩僧」とはその内実は俗人僧と変わらないものであったらしく、出家僧としての剃髪などが許されなかったため、慧遠などの多くの僧は従わなかったという。
(60) 智顗が認識していたか定かではないが、居士としての維摩のあり方は、武帝の主張の一部に援用されている。『広弘明集』巻十、周高祖巡鄴除殄仏法有前僧任道林上表請開法事「帯婦懐児而遊。豈言生過。故使太子取婦得道、周陀以捨妻沈淪、浄名以処俗高達、身子以出家愚執。是故善者、未可成善、悪者何足言悪。禁酒断肉之奇、殊乖大道」(大正五二・一五六上）において、妻帯の過失を否定し、また断酒禁肉の矛盾を主張する中に、維摩の存在を挙げる。

(61) 池田魯參「天台智顗の護国思想」（『宗教学論集』九輯、一九七九年）は、歴史的側面から語られることの多い智顗と煬帝および国家との関係に、教理との関連という視野を加え、より重層的に智顗の護国思想を解明する。

(62) 『別伝』「莫作最後断種人也」（大正五〇・一九二中）。

結論

一　各章の総括よりみる天台維摩経疏

本書では、四部十章にわたり天台維摩経疏をめぐる問題を論じてきた。各章末の「おわりに」においてそれぞれの考察結果をまとめているが、ここでふたたび総括することで論点を振り返っておきたい。

序論では、「一　「天台維摩経疏」の定義」において、本論に先立ち、従来の研究で曖昧に用いられてきた天台維摩経疏の定義について本書における見解を提示した。別行本である『三観義』と『四教義』も含めた広義を採らず、最終的に献上を経て成立した『玄疏』と『文疏』に限定したことで、本書で扱う文献群の範囲を明確にした。次に「二　先行研究の概観」では、佐藤哲英氏以降の天台維摩経疏に関する主要な先行研究の動向をまとめた。この中ではとくに、先行研究では天台維摩経疏を扱う際に『維摩経』研究の一端を担うという意識が希薄であった点を指摘した。その上で「三　本書の目的と視座」において、本書の基本構成が、天台維摩経疏についての歴史的解明（受容史、流伝史など）、文献学的な分析、思想の考察という三つの柱よりなることを明示した。

本論に入り、「第一部　天台維摩経疏の成立と流伝」では、二章により第一の柱となる歴史的解明を試みた。「第一章　成立に関する諸問題」では三節により天台維摩経疏の成立に至るまでの経緯を論じた。「第一節　成立の背景」では、インド以来の《維摩経》の受容史において、今日では大乗経典を代表する存在として広く知られる《維摩経》がインド仏教ではほとんど重視されておらず、中国にもたらされたことで本領を発揮した、という諸研究の指摘に着目した。また、漢訳されて東アジアの仏教界に大きな影響を及ぼす中でも、特定の宗派・学派の聖典となることはなかったが、それゆえに広く受容されたという《維摩経》の受容史の特質についても言及した。このような点は、天台維摩経疏を考える上でも重要な要素と言えよう。また「第二節　智顗と『維摩経』」では、智顗の伝記から智顗と『維摩経』の接点を探った。天台山における『維摩経』の講義はよく知られているが、従来注意されてこなかった事項として、智顗の思想的転機となる華頂降魔の場面が描かれる中で『維摩経』問疾品の文言をふまえた表現が用いられていることを指摘した。「第三節　天台維摩経疏の成立とその問題点」では、佐藤氏が提唱した三回献上説をふまえた考察を行った。とくに、智顗が天台山への帰還を急いだために初巻の義疏をいち早く提出する一方で、依頼主である晋王広は智顗に非常に大きな期待を寄せており、撰述をめぐる両者の態度には大きな違いがあったことに着目した。また、灌頂の補遺である『文疏』巻二十六から二十八までは晋王広には献上されなかったと推定した。「第四節　親撰をめぐる諸見解」では、佐藤氏が親撰に準ずる資料として高く評価した天台維摩経疏の資料的価値に対する議論を整理した。とくに平井俊榮氏が指摘する天台維摩経疏における吉蔵疏の依用は大きな問題であり、本書で詳細に検討できなかったことは遺憾であるが、吉蔵『維摩経略疏』も即位後の晋王広である煬帝からの依頼を受けて撰述された点をふまえて再検討すべきだとの見解を示した。

「第二章　流伝に関する諸問題」では、今日に至るまで天台維摩経疏が伝えられた経緯を、中国と日本に大別して明らかにした。「第一節　中国における流伝」では、湛然の『略疏』が世に出て以降、一部の書であった『玄疏』と『文疏』が二部に分かれて流布し、結果として『文疏』が顧みられなくなり散逸した経緯を明らかにした。「第二節　日本における流伝」では、最澄が『文疏』ではなく『略疏』を請来したこと、そして宝地房証真による末註書の撰述を中世までの主要な動向としてまとめた。その後、江戸時代に入り天台維摩経疏の流伝をめぐっては活発な動きが見られる。「第三節　安楽律派の活動について」では、守篤本純らが興福寺所蔵の写本に基づき『文疏』を上梓するなど、安楽律派が積極的に校訂本の刊行や註釈に携わったことが、今日までの文献の伝存に大きく貢献していることを明らかにした。さらに「第四節　濃州長瀧寺について」では、本純が『玄疏』を校訂する際に用いた宋版の入手先であった濃州長瀧寺について、所蔵する宋版一切経の特徴やその縁起を紹介した。

「第二部　天台維摩経疏のテキストとその問題」では、本書第二の柱となる文献学的な分析の結果を論じた。「第一章　天台維摩経疏の現存諸本」では、『玄疏』と『文疏』に分けて、現存テキストの種類や所在、およびその特徴を整理した。「第一節　『玄疏』について」では、大正蔵の底本および対校本に用いられなかった本純の校訂本が善本であること、従来知られていた江戸時代の刊本以外に貴重なものとして京都の高山寺に宋版が現存することを報告した。また、「第二節　『文疏』について」では、叡山文庫に所蔵されている七巻の真如旧蔵写本の調査結果を示した。鎌倉時代の書写とされるこれらの写本は、形態などから二つの系統に分けられるが、いずれも経文と釈文が連書されているほか、また内題には『玄疏』の六巻を加えた巻数が小さく書き加えられているといった古い姿を反映した特徴があることを指摘した。

「第二章　『文疏』所引の『維摩経』経文の特質」では、会本形式で『文疏』に挿入されている経文について検討した。「第一節　『文疏』の中の『維摩経』」では、『文疏』巻二十六以降の経文は江戸時代に刊行される際に挿入されたものだという版本の凡例の記述に基づき、巻二十六以前の経文は撰述当初から存在したものだと推定した。「第二節　『維摩経』研究のための方法論とその資料」では、第一節の結果を検証するために次節で用いる資料を挙げ、それらの特徴を整理した。「第三節　諸本と『文疏』経文の相違点」では、諸資料の経文と『文疏』に挿入された経文とを比較した結果を示した。中でも、『文疏』の経文だけが相違し、かつ解釈の中で智顗がその経文のとおりに理解していたことが確認できる例や、大正蔵の誤植と思われる箇所を指摘した。

「第三章『略疏』よりみる湛然の『文疏』削略の特質」は、『文疏』との比較から湛然が『略疏』の撰述にあたって用いた文章削略の手法を明らかにした。「第一節『文疏』から『略疏』へ」では、第一部第二章の流伝史をふまえ、後世『文疏』に代わって重視される『略疏』の流伝や現存テキスト、および『文疏』と『略疏』の末註書を整理した。「第二節　全体に共通する湛然削略の特色」では、湛然が強い護法の念により極めて短い時間で『略疏』を完成させたことを自序より読み取ったほか、『文疏』と『略疏』の文字数の違いを数値化し、灌頂の補遺である巻二十六以降にはほとんど手を加えていないことを指摘した。「第三節『略疏』の略述手法とその特質」では、湛然による『文疏』の略述例を五つに分類した。中でも、天台教学の伝統が根付いた唐代の読者を意識して教理用語を法数にまとめる手法が特徴的であった。また、単に省略するだけでなく、唐代に入り訳出された経論の存在を反映した表現に改められている例にも触れた。このように、湛然がさまざまな趣向を凝らし『略疏』を撰述した様子が明らかとなった。

「第三部　天台維摩経疏の教学とその特質」では、本書第三の柱となる思想の考察として、天台維摩経疏の中で展開される重要な教学を取り上げた。なお第三部は、節ごとに小結を設けたほか、各章の「おわりに」においても改めて論点をまとめているので、ここではとくに本書で明らかとなった点を簡潔に提示しておきたい。

「第一章　経典解釈法の形成過程」では、天台教学の形成において経典解釈の方法が模索される過程に着目した。

「第一節　別行本よりみる形成過程」では、別行本『三観義』とそれをもとに成立する『玄疏』「三観解釈」との比較を中心に考察を試みた結果、分量が絞られた反面、『玄疏』において採用されなかった内容が『文疏』に挿入された例を指摘した。これにより、別行本から天台維摩経疏が撰述されるまでの間に、智顗は慎重に内容を精査して書き改めていたことが知られよう。「第二節　通相三観の成立とその意義」では、『文疏』だけに説かれる通相三観説の特徴を論じた。この中では、『玄疏』にすでに見られた『維摩経』十四品を空・仮・中の三観に配当する説が、『文疏』へと釈が進み発展した可能性を示唆したほか、『文疏』で新たに「三由六源二始両因」という問疾品の疾を中心に十四品を位置付ける分科が導入された点に着目した。最終的には『法華経』と『維摩経』における相違が意識された結果、通相三観が提示されたのだろうとの結論に至った。この点は本書第四部第一章に改めて詳しく取り上げている。また、仏道品が通相三観の従空入仮観に位置付けられることについては、第四部第二章に検討する智顗が仏道品までの釈を終えて示寂したことに関連する問題として、これを重視した。「第三節　天台四種釈の成立をめぐる諸問題」では、平井氏が吉蔵の四種釈を灌頂が依用した可能性を指摘する『法華文句』の四種釈（因縁釈・約教釈・本迹釈・観心釈）について、『玄疏』や『文疏』との比較から、四種釈の成立には四つの段階が考えうるとの仮説を示した。新たな視点としては、『玄疏』では三観、四教の順で説くが、『文疏』では四教、三観の順で説く意義を説明する一文に着目し、『玄疏』の名玄義の構成の中に、智顗が四悉檀・四教・本迹・三観による解釈法を意識していた根拠を見出した。

「第二章　『玄疏』にみる『維摩経』の体・宗・用」では、『玄疏』の構成の中心である五重玄義のうち、体・宗・用に関する記述を取り上げた。「第一節　体玄義における三獣渡河の依用」では、『玄疏』で『維摩経』の体（根本真理）として掲げられた真性解脱に関連する問題として、三乗の相違を表す譬喩として諸経論にしばしば引用される三獣渡河に着目し、『法華玄義』での依用と比較した。『法華玄義』における円教の用例を『玄疏』における通教と別教の用例に重ねた結果、四教と行位説との融合や、その過程を看取することができた。「第二節　宗玄義としての仏国因果の意義」では、『玄疏』で『維摩経』の宗（修行とさとりの関係）として掲げられた仏国因果について、それが規定された意味を考察した。ここではとくに、三科（序分・正説分・流通分）を分けるにあたって仏国因果の有無を重視すること、『維摩経』の序と位置付ける謎の経典「普集経」に正報の因果が説かれるとする説などに着目した。「第三節用玄義としての折伏摂受の思想」では、『玄疏』で『維摩経』の用（教えの働き）として掲げられた『勝鬘経』を典拠とする折伏摂受の語について検討した。その結果、『維摩経』が折伏摂受を説く目的は正法久住のためであり、その正法とは真性解脱だとする解釈をはじめ、四悉檀、三観説、縁集説といった教理と関連付けて解釈する例、五味説との関連から重視する例など、智顗釈の特徴となる点を指摘した。

「第三章　智顗の『維摩経』解釈とその特色」では、他師には見られない智顗の特色ある『維摩経』解釈を三例取り上げ検討した。「第一節　「維摩詰」の語義解釈」では、「浄無垢称」という意訳語を用いた『玄疏』の解釈に着目した。維摩の名を三身説に対応させるために浄・無垢・称と三分しうるこの誤った訳語をあえて用いたこと、また称については「名声」という本来の意味を採用せず「かなう」と読むことで化他の意義を見出しているなど、他師には見られない解釈を智顗が展開したことの意図を明らかにした。「第二節　分科よりみる智顗の『維摩経』理解の特質」では、天台維摩経疏に見られる三種類の分科を考察した。第一の『文疏』巻一に説かれる序分・正説分・流通分は、北地の説に近似しながらも独自の見解を打ち出したものである。第二の室外四品・入室六品・出室四品は、南地で主流であった三科を会処に置き換えたものであり、智顗にとってはこれがもっとも基本的な理解であった。第三の『文疏』巻十九にのみ言及される「三由六源二始両因」については不明な点が多く残るが、第一章第二節に考察した通相三観説との関連も見られることから、その重要性を喚起した。「第三節　「普集経」の依用について」では、第二章第二節でも触れた「普集経」について、『文疏』に十一箇所見られる関連する記述を抽出し検討を加えた。経典としての実態が明らかでない上、『文疏』が情報源としている長耳三蔵についても那連提黎耶舎の可能性が高いものの、それ以上のことは不明であるが、智顗は何らかの単独の経典を想定して、『維摩経』の序として重視したものと思われる。

「第四部　天台維摩経疏をめぐる諸問題」では、第三部と同様に思想に関する問題を扱いつつ、より総合的に天台維摩経疏を論じた。

「第一章　法華思想の展開とその特質」では、天台維摩経疏の中に数多く見られる『維摩経』の註釈書でありながら『法華経』を用いて解釈する例を考察した。「第一節　『維摩経』解釈における『法華経』の依用」では、『文疏』を中心として『法華経』に関連付けて『維摩経』を解釈する実例を三例挙げた。「第二節　釈菩薩品における四仏知見」では、『法華経』方便品に説かれる仏知見の開・示・悟・入を『維摩経』菩薩品に登場する四人の菩薩に配当させる解釈を検討し、その背景に行位説との対応があることを指摘した。「第三節　智顗よりみた『維摩経』と『法華経』の位相」では、とくに通相三観説の導入や用玄義に掲げられた折伏摂受が『維摩経』解釈で重要な役割を果たした意味を、『法華経』との関係の上から確認した。以上のような『法華経』をふまえた解釈は、他師の『維摩経』註釈とは一線を画す智顗釈に独自のものであり、天台維摩経疏を貫く基調となっている。

「第二章　思想的側面よりみる成立の諸問題」では、第一部第一章で伝記資料などから論じた成立の問題を改めて思想的な意味から検討した。「第一節　三回の献上に至るまでの経緯」では、『国清百録』に収録された遺書から、智顗が仏道品第八までの註釈で区切りをつけ、入不二法門品第九以降を註釈せずに示寂した、という仮説を立てた。「第二節　仏道品解釈の基調」では、まず問疾品第五から香積品第十までの室内六品を中心におく智顗の『維摩経』観を確認した。その上で、仏道品と入不二法門品の四教と三観による位置付けを見ると、『文疏』のみに説かれる通相三観説の従空入仮観に仏道品が配当される点がポイントとなること、また仏道品に説かれる「非道を行じて仏道に通達す」という象徴的な句を十二因縁の三道や三因仏性に重ねながら慎重に解釈する姿勢に着目した。そして、智顗がみずからの病と戦いながら撰述する中で、先を急がず仏道品までの解釈に留めたことの妥当性を論じた。「第三節撰述の動機をめぐる諸問題」では、とくにこのような選択をした背景として、北周の廃仏を間接的に経験した智顗が、仏教の存続に対する強い危機感をもって『維摩経』の用（教えの働き）として折伏摂受とその先に成就される正法久住を掲げ、若き王に護法を托すべくこれらを説いたことの意義を指摘した。

以上に、序論から本論に至るまでの本書における考察の主な論点を総括した。次に（一）中国仏教史における意義、（二）天台教学における位置、という二つの視座から、天台維摩経疏という文献の特質を改めて考えてみたい。

（一）中国仏教史における意義

外来の宗教であった仏教が中国で受容される過程において『維摩経』が極めて重要な役割を果したことは、諸先学の指摘するところである。史伝にその名を遺した高僧の多くが註釈を手がけている中、智顗が若き日の煬帝の依頼に応じて撰述に着手した天台維摩経疏とは、中国仏教史においてどのような意義を有するのであろうか。

第三部第二章に論じたように、智顗は『維摩経』の用玄義として『勝鬘経』に説かれる折伏摂受を掲げ、正法久住を説いた。智顗がこの天台維摩経疏を青年王に捧げたことの背景には、智顗自身が国家の趨勢に翻弄された体験とともに、師の南岳慧思がいだいていた強い末法思想の自覚に対する記憶もあったと言えよう。こうして智顗には強い護法の意識が働いたのであり、かつそれを守り伝えるためには、乱立する諸師の学説の長短を整理する必要があった。本書では詳述を避けたが、天台維摩経疏の随所に加えられる外道や儒教、道教、さらには同じく仏道を奉ずる他師に対してもむけられた容赦のない批判は、智顗みずからが行った折伏の表明であり、一方で縁集説などの他教学や「普集経」を『維摩経』の序とするなどの諸説を柔軟に取り入れる姿勢は、摂受の体現と読み取ることができる。みずからの病と戦いながらも修治をあきらめず撰述を進めた結果として残された天台維摩経疏は、このような護法の信念に貫かれている点が他の『維摩経』註釈とはまったく異なる特色の一つである。

このような性格からか、天台維摩経疏は第三部第一章に概観したように自身の築いた教理体系をふまえた解釈が中心となっているほか、第三部第三章に例を挙げた「浄名無垢称」のように語義を逸脱した解釈も少なくないなど、典型的な経典註釈とは言い難い。それにもかかわらず、唐代に『維摩経』註釈として大いに流布した道液の疏には、『注維摩詰経』に次ぐ権威として天台維摩経疏の釈が依用されている。道液の疏を通じて間接的に及ぼした影響も、中国仏教史において天台維摩経疏の果たした役割の一つとして注目されよう。

また、第二部第二章に指摘したように、『文疏』に挿入された『維摩経』経文が隋代の姿を伝えていることの意義も看過できない。近年では梵本の発見にも恵まれ、《維摩経》研究は大いなる発展を遂げている。鳩摩羅什訳校訂の対校本としても、『文疏』に挿入された経文の資料的価値が見出されるべきであろう。

(二) 天台教学史における位置

天台教学とは、『法華経』の体得的な理解に基づき仏のあらゆる教えを包括する思想である。言い換えればそれは、『法華経』と諸経との優劣を図ることなく、仏説としてさまざまな経文を依用し、さらに菩薩の言葉として論を用い補強することにより、『法華経』の意義をより鮮明ならしめる教理体系である。このような教理の形成において重要な役割を果たした経論は枚挙に暇がないが、もっとも重要な影響を与えた経典の一つが『維摩経』であることは、言を俟たないところであろう。

第三部および第四部に論じたように、天台維摩経疏は『法華経』と諸経の相互的な関係を四悉檀、三観、四教という骨子によって開陳し、他師の『維摩経』註釈にまったく見られない独自の解釈法として、法華教学の上に『維摩経』の要諦を明らかにしてゆく。このような特色を持つ天台維摩経疏は、『維摩経』の註釈という範囲を超えている。むしろ、代表的な大乗経典を題材にして編まれた仏教概論書という方が正鵠を射た理解であろう。その枠組みを構成しているのは『法華経』の体得的理解に基づき確立した智顗の思想、つまり天台教学なのである。

このような天台維摩経疏を天台教学においてどう位置付けるかという問題について、先行研究では見解が分かれている。たとえば新田雅章氏は、三大部よりも高い資料的価値を天台維摩経疏に見出した佐藤氏の見解を承けつつ、天台維摩経疏の中に「一実諦の表白」と実践性を認め、その思想をさらに高く評価した。しかし、新田氏のように智顗の思想が天台維摩経疏に至って発展したと捉えることについては、次のような点から疑問を呈したい。

智顗の証悟は華頂降魔と称される体験において一つの完成をみる。その契機において、『維摩経』問疾品の「勝怨乃可為勇」の句が関係することは第一部第一章に指摘した智顗の伝記に明らかである。史料が伝えるこの話の真偽、および天台維摩経疏の撰述に与えた影響の有無を別にしても、智顗のこの体験を軽視することは実践者である智顗が築き上げた思想の有する宗教的意義の軽視にもつながる。降魔を経て再伝道期に入り、体験と相俟って確固たるものとなった上で示された思想的枠組みが『玄疏』を構成し、経文解釈に適用したのが『文疏』である。このような天台維摩経疏の成立過程を鑑みれば、先学が指摘する三大部からの教説の変化は、智顗の内面に生じた思想の移行ではなく、むしろ地論師を代表とする他師説などの受容といった外的要因によるものと見るべきである。したがって、智顗の思想の本質的な部分において、三大部から天台維摩経疏へという発展的変化をあえて見出す必要はないと言えよう。

つまり、三大部の純粋な法華思想の基盤として、その基礎構造を開示したのが天台維摩経疏なのである。このような理解において両文献群の役割を明確にすれば、智顗が晩年に精力を傾けて大部を著述したという歴史的事実はおのずと首肯されることとなろう。

二　残された課題

本書では、天台維摩経疏の総合的な研究を試みたが、残された課題は少なくない。今後の展望も含め、最後に取り組むべき研究の課題を記しておきたい。

(一) 校訂・訳註研究

序論の「先行研究の概観」で触れたように、天台維摩経疏の全編にわたる訳註研究はいまだ発表されていない。『玄疏』についてはすでに書き下しが刊行されているほか、筆者も学位請求論文の資料篇として『玄疏』の校訂、書き下し、註釈、および証真『維摩玄略鈔』と本純『維摩詰経玄疏籤録』の当該箇所を併記した訳註を提出したが、不備も多く全体の公表には至っていない。第二部第一章に論じたように、大正蔵の『玄疏』は本純が校訂した善本が存在しながら、それを採用せずに古い版本を底本としたため、巻五の錯簡のほか、さまざまな誤脱がなんの指摘もないまま残っている。また続蔵の『文疏』も、本純によりテキストが整えられた版本を底本としているものの、完本は続蔵本を含めて二本しかなく、対校しうる写本もほんの一部しか残されていない。そのため、精読にあたっては『略疏』を対照してゆく必要があり、末註書も含めた検討が不可欠となる。『玄疏』『文疏』ともに校訂訳註の取り組みがなされているものの、全編にわたる成果の公表と情報の共有が急がれる。

なお、関連する問題として付言しておきたいのは、三大部などの天台の主な文献については、灌頂による介在の度合いがつねに議論の中心とされてきたが、それ以上に我々が注意しなければならないのは、湛然により相当手が加えられ今日に至っているという事実である。『略疏』と『文疏』の比較は本書でも一部行い、湛然が校訂の際に用いた手法の一端を明らかにしたが、この点は三大部研究にも活用してゆくことが可能であろう。

（二）諸師釈との対照研究

第三部第三章で考察したように、天台維摩経疏には今日では由来が明らかではない『維摩経』に関する説が散説されている。このような天台維摩経疏の独自性をより明らかにするためには、天台以外の文献との対照研究が必要であるが、この方面の研究もいまだ着手されておらず、急務の課題である。具体的には、『維摩経』の註釈書の中でも今日に至るまでもっとも権威があり、また影響力のあった『注維摩詰経』との対照が基礎作業となるが、このような資料が完成すれば、伝統的な解釈と智顗独特の解釈との分水嶺を見極める材料となることが期待される。

また、智顗に先行する時代の『維摩経』解釈の解明だけではなく、今後より重点的に取り組まなければならないのは、智顗と同時代に著された『維摩経』註釈の精査である。つまり浄影寺慧遠『維摩経義記』や嘉祥大師吉蔵の諸註釈との総合的な対照も、研究の発展においては不可欠な作業と言えよう。隋代を代表する三師の註釈がそろって現存するのは『維摩経』だけである。近年の研究では智顗ないしは灌頂と吉蔵との二項対立のようにして論じられてきたが、慧遠を加えることで当時の仏典研究の動向がどのように影響を与えあって推移したのかを、中国仏教思想史の全体像から解明してゆくことのできる可能性を秘めている。ここ数年、敦煌写本を中心とした蔵外文献の研究の進展が著しいが、智顗、吉蔵、慧遠の思想的異同が明らかになったところで、これらの資料も加えてゆけば、すでに指摘されているような天台教学の形成における他教学の影響の有無といった問題にも、新たな進展が見られることであろう。膨大な文献を扱う作業となるが、デジタル化が進んだ今日においてはぜひとも取り組んでゆかなければならない課題の一つである。

（三）天台教学における諸問題の解明

最後に天台学研究における課題について述べておきたい。

第一の課題は、天台教学における『涅槃経』と『維摩経』の関係をどう位置付けるかという問題の解明である。第四部第二章では、天台維摩経疏が仏道品の釈まででまとめられ智顗の示寂後に献上された理由として、通相三観のうちの従仮入空観として仏道品が位置付けられたことの重要性を指摘した。しかし、仏道品の仏種、つまり『維摩経』に内在する仏性思想を智顗がどのように捉えたかという問題については、本書で十分に論じることができなかった。天台維摩経疏を仏性思想の面から読み解く試みは、すでに藤井教公氏によって『涅槃経』所説の仏性思想が維摩経疏へ展開した形跡を追う形でなされているが、今後はこの問題を発展的に広げてゆく必要がある。中国における『涅槃経』の影響は極めて大きく、とくに智顗以前の仏教界は、まさしく『涅槃経』講究の時代であった。『維摩経』と『涅槃経』との相違点を明確に提示することが智顗の『維摩経』研究の課題の一つに据えられていたことは、第三部第二章で指摘したように、両者ともに四教を備えていることについて、その違いを説明する文が見られたことに明らかである。第四部第一章では天台維摩経疏における『維摩経』と『法華経』との位置関係を中心に考察をしたが、ここに『涅槃経』という視点を加えて改めて検討しなければならない。

第二の課題は、天台浄土教への影響である。この点は安藤俊雄氏らの先行研究においてもっとも重視された課題の一つであったが、本書では直接的な考察がまったく欠ける結果となった。江戸時代の安楽律派が懸命に天台維摩経疏の刊行事業に奔走した背景の一つに本疏に展開される浄土思想への関心があったことが窺われるように、本疏にまつわる諸問題の中でも後世への影響が大きい分野である。青木隆氏が指摘する地論教学が与えた四土説へ影響をふまえ、他教学との関連とともに進展させなければならない問題であろう。

第三の課題は、湛然『維摩経疏記』の考察である。第二部第三章では、『文疏』二八巻と『略疏』十巻の比較から湛然の削略の特色を探ったが、その考察の範囲では湛然の『維摩経』解釈の独自性を見出すまでには至らなかった。湛然の教学は、言うまでもなく智顗が構築した教学の上に成り立つ。一方で、華厳宗、法相宗、禅宗といった智顗の時代には興起していなかった諸派に対峙し自家の顕彰を使命とする中で、おのずと智顗の教学とは力点の置き方が異なっているのも事実である。『維摩経疏記』の解明は、唐代の天台教学研究において重要な一側面となることは間違いないが、本書ではその点についてまったく検討することができていない。第一部第二章で考察した流伝史に明らかなように、後世における天台維摩経疏の研鑽は中国、日本ともに湛然の『略疏』や『疏記』をもとに行われてきた。したがって、天台維摩経疏の受容を思想史的に論ずるためには、湛然によってどのように解釈がなされたかを明確に把握しておくことも基礎的な作業となる。

ここに挙げたものは、筆者が次に取り組むべき課題として考えが及んだうちの一部に過ぎない。天台維摩経疏の全容の解明にむけて課題は山積したままであるが、後考に期しつつ、以上をもって本書を擱筆する。

あとがき

本書の最後に、私事に亘る内容で恐縮であるが、これまでの学恩に感謝しつつ、今日に至るまでの筆者の歩みを記しておきたい。

一九九三年春、筆者は縁あって東洋大学文学部印度哲学科に入学した。二年生の時に、河村孝照先生の演習で『天台四教儀』を輪読した。思えばこれが天台学との出会いであった。三年生で日本仏教の田村晃祐先生のゼミを選んだ。当時、ゼミでは『興禅護国論』を講読していたが、後に先生が最澄研究の権威であることを知り、せっかくならば先生のご専門に近いものをと考え、「『大日経旨帰』における円珍の教相判釈」という題で卒業論文を書いた。先生はまた、大学院生や卒業生、向学心の高い学部生が集う天台会という輪読会を主催なさっていた。卒業の間際になり本腰を入れて勉強しはじめた筆者にはあまりに敷居の高い場だったが、そこで再び『天台四教儀』を学ぶ機会を得た。卒業後は、国書刊行会で勤めさせていただいたが、仕事の合間をぬって天台会に参加し、いつ読むともしれない専門書を社内割引で購入しつつ、ささやかな学問の喜びを感じていた。

一九九八年に進学した国際仏教学大学院大学では、ユベール・デュルト先生の元で五年間、仏教研究をいろはから学ぶこととなった。入学当初は卒業論文の中で触れた『唐決集』を研究しようと考えていた。しかし、その中で議論される「一色一香無非中道」が『摩訶止観』円頓章の一句だということも分からず、やみくもに辞書を調べていた当時の筆者には、日中天台僧の往復問答集など到底理解できる代物ではなかった。そこで改めてテーマを考え直し、試行錯誤の末に辿りついたのが『維摩経玄疏』だった。当時としては《維摩経》研究のあるエティエンヌ・ラモット博士に親しく教えを受けたデュルト先生と、天台学に固執した筆者の接点を見出すための苦肉の策であったが、結果的にはより多くの可能性を秘めた天台維摩経疏の研究に足を踏み入れるきっかけとなったことは幸いであった。また、在学中に平川彰先生、鎌田茂雄先生、原実先生の講義を受け、津田眞一先生からは一字一句にわたる論文指導をいただいたことは、僥倖ともいうべき得難い経験であった。さらに大学院大学では、海外の研究者に接する機会が数多くあった。そのような環境に身を置いたからこそ、研究への意欲も高まり、後に自然と海外での研究生活を選択できたのだと思う。過分にも返還義務のない学内奨学金を五年間いただくなど非常に恵まれた学生生活であったが、研究が進むほど将来への不安も感じるようになり、すでに池田魯参先生と吉津宜英先生のゼミを聴講させていただいていたこともあって、駒澤大学の門を叩くこととなった。不義理な進路選択であったが、デュルト先生をはじめ、当時の学長であられた今西順吉先生が研究のためならと温かく送り出してくださったことが、何よりの励みとなった。

二〇〇三年春に入学した駒澤大学博士後期課程では、念願だった池田先生のご指導を受け、充実した研究環境の中、多くの仲間と切磋琢磨し、また大法輪石原育英会や中村積善会などの各種奨学金にも恵まれ、充実した三年間の学生生活を送ることができた。池田先生はおおらかでありながらも常に明確な方針を示し、一方の吉津先生はいつ何時も学生の考えに飽くことなく耳を傾けさまざまな視点を提示してくださった。三年間で学位論文の提出にこぎつけることができたのは、まさしく両先生の「如鳥双翼、如車両輪」ともいうべきご指導の賜物に他ならない。当時、池田ゼミからは林鳴宇、呉鴻燕の両氏が相次いで修了し、吉津ゼミは学内外の若手研究者が集う研鑽の場となっていた。両ゼミで出会った諸先輩方との交流も駒澤時代に得た大きな宝の一つである。学位請求論文は、池田、吉津両先生に加え、石井公成先生にご審査いただだいた。口頭試問では厳しい指摘を受け、将来の努力を約束しかろうじてお認めいただいたようなものであったが、中国仏教研究史に金字塔を打ち立てた三先生の授けてくださった学位は、どの国においても研究者としての信用を保証してくれた。自らの研究がそれに値するかを問い続けてゆくことが、筆者の使命なのであろうと今改めて感じている。本書の刊行を折に触れ勧めてくださった吉津先生にご報告が叶わなかったことが心残りでならないが、先生の教えを胸にこれから一層努めてゆくことをここに誓いたい。

二〇〇六年三月に博士課程を修了し、その年の九月より二年間、北京の中国人民大学に国費留学生（高級進修生）として留学した。当初は日常会話もままならず研究どころではなかったが、旧知の張文良先生、指導を引き受けてくださった張風雷先生をはじめ、多くの先生が温かく見守り導いてくださったおかげで、実り多い日々を過ごすことができた。とくに同じく天台学を専門とする兪学明先生（中国政法大）、韓剣英先生（北京信息科技大）と一カ月もの間、天台ゆかりの江南の諸地を巡った旅は、これまで書物を通じて理解していた天台の歴史を生きたものとして感じさせてくれた、何ものにも代えがたい経験であった。

二〇〇八年初夏、帰国後の活動のめども立たないまま留学を終えようとしていた時、運よく韓国の金剛大学校仏教文化研究所でＨＫ教授として研究してみないかとのお誘いを受けた。異国の地での研究生活に不安がないわけではなかったが、以前から親しみを感じていた韓国での生活に興味を覚え、同年八月末より着任した。研究所はその前年よりはじまった十年計画の国家プロジェクトを進行中で、目に見える成果を出すことが求められる厳しい環境であったが、声をかけてくださった金天鶴先生（現・東国大）をはじめ、研究所の崔恩英先生、石吉岩先生（現・慶州東国大）が常に支えてくださった。また駒澤大学に留学経験のある権坦俊先生（現・名誉教授）には、折に触れ日本語と美味で励ましていただいた。生活面では苦労が絶えなかったが、蔵外地論宗文献の研究に携わるなど新たな分野にも触れることができた。韓国での二年半ほどの日々が今日の研究生活の大いなる糧となっていることは間違いない。

二〇一〇年末に帰国後、結婚・出産を経験したが、東洋大学東洋学研究所の客員研究員として研究歴をつなげることができた。これもひとえに母校の先生方のご恩情に他ならない。

そして二〇一三年春、念願であった駒澤大学への奉職を果たし、今日に至っている。研究に加えてこれまで経験不足であった教育にも従事し、悪戦苦闘は四年目に入っても続いているが、学生との交流は自らの学びともなり、彼らの成長が何よりの励みとなることを実感する日々である。また、つね日ごろより学部の諸先生、とくに学生時代より何かにつけてお世話になっている永井政之先生、研究分野の近い石井公成先生、奥野光賢先生、吉村誠先生、藤井淳先生よりご教示を受け、大学院以来の旧友であり今や同志ともいうべき程正先生、徳野崇行先生らの支えがあることも心強い。

以上にお名前を挙げさせていただいた先生方は、どの方一人が欠けても今の自分がないと思うほど筆者にとって大きな存在である。ここに衷心をもって御礼を申し上げたい。

この他にも、旧稿の学位請求論文では、執筆を励まし勉強会を開いてくださった佐藤厚先生、角田玲子氏、提出間際にお手を煩わせた駒ヶ嶺法子氏と徳野先生に助けていただいたほか、本書の刊行にあたっては、助成の申請に際してお世話になった学部長の金沢篤先生、学科主任の角田泰隆先生、奥野先生のご高配に加え、煩瑣な原稿整理を手伝ってくれた中野桂輔氏、要旨の翻訳を引き受けてくださった河榮秀氏、ジェフリー・コテック氏、李子捷氏といった大学院の後輩たちの尽力もあって、この日を迎えることができた。ここに感謝の意を表する次第である。

また、筆者のこれまでを物心両面で支えてくれた母をはじめ、職に就いたことで日々苦労をかけている夫と娘、不出来の嫁ながら温かく見守ってくださる義父母、ならびに瑞光山清水寺の関係各位にも、この場を借りて満腔の謝意を表したい。そして、学位取得を見届けて他界した父へ本書を捧げ、ささやかな追善となれば幸いである。

末筆ながら、筆者が元社員ということもあり本書の刊行を快くお引き受けくださった国書刊行会、佐藤今朝夫社長、そして天台会以来の付き合いで遅筆にして悪文の筆者を倦むことなく刊行まで導いてくれた編集部、今野道隆氏に、厚く御礼申し上げたい。

平成二十九年一月二十三日

山口弘江

初出一覧

*旧稿にあたる学位請求論文の構成については、「博士論文要旨 天台維摩経疏の研究」（『駒澤大学大学院仏教学研究会年報』三九号、二〇〇六）を参照されたい。

「天台維摩経疏の流伝に関する諸問題」（『印度学仏教学研究』五一巻二号、二〇〇三） →第一部第二章第一節

「江戸時代の天台維摩経疏研究の動向について（学術大会発表要旨）」（『宗教研究』七六巻四輯、二〇〇三） →第一部第二章第三節

「叡山文庫蔵『維摩羅詰経文疏』について」（『天台学報』五二号、二〇一〇） →第二部第一章第二節

「『維摩経文疏』所引の『維摩詰所説経』」（『印度学仏教学研究』五四巻一号、二〇〇五） →第二部第二章

「『維摩経文疏』と『維摩経略疏』の比較研究（一）——書誌学的分析と湛然削略の特色について」（『駒澤大学大学院仏教学研究会年報』三七号、二〇〇四） →第二部第三章

「『維摩経玄疏』と別行本——「三観解釈」と『三観義』の比較考察を中心として」（『印度学仏教学研究』五八巻二号、二〇一〇） →第三部第一章第一節

「通相三観の成立に関する一考察——智顗の『維摩経』解釈との関連から」（『東アジア仏教研究』七号、二〇〇九） →第三部第一章第二節

「天台四種釈の成立をめぐる諸問題」（『印度学仏教学研究』六三巻一号、二〇一四） →第三部第一章第三節

「「三獣渡河」の譬喩と智顗の依用」（『仙石山論集』一号、二〇〇四） →第三部第二章第一節

「智顗撰『維摩経疏』における仏国因果の思想」（『印度学仏教学研究』五二巻一号、二〇〇三） →第三部第二章第二節

「天台維摩経疏における折伏摂受の思想」（『仏教学』四七号、二〇〇五） →第三部第二章第三節

「중국의 유마경 해석 변천에 관한 일고찰——수나라 3대법사의 유마힐 해석을 중심으로（中国における維摩経解釈の変遷に関する一考察

――隋三大法師の維摩詰解釈を中心として)」(韓国・大同哲學會『大同哲學』五一号、二〇一〇) →**第三部第三章第一節**

「『維摩経文疏』所引の「普集経」について」(『印度学仏教学研究』五三巻一号、二〇〇四) →**第三部第三章第二節**

「天台維摩経疏における『法華経』の依用について」(『駒澤大学大学院仏教学研究会年報』三九号、二〇〇六) →**第四部第一章**

「天台維摩経疏の成立に関する一考察」(『駒澤大学仏教学部論集』三六号、二〇〇五) →**第四部第二章**

参考文献一覧

日本語

青木孝彰［一九七三］「六朝における経疏分科法についての一考察」『印度学仏教学研究』二一巻二号
青木孝彰［一九七三］「経典解釈法における科文の成立について」『天台学報』一五号
青木隆［一九八五］「『維摩経文疏』における智顗の四土説について」『早稲田大学大学院文学研究科紀要』別冊一一集、哲学・史学編
青木隆［一九八六］「天台行位説形成の問題——五十二位説をめぐって」『早稲田大学大学院文学研究科紀要』別冊一二集、哲学・史学編
青木隆［一九八八］「中国地論宗における縁集説の展開」『PHILOSOPHIA』七五号
青木隆［一九八八］「『法界性論』について」『印度学仏教学研究』三六巻二号
青木隆［二〇〇一］「地論宗」大久保良峻編『新・八宗綱要』法藏館
青木隆［二〇一五］「『南三北七』覚え書き」大久保良峻教授還暦記念論集刊行会編『大久保良峻教授還暦記念論集 天台・真言諸宗論攷』山喜房佛書林
秋田光兆［一九九七］「天台教学における因果」「天台大師研究」編集委員会編『天台大師研究』天台学会
安藤俊雄［一九五九］『天台思想史』法藏館
安藤俊雄［一九六八］『天台学——根本思想とその展開』平楽寺書店
池田晃隆［二〇〇七］「天台維摩疏における異時平等と一時平等」『天台学報』四九号
池田魯参［一九七七］「天台学の修証の構造——宗玄義と観心釈について」『駒澤大学仏教学部研究紀要』三五号

池田魯参［一九七九］「中国天台学の修証論」『日本仏教学会年報』四五号
池田魯参［一九七九］「天台智顗の護国思想」『宗教学論集』九輯
池田魯参［一九八二］「天台教学と地論摂論宗」『仏教学』一三号
池田魯参［一九八二］『国清百録の研究』大蔵出版
池田魯参［一九八二］「書評と紹介　新田雅章著『天台実相論の研究』」『宗教研究』五六巻一輯
池田魯参［一九八二］「智顗の地論摂論学について」『印度学仏教学研究』三〇巻二号
池田魯参［一九九七］『詳解 摩訶止観』研究註釈篇、大蔵出版
石井公成［一九九六］『華厳思想の研究』春秋社
石田茂作［一九三〇］『写経より見たる奈良朝仏教の研究』東洋文庫論叢第十一、東洋文庫
石田瑞麿［一九八六］『戒律の研究』下巻、法藏館
石松日奈子［一九九五］「維摩・文殊像の研究」『南都仏教』七一号
伊藤隆寿［二〇〇九］「『大乗四論玄義記』に関する諸問題」『駒澤大学仏教学部論集』四〇巻
伊吹敦［一九九〇］「『続高僧伝』の増広に関する研究」『東洋の思想の宗教』七号
伊吹敦［一九九八］「地論宗南道派の心識説について」『印度学仏教学研究』四七巻一号
今成元昭［二〇〇三］「日蓮の摂受・折伏観をめぐる一問題――『法華経』の折伏について」『日蓮教学研究所紀要』三〇号
宇衛康弘［一九八四］「『三観義』と『維摩経玄疏』巻二「三観解釈」の比較対照」『駒澤大学大学院仏教学研究会年報』一七号
上杉文秀［一九七二］『日本天台史』国書刊行会（初版：破塵閣書房、一九三五）
上山大峻［二〇一二］『増補 敦煌仏教の研究』法藏館
臼田淳三［一九七七］「維摩経僧肇単注本」『聖徳太子研究』一一号

横超慧日［一九六九］「法華経総説」横超慧日編『法華思想』平楽寺書店
横超慧日［一九七〇］「北魏仏教の基本的課題」横超慧日編『北魏仏教の研究』平楽寺書店
横超慧日［一九七一］『法華思想の研究』平楽寺書店
横超慧日［一九七五］「維摩経の中国的受容」橋本博士退官記念佛教研究論集刊行会編『橋本博士退官記念 佛教研究論集』清文堂出版
横超慧日［一九七六］「中国仏教学界における勝鬘経の定着」奥田慈應先生喜寿記念論文集刊行会編『奥田慈應先生喜寿記念仏教思想論集』平楽寺書店
横超慧日［一九七九］『中国仏教の研究』三、法藏館
大久保良峻［一九九四］『天台教学と本覚思想』法藏館
大久保良俊［一九九七］「『維摩経文疏』と天台教学——仏についての理解を中心に」「天台大師研究」編集委員会編『天台大師研究』天台学会
大鹿実秋［一九八八］『維摩経の研究』平楽寺書店
大島啓禎［一九七九］「『維摩経玄疏』をめぐる二・三の問題」『印度学仏教学研究』二八巻一号
大竹晋［二〇〇二］「菩提留支の失われた三著作」『東方学』一〇三号
大竹晋［二〇一四］「地論宗断片集成」『불교학리뷰（仏教学レビュー）』一五
大西龍峯（花塚久義）［一九八二］「注維摩詰経の編纂者をめぐって」『駒澤大学仏教学部論集』一三号
大西龍峯（花塚久義）［一九八二］「浄名玄論研究序説」『曹洞宗研究員研究生研究紀要』一四号
大西龍峯［二〇〇〇］「吉蔵の二河義」平井俊榮博士古稀記念論文集刊行会編『平井俊榮博士古稀記念論集 三論教学と仏教諸思想』春秋社
大西龍峯・奥野光賢［二〇〇一］「吉蔵撰『維摩経遊意』の注釈的研究」『駒澤短期大学研究紀要』二九号

岡野潔［一九九〇］「普曜経の研究（下）」『文化』五三巻三・四号
荻原雲来［一九三八］荻原博士記念会編『荻原雲来文集』荻原博士記念会
奥野光賢［一九九六］「吉蔵撰『維摩経遊意』について――その割注をめぐって」『駒澤短期大学仏教論集』二号
奥野光賢［二〇〇二］『仏性思想の展開――吉蔵を中心とした『法華論』受容史』大蔵出版
奥野光賢［二〇一二］「『大乗玄論』に関する諸問題」『駒澤大学仏教学部研究紀要』七〇号
小野嶋祥雄［二〇〇九］「『天台維摩疏』智顗親撰説への疑義――吉蔵撰述書との比較を通して」『岐阜聖徳学園大学仏教文化研究所紀要』九号
金治勇［一九八五］『上宮王撰三経義疏の諸問題』法藏館
鎌田茂雄［一九九四］『中国仏教史』第五巻、東京大学出版会
鎌田茂雄［一九九七］「玉泉寺攷」「天台大師研究」編集委員会編『天台大師研究』天台学会
鎌田茂雄［一九九九］『中国仏教史』第六巻、東京大学出版会
河上麻由子［二〇一一］『古代アジア世界の対外交渉と仏教』山川出版社
川瀬一馬［一九六七］『増補 古活字版之研究』上巻、Antiquarian Booksellers Association of Japan（日本古書籍商協会）
河野訓［一九九七］「『正法華経』薬王如来品と『維摩経』法供養品について」『印度学仏教学研究』四六巻一号
菅野博史［一九八四］「維摩経分科に関する智顗と吉蔵の比較」『印度学仏教学研究』三三巻一号
菅野博史［一九八四］「浄影寺慧遠『維摩経義記』の研究――注釈の一特徴と分科」『東洋学術研究』二三巻二号
菅野博史［一九八七］「中国における『維摩経』入不二法門品の諸解釈」『大倉山論集』二二輯
菅野博史［一九九〇］「『維摩経玄疏』の組織と梗概」多田厚隆先生頌寿記念論集刊行会編『多田厚隆先生頌寿記念論文集 天台教学の研究』山喜房佛書林
菅野博史［一九九六］「『維摩経玄疏』訳注研究（一）」『大倉山論集』四〇輯

菅野博史［一九九九］「『維摩経玄疏』訳注研究（二）」『大倉山論集』四三輯
菅野博史［一九九九］「智顗『四教義』研究ノート（一）」『創価大学人文論集』一一号
菅野博史［二〇〇七］『法華文句（Ⅰ）』第三文明社
菅野博史［二〇一二］『南北朝・隋代の中国仏教思想研究』大蔵出版
菅野博史［二〇一三］「『維摩経玄疏』訳注研究（三）」多田孝文名誉教授古稀記念論文集刊行会編『多田孝文名誉教授古稀記念論文集 東洋の慈悲と智慧』山喜房佛書林
菅野博史・孫茂霞［二〇一六］「白鶴美術館所蔵『大般涅槃経集解』写本について――巻第一―三、十八―二十の校勘」『東アジア仏教研究』一四号
北塔光昇［一九九七］『優婆塞戒経の研究』永田文昌堂
岐阜県編［一九七二］『岐阜県史 通史編古代』岐阜県
木村清孝［一九八一］「《書評》新田雅章著『天台実相論の研究』」『東洋学術研究』二〇巻二号
木村周誠［二〇〇六］「天台大師における「衆生」について」『印度学仏教学研究』五四巻二号
木村宣彰［一九九五］『注維摩経序説』真宗大谷派宗務所出版部
木村宣彰［二〇〇〇］「天台智顗と北朝仏教学」荒牧典俊編『北朝隋唐中国仏教思想史』法藏館
京戸慈光［一九七五］『天台大師の生涯』第三文明社
京戸慈光［一九九九］「《敦煌天台》について［Ⅰ］――その背景と資料」『山家学会紀要』二号
清田寂雲編［一九八八］『天台大師別伝略註』叡山学院
雲井昭善［一九七六］『勝鬘経』仏典講座一〇、大蔵出版
桑原隲蔵［一九六八］『桑原隲蔵全集』第一巻、岩波書店
氣賀澤保規［一九九六］「附 房山石経洞窟所蔵隋唐石経一覧」氣賀澤保規編『中国仏教石経の研究』京都大学学術出版会

高山寺経蔵典籍文書綜合調査団編［一九七五］『高山寺経蔵典籍文書目録』第二、東京大学出版会
古勝隆一［二〇〇一］「釈尊礼と義疏学」小南一郎編『中国の礼制と礼学』朋友書店
国際仏教学大学院大学附属図書館［二〇〇四］『大正蔵・中華蔵（北京版）対照目録』国際仏教学大学院大学附属図書館
呉鴻燕［二〇〇七］『湛然の『法華五百問論』の研究』山喜房佛書林
呉其昱（伊藤美重子訳）［一九九五］「敦煌漢文写本概観」池田温編『敦煌講座5 敦煌漢文文献』大東出版社
斎藤忠［一九九八］『中国天台山諸寺院の研究』第一書房
境野黄洋［一九二九］『支那仏教史講話』下巻、共立社
坂本広博［一九七〇］「『涅槃経集解』所立の科文について」『天台学報』一二号
坂本幸男［一九六五］「中国仏教と法華思想の連関」坂本幸男編『法華経の思想と文化』平楽寺書店
佐藤心岳［一九六八］「隋代における「勝鬘経」の流布の実情」『印度学仏教学研究』一六巻二号
佐藤心岳［一九六九］「六朝時代における『維摩経』の研究講説」仏教大学『人文学論集』三号
佐藤心岳［一九七一］「唐代における『維摩経』の研究講説」『印度学仏教学研究』一九巻二号
佐藤哲英［一九三三］「天台維摩疏の研究序説（上）――維摩疏の述作過程に関する論攷」『龍谷学報』三〇七号
佐藤哲英［一九三四］「天台維摩疏の研究序説（下）――維摩疏の述作過程に関する論攷」『龍谷学報』三〇八号
佐藤哲英［一九三七］「山王院蔵書目録に就いて――延長三年筆青蓮院蔵本解説」『叡山学報』一三輯
佐藤哲英［一九五八］「維摩経疏の残欠本について」西域文化研究会編『西域文化研究』第一、法藏館
佐藤哲英［一九六一］『天台大師の研究』百華苑
佐藤哲英［一九七二］「智顗の法華玄義・法華文句の研究」坂本幸男編『法華経の中国的展開』平楽寺書店
佐藤哲英［一九七五］「三観思想の起源及び発達」関口真大編『止観の研究』岩波書店
佐藤哲英［一九八一］『続・天台大師の研究』百華苑

里道徳雄［一九九一］「維摩信仰の形成」塩入良道先生追悼論文集刊行会編『塩入良道先生追悼論文集 天台思想と東アジア文化の研究』山喜房佛書林
塩入良道［一九五七］「三諦思想の基調としての仮」『印度学仏教学研究』五巻二号
塩入良道［一九六八］「天台行位説形成に関する諸問題二」『大正大学研究紀要』五四号
塩入良道・池田魯參［一九七九］「金沢文庫における天台典籍」『金沢文庫資料全書』第三巻天台篇、神奈川県立金沢文庫
渋谷慈鎧編［一九九九］『増補校訂 天台座主記』第一書房
渋谷慈鎧編・森定慈紹著［一九三七］『日本天台宗年表』第一書房
渋谷亮泰編［一九七八］『昭和現存天台書籍綜合目録』増補版上巻、法藏館
島地大等［一九〇二］「天台浄土十疑論」『六條学報』八号
白鳥町教育委員会編［一九八五］『奥濃越の遺宝 白鳥町の文化財』白鳥町
関口真大［一九三五］『昭和校訂 天台四教儀』山喜房佛書林
薗田宗惠［一九一九］『仏教と歴史』佛教大学叢書第一編、六条学報社
大正大学綜合仏教研究所梵語仏典研究会編［二〇〇四］『『維摩経』『智光明荘厳経』解説』大正大学出版会
大蔵会編［一九六四］『大蔵経――成立とその変遷』百華苑
高崎直道訳［二〇〇四］『如来蔵系経典』大乗仏典一二、中公文庫
高田仁覚［一九五八］「維摩経の思想的立場とその宝性論との関係」『日本仏教学会年報』二三号
高田仁覚［一九五九］「仏教における「折伏」について」『密教文化』四三・四四合併号
高橋秀榮［一九七二］「心慶手沢・稀覯本天台典籍本文並びに解題」『金沢文庫研究紀要』九号
瀧英寛［二〇〇七］「三大部における『法華文句』四種釈」『仏教文化学会紀要』一五号
武覚超［二〇〇八］「正覚院豪恕の円頓戒に関する業績」多田孝正博士古稀記念論集刊行会編『多田孝正博士古稀記念論集 仏

教と文化』山喜房佛書林
多田孝文［一九七七］「五種三観について」『天台学報』一九号
多田厚隆［一九三一］「高祖天台維摩部述作の年次」『山家学報』新一巻四号
谷口哲雄［一九六六］「顧愷之と瓦官寺」九州大学文学部編『創立四十周年記念論文集』九州大学文学部
田村完爾［二〇〇〇］「天台智顗の折伏義に関する一考察」『宗教研究』七三巻四輯
田村完爾［二〇〇二］「天台智顗撰『維摩経疏』における「仏国因果」の一考察」佐々木孝憲博士古稀記念論文集刊行会編『佐々木孝憲博士古稀記念論集 仏教学仏教史論集』山喜房佛書林
田村完爾［二〇一二］「天台智顗における釈尊観の一考察――釈尊を王に比する説示を中心に」『印度学仏教学研究』六〇巻二号
田村晃祐［一九八八］「最澄と維摩経」『東洋大学東洋学研究』二二号
田村芳朗・新田雅章［一九八二］『人物 中国の仏教 智顗』大蔵出版
池麗梅［二〇〇二］「敦煌写本『維摩詰経解』」『印度学仏教学研究』五〇巻一号
池麗梅［二〇〇八］『唐代天台仏教復興運動研究序説――荊渓湛然とその『止観輔行伝弘決』』大蔵出版
塚本善隆［一九五六］「シナにおける仏法と王法」宮本正尊編『仏教の根本真理』三省堂
塚本善隆［一九七五］『中国近世仏教史の諸問題』塚本善隆著作集第五巻、大東出版
辻善之助［一九七〇］『日本仏教史』第九巻、岩波書店
土橋秀高［一九八〇］『戒律の研究』永田文昌堂
堂谷憲勇［一九四四］『支那美術史論』桑名文星堂
常盤大定［一九二六］『支那仏教史蹟』三 図版、仏教史蹟研究会
常盤大定［一九七九］『支那仏教の研究』第一、名著普及会（初版、春秋社松柏館、一九三八）
常盤大定［一九七九］『支那佛教の研究』第三、名著普及会（初版、春秋社松柏館、一九四三）

ポール・ドゥミエヴィル（林信明訳）［一九八八］「中国における維摩」『花園大学国際禅研究所研究報告』一冊
長尾雅人訳注［一九八三］『改版 維摩経』中央公論社
中村元［一九八八］『シナ人の思惟方法』中村元選集決定版第二巻、春秋社
西村実則［二〇〇〇］「「白象入胎」をめぐる有部と大衆部」『日本仏教学会年報』六六号
西脇常記［二〇〇九］『中国古典社会における仏教の諸相』知泉書館
新田雅章［一九七四］「智顗における「維摩経疏」撰述の思想的意味」『印度学仏教学研究』二二巻二号
新田雅章［一九七七］「不二法門を通じて捉えられた「絶対」の構造――智顗の場合を中心として」玉城康四郎博士還暦記念会編『玉城康四郎博士還暦記念論集 仏の研究』春秋社
新田雅章［一九八一］『天台実相論の研究』平楽寺書店
布目潮渢［一九八四］『つくられた暴君と明君 隋の煬帝と唐の太宗』清水書院
野本覚成［一九七六］「二つの三種三観」『印度学仏教学研究』二五巻一号
野本覚成［一九七六］「『摩訶止観』破法遍の特徴」『天台学報』一八号
野本覚成［一九七八］「三種三観の成立」『印度学仏教学研究』二六巻二号
野本覚成［一九七九］「『三観義』所説の法門」『天台学報』二一号
橋本芳契［一九六六］『維摩経の思想的研究』法藏館
橋本芳契［一九八三］「大集経の世界と維摩経――毘摩羅詰の密教的存在」『密教文化』一四三号
花野充道［二〇一一］「智顗の法華経観と四重興廃思想」『法華仏教研究』第九号
花野充道［二〇一三］「智顗の地論師・摂論師批判について」『天台学報』五六号
花野充道［二〇一三］「『天台維摩経疏』に見る智顗の心識説――地論師・摂論師の心識説との対比」福原隆善先生古稀記念会事務局編『福原隆善先生古稀記念論集 佛法僧論集』第一巻、山喜房佛書林

濱田智純［一九七五］「通相三観について」『天台学報』一七号
濱田智純［一九七六］「天台維摩疏の三観について」『天台学報』一八号
濱田智純［一九七八］「維摩文疏における「疾」について」『大正大学大学院研究論集』二号
日比宣正［一九六六］『唐代天台学序説』山喜房佛書林
平井俊榮［一九七六］『中国般若思想史研究』春秋社
平井俊榮［一九八五］『法華文句の成立に関する研究』春秋社
福島光哉［一九七八］「智顗の権実二智論」『仏教学セミナー』二七号
福田尭穎［一九五九］『天台学概論』文一出版
藤井教公［一九七九］「Pelliot Ch. 2091『勝鬘義記』巻下残巻写本について」『聖徳太子研究』第一三号
藤井教公［一九八二］「『勝鬘経』の世界――中国如来藏思想史研究の手がかり」『横浜市立大学論叢』人文科学系列三四号
藤井教公［一九八三］「仏知見の解釈をめぐって」『印度学仏教学研究』三一巻二号
藤井教公［一九九一］「天台智顗における『涅槃経』の受容」『大倉山論集』二九号
藤井教公［一九九八］「天台智顗と『維摩経』――『維摩経文疏』を中心に」『印度学仏教学研究』四六巻二号
藤井教公［一九九九］「天台智顗における四悉檀の意義」『印度学仏教学研究』四七巻二号
藤井教公［二〇〇二］「天台智顗の実体論批判」江島惠教博士追悼論集刊行会編『江島惠教博士追悼論集 空と実在』春秋社
藤井教公［二〇一三］「『維摩経文疏』における四悉檀の依用について」福原隆善先生古稀記念会事務局編『福原隆善先生古稀記念論集 佛法僧論集』山喜房佛書林
藤井教公［二〇一三］「智顗撰『維摩経文疏』訳注（一）」『国際仏教学大学院大学研究紀要』一七号
藤井教公［二〇一四］「智顗撰『維摩経文疏』訳注（二）」『国際仏教学大学院大学研究紀要』一八号
藤井教公［二〇一五］「智顗撰『維摩経文疏』訳注（三）」『国際仏教学大学院大学研究紀要』一九号

藤井教公［二〇一六］「智顗撰『維摩経文疏』訳注（四）」『国際仏教学大学院大学研究紀要』二〇号
藤枝晃［一九六四］「維摩変の系譜」『東方学報』三六冊
藤枝晃［一九八五］「北朝における『勝鬘経』の伝承」田村円澄、川岸宏教編『聖徳太子と飛鳥仏教』日本仏教宗史論集第一巻、吉川弘文館
藤田宏達［一九八五］『観無量寿経講究――『観経四帖疏』を参看して』真宗大谷派宗務所出版部
藤善真澄［二〇〇二］『道宣伝の研究』京都大学学術出版会
船山徹［二〇一二］「眞諦の活動と著作の基本的特徴」船山徹編『眞諦三藏研究論集』京都大学人文科学研究所
文化財保護委員会編［一九六七］『長瀧寺宋版一切経現存目録』文化財保護委員会
前田崇［一九九五］「天台大師における三聚浄戒」『天台学報』三七号
牧田諦亮監・落合俊典編［一九九八］『中国・日本経典章疏目録』七寺古逸経典研究叢書第六巻、大東出版社
松森秀幸［二〇一四］「『浄名経関中釈抄』と『天台分門図』」『印度学仏教学研究』六三巻一号
松森秀幸［二〇一五］「資聖寺道液による天台文献の依用について」『印度学仏教学研究』六四巻一号
松森秀幸［二〇一六］『唐代天台法華思想の研究――荊渓湛然における天台法華経疏の注釈をめぐる諸問題』法藏館
真野正順［一九六四］『仏教における宗観念の成立』理想社
水尾現誠［一九七六］「勝鬘経十大受の解釈」『宗教研究』五〇巻三輯
身延文庫典籍目録編集委員会編［二〇〇五］『身延文庫典籍目録』下、身延山久遠寺
宮部亮侑［二〇〇七］「通相三観と中道との関連について」『天台学報』四九号
村上嘉実［一九六一］「清談と仏教」塚本博士頌寿記念会編『塚本博士頌寿記念　仏教史学論集』塚本博士頌寿記念会
村中祐生［一九八六］『天台観門の基調』山喜房佛書林
村中祐生編［一九九九］『天台宗教聖典Ⅱ　天台大師集』山喜房佛書林

村山修一［一九九四］『比叡山史――闘いと祈りの聖域』東京美術
望月歓厚［一九六五］「日蓮聖人と法華思想との連関――特に妙法蓮華経に見る折伏摂受について」坂本幸男編『法華経の思想と文化』平楽寺書店
山内舜雄［一九八六］『禅と天台止観』大蔵出版
山口光円監修、古川英俊・中村孝順共編［一九四一］『日本天台宗典目録』比叡山専修院出版部
山口弘江［二〇〇八］「天台智顗の地論四宗義批判について」『印度学仏教学研究』五六巻二号
山口弘江［二〇一四］「天台四種釈の成立に関する基礎的考察」『駒澤大学仏教学部論集』四五号
山崎宏［一九六七］『隋唐仏教史の研究』法藏館
吉津宜英［一九七三］「地論師という呼称について」『駒澤大学仏教学部紀要』三一号
吉村誠［二〇〇九］「天台文献に見られる地論・摂論学派の心識説――智顗と湛然の著作を中心に」『印度学仏教学研究』五七巻二号
エティエンヌ・ラモット（高橋尚夫監修、西野翠訳）［二〇一五］『ラモットの維摩経入門』春秋社
若杉見龍［一九七八］「被接について」『棲神』五〇号

中国語

白化文主編［一九九六］『中国仏寺誌叢刊』八一巻、揚州：江蘇広陵古籍刻印社
蔡運辰編［一九八三］『二十五種蔵経目録対照考釈』台北：新文豊出版公司
何剣平［二〇〇九］『中国中古維摩詰信仰研究』四川：巴蜀書社
江素雲［一九九一］『維摩詰所説経敦煌写本綜合目録』台北：東初出版社
李森編［二〇〇六］『周叔迦仏学論著全集』第五冊、北京：中華書局

李四龍［二〇〇三］『天台智者研究——兼論宗派仏教的興起』北京：北京大学出版社
毛双民編［一九九一］『周叔迦仏学論著集』下冊、北京：中華書局
潘桂明［一九九六］『智顗評伝』南京：南京大学出版社
任継愈［一九八五］『中国仏教史』第一巻、北京：中国社会科学院出版社
釈果樸［一九九八］『敦煌寫卷P3006「支謙本」《維摩詰経》注釈考』台北：法鼓文化
孫昌武［二〇〇五］『中国文学中維摩与観音』天津：天津教育出版社（初版、北京：高等教育出版社、一九九六）
談壮飛［一九八〇］「智顗」『中国古代著名哲学家評伝』二巻、済南：斉魯書社
談壮飛［一九八二］「名僧智顗死之疑」『中国哲学史研究集刊』二輯、上海：上海人民出版社
呉汝鈞［一九九四］『天台智顗的心霊哲学』台北：台湾商務印書館
張風雷［一九九五］『智顗評伝』北京：京華出版社
張哲永［一九八五］「智顗的生与死因」『華東師範大学学報』一九八五年四期、上海：華東師範大学
中国仏教協会編［二〇〇〇］『房山石経』第三十冊、北京：華夏出版社

韓国語

李永子［二〇〇六］『천태불교학（天台仏教学）』ソウル：해조음

欧米語

Chen Jinhua [1999] *Making and Remaking History: A Study of Tiantai Sectarian Historiography*, STADIA PHILOLOGIA BUDDHICA Monograph Series XIV, The International Institute for Buddhist Studies
de Jong, J.W. [1998] "Notes on Lalitavistara, chapters1-4"『国際仏教学大学院大学研究紀要』一号

Hurvitz, Leon [1980] *CHIH-I(538-597): An Introduction to the Life and Ideas of a Chinese Buddhist Monk*, Melanges chinois et bouddhiques XII

Kyodo Jiko [1974] “A PROPOS DU "TIANTAI FENMENTU" 天台分門圖 DECOUVERT A DUNHUANG”『大正大学研究紀要』五九号

Rémusat, Abel [1836] 佛國記 *FOE KOUE KI ou Relation des Royaumes Bouddhiques: Voyage dans la Tartarie, dans l’Afghanistan et dans l’Inde*, Paris

Silk, Jonathan [2014] “Taking the Vimalakīrtinirdeśa Seriously”, *Annual Report of the International Research Institute for Advanced Buddhology at Soka University XVII*

Abstract

Tiantai Commentaries on the *Vimalakīrti-nirdeśa-sūtra*

YAMAGUCHI Hiroe

It is held that there are 46 extant texts (188 fascicles) of Zhiyi 智顗 (538–597). The three that have made the greatest impact on the history of East Asian Buddhist thought include the *Fahua xuanyi* 法華玄義 , *Fahua wenju* 法華文句 , and the *Mohe zhiguan* 摩訶止観 . Among those texts that have been transmitted in Zhiyi's name, which includes these three, there are very few which were penned by Zhiyi himself. The majority of works attributed to him were records of his lectures by disciples.

The Tiantai commentaries on the *Vimalakīrti-nirdeśa-sūtra* 天台維摩經疏 , which the present volume examines, refer to the following two works that were produced while Zhiyi engaged in compiling materials from the age of fifty-eight until the time of his death.

Weimo jing xuanshu 維摩經玄疏 (T 1777, vol. 38), 6 fascicles.

Weimoluojie jing wenshu 維摩羅詰經文疏 (X 338, vol.27-28 & Xinzuan 新纂 vol. 18), 28 fascicles.

The *Xuanshu*, in the same manner of works such as the *Fahua xuanyi*, discusses the features of the *Vimalakīrti-nirdeśa-sūtra* via the framework of the "five categories of profound meaning" 五重玄義 (title 名 , essence 體 , gist 宗 , application 用 , and teachings 教). The *Wenshu*, in the same manner of works such as the *Fahua wenju*, interprets the content and chapter titles of the *sūtra*. In the present monograph, these two works are treated independently. The content of the six fascicles of the *Xuanshu* came first. Zhiyi then continued this work in the *Wenshu*.

According to the biography of Zhiyi, he lectured on the *Vimalakīrti-nirdeśa-sūtra* during a period of spiritual training while at Mt. Tiantai between the ages of thirty-eight and forty-eight, but these two works are not records of his lectures at the time. They are commentaries written down at the request of Jin Wang Guang 晉王廣 , i.e., Sui Emperor Yang 煬帝 (569–618) in his younger years. However, altogether only thirty-one fascicles were produced during Zhiyi's lifetime, which includes the six fascicles of the *Xuanshu*, and the content up to fascicle twenty-five of the *Wenshu*, which provides commentary up to chapter eight of what is altogether fourteen chapters of the

Vimalakīrti-nirdeśa-sūtra. In the end, his disciples brought everything together and presented the finished work after Zhiyi's death. Furthermore, we can see that fascicles twenty-six to twenty-eight of the *Wenshu* were produced with supplementary material added by Zhang'an Guanding 章安灌頂 (561–632). Although the Tiantai commentaries on the *Vimalakīrti-nirdeśa-sūtra* were compiled in this fashion with the aim of presenting them to the court, their final production was left to disciples. It is believed that these commentaries to a large extent generally qualify as the work of Zhiyi from during his lifetime.

The present work explores various issues related to the Tiantai commentaries on the *Vimalakīrti-nirdeśa-sūtra* by means of the following structure.

The introduction defines the Tiantai commentaries on the *Vimalakīrti-nirdeśa-sūtra*, provides an overview of past research, and discusses the aim and viewpoint of the present work.

The main body of the study is comprised of four parts. These four parts are each assigned a theme dealing with historical, literary or ideological elements.

"Part I: The Production and Transmission of the Tiantai Commentaries on the *Vimalakīrti-nirdeśa-sūtra*" aims to advance research on said commentaries from a historical point of view. Section one first touches on the history of the reception of the *Vimalakīrti-nirdeśa-sūtra*, as well as the connection between Zhiyi and this sūtra, and then explores issues concerning the production of these Tiantai commentaries. Section two surveys records of the transmission of these texts from various resources, and clarifies the chronology of how the literature was transmitted to the present day.

"Part II: Issues Concerning the Texts of the Tiantai Commentaries on the *Vimalakīrti-nirdeśa-sūtra*" expands on the issues of textual transmission that were clarified in the earlier discussion, presenting the results of having grappled with the relevant literary aspects in order to prepare a foundation for intellectual investigation. Section one deals with the extant versions of the texts in question, and details their types and locations, as well as their respective characteristics. Section two deals with the features of the text of the *Vimalakīrti-nirdeśa-sūtra* cited in the *Wenshu*, and discusses how Zhiyi understood these citations. Section three deals with how Zhanran 湛然 abridged the *Wenshu* into the *lüeshu* 略疏 ("abridged commentary"). Zhanran's editorial methods are made clear through a comparison of the two.

Parts III and IV, based on these foundational investigations, aim to clarify the

intellectual issues related to the Tiantai commentaries on the *Vimalakīrti-nirdeśa-sūtra*.

"Part III: Doctrines and their Features in the Tiantai Commentaries on the *Vimalakīrti-nirdeśa-sūtra*" takes up the concepts which would become the kernels of Tiantai doctrine that expand on the interpretations of the commentaries. Section one deals with the process of producing exegeses. Having compared separate recensions that predate the production of the *Xuanshu*, we confirm that the *Xuanshu* and *Wenshu* were produced not merely in reduced volumes, but that they were also subject to revisions. In addition, we discuss the features of the "universal threefold contemplation" (*tongxiang san guan* 通相三觀), which is only taught in the *Wenshu*. We also investigate the development of the four types of interpretation in the *Fahua wenju* via the *Wenshu*. Section two deals with descriptions of the "essence 體", "gist 宗" and "application 用" of the *Vimalakīrti-nirdeśa-sūtra* as they relate to the "five categories of profound meaning", which constitutes the core structure of the *Xuanshu*. Finally, section three deals with the characteristics of Zhiyi's interpretation of the *Vimalakīrti-nirdeśa-sūtra*. This includes his etymological interpretations, textual divisions, and his reliance on the *Puji jing* 普集經, which is positioned as the preface for the *Vimalakīrti-nirdeśa-sūtra*.

"Part IV: Various Issues Concerning the Tiantai Commentaries on the *Vimalakīrti-nirdeśa-sūtra*" carries out an investigation from a more comprehensive viewpoint than Part III and asks questions about the undercurrent of Zhiyi's thought within the literature. Section one deals with the development of his thought concerning the *Lotus Sūtra*, investigating examples of it being interpreted in relation to his commentary on the *Vimalakīrti-nirdeśa-sūtra*. Section two deals with various issues related to the production of the work from an intellectual dimension. Zhiyi halted his commentary at chapter eight of the *Vimalakīrti-nirdeśa-sūtra* without writing any further commentary for chapter nine onward as a result of his death. The intellectual significance of this is explored.

Having gone through the four parts that comprise the main body of the study, the conclusion provides chapter outlines and a discussion of remaining problems.

Furthermore, the index for this work will be provided on the website of the publisher (www.kokusho.co.jp) in pdf format to facilitate searches by readers not necessarily adept with academic Japanese. I hope this is found to be useful.

Translated by Jeffrey Kotyk (Leiden University, Ph.D. candidate)

天台維摩經疏研究

山口弘江

天台智顗（538-597）的著作，現存 46 部 188 卷。其中對東亞佛教產生巨大影響的莫過於被稱爲天台三大部的《法華玄義》、《法華文句》、《摩訶止觀》。但包括這三大部在內，實際由智顗本人親自執筆撰述的著作極少，大多是由其弟子和門人根據其講義筆錄整理而成。

本書的研究對象“天台維摩經疏”，主要指智顗本人從五十八歲到臨去世之前所撰述的以下兩種關於《維摩經》的註釋書。

《維摩經玄疏》（以下簡稱爲《玄疏》）6 卷　　（《大正藏》38）

《維摩羅詰經文疏》（以下簡稱爲《文疏》）28 卷　（《續藏》27・28、《新纂》18）

《玄疏》與《法華玄義》同樣，以五重玄義（名・體・宗・用・教）爲結構對《維摩經》的特質進行論述。《文疏》則與《法華文句》同樣，解釋經典的品題與經文。這兩種著作目前被看作相互獨立的兩種文獻，但事實上本來是一部著作的不同部分，即《玄疏》先成書，《文疏》作爲其後續內容稍後成書。

根據智顗的傳記資料，智顗在 38 歲到 48 歲之間，於天台山修養期間講授了《維摩經》，但上述兩部著作並非這一時期的講義錄，而是遵照晉王廣，即年輕時的隋煬帝（569-618）的請求而寫成的註釋書。然而，智顗生前所撰寫成書的僅有《玄疏》6 卷和作爲對《維摩經》佛道品第 8 爲止的部分的解釋的《文疏》25 卷。其後，最終的全摘由其弟子在智顗過世後整理而成。此外，《文疏》的第 26 卷至 28 卷的部分，由門人章安灌頂（561-632）補充完成。天台維摩經疏就這樣，以給王子奉獻爲目的而撰述，最終由弟子予以完成。這也是可將天台維摩經疏看作智顗親自撰述的著作的理由。

本書將以以下幾個部分來對天台維摩經疏的相關問題進行考察。

首先，在序論當中，將對“一　天台維摩經疏的定義”、“二　先行研究概覽”、“三　本書的研究目的和視點”幾個問題進行敘述。

本論分爲四個部分，從歷史學、文獻學、思想研究等幾個方面來進行探討。

“第一部　天台維摩經疏的成書與流傳”從歷史學的角度來對天台維摩經疏進行研究。“第一章　關於成書的若幹問題”以天台維摩經疏的成書爲背景，立足於《維摩經》的傳播及其與智顗的關聯，來對天台維摩經疏的成書問題進行探討。

“第二章 關於流傳的若幹問題”對傳世文獻中的相關記載進行搜羅，以期探究傳至今日的相關文獻的具體情況。

“第二部 天台維摩經疏的文獻版本問題”作爲承接探討流傳問題的第一部和考察其思想的部分之間的內容，將對文獻學的相關工作進行研究。“第一章 天台維摩經疏的現存各種版本”將對《玄疏》和《文疏》的各種現存版本進行整理。“第二章《文疏》所引用的《維摩經》經文的特征”則從被《文疏》所引用的經文來討論智顗所理解的《維摩經》的特點。“第三章 從《略疏》來看湛然對《文疏》刪改的特征”將對《文疏》與湛然編輯的《略疏》進行比較，由此來探明湛然刪改的手法。

以上述考察爲基礎，第三部和第四部將對天台維摩經疏的思想的相關問題進行研究。

“第三部 天台維摩經疏的教理及其特征”將對天台維摩經疏中所展開論述的天台教學的中心議題和概念進行探討。在“第一章 經典解釋法的形成過程”中，將通過與先於《玄疏》成書的別行本的比較來探明《玄疏》和《文疏》的成書過程，並討論只在《文疏》中出現過的通相三觀說的特點。此外，還將通過《文疏》來考察《法華文句》的四種釋的成立過程。“第二章 從《玄疏》來看《維摩經》的體、宗、用”則著重考察構成《玄疏》的核心內容的五重玄義中的“體、宗、用”。最後，“第三章 智顗的《維摩經》解釋及其特色”主要著眼於被認爲是智顗的《維摩經》解釋的特點的語義解釋、科文，以及被看作《維摩經》序的《普集經》。

“第四部 天台維摩經疏的若干問題”將探究天台維摩經疏所反映出的智顗的根本思想，以比第三部分更爲綜合性的視野來進行考察。“第一章 法華思想的展開及其特征”著重考察作爲《維摩經》註釋書的天台維摩經疏與《法華經》之間的關聯。在“第二章 從思想層面來看成書的若干問題”中，將著眼於智顗在註釋時到佛道品第八爲止，而並未對入不二法門品第九以後的部分進行註釋就去世這一事實的意義。

經過本論的四個部分的考察，在結論中將補充“一 各章的總結”和“二 今後的課題”兩個部分。

最後，爲了便於非日語國家的讀者檢索並利用，本書的索引部分在日本國書刊行會的官方網站（www.kokusho.co.jp）上免費公布了其 PDF 版文檔。敬請參考。

中文譯者：李 子捷（日本駒澤大學佛教學博士生）

천태유마경소의 연구

야마구치 히로에(山口 弘江)

천태 지의(智顗, 538-597)의 문헌은 46 부 188 권이 현존하는 것으로 알려져 있다. 그 중에서도 동아시아 불교사상사에 가장 큰 영향을 끼친 것이 『법화현의』·『법화문구』·『마하지관』의 삼대부(三大部)인데, 이 삼대부를 포함하여 지의의 이름으로 전해지는 문헌들 중에서 지의 자신이 직접 붓을 들었던 것은 매우 적고, 그 대부분이 강설을 바탕으로 문인에 의해 필록된 것이다.

본서가 연구대상으로 삼은 '천태유마경소' 는 지의 자신이 58 세부터 죽음을 맞이하기 직전까지 찬술하여 완성된 『유마경』의 주석서로, 다음의 두 저서를 가리킨다.

『유마경현소(維摩經玄疏)』(이하 『현소』)6 권(대정장 38)
『유마라힐경문소(維摩羅詰經文疏)』(이하 『문소』)(속장경 27・28, 신찬 19)

『현소』는 『법화현의』 등과 마찬가지로 오중현의(名・體・宗・用・敎)를 골자로 하여 『유마경』의 특질을 논한 것이고, 『문소』는 『법화문구』 등과 마찬가지로 경전의 품 제목 및 경문을 해석한 것이다. 오늘날 두 저서는 각각 독립된 문헌으로써 취급되고 있지만, 원래는 『현소』6 권의 내용이 선행하고 그 내용이 『문소』로 이어지는 구성을 갖춘 한 부의 문헌이다.

지의의 전기에 따르면, 지의는 38세부터 48세까지 천태산에서 수행을 하는 중에 『유마경』을 강의했다고 전해지지만, 두 저서는 그 시기의 강의록이 아니다. 두 저서는 진왕광(晉王廣), 즉 젊은 시절의 수(隋)양제(煬帝, 569-618)의 의뢰를 받아 써내려간 주석서이다. 단, 지의 재세 시에 어느 정도 형태를 갖춘 부분은, 『현소』6 권과 『유마경』전체 14 품 중에서 「제 8 불도품(佛道品)」까지의 주석에 해당하는 『문소』25 권까지의 총 31 권이고, 최종적으로는 제자가 내용을 정리하여 지의가 입적한 후에 헌상했다고 전해지고 있다. 또한 『문소』26 권부터 28 권까지는 장안 관정(章安灌頂, 561-632)에 의해 보충되어 완성되었다. 이와 같이 천태유마경소는 헌상할 목적으로 찬술이 시작되었지만 최종적인 완성은 제자에게 위임되어 성립한 문헌이다. 이 점이 친찬(親撰)에 준한다고 평가를 받는 이유이다.

본서는 아래의 구성으로 천태유마경소의 제 문제를 고찰한다.

서론에서는「'천태유마경소' 의 정의」·「선행연구의 개관」·「본서의 목적과 관점」을 기술한다.

이어지는 본론은 4 부로 구성된다. 본서에서는 이 4 부 구성 각각에 역사적·문헌학적 · 사상적 고찰이라는 역할을 부여하였다.

「제 1 부 천태유마경소의 성립과 유포(流布)」는 역사학적인 관점에서 천태유마경소 연구를 진행하는 것을 목적으로 하고 있다. 「제 1 장 성립에 관한 제 문제」에서는 천태유마경소가 성립한 배경을 추정하기 위해, 『유마경』의 수용사 및 지의와『유마경』과의 접점을 토대로 천태유마경소의 성립에 관한 문제를 검토한다. 「제 2 장 유포에 관한 제 문제」에서는 유포의 기록을 여러 자료를 섭렵하여 오늘날에 이르기까지 문헌이 전해진 경위를 밝혔다.

「제 2 부 천태유마경소 텍스트와 그 문제」는 제 1 부에서 밝힌 유포의 문제에 이어서 사상적인 고찰을 위한 기반을 확인하기 위해, 문헌학적 작업을 진행한 결과를 제시했다. 「제 1 장 천태유마경소의 제 현존본」에서는『현소』와『문소』의 현존 텍스트의 종류와 소재 및 각각의 특징을 정리하였다. 「제 2 장『문소』에 인용된『유마경』 경문의 특질」에서는『문소』에 인용된 경문으로부터 지의가 이해한『유마경』경문의 특질을 논했다. 이어서「제 3 장『약소(略疏)』 에 보이는 담연(湛然)의 생략의 특질」에서는『문소』와 담연에 의해 편집된『약소』를 비교하여, 담연이 문장을 생략하는 방식을 밝혔다.

이러한 기초적인 고찰을 토대로, 제 3 부와 제 4 부는 천태유마경소에 관한 사상적인 해명을 지향했다.

「제 3 부 천태유마경소의 교학과 그 특질」에서는 천태유마경소에서 드러나는 천태교학의 핵심적인 개념을 다루었다. 「제 1 장 경전해석법의 형성 과정」에서는『현소』에 선행하여 성립한 별행본과의 비교를 통해, 단순히 분량을 줄인 것이 아니라 퇴고를 거듭하여『현소』와『문소』가 성립해 가는 과정을 확인하는 외에, 『문소』에만 설해지는 통상삼관설(通相三觀說)의 특징을 논하고, 나아가『법화문구』의 사종석(四種釋)의 성립과정을『문소』로부터 고찰했다. 「제 2 장『현소』에 보이는『유마경』의 체 · 상 · 용」에서는『현소』 구성의 중심인 오중현의 중에서 체 · 상 · 용에 관한 기술을 다루었다. 마지막으로「제 3 장 지의의『유마경』 해석과 그 특색」에서는 지의의『유마경』 해석 중에서 특징적이라고 생각되는 어의해석과 과문 및『유마경』의 서(序)로 간주되는『보집경(普集經)』의 사용에 착목했다.

「제 4 부 천태유마경소를 둘러싼 제 문제」에서는 천태유마경소라고 하는 문

헌의 저변에 흐르고 있는 지의의 사상을 해명하기 위해, 제 3 부보다 더욱 종합적인 관점에서 검토를 진행했다. 「제 1 장 법화사상의 전개와 그 특질」에서는 『유마경』의 주석서이면서도 이를 『법화경』과의 관련 속에서 해석하는 예를 고찰했다. 「제 2 장 사상적인 측면에서 본 성립의 제 문제」에서는 지의가 「제 8 불도품」까지 주석하여 일단락을 짓고, 「제 9 입불이법문품(入不二法門品)」 이하는 주석하지 않고 입적한 일의 사상적 의미를 검토했다.

본론에서의 4 부 고찰을 거쳐 결론에서는, 「1. 각 장의 총괄」·「2. 남은 과제」를 기술했다.

또한, 해외 독자의 편의를 위해, 본서의 색인을 국서간행회 홈페이지(www.kokusho.co.jp)에서 PDF 파일로 배부하고 있다. 부디 참조 바란다.

번역자 : 하 영수(금강대학교 불교문화연구소 HK 연구교수)

著者紹介

山口　弘江（やまぐち　ひろえ）

1974年、東京都生まれ。駒澤大学大学院修了。博士（仏教学）。

韓国金剛大学校仏教文化研究所HK教授を経て、現在は駒澤大学仏教学部講師。

専門は、中国仏教、天台学。

著書に、『蔵外地論宗文献集成』『蔵外地論宗文献集成 続集』（共著、ソウル：CIR）、『新国訳大蔵経　続高僧伝 I』（共訳、大蔵出版）などがある。


天台維摩経疏の研究（てんだいゆいまきょうしょのけんきゅう）

ISBN978-4-336-06114-0

平成29年2月24日　初版第1刷発行

著　者　山口弘江

発行者　佐藤今朝夫

〒174-0056　東京都板橋区志村1-13-15

発行所　株式会社　国書刊行会

電話03(5970)7421　FAX 03(5970)7427

E-mail: sales@kokusho.co.jp　URL: http://www.kokusho.co.jp

落丁本・乱丁本はお取替えいたします。

印刷　創栄図書印刷株式会社

製本　株式会社ブックアート